政治科学

（第14版）

迈克尔·G. 罗斯金（Michael G. Roskin）
［美］ 罗伯特·L. 科德（Robert L. Cord） 著
詹姆斯·A. 梅代罗斯（James A. Medeiros）
沃尔特·S. 琼斯（Walter S. Jones）
雨辰 梅芳 等 译

POLITICAL SCIENCE

AN INTRODUCTION (14TH EDITION)

中国人民大学出版社
·北京·

图书在版编目（CIP）数据

政治科学：第14版/（美）迈克尔·G. 罗斯金（Michael G. Roskin）等著；雨辰等译. --北京：中国人民大学出版社，2022.1

（人文社科悦读坊）

ISBN 978-7-300-29890-0

Ⅰ.①政… Ⅱ.①迈…②雨… Ⅲ.①政治学-高等学校-教材 Ⅳ.①D0

中国版本图书馆CIP数据核字（2021）第200733号

人文社科悦读坊

政治科学（第14版）

［美］ 迈克尔·G. 罗斯金（Michael G. Roskin）
罗伯特·L. 科德（Robert L. Cord）
詹姆斯·A. 梅代罗斯（James A. Medeiros）
沃尔特·S. 琼斯（Walter S. Jones） 著

雨辰 梅芳 等 译

Zhengzhi Kexue

出版发行	中国人民大学出版社		
社　　址	北京中关村大街31号	**邮政编码**	100080
电　　话	010－62511242（总编室）		010－62511770（质管部）
	010－82501766（邮购部）		010－62514148（门市部）
	010－62515195（发行公司）		010－62515275（盗版举报）
网　　址	http://www.crup.com.cn		
经　　销	新华书店		
印　　刷	涿州市星河印刷有限公司		
规　　格	185 mm×260 mm　16开本	**版　　次**	2022年1月第1版
印　　张	23.25 插页1	**印　　次**	2022年1月第1次印刷
字　　数	370 000	**定　　价**	88.00元

译者谨识

一本政治学学科的入门读物能出到第 14 版，其影响力和权威性可见一斑。迈克尔·罗斯金等四位作者于 1974 年出版的《政治科学》一书作为美国大学生的政治学导论著作，一直畅销不衰。几位作者也笔耕不辍，根据世界各国政治局势的变化和读者的建设性意见，持续更新，不断完善。

政治学是一门研究人类社会政治现象的学科，从研究方法的角度一般被划分为政治哲学和政治科学两大类。从政治哲学的角度来说，古今中外存在多种多样对政治的理论思考，现代社会依然需要政治哲学的引领；从政治科学的角度来说，政治科学作为研究政治的一种方法，尽管可以追溯到古希腊的亚里士多德，但作为系统性的理论则是 20 世纪的事情，主要是受 19 世纪后期兴起的行为主义和实证主义的影响。20 世纪末期，我国学者提出了“科学的政治学和政治学的科学化”的命题，探讨了 21 世纪中国特色政治学科的发展趋势。华夏出版社最早于 2001 年出版了第 6 版的中译本，后来中国人民大学出版社又分别于 2009 年和 2014 年出版了第 9 版和第 12 版的中译本。本书的出版为我国政治学的科学化建设提供了一定的参考借鉴。

所谓“科学”，在作者看来，其本义就是一组基于客观经验的系统性知识。大多数人认为，科学是由实验和资料证明的精确性和真实性。尽管政治科学家们也做了不少量化的工作，但政治领域里相当一部分是难以量化的。这个问题可以通过积累非量化的资料来解决。政治科学是一门经验的科学，既收集定量的资料，也收集定性的资料。通过这些资料可以发现一些较为稳定和持续的模式，这就形成归纳。“当归纳得到进一步证实时，我们就把它叫作理论。在一些案例中，理论变得如此有力，我们就会把它称为规律。”这就是社会科学之所以成为“科学”的理由。因此，这不是一本单纯的政治学原理的教科书，而是对客观政治现象的一种观察、分析和归纳。

所谓“科学”，不是自我标榜出来的，而在于学会掌握和运用科学的方法。本书的一大特色就是嵌入了许多常用的社会科学研究方法和写作规范，并且结合章节的内容介绍了政治科学研究和分析的基本方法。同时，全书以专栏的形式穿插了不少政治科学领域的重要理论和经典作品的简介，以及一些典型的案例研究。这些都有助于读者拓宽知识面，把握经典理论，理论联系实际地分析问题。

所谓“科学”，是要实事求是探索社会现象的一般规律。这就要尊重多样性，寻求普遍性。作者努力从几个世纪以来世界各国尤其是西方政治现代化进程中，探寻政治学的基本原理，看看这些原理是如何帮助重要领导人做出关键决策的。同时采取“一贯的折中方法，避免兜售任何单一的理论、概念框架或范式”。作者提出了理论抽象和应用推理的平衡，以帮助读者了解当遇到政治操纵时，如何冷静、理性地做出选择。

所谓“科学”，就是能够辩证地看问题，从发展的角度看问题。作者主要以伊拉克战争和阿富汗战争为例，反思美国输出民主的教训。同时对美国两党政治的弊端、政治对舆论的操弄、发达国家内部贫富不均和种族矛盾等问题进行了分析。

本书第一作者迈克尔·罗斯金教授是美国当代著名政治学家，曾任宾夕法尼亚州莱康明学院政治科学系主任，2008 年退休，2010 年曾到访中国。

“我们的观念是我们的眼镜。”作者所处的国家和社会环境决定了其不可能超越西方主流文化，能够完全“价值中立”地对不同的政治理论和政治体制进行研究和介绍。书中难免有一些偏颇之处。实际上对中国读者来说，这是一本浅显易懂的西方政治学的导论性著作，对于了解西方人尤其是美国人是如何看待自己和世界是很有帮助的。当然，在对待本书的内容和观点上，我们要站稳自己的立场，要善于用比较和辩证的眼光来分析，这样才不会人云亦云，误入歧途。

世界上不存在绝对正确的政治模式，也没有哪个政治体制是完美无瑕的。承认政治制度的多样性和本土性，然后在此基础上相互包容、相互借鉴，这才是构建和谐世界和人类命运共同体的应有之道。

前　言

政治科学和民主

有人说，政治科学是不切实际的东西。他们还说，政治科学也许挺有意思，但真的没什么用处。可事实并非如此。政治最早是为统治者提出可行的建议，此作用今日仍在。比如柏拉图、亚里士多德、孔子、马基雅弗利、考提利耶（Kautilya）和伊本·赫勒敦（Ibn Khaldun）等人，都基于某种理论以提出合理建议，而约翰·洛克和孟德斯鸠则深刻影响了美国宪法的制定者。政治作为一门科学，将理论的抽象性和应用的思辨性结合在一起。你也许不会成为一名政治科学家，但是你应该学会用知识武装自己，冷静、理性地判断，保护自己不受政治操纵的影响。

在生活中，我们总会面对一些重大问题，比如，民主是否可以且应该输出？中东和很多其他地区都可能受益于民主管理，但是，在这些地区强行实行民主管理是否可行？2003 年，伊拉克战争最初的目的之一是在伊拉克建立民主政体，以鼓励中东地区其他国家实行民主。可是，由于没有做好充分的准备，伊拉克虽脱离了暴力独裁统治，却陷入了暴力混乱的局面。

即便在美国，为了将民主宪法付诸实践，已经努力了两百多年，但仍然不完美。改革虽势在必行，但在每一个节点上都遇到阻碍——税收、投票、竞选、游说、经济政策、政府项目等。通过检视这些问题，学生们可以明白，民主实际上是一个不断自我批判、自我纠正的发展过程，公开讨论并承认错误是其前进的动力。民主永远都在进步。

政治学教师可能会因学生兴趣增加而兴奋，虽然我们也不确定这种兴趣是否浓厚和持久。预算紧张、开支削减、税收增加都会引起讨论。学生们曾经对政治漠不关心，这正是本书一直努力希望矫正的趋势。我们向学生提问："你们想要什么样的国家？你们最好现在就开始培养有理性的观点，因为不久以后你们就要面临政治抉择了。"

《政治科学》一书既授业也传道。这不意味着新生们通过学习导论课就会成为政治学方面的专家。当然，我们希望能激发他们的好奇心，使一些学生主修政治科学。本书既不是美国政府的课本，也不是比较政治的教材。相反，它用美国和其他地区的例子向新生们介绍了政治科学的整个领域。刚从高中毕业，很少有学生熟悉他国的政治体系，这正是我们想要改变的趋势。

第 14 版延续了我们一贯的折中方法，避免兜售任何单一的理论、概念框架或范式。将任何伟大的设计强加于读者的企图，都是违背本学科性质的，同时也不利于学生知识视野的拓展。不同观点的教师使用本书也没有任何问题。重要的是，第 14 版仍然认为政治是引人入胜的，并努力将这种感觉传递给初次接触这个学科的年轻人。

本版新处

教师们的参与、局势的快速进展以及同事们的洞见为第 14 版带来了以下变化：

- 第 1 章莱康明学院的乔纳森·威廉姆森讲解了政治理论以及政治科学与历史和新闻的比较。
- 第 3 章新增弗朗西斯·福山《政治秩序的起源》一书中的政治发展三阶段理论。
- 第 4 章用 2015 年巴黎《查理周刊》血案阐述了言论自由与仇恨演讲的相悖问题。
- 第 6 章新增“三个以色列”，描述了不断涌现的移民浪潮如何给以色列带来独具特色的政治文化。
- 第 10 章讲述茶党和超级政治行动委员会的兴起所带来的美国政党相关性的问题。
- 第 11 章提出，非白种选举人越来越重要，重组比预期发展更为缓慢。
- 第 12 章强调了立法不可理解、耗时过长的特性。
- 第 13 章新增福山的一个命题，即清廉的基于功绩的官僚体制是一个好政府的基础。
- 第 16 章强调了“阿拉伯之春”导致的悲惨结果。

同以往一样，我很乐意接受所有的批评，包括数字、封面和篇章排序等问题。比如有人会说，一本教材共 14 章——一个学期每周 1 章——这样的安排会不会更好？

利维尔（REVEL）：结合当今学生阅读、思考、学习的方式而设计的一款教育技术

当学生深度参与课程学习的时候，学习效率会更高，成绩也会更好。利维尔的诞生是为了结合当今学生阅读、思考、学习的方式设计出一种沉浸式学习体验。在全国教师和学生的共同协作下，利维尔成为了传达培生集团理念的最新全数字方式。

利维尔用媒体互动和媒体评估的方式让课程内容变得生动有趣——这点直接体现在作者的文字当中——为学生提供课堂资料，先阅读后练习。这一沉浸式学习体验的教育技术能鼓励学生更多参与课堂，让他们更好地理解概念，取得优异成绩。

本版特色

第 14 版将原来的第 1 章和第 2 章合并，总共 17 章。第 11 版和第 12 版出版后，我们收到了教师们非常积极的反馈，将原来的 21 章调整为 18 章，现在的安排更加合理，在本科学习中，更早地引入了方法论。这不是高级的数字运算——我既不提倡也不参与——而是一个寻求经验验证的现实检验的方法。当然，你可以使用有效的数字。作为一名教

师，我发现自己经常在课堂上解释与学生论文有关的方法论，所以我决定以“方法”的专栏形式插入一些基本的方法论。这些专栏为每章的方法论做了要点说明，涵盖了中心论点、参考文献、列表、交叉表、图形、散点图和其他一些要点，都是入门级的标准。其他专栏——理论、案例研究和经典论述——强调了政治科学的重要观点，提供了现实世界的例证，并且拆分页面，使得文本更加亲近读者。

本书将重要的术语和定义做了解释。作为一名教师，我知道不要假定学生了解政治科学中的关键术语。一个概念在特定的语境中是一个意思，换一种语境，你可能需要另一种解释。这会有一些差异，比如第 5 章讨论的执政精英（占总人口 1% 的极少数）和第 7 章讨论的舆论精英（可能是几个百分点）。每一章以阅读与思考开头，并以思考题、关键术语和参考文献结尾。

补充

培生集团乐于提供一些资源给那些希望通过此书使教与学更有成效和愉悦的政治科学领域的老师和学生们。本书的若干补充材料在“教师资源中心”有提供，这个在线的中心允许教师快速下载专门的辅导材料。欢迎访问“教师资源中心”主页(www. pearsonhighered. com/irc)进行注册和使用。

教师手册/试题库

这个资料库包括每章的学习目标、线上课堂、多选题、判断对错题以及课后习题。教师资源中心独家开放，网址为 www. pearsonhighered/irc。

培生测试

这是一款强大的评估生成程序，包括教师手册/试题库的所有内容。该款程序可以在线上编写、修订练习题和试题并保存下来，操作简单，支持打印，可随时随地管理评估信息。欲了解详情请上 www. mypearsontest. com，或联系你的培生代表。

幻灯片展示

围绕课程内容进行线上多媒体展示，内容包括每一章的图片、数字和表格。仅可在因特网交互式聊天程序（internet relay chat）中使用。

《全球性问题地图集》(0-205-78020-2)

《全球性问题地图集》涵盖了人口、政治体制到能源使用和女权等问题，绘制了各种颜色的专题图，以考察影响世界形成的力量。《全球性问题地图集》采集了最新版《企鹅版世界地图集》的特点，采用批判性思维练习加深学生对地理影响多种全球性问题的理解。欲了解详情请联系你的培生代表。

《古德世界地图集》(0-321-65200-2)

1923 年，该书首次由兰德公司出版，为大学地图类参考书树立了标准。书中包含成百上千的自然地图、行政区域图和专题地图，还有图形、表格和音标索引。

致谢

我要特别感谢莱康明学院的乔纳森·威廉姆森，他更新了这个版本的很多内容。几位朋友审阅了本书和较早的版本，我仔细考虑了他们的意见。对于本书，我要感谢克雷顿大学的蒋茂荣（Maorong Jiang）、杜佩奇学院的金伯利·特纳（Kingberly Turner）、文图拉社区学院的罗伯特·波特（Robert Porter）、路易斯安那大学门罗分校的约翰·萨瑟林（John Sutherin）、费耶特维尔州立大学的恩戈齐·卡马卢（Ngozi Kamalu）和约翰斯顿社区学院的艾伦·库利（Aaron Cooley）。我还要感谢玛莎·拜尔莱因（Martha Beyerlein）在整个出版过程中的细心工作。

本书还需要做进一步的修订吗？还是说我已经做得不错了？我们热忱欢迎教师们的参与。

迈克尔·G. 罗斯金

目　录

第一篇
PART ONE

政治学基础

第 1 章 政治与政治科学

我们用自然主义的方式来研究政治，就像科学家研究细菌一样，从不因为某一事实而发火，而是努力了解它发生的原因。虽然政治科学借鉴了所有其他社会科学，但是它关注的焦点是权力——A 让 B 按 A 的意愿做事的能力。不要混淆学术研究和党派偏好。理论为我们理解所学习的政治学提供了框架。除了可以用客观的理论方法研究政治科学，还可以采用历史学家和记者对特殊事件的强调方法，以及政治理论家常用的规范性方法。

第 2 章 政治意识形态

意识形态往往根植于政治理论，是一个改造社会的计划。亚当・斯密的古典自由主义和埃德蒙・伯克的古典保守主义以及它们的现代版依旧存在。马克思带来了社会民主主义，又通过列宁带来了共产主义。民族主义是最强烈的意识形态，有时会演变成法西斯主义。当代意识形态包括新保守主义、自由至上主义、女权主义、环保主义以及如今的问题之一——伊斯兰主义。我们只研究而不信仰这些意识形态。

第 3 章 国家

并非所有国家都是有效国家，很多是虚弱国家，而有些则是失败国家。亚里士多德把国家划分成合法和腐败两种类型，这种论点如今仍然有效。基本制度的选择决定一个国家的成败。一国的区域组织——单一制还是联邦制，以及选举体制——单名选区制与比例代表制的选举制度，都是这样的基本选择。国家干预经济的程度可能导致繁荣或停滞。

第 4 章 宪法与权利

制度化的文件确立了国家的基本结构，限制了政府的权力并界定了公民的权利。司法审查作为美国的一大管理贡献，多年来遏制了煽动叛逆罪并且扩大了言论和新闻自由。

第 5 章 政体

民主十分复杂，必须包括问责制、政治竞争等。即使在最好的民主国家，精英仍具有重大影响，但并不总优于多元主义。极权主义是 20 世纪的一大痼疾，虽然已经基本消失，但仍存在于许多威权国家。民主并非自动生成，在没有准备好的国家会遭遇失败，正如俄罗斯和伊拉克。

第 1 章
政治与政治科学

阅读与思考

1.1　政治权力的几种解释

1.2　政治科学也是一门科学?

1.3　几种研究政治科学的理论方法的优缺点

1.4　政治学和政治科学的规范理论的对比

冷战结束时，一些思想家认为，民主已然胜利，将遍布全球。一些新保守主义者认为，除了西方资本主义民主，已经没有其他的政治管理模式了。2003 年，美国攻打伊拉克，当时布什政府的新保守主义者表示，甚至连中东——数个最残暴的独裁者诞生的地方——也接受了民主。

可是，我们过于乐观了。并不是每个人都渴望民主；事实上，很多人害怕民主，或是想利用民主施行暴政。在中东，选举产生了非民主体制（突尼斯是个例外），导致了危险的混乱局面。哪里出了问题？政治科学能否告诉我们为什么民主没有按计划扩大范围？民主似乎要求大规模受过教育的中产阶级和更具包容性的多元文化，而这些国家仅仅是没有准备好接受民主吗？长达数十年的经济和教育发展是朝民主复苏迈进的一步吗？

这些问题都让政治科学富有意义而令人激动。顾名思义，政治科学既是研究话题，也是研究方法。如果我们要研究政治，就必须先思考什么是政治。如果我们用科学来研究政治，就必须思考用科学方法和其他方法研究政治有什么区别。

什么是政治？

1.1 政治权力的几种解释

当提起政治，你可能会想到政府和选举。显然，二者都属于政治，但是政治也会出现在很多别的地方——办公室、家庭，甚至是教室。试想，班上有个孩子问了太多问题，结果导致拖堂，此时会发生什么呢？要么就是教授打断了孩子的提问，要么就是其他同学表示不满，从而影响他的行为，达到下课的目的。不管怎样，这个孩子的行为都会受到这间教室的政治的影响。

政治是人们之间无休止的竞争，通常发生在群体之间，以制定对自己有利的政策。因此，他们会通过影响群体成员的信念和价值观间接地引导政策。注意，这一定义既包括政府政治，也包括其他环境下的政治动态。虽然本书的重点是政府政治，但要明白政治比政府更为基础，有人类竞争的地方就有政治。

政治权力

正如文艺复兴时期佛罗伦萨的哲学家尼科洛·马基雅弗利

（Niccolò Machiavelli，1469—1527）所强调的，政治最终还是落在权力二字，尤其是决定他人行为的权力。政治中的权力能让别人去做自己不想做的事情——不仅如此，有时还能让别人觉得这是他们自己的想法。

有的人并不喜欢**政治权力**这个概念。它带有高压统治、不平等以及野蛮的意味。有些人反对“权力政治”，倡议没有权力的治理，通过爱与分享形成一种兄弟姐妹般愉悦的纽带来约束大家。社区即建立在这种并不持久的基础之上；如果它能持久的话，除非它转变为传统的领导与被领导的结构。这种结构由服从模式来支撑，看起来就像是权力。政治权力看似植根于人性，但为什么有人拥有凌驾于他人之上的政治权力？还没有一个对政治权力的明确阐述。生物学的、心理学的、文化的、理性的和非理性的解释都被提出来用以回答这个问题。

政治权力
一个人让另一个人去做某事的能力。

生物学的　最早提出生物学解释的是亚里士多德，他可能也是最优秀的一位，他说：“人天生就是政治动物。”（亚里士多德用的词是 zoon politikon，可以翻译为“政治动物”或“社会动物”。希腊人住在城邦里，对他们来说政治和社会是一样的。）亚里士多德的意思是人就跟大象和鹿一样，有群居的天性。他们为获得食物、求得生存而本能地需要相互帮助。他们像所有群居动物一样，自动排出领导者与被领导者的序列。现代生物学的解释从亚里士多德那里获得了灵感，认为形成一个政治系统并服从其领导者是人类天生的行为，代代相传。有的思想家认为，人类政治展示了与其他哺乳类动物一样的“等级序列”。政治家们倾向于成为或认为自己就是“阿尔法男”（alpha males，也称阿尔法雄性，意指动物群体中最为强势的雄性领导者。——译者注）。

这种理论的优点是简单明了，但它也引发了不少问题。如果我们承认人类天生就具有政治性，我们又该如何解释政治群体的分裂和人们对权威的抵触？或许我们可以把这个理论改进一下：人类是不完美的政治（或社会）动物。人们在多数时间都会结成群体、服从权威，但有时在某种情况下，他们不会这样。可这回避了一个问题：什么情况会促成或破坏政治群体的形成？

经典论述

概念和直观

18 世纪晚期，伟大的普鲁士哲学家康德写道，“直观无概念则空，概念无直观则盲”。这个观念帮助建立了现代哲学和社会科学。直观是通过你的感官接收到的信息——事实、图像、数字、例子和其他。概念是你头脑中的想法——意义、理论、假设、信念和其他。你可以收集很多直观的信息，但是如果没有概念将之构建起来，你将一无所有，且你的直观将没有意义。另一方面，如果你的概念无法用于认清事实，那么它们就是“盲目”的，认清事实需要直观。换句话说，你同时需要理论和数据。

心理学的　对政治和服从的心理学解释与生物学理论密切相关。两者都假定政治群体的形成出于人的天生需要。心理学家通过经验性研究使自己的观点更加精确。在著名的米尔格拉姆（Milgram）实验中，不知情的受试者在一个“教授”的引导下将逐渐加大的电流击到“受害者”身上。被绑在椅子上的“受害者”其实只是假装受害的演员。大部分受试者都想把强大到足以致命的电流击到“受害者”身上，仅仅只是因为“教授”——一个穿着白色工作服的权威人物——告诉他们那样做。许多受试者并不想伤害“受害者”，但他们的借口是他们只是遵从命令，且所有对“受害者”的伤害都是“教授”的责任。他们使自己的行动屈从于权威人物。

心理学的研究也表明，多数人天生就墨守成规。同一群体中的多数成员看待事物的方式是一定的。心理学家欧文·贾尼斯（Irving Janis）发现，美国外交和国防政策中的许多错误都是由“群思”（groupthink）这一特殊情况造成的。这种情况是指领导集体告诉自己一切正常，现行政策运转良好。群体总是倾向于忽视那些不因循守旧的“制造麻烦者”的建议，例如，日本将会袭击珍珠港（1941 年），或古巴流亡者的猪湾登陆（1961 年）将会失败。对权威和群思的服从意味着人类有个根深蒂固的需要——几乎是天生的——把自己融入群体并遵守它的规范。或许这正是人类社会可以形成的原因，但它也可能酿成惨剧，如纳粹的大屠杀。

文化的　有多少人类行为并非天生而是后天习得？这是一个关于“后天还是先天”的古老辩题。在 20 世纪，文化论者——他们相信行为是习得的——占了上风。人类学家得出结论说，所有行为的差异都是由文化造成的。他们认为一个合作、和平的社会也会按照这种方式抚养孩子。政治共同体的形成和维系建立在文化价值之上，这种价值通过父母、学校、教会和大众传媒得以传承。政治科学发展出了一个有趣的分支学科，叫作“政治文化”。这个领域的研究者发现，一个国家的政治文化是由许多长期因素形成的：宗教信仰、孩子的培养、土地所有制和经济的发展。

文化学派坚信，当政治系统割断与文化系统的联系，就会产生麻烦，就像伊朗国王试图使与西方价值观和生活方式不同的伊斯兰社会实现现代化时所遇到的那样。伊朗人赶走了国王，并庆祝具有中世纪风格的宗教领袖回国，他所表达的价值观受到了传统伊朗人的欢迎。文化理论同样适用于美国政治。共和党人倾向于通过清楚表达深植于美国文化当中的宗教、家庭和自立等价值观来赢得选举。很多思想家都相信，经济和政治的发展很大程度上依赖于**文化**。

文化
人类非遗传性的习得行为。

文化研究对政治生活持一种乐观的态度。如果所有的人类行为都是习得的，那么只要不学习坏的行为，社会就会进步。按照这种观点，教育年轻人学会忍耐和合作，社会文化就可以逐渐朝着好的方向发展。不过，改变文化相当困难，就像占领伊拉克的美国人所发现的那样。

虽然多数思想家都同意文化对政治行为的影响巨大，但这个理论也存在一些问题。首先，文化从何而来？历史？经济？宗教？其次，如果所有的行为都是文化的，那么政治系统就会像互不相同的文化那样呈现出多样性。但是，尤其是在政治领域，不同文化的土地上有着相同的政治态度和模式。不论文化怎样，世界各地的政客都倾向于腐败。

理性的　另一个思想流派把政治看作**理性的**事情；也就是说，人们通常都知道自己所要的是什么，也能为自己的行为找到好的理由。经典政治理论家，如霍布斯和洛克（我们将会在下一章看到），坚持认为人们组成“市民社会”是因为理性的力量告诉他们这比独裁政治好。为了保卫生命和财产，人们组织了政府。如果政府开始滥用权力，人们就有权利废除它，再组建一个新的政府。这种洛克式的观念极大地影响了美国的开国元勋们。

理性的
建立在推理能力之上的。

生物学的、心理学的和文化的学派都对人类理性不够重视，宣称人们本能地或有条件地去做某一件事，个人一般很少进行理性的思考。但我们又该如何解释人们背离因袭传统的团体进行独立的讨论？我们如何解释思想的转变？“好的，我会支持琼斯的，一旦他拿出他那惊人的经济政策；但现在我要把票投给史密斯。”人们总是做出这样的判断。建立在人类理性假设之上的政治体系更有可能进行公正的和人道主义的治理。如果领导者相信人们是因为生物遗传或文化约束而服从，那么他们就会认为自己可以逃脱对任何腐败和失误的惩罚。另一方面，如果他们相信人们是理性的，统治者就会尊重老百姓辨别真伪的能力。因此，即使人不是完全理性的，让统治者相信人是理性的也不失为一件好事。

非理性的
建立在恐惧和神话的力量之上以掩盖理性。

非理性的 19 世纪晚期，一群思想家阐明了一个观点，即人基本上是**非理性的**，尤其是涉及政治权力时。他们是感性的，受神话和俗套的支配，政治其实就是一种象征符号的操纵。人们就像野兽，被有超凡魅力的领袖煽动着去执行命令。人们认为是理性的东西其实是虚构的，目的是不断给他们灌输虚构的事物以便控制他们。这个流派的第一个实践者是意大利法西斯主义的创始人墨索里尼，其次是德国的希特勒。奥萨马·本·拉登，用非理性控制了成千上万的狂热的追随者。一些人抱持美国是伊斯兰世界的敌人这个迷思，心甘情愿在恐怖活动中结束自己的生命。对人类政治行为的非理性看法大部分都是真实的，但也会带来灾难性的后果。

使用非理性手段的领导者开始相信他们自己的宣传，并给他们的国家带来战争、经济崩溃或暴政。有人发现，即便是最发达的社会也存在非理性主义，在那里，政治多是由欢呼尖叫的人群和装出英雄姿态的领导者构成的。

合成的权力

我们可以从所有这些对政治权力的解释中看到事实的因素。在不同的时间和场合，任何一种都能解释得通。汤姆·潘恩的小册子《常识》理性地解释了为什么美国必须从英国独立出去。美国《独立宣言》和宪法的起草者都深受他们那个时代理性主义的影响。他们效法当时的流行哲学家来设计他们的论题，仿佛人类的政治活动就像牛顿力学一样有章可循。一位当代历史学家亨利·斯蒂尔·康马杰（Henry Steele Commager）把美国宪法说成是“启蒙运动皇冠上的明珠”，是理性时代的顶峰之作。

但他们的理性究竟有多真实？到 18 世纪末，美国的 13 个殖民地已经从文化上与英国隔离开来。人们把自己看作是美国人，而不是英国的殖民者。他们读美国的报纸，与美国人而不是英国人交往。这种隔离或许更像是文化的而不是理性的。

我们不应忘记心理的和非理性的因素。塞缪尔·亚当斯是个天生的煽动家，托马斯·杰斐逊是个有影响力的作家，乔治·华盛顿则是个富有魅力的将军。美国人与英国人断绝了关系，新秩序的建立是所有这些因素的一个复杂组合。同样复杂的组合可以在任何你所能提及的政治系统中找到。的确，很多时候一个因素看起来比其他因素都重要，但是我们却无法精确判定任一个因素的重要性。还要注意到不同的因素是怎样相互掺杂在一起的。生物的因素导致了心理的因素，而这又引起了文化的、理性的和非理性的因素，由此形成一张无缝的网。

关于政治权力的一个常见的错误，是把它看作有限、可测的量。权力是人与人之间的一种关系，是一个人让另一个人按其吩咐做事的能力。政治权力不可论斤道两。革命在有些地方叫作“夺取权力”，好像权力是放在国库中可以一夜之间窃取到手似的。阿富汗塔利班于 1995—1996 年“夺取权力”，但他们只是阿富汗人口中的一小部分。多数阿富汗人都对他们抱以敌意，拒绝与他们合作。有些革命者认为一旦他们“夺取权力”，他们就会自动拥有**合法性**和权威；但他们没有。权力是赢来的，不是夺来的。

合法性
大众认为政府统治是正当和应该遵从的。

权力与政治是否是一回事？一些权力狂（包括不少政客在内）认为二者一致，但这显得过于简单化。我们应该把政治看作一些目标或政策的结合，而权力是达成这些目标或政策所必需的。按这种观点，权力是政治最主要的组成部分。我们无法想象一个政治系统可以没有政治权力。即使是一个以爱为治理基础的宗教人物也会对他们的信徒行使权力。它或许是“仁慈的权力”，但它仍然是权力。可见，权力是一套贯彻执行政策和决定的能动的工具。你可能拥有一个值得赞赏的目标，但除非你同时拥有实施它的权力，否则它仍只是个如意算盘。

也有人认为政治的本质是为权力而斗争，是一套以权力为目的的大型游戏。比如，选举是为了什么？为了得到权力。但这种想法很危险。如果权力排除了其他目标，成为政治的目的，它就会变得愤世嫉俗、野蛮残暴，甚至自我毁灭。希特勒政权在对权力的崇拜中灭亡。尼克松为继续保有总统权力所困扰，因而毁掉了自己的政府。正如 19 世纪英国历史学家和哲学家阿克顿勋爵所说的那样：“权力导致腐败，绝对的权力绝对导致腐败。”

什么是政治科学?

1.2 政治科学也是一门科学?

政治研究有很多种形式。政治科学是研究政治的一种方法。它不需要把人培养成职业的政治家。政治科学培养对政治的分析，它可能有助于也可能无助于在职的政治人物。两种职业比较如下：

政治家	政治科学家
热衷权力	对权力持怀疑态度
追求受欢迎的程度	追求准确的程度
拥有坚定的观点	得出试探性的结论
提出单一理由	提出多种理由
看到短期的效应	看到长期的结果
计划下一场的竞选	计划下一次的出版
回应团体的需要	追求整体的好处
追求青史留名	追求职业声望

很多人认为政治令人反感，也许他们是对的。或许政治本就违背道德，抑或至少与道德无关。政治上滥用权力、以权谋私及完全腐败的现象都很严重。但是，你无须喜欢你研究的东西。生物学家用显微镜研究引起疾病的细菌，可是他们并不“喜欢”细菌，而是对其如何生长并造成破坏以及如何能将其消灭感兴趣。他们也不会为细菌而动怒，打碎放置细菌的载玻片。生物学家首先得了解大自然的力量，然后才能与这些力量协作，改善人类的生活方式。政治科学家对政治亦是如此。政治家和政治科学家之间的关系，就好比细菌和细菌学家之间的关系。

统领科学

学科
一个研究领域，通常以一个学术部门或专业为代表。

亚里士多德是**学科**的创始人，他称政治学为“统领科学”，意思是几乎所有事情都发生在某一政治情境中，且城邦（polis，希腊城邦，是 polite、police 和 politics 这些词的词根）决定着大多其他事物。耶鲁大学的哈罗德·拉斯韦尔（Harold Lasswell，1902—1978）认为，政治学是一门研究“谁得到什么”的学科。但是有人反对说，在拥有自由市场的国家，经济体制才是决定因素。事实的确如此。但是，我们是否应该让市场完全自由化、不受政府干涉？救援岌岌可危的银行这一决定引发了激烈的争论。虽然喜欢银行家的人寥寥无几，但是经济学家表示，必须要帮助银行才能避免经济崩溃。政治与经济密切相关。

经典思想

"千万别对事实发火"

这个所有严肃的研究的基本观点听起来是个基本常识，却经常被忽略，即使在大学课堂也不例外。实际上它可以追溯到德国哲学家黑格尔（Hegel，1770—1831）相当深奥的思想，他认为事情的发生并非随意、偶然，而是有合适充分的理由，即"存在即合理"。这意味着我们能够运用我们的理性去描绘事物的真相。我们研究政治要采用"自然主义"的方式，不要对我们的所见所闻愤恨不已，而要努力去理解它是怎么变成这样的。

例如，我们听说一个政客从利益集团那里拿了钱。作为政治学家，我们先把愤怒放在一边，然后提出如下一些问题：那个国家的多数政客是否都拿钱？它是否是古老的传统？这个国家的文化能否接受？人们是否希望政客拿钱？竞选活动到底需要多少钱？政客们有可能不拿钱就竞选公职吗？简单地说，我们要看未经法律允许的金钱交易是不是该政治体系的重要部分。如果是，毫无疑问要对个别政客感到愤怒。如果我们不喜欢这样，那么我们就要思考该体系应当如何改革以阻止这种额外拿钱的现象。但是改革也可能不起作用。日本曾经改革选举法来摆脱传统的"金钱政治"，但收效甚微。像细菌一样，政治当中的有些事情有它们自己的生存方式。

设想一个自然现象，比如飓风。政治体系会决定是否需要以及在哪里修建堤坝，或投入联邦资金重建洪水频发的海岸地区。自然灾害是天生的，但灾害对社会造成的影响在很大程度上可以受到政治的控制。那么科学呢？那些眯着眼睛透过显微镜进行观察研究的细菌学家呢？这显然不属于政治范围。但又是谁资助了科学家的教育和他们的研究机构？有可能是私人慈善机构（这种机构的捐赠者可获得赋税减免），不过主要还是政府。美国政府决定，应当把艾滋病研究放在首位，于是减少了对其他项目的资金支持。细菌和病毒本身虽然属于自然范畴，但是研究细菌和病毒却属于政治范畴。这样一来，同性恋者就得和关心乳腺癌的女性进行竞争，看谁能获得更多资助。是资助艾滋病还是乳腺癌的治疗研发？这一选择则属于政治范畴。

方法

章节的学习

在课前阅读每个章节。不要只是简单地阅读，要按照如下方式做笔记来学习：

A. 发现打动你的三个主要观点。不要概述，要构造三个完整的句子，每句都有主谓宾。它们可能是长而复杂的句子，但它们必须是完整陈述的句子。你可能找到两个、四个或六个要点，但经过你的拆分、整合以及放弃那些可能是也可能不是主要的观点，你就会理解那个章节。寻求抽象的归纳，三个要点下面要有细节——例子或个案研究。不要简单地从文中复制三个句子。要综合几个句子，总是问自己这个问题：从章节中提取的哪三个句子对考试最有帮助？以下是第一章的三个主要观点：

1. 要像科学家研究自然一样研究政治，努力去理解现实且不要对它发火。
2. 政治科学综合了很多学科但关注的是权力：谁拥有它以及如何使用它。
3. 只要论断能够得到经验材料的支撑，就可以客观地研究政治。

B. 列出一打词汇表并且能够解释它们。这些词对你来说是新的或者有特殊的用法。本书把它作为关键术语放在页脚而变得容易一些，否则就要借助手边的字典。

C. 标记阐明要点或词汇的特定例子或个案研究。多数会包含专有名词。例子不是要点或定义；相反，它们是支持某个要点的经验性论据。例子不需要用完整的句子。以下是第 1 章的例子：

亚里士多德的“统领科学”
艾滋病抑或乳腺癌研究
联邦德国的成功故事
东欧的共产主义政权
伊拉克乱象
伊朗王权的衰落

政治可以作为科学来研究吗？

刚开始接触科学的学生经常会把科学当作一门特定的研究科目，而科学是一种研究几乎所有科目的方式。它是一种方法而非科目。科学（science）的最初含义来自法语，仅指“知识”（knowledge）而已。后来，它成了物理、化学等依赖精确测量和数学运算的自然科学的代名词。现在，大多数人认为，科学是由实验和资料证明的精确性和真实性。有些政治学家（正如我们后面会看到的那样）事实上就想跟自然科学家一样；他们**量化**资料，通过统计处理验证他们的**假设**。他们的工作提供了许多有益的帮助，但他们通常只关注细节这样的小问题，而不是

量化
用数字来测量。

假设
研究初始阶段提出的理论，需要论据来证明。

意义这样的大问题。这是因为他们总是拘泥于可以量化的领域：公共舆论、选举报告和议员投票。

但很多政治领域不可量化。领导者如何以及为何做出决定？即使在民主政治中，许多决策也都是秘密制定的。不管是在华盛顿的白宫、巴黎的爱丽舍宫还是莫斯科的克里姆林宫，我们都无法确知决策是怎样做出的。一个国会议员为某个问题投票时，我们能否确信他为什么那样投？是为了选民的意愿、国家的利益，还是利益集团的竞选资助？当最高法院裁定基于种族原因解雇学校老师违反宪法，而以同样理由雇佣他们却不算违法时，法官们的脑子里到底在想什么？试着量化这些看看。许许多多的政治问题——特别是在处理如何以及为何做决定时——实在过于复杂而无法被量化。19 世纪统一德国的俾斯麦首相曾经做了一个关于法律和香肠的有名的比较：最好不要看到它们是如何制成的。

这是否就意味着政治科学永远也不能像自然科学一样？政治科学是一门**经验的**科学，既收集定量的资料，也收集定性的资料。运用这些资料我们可以发现持续的模式，就像生物学那样。渐渐地，我们开始归纳。当归纳得到进一步证实时，我们就把它叫作理论。在一些案例中，理论变得如此有力，我们就会把它称为规律。按照这种方式，政治学研究就是积累知识——科学的本义。

经验的
建立在可观察到的证据的基础上。

为明察而努力

政治科学在一定程度上确实像自然科学：它的研究者们，如果是职业的话，要努力研究事物的真实情况，而不是他们所希望的情况。这对研究政治来说要比研究星星和分子难得多。多数政治学家对当前的问题都有自己的看法，这很容易影响他们对政治的分析。的确，严格说来，一个问题能引起我们研究的兴趣就意味着我们对它抱有热情。你能否想象自己会坐下来探讨一个毫不关心的话题？如果你有足够的兴趣去研究一个问题，你可能开始倾向于某一边。但太强的倾向会带来研究的偏见；它会变成派性的喧嚣，而不是追求真理的学术研究。如何预防这种情况？传统的**学术**特点可以给我们一些指导。一项学术性工作应该是推理的、公正的，并有论据支持。

学术
由推理和论据支撑的理性的论证。

推理　你必须写出你的推理过程，且这个过程应当合理。如果你的正确观点得益于一个还不明确的假设，那么你就应该如实说明。你可以说，“为了研究的目的，我们假定人是理性的”，或者“这是对小镇投票者心理的一个研究”。你的基本假设会影响到你的研究内容和研究方法，但你可以通过如实陈述你的假设来减少误差。德国社会学家马克斯·韦伯（1864—1920）对社会科学的各个领域都有很大贡献，他坚持说任何为支持个人的政治观点而得出的研究成果都是偏见，必须抛弃。尽管很少有那种单纯的意图，不过韦伯的观点还是有用的：小心设计你的研究，以支持一个观点。

公正 你也可以承认关于自己的论题还有不同的观点，以减少误差。你应该提及你的论题的不同研究方法以及其他研究者对这一论题的研究结果。老师们会因你对某一领域著作的熟悉程度而印象深刻。如果你能够批判这些研究成果，并解释为什么你认为它们不完整或者错误，老师们的印象就会更加深刻，比如说：“琼斯的研究发现投票者大都很冷漠，但这只是地方官员的选举，所以冷漠可想而知。”通过把不同的研究方法和成果放在一块并阐述你对它们的看法及原因，你就可以提出一个更为客观、更有说服力的论点。不要把自己完全局限于某一个观点或理论，但要承认的是，你的观点只是众多观点中的一个。

论据 所有的学术研究都需要论据，不论是自然科学的定量论据，还是人文科学的定性论据。政治科学需要这两种论据同时存在。理论上，不管是解释还是争论，一个言论都应该言之有据。常识无须论证，你不需要引用美国宪法来“证明”总统的任期是四年。

但如果你的论题是总统在过去几十年间获得了越来越多的权力，则需要论据。至少，你应该引用那些已经收集证据阐释这个观点的权威学者的成果。这叫作“第二手资料”。这些论据已经经过了别人的脑子。很多学生论文只用“第二手资料”，但如果你使用“第一手资料”，即收集原始数据制作表格，即收集原始数据制作自己的表格，以反映你所在州的哪些县是奥巴马的铁杆票仓，老师们会对你印象深刻。任何一个阅读研究报告的人都必须能够评论它的论据并且判断其是否有效。你不能把论据或资料当作秘密。

理论 严谨的学问总是相通的，至少在理论上有些相通。它不需要清除一个新理论（那是对于天才们来说的），但它需要稍微发展一下学科知识。至少，它需要证实或者驳倒一个现存的理论。仅仅描述一个事情还不足称之为理论，这就是为什么谷歌或维基百科做得还不够。你必须把描述与另一个特征相关联，当然，通过实验证据。它的通用模式一般为：“大多数时间X伴随着Y。”构建理论也可以让你的研究高于辩论（支持或者反对一件事情）。谴责“基地”组织可能是我们的爱好，但不能称之为学问。解释人们为何加入“基地”组织（现在一些学者也在研究这个问题）会对理论和实践产生重要的影响。

政治科学有什么好处？

有的学生仅仅把政治科学当作观点的堆积。他们在考试或写论文时往往忽视上述所有或部分要点。是的，我们都有政治观点，但如果让它们左右我们的研究，我们得到的只是无效的结果和徒有其表的政治科学。一个专业的政治学家在致力于探索研究时，会将他的个人观点放在一边。一流的思想家的确能够得出与他以前所持观点相左的结论。这种情况的出现说明，我们在知识上又前进了一步，像这样令人兴奋的经验应该成为你们的目标。

这种经验还能带来的是：你开始认识到你当初不应该有派性的观点。你开始放弃曾经有过的强烈看法并饶有趣味地看待它们。因此，政治科学不是训练职业的政治家，而是训练客观而复杂的分析，但政治实践通常需要固定不变、流行和简化的观点。

政治科学对好的政府有所裨益，主要是提醒那些官员们并非万事大吉，正如贵格会教徒所言：“对权力说真话。”这个建议有时对在任的政治家们有用。例如，民意测验显示，从 20 世纪 60 年代中期开始，美国政府的合法性受到侵蚀。原因包括越南战争、水门事件和通货膨胀。了解民意的候选人会在他们的竞选活动和政策中抵制这种潜在的危险滑坡。罗纳德·里根性格开朗，积极乐观，他利用这种不满赢得两届选举。

有些政治学家多年前就提出警告，伊朗沙阿王朝基础不扎实。遗憾的是，这些警告并没有引起注意。华盛顿的政策是支持国王，可在沙阿统治结束前两个月，德黑兰的美国大使馆便开始报道说，伊朗变得极其不稳定。国务院官员让政治搅乱了他们的政治分析，他们无法明察秋毫。新闻工作者也好不到哪里去，直到暴动发生都没人关注伊朗。而专门研究伊朗的美国政治学家却在多年前就已经预见灾难将至。政治学家曾警告说，伊朗并未做好准备接受民主，美国的入侵不会减轻混乱。华盛顿决策者并未在意这些警告。政治科学是有用的。

政治科学的分支学科

大多数政治学系把学科划分为若干分支学科。系的规模越大，就会有越多的分支学科。本书将对所有的分支至少做一个简要的介绍。

美国政治关注的是制度和过程，多数是在联邦层面，但也包括一些州和地方层级。它包括政党、选举、民意，以及行政和立法行为。

比较政治考察其他国家的政治，试图建立一个关于民主、稳定和政策的概括理论。它可能关注不同的地区，比如拉美政治或东亚政治。

国际关系研究国家间的政治，包括冲突、外交、国际法和国际组织，以及国际政治经济。美国外交政策研究脚踩美国政治和国际关系两条船。

政治理论包括传统的和现代的，都在试图界定什么是好的政体，研究对象通常是那些重要的思想家。

公共行政研究官僚制如何运作以及如何改进。

宪法学研究的是宪法在法律体系中的应用和演化。

公共政策研究的是政治学和经济学的衔接部分，着眼于发展有效的规划方案。

政治科学与历史学和新闻学的比较

了解其他学科如何研究政治可以帮助我们认识政治科学有何独特之处。历史学和新闻学与政治科学虽然目的不同，但它们有相同的特点。历史学研究过去，但并非所有历史学都关注政治。新闻学关注当前，但只有一部分新闻故事和政治有关。这三者的共同点在于，它们关注的都是独特的事件。历史学家在研究法国大革命时会讲述故事人物、地点和事件，以更好地理解事件本身，并提出该事件为何发生。历史学家对比较法国大革命和美国独立战争不感兴趣，因为这两个事件都独具特色，值得单独研究。

同样地，一位报道战争的记者会实时描述战争经过，采访受战争影响的人，并按事件发生的顺序记叙战争——从而解释为什么这场战争是一个转折点。

政治科学的研究方式则不同于前二者。政治科学家可能会比较几场革命，找到它们之间的联系，而不是专注于一场革命。哪些因素导致了革命爆发？为什么有些革命成功了而有些失败了？革命会带来什么影响？

同样，政治科学家不一定会对记叙今天的战况或者采访战争难民感兴趣。相反，他们也许会对这些问题感兴趣：导致战争的一般原因是什么？为什么有些小冲突会引发大战而有些不会？内战在什么情况下会导致种族灭绝？面对大批难民，什么形式的援助最为有效？

历史学家或者新闻记者通常会寻求解释某一事件的独特语境，而政治科学家则对事件进行**归纳**。引发革命、战争或其他政治事件的必要条件和充分条件是什么？如果斩首贵族只在法国大革命中出现过，那么政治科学家也许会在解释革命的时候忽略这一因素，而历史学家则会对断头台很感兴趣。如果一位难民因战争而痛苦不堪，记者可能会报道她的故事，而政治科学家则会关注国际社会处理难民危机的新战略如何做到让受助难民的数量增加 50%。

归纳
解释产生一类事件的影响的原因。

政治科学常会忽略在一种情况下举足轻重而在另一种情况下无关轻重的事物。相反，它关注的是在相似情况下同时存在的几个因素。一位政客赢得选举，是因为他刊登了一则广告，攻击他的对手投票支持一项不得人心的法案，还是因为他花费了一千万美元做广告？对一个竞选活动的研究无法得出确定的答案。只有研究多个竞选活动才能发现哪个因素更重要——是负面广告还是竞选经费？

政治科学理论

1.3　几种研究政治科学的理论方法的优缺点

美国的学校通常会让学生积累知识——了解更多的东西。批评家指出，知识不只是收集事实，因为这些资料不会自行组成一个合乎逻辑的整体。康德认为，没有一个指导原则而收集事实只会导致大量毫无意义的事实堆积。在科学中，理论提供了一个结构框架，能够赋予事实规律以意义。的确，理论固然会变得过于复杂、抽象、脱离实际，但如果没有那么一点理论的视角，我们甚至不知道该问什么问题。即使你说你没有掌握任何理论，你或许只是没有意识到而已。你问的第一个问题以及这个问题的类型就是理论的开端。

理论不同于事实。理论是就如何组织事实提出的建议。有些理论能比其他理论更有力地支撑事实。所有的理论都会有与其相悖的事实偶然出现。这种情况甚至也发生在自然科学领域，比如，所谓的大爆炸理论也只能解释某些观察结果。理论之间也常常会有冲突。你如何证明哪个模型更准确？政治科学家——所有的科学家——都会用观察世界的方式测试理论，再将之进行调整，以期更好地反映他们对世界的认识。通过科学研究积累知识是一个渐进的过程。接下来的章节概述了几种政治科学家用来理解政治世界的理论框架。

行为主义

制度
政府的形式结构，比如美国国会。

从 19 世纪末期到 20 世纪中叶，美国思想家关注的是**制度**——政府的形式结构。这表明了法律对美国政治科学发展的影响。例如，伍德罗·威尔逊在成为政治学家之前是个律师（虽然并不成功），致力于改良政府的制度。宪法成为这一时期政治学家青睐的主题，因为他们常常假定纸上的政府结构与实际运作的政府差不多。意大利和德国独裁政治的兴起动摇了这种信念。德国魏玛共和国（1919—1933）的宪法从文本上看很不错，是由专家起草的。但在压力之下它失败了，因为那时的德国人还没有必需的民主经验和民主信念。

实证主义
一种认为社会能被科学研究并且随着知识的增进而不断进步的理论。

法西斯独裁以及第二次世界大战促使政治学家重新检视他们对制度的关注，很多人开始致力于发现政治的实际运作情况，而不是想象中的运行情况。战后美国的政治学家追随 19 世纪早期法国哲学家奥古斯特·孔德，将自然科学的方法运用到社会研究当中。孔德创立的**实证主义**学说是个乐观主义的哲学，它认为，通过社会观察（而非猜测或直觉）收集有效的资料就能完善社会科学，并促进社会的发展。或许心理学家受这种方法的影响最深。许多人之所以被称为“行为主义者”，是因为他们关注的是人类的实际行为而不是与之相对立的思想或感觉。

行为主义
对实际的人类行为进行经验研究而不是抽象的或猜测的理论。

从 20 世纪 50 年代开始，**行为主义**倾向的政治学家从选举、民意调查、议会投票和其他他们能得到数字的地方收集数据。行为主义者为政治科学做出了显著的贡献，动摇了一些被长期坚持却未经检验的假设，赋予政治理论经验性的基础。行为主义研究尤其擅长检验政治的“社会基础”——每个公民的态度和价值观，它有助于政治系统按其自身方式进行运转。他们的杰作是投票模式研究，因为在该领域他们能够获得大量有效的数据。

在 20 世纪 60 年代，行为主义学派站稳了脚跟并在许多领域取得了胜利。然而，到 60 年代末，行为主义遭到了猛烈的批判，这些批判并不仅来自处于守势的传统主义者。很多年轻的政治学家，有的受到激进的反越战运动的影响，抱怨行为主义方法是静态的、保守的，充斥着操作者的价值观，且与身边紧要的事情无关。行为主义者经常把美国当前的情况界定为标准模式，与之不同即反常，这绝对不是“科学的”“价值中立的”。阿尔蒙德（1911—2002）和维巴（1932—　）发现，美国人体现了所有的善——公民文化中“参与”的美德。但行为主义者检验的只是一个既定时刻的既存事实，他们忽略了变化的可能性，他们的研究受时间约束。行为主义者对现状有一种心照不宣的偏好，他们喜欢检验固定的、已确立的系统，因为在那里他们的方法论工具能够发挥最佳功效。置身于警察国家或内战冲突中的人们知道，如实表达自己的意见可能会遭牢狱之灾，甚至丧命，所以他们都只发表“正确的”观点。

然而，也许最要命的批评是行为主义者只关注芝麻蒜皮的事，却回避政治中大是大非的问题。例如，行为主义者可以告诉我们投票给民主党的底特律蓝领天主教徒有多大比例，却无法告诉我们这对底特律的治理质量或当选官员将要做出何种决定意味着什么。选民行为和政府产出之间并没有必然的联系。批评者指责行为主义研究经常风马牛不相及。

到 1969 年，很多政治学家不得不承认对此前称为“行为主义革命”的批评是有道理的。有些人把新运动称作**后行为主义**，即传统主义方法和行为主义方法的综合。后行为主义者认识到事实和价值紧密相连。他们情愿同时使用传统主义者的定性资料和行为主义者的定量资料。他们既看重历史和体制，也看重公共意见和理性选择理论。他们不畏惧数字，乐于使用相关性、曲线图和百分数做案例。如果观察你所在的政治学系，你很容易会发现教授们当中既有传统主义观点，也有行为主义和后行为主义观点，甚至三者集于一个教授身上。

后行为主义
在政治研究中，综合了传统主义的、行为主义的和其他技术的方法。

新制度主义

在 20 世纪 70 年代，政治科学开始重新发现制度，到 80 年代，这种研究被正式称为“新制度主义”研究。它的关键在于政府结构——立法机构、政党、官僚制等等——有自己的生命，而且塑造那些生活在其中并从中获益的人的行为和态度。制度不是对社会力量的简单反映。例如，立法者的所作所为很大程度上是因为很久以前设立的规则，数十年来这些规则不断得到加强。一旦你了解了这些复杂的规则，其中有些是不成文的，你就能看出政治人物是怎样按照逻辑在规则下努力最大化自己的利益，就像你经常能够预测棒球击球手会短打一样。这并不神秘，只是他们玩的游戏的逻辑而已。保存和增进制度成了政治人物的主要目标之一。因此，制度即使过时或者无效也会辘辘运转。

系统理论

战后的一个重要发明是戴维·伊斯顿（1917—2014）设计的“政治系统”理论，通过简化现实来帮助我们理解政治，但有时也会脱离实际。把复杂的实体看作系统的思想来自生物学。生物体非常复杂且高度整合。心脏、两肺、血液、消化道和大脑执行各自的功能以维持动物的生存。拿走一个器官，动物就会死亡。损坏一个器官，系统的其他组成部分就会改变运作的方式，以尽力补偿和维持生命。系统思想的关键在于：你不能改变哪怕其中一个组成部分，因为改变一个组成部分也将改变其他所有部分。

政治系统论者认为，一个国家的政治就像反馈环一样运作，有些像生物系统。按照伊斯顿的模型（见图 1－1），公民的需求，即“输入”，为政府的决策者所知晓并变为当局的决定和行动，即“输出”。这些输出对社会、经济和政治环境产生了影响，不论公民喜欢与否。公民重新表达他们的要求，这就是连接系统的关键的“反馈”，它可能改变先前的决定。但“转换过程”如何运行却不得而知，即所谓的“黑箱”。

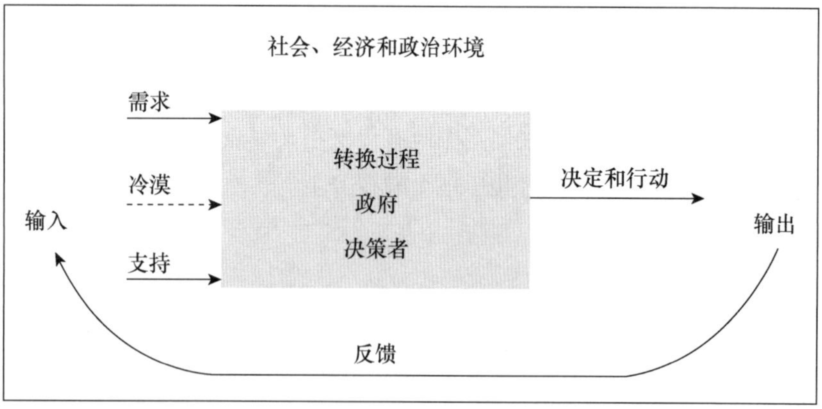

图 1－1　政治系统模型

资料来源：David Easton, A Systems Analysis of Political Life. Chicago: University of Chicago Press, 1965, p. 32。

在有些情况下，政治系统的方法是符合实际的。越战期间对部队征兵的反馈非常消极。为平息年轻人的怒火，尼克松政府于 1973 年终止了征兵制，全部改为志愿军。在这个例子中，反馈环生效了。但是反馈也可能会出现差错。奥巴马政府把医疗改革视作非常重要而必须执行的举措，但是约半数美国人对此持反对意见，这点在 2010 年选举时被共和党诟病。

但在其他情形下，系统模型则达不到预期效果。希特勒的德国是否真的适合系统模型？独裁者到底有多关注老百姓的需求？的确，那里也总是有一些公民的输入和反馈。希特勒的将军们试图谋杀他，这也是一种反馈。

系统模型如何解释越南战争？是美国人要求政府送 50 万军人去那里打仗？不，事实恰恰相反：林登 · 约翰逊靠反战纲领在 1964 年大选中获得压倒性的胜利。系统模型的确显示了公众的反战情绪如何毁掉约翰逊的声望，以致他放弃谋求 1968 年的竞选连任。反馈环的确产生了作用，但这只是在出兵越南的决定做出很长时间以后。系统模型能否解释水门事件？是美国公民让尼克松总统在民主党总部安放窃听器？不是的，但 1973 年掩盖的细节被披露时，反馈环开始起作用，民众对众议院施压，于是成立了一个弹劾小组来调查此事。

很明显，系统模型还存在一些问题，而且看似是在转换过程的“黑箱”中。很多是发生在政府体制内部的事情，并非由公民提议，也几乎与他们的愿望无关。美国民众很少关心吸烟带来的健康影响。当医学统计专家的分析显示吸烟与肺癌之间存在很大关联，国会才下令在烟壳上印上警告并叫停电视上的烟草广告。实际上，推动反烟草运动的只是联邦官僚机构中的少数专家，而不是公民大众。

理论

模型：简化现实

模型是对现实的简化，它由社会科学家发展出来用于整理资料、创立理论和进行预测。一个好的模型应该符合现实，且同时简化现实，因为一个跟现实世界同样复杂的模型无助于我们了解现实世界。然而，在简化现实过程中，模型存在过于简化的风险。一个现实问题是，人类智力有限。我们不能一下子处理所有有用的信息，而必须选出重要信息，忽略剩余部分。但我们这样做时，可能会让政治研究变得没有血肉，并且忽略许多要点。因此，当我们碰到政治模型时，或者我们自己设计模型时，最好先停下问一问这个模型是否远离现实。如果是，那么就放弃或更换。不要因为现实不符合模型而置之不顾。

系统模型本质上是对现状的静态的、有偏差的反映，并且无法应对剧烈变化。这也是政治学家对苏联的解体感到诧异的原因之一。“系统”

不应瓦解，而应能够持续自我纠正。

我们可以修正一下系统模型使之能更好地反映现实。如图 1 - 2 所示，我们在逻辑上并没有改变什么。这里出现了同样的反馈环：输出转化为输入。但我们把政府的“转换过程”放在前面。我们认为是这一转换过程而不是公民促成了大多数的决定。公众只是在事后才做出反应。阿富汗战争就是一个例子：2001 年（公众）获得了高度支持，但 10 年后就出现了不满情绪。

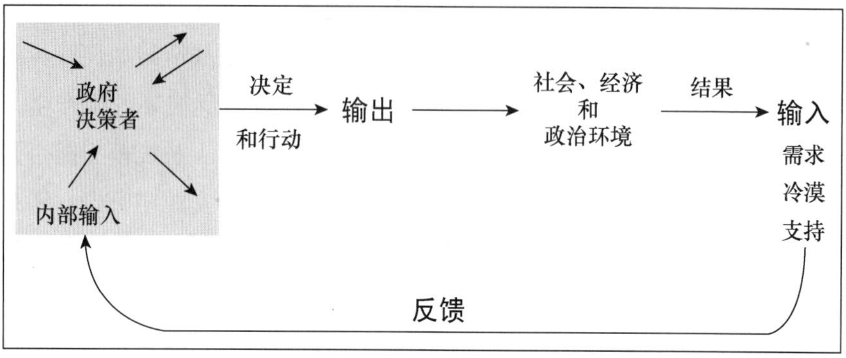

图 1 - 2　修正的政治系统模型

然后，我们再加上一些伊斯顿自己后来设想的东西。在“黑箱”里面发生的事情比外部需求的加工更多。伊斯顿把来自政府不同部分的压力——政府主要是与自己进行对话从而形成简短的反馈循环——称为“内部输入”。当然，这两个改变使我们的模型变得更为复杂，但这也反映了现实的复杂性。

理性选择理论

在 20 世纪 70 年代，一种由二战时期数学家发明的途径在政治科学领域迅速发展，这就是理性选择理论。理性选择理论对文化和发展基本不感兴趣，它认为个人只要知道相关行为者的利益就通常能够预知政治行为，因为他们会理性地选择将自己的利益最大化。当美国总统候选人摆出对问题的姿态时，他们会算计什么能让他们得到最好的回报。他们会想：“很多人反对伊拉克战争，但很多人也需要国防方面强大的领导力。我最好只批评在伊拉克的‘错误’，同时要求强大的‘国家安全’。”理性选择理论家认为，这些含糊其词的话并非优柔寡断而是深思熟虑。

理性选择理论家激怒了一些其他的政治科学家。一个研究日本官僚制的人声称，你无须研究日本的语言、文化或历史。所有你需要知道的是，他们的职业利益会告诉你，他们将怎样做决定。在美国，有一位研究日本的著名专家，他对这种随便、肤浅的捷径大发脾气，并公开指责理性选择理论。更为谦逊的理性选择理论家沉迷于匈牙利语言和文化，但仍然得出结论说匈牙利政党拼凑了一个极为复杂的选举系统，他们正做出理性选择，使自己在议会席位上取得优势。

很多理性选择理论家放弃了原先自以为是的姿态。少数人甚至已经称自己为"新制度主义者"（参见上一部分），因为他们的所有理性选择都是在这样或那样的制度背景下做出的，例如美国国会。理性选择理论并没有成为一个支配性的**范式**——没有一个理论如此，也没有哪个可能这样——但它的贡献在于提醒我们，政客是彻头彻尾的机会主义者，这一点为很多别的理论所忽略。

范式
被一个学科接受的做研究的模式或方法。

有些理性选择理论家认同一个数学分支——博弈理论，它把政治决策看作桌上"游戏"。古巴导弹危机的"游戏"会让几个人扮演肯尼迪总统，他必须权衡轰炸与不轰炸古巴的后果。其他人扮演赫鲁晓夫，他要权衡到底是坚持行事还是收回前言。观察"游戏"中玩家的互动能给予我们领悟和警示，即在危机决策中什么行为会出错。如果你"玩完"了 1962 年的古巴导弹危机并发现十次中有三次会导致第三次世界大战，你就能够写出一篇引人入胜的论文。

博弈理论认为，构建一个合适的"游戏"可以解释为什么政策结果常常不可预见但却并非偶然。博弈能够展示决策者如何思考。我们认识到他们的抉择非常不容易或不简单。博弈甚至可以经数字化输入电脑。博弈理论的最大弱点在于，它有赖于对双方决策者的预期的正确估计，但这只有仔细检查历史纪录后才能非常接近。我们知道古巴导弹危机是怎么解决的，因此我们会调整游戏，从而得出相同的结果。博弈理论只是又一个系统化、阐明历史的有效方式（这并非坏事）。

并非所有这些理论和其他几个理论都会提出有趣的见解。没有哪个理论会是我们见到的最后一个典范，因为我们没有范式可以用来一直解释并预测政治行为。每几十年，政治科学都会提出一个新的范式——通常是从别的学科借鉴来的——引起很大的热潮和关注，支持者则会夸大它解释和预测的能力。经过考察和批判后，通常这个范式会慢慢隐去，被另一个趋势代替。政治科学趋向于追赶潮流。几番反复过后，我们学会不再期待突破性的理论。政治非常狡猾，不会轻易局限于我们的心里建构。认识到这点，我们就会打开心扉，拥抱丰富、复杂而具有戏剧性的政治生活。

比较“政治理论”与政治科学中的理论

1.4 政治学和政治科学的规范理论的对比

政治学系通常既有政治科学家，又有政治理论家。由于二者同属一个专业分支，大多数学生都不太清楚他们研究政治学的方法有什么不同。政治科学家强调事物如何有效运作，而政治理论家则强调事物应该如何运作。

政治学的规范研究

有人说柏拉图创立了政治科学。但他在《理想国》中描绘的是一个理想的城邦，这是一种规范性研究，不同于政治科学的客观性研究，后者试图理解事物是如何运作的。相反，柏拉图的学生亚里士多德是第一个经验主义的政治科学家，他派学生收集了数十个希腊城邦的资料。根据这些资料，他完成了《政治学》这本伟大的著作。亚里士多德既是**描述性的**又是**规范性的**：他运用他和学生们收集到的事实来描绘最理想的政治制度。政治学以其最纯粹的形式进行描述和解释，但人们很难拒绝将学到的东西用于规范性问题和预测变化。柏拉图和亚里士多德都看出了雅典的衰落，他们试图了解原因并建议如何能够避免。他们由此开创了一个传统——研究一个良好、稳定的政治体系的起源，这至今仍是政治科学的核心。

描述性的
解释是什么。

规范性的
解释应该是什么。

很多欧洲中世纪和文艺复兴时期的政治思想家采用宗教的方法来研究政府和政治。他们大都是严格的规范主义者，寻求发现“应当”和“应该”，并且经常对现实世界状况“是什么”相当漫不经心。由于受到宗教的、法律的和哲学的价值观的教育，他们努力探知哪种政府体系会使人类最接近上帝的旨意。

马基雅弗利（1469—1527）提出聚焦权力，有人相信是现代政治科学的症结所在。他的伟大作品《君主论》写的是政治权力的获得和使用。他是个**现实主义**者，认为要把每件事都做好——比如意大利的统一和驱逐蹂躏它的外国人——国王不得不在权力的使用上变得理性、强硬。

现实主义
对待世界如其所是而非如我们所愿，通常聚焦于权力。

虽然一直受到美国政治思想家的轻视，他们有时把“权力”看作天生肮脏的东西而羞于提及，但这种方法却在欧洲扎根，并为莫斯卡、帕累托和米歇尔斯的精英分析做出贡献。通过来美国避难的德国国际关系学家汉斯·摩根索的著作，美国人才开始了解权力方法。他强调，“一切政治都是对权力的争夺”。

契约论者

马基雅弗利之后不久，“契约论者”——霍布斯、洛克和卢梭——分析了政治系统究竟为什么存在。他们有很多分歧，但都同意人类至少在原则上加入了卢梭所谓的**社会契约**，所以现在每个人都必须遵守它。

社会契约
一种理论，认为个人加入并保持公民社会就好像他们是签了契约似的。

托马斯·霍布斯（1588—1679）设想，在**文明社会**诞生之前的“**原初状态**”里人们的生活非常可怕。每个人都可能是其他人的敌人，即“每个人与所有人的战争”。人类生活在蛮荒的悲惨世界，“没有艺术，没有文字，没有社会；更糟糕的是，持续的恐惧，以及暴力带来的死亡威胁；人的生命，孤独、贫穷、肮脏、粗野而且短暂。”为了走出这种恐怖状态，人们放弃了根深蒂固的自利性，理性地团结在一起而形成文明社会。因此，从根本上说，社会是从恐惧中产生的。人们也乐意服从一个国王，即使是个糟糕的家伙，因为有君主就没有无政府。

文明社会
人类开化之后。现代用法称作“公民社会”，指的是家庭和政府之间的社会组织。

原初状态
人类开化之前。

约翰·洛克（1632—1704）的结论比较温和。洛克的理论认为，最早的自然状态并没有那么糟糕，人们平等地生活在一起并且相互宽容。但他们无法保护他们的财产：没有货币、所有权证或是法院，因此他们的所有权是不确定的。为改正这种状况，他们签订了契约形成文明社会来保护“生命、自由和财产”。洛克诉诸财产权正如霍布斯诉诸对暴力死亡的恐惧。有些哲学家认为美国人是洛克的徒子徒孙。请注意美国人强调“财产的自然权利”。

让-雅克·卢梭（1712—1788）为法国大革命奠定了哲学基础。和霍布斯与洛克的理论相反，卢梭的理论认为，原初状态下的生活是完全美好的，没有阴谋，没有嫉妒，人们活得像个“高尚的野蛮人”。（所有的契约论者都受到了关于美洲印第安人的不很精确的描写的影响。）什么使人类堕落？卢梭认为是社会自身。《社会契约论》开头的那句著名的话是：“人天生是自由的，但却无往不在枷锁之中。”

经典论述

并非只有欧洲人

几个世纪前，中国、印度和北非就已经出现了杰出的政治思想家。直到最近，西方人才知道他们的思想对西方政治理论的发展产生了影响。他们的确主张，不论文化有何差异，人类的政治本质基本相同；在如何处理政治事务方面，也是英雄所见略同。

孔子是公元前 6 世纪中国的一位君主顾问，他认为一个良好和稳定的政府应该建立在两个基础之上：家庭和礼——渗透在统治者和被统治者当中的道德行为。在最高层，帝王通过净化自己的心灵和完善自己的举止来树立一个道德楷模。他必须绝对真诚地思考善的思想，否则，他的帝国就会崩溃。他是臣僚的榜样，臣僚在帝国的等级体制中排班序列，是一家之父，对这些家长的妻子儿女来说，他们也像个小小的帝王。孔子的体系跟柏拉图的理想国有一些相同之处；不同的是，中国人实际上实践了孔子的思想，延续了 2500 多年，经历了数十个朝代。有人认为它是近年东亚经济显著增长的文化基础。

公元前 4 世纪，印度作家考提利耶（Kautilya）得出了相同的结论，比马基雅弗利和霍布斯早 2000 年。作为首相和一位印度国王的顾问，考提利耶在《利论》（*Arthasastra*，直译为《物质富裕原理》）中写道，生活在运转良好的国度才有富裕可言。跟霍布斯一样，假设有个原初状态叫作无政府状态。君主的出现是为了保护土地和人民免于无政府状态，并带来繁荣。跟马基雅弗利一样，考提利耶建议他的国王把纯粹的私利作为行动的基础，不择手段地保护国内安全并抵御其他王国。因此，可以说考提利耶同时创立了政治经济学和现实主义治国术。

在公元 14 世纪的北非，伊本 · 赫勒敦（Ibn Khaldun）是多位统治者的秘书、行政官和大使。有时因失宠而被投入监狱时，他便反思庞大的阿拉伯帝国什么地方出了问题。在他的《历史概论》一书中，他得出结论——阿拉伯人的品质和他们的内聚性受到气候和侵略的侵蚀。伊本 · 赫勒敦把基本经济条件和社会与政治的变迁联系起来，这个思想很现代。他发现，北非的经济衰退导致政治不稳定，缺失法律约束。在马克思、汤因比和许多其他西方作家之前，伊本 · 赫勒敦就发现了文明的发展有增长和衰退周期。

请注意这三位思想家与马基雅弗利的共同之处：他们都是王室的顾问，都用自己的见识为正确的治理提出一般方法。理论来自实践。

公意
卢梭关于全社会愿望的理论。

但卢梭认为，社会能够被彻底地改善而通向人类自由。一个正义的社会应该是一个有自己意愿的志愿共同体，这种意愿即**公意**——超越个人和利益团体“特殊意愿”的每个人的愿望。在这样的社会中，人们能获得尊严和自由。如果人是恶的，那是社会使然（今天很多人仍持有这种观点）。另一方面，如果人行为不当，一个好的社会能够“迫使人走向自由”。很多人看到了卢梭思想中极权主义的根源：设想的完美社会，独裁者宣称自己知道的公意，以及不合作者的屈服。

马克思主义理论

卡尔·马克思（1818—1883）创造了一个非常复杂的理论，至少包括三个相互关联的部分：一个经济学理论，一个社会阶级理论，一个历史理论。像黑格尔一样，马克思认为事物并非偶然发生，每件事情都有其原因。黑格尔断定历史发展的根本原因是精神上的，特别是**时代精神**（Zeitgeist）。马克思则在经济学当中发现了首要的根本原因。

时代精神
黑格尔的理论，认为每个时代都有与众不同的精神，推动历史向前发展。

经济学　马克思集中论述剩余价值——我们把它叫作利润。工人生产物品，但他们的所得只是产品价值的一部分。资本所有者攫取了剩余部分，即剩余价值。工人——马克思称他们为**无产阶级**——的工资太少，无法购买他们生产的所有产品，这导致了重复的过度生产，进而导致经济萧条。最后，马克思认为，严重的经济萧条会导致资本主义体系的崩溃。

无产阶级
马克思所称的产业工人阶级。

社会阶级　每个社会分为两个阶级：拥有生产工具的小阶级和为小阶级工作的庞大阶级。社会按照较高阶级的指示来运作，它设定法律、艺术，维持自己权力所需的方式。马克思写道，大多数法律都与财产权有关，因为**资产阶级**（资本家）处心积虑想保护自己的财产。在马克思看来，这只是他们不择手段攫取的剩余价值。马克思说，如果国家发生了战争，不是人民大众的意愿使然，而是因为占统治地位的资产阶级需要一场战争获取经济利益。实际上，无产阶级没有祖国，他们遍布全世界，都遭受着资本家的压迫。

资产阶级
作形容词用，来源于法语，指的是城市居民；后来和现在的用法，通常指中产阶级。

历史　马克思把他的经济理论和社会阶级理论结合起来解释历史的变迁。当社会的经济基础与统治阶级建立的结构（法律、制度、商业等等）不相适应时，现行秩序就会崩溃，像法国大革命一样。他还预言说，资本主义制度最终会崩溃。马克思不仅是一名理论家，还是一名思想家。

作为一个分析体系，马克思主义仍能吸引人们的注意且有用。比如，从结构性的政治观点来看，社会阶级很重要，但并非千篇一律。经济利益团体仍得意洋洋，依靠在竞选运动中自由地花钱，他们通常都能在华盛顿找到门路。可是，他们很少能够事事如愿，因为他们受到其他利益团体的反对。马克思的不朽贡献在于：（1）他理解的社会从来不是完全一体与和平的，总是因各种斗争破裂；（2）在任何政治论争中我们都必须要问“受益的是谁?”。

政治科学和政治理论都有自己的一席之地。当你作为一位公民想让世界变得更好时，你在以政治理论家的方式思考——事情应该是什么样子。你需要决定采取何种行动以实现想要的政治变化。因此，你必须了解事物的运作方式及其根源。你要用政治科学家的方法去看世界原本的样子。如果你只是希望世界如其所是，那么或许你认为它是不可改变的。因此，置身政治生活之中，我们既需要政治科学的客观性，也需要政治理论的规范性。

思考题

1. “永远不要对事实发火”是什么意思？
2. 为什么亚里士多德称政治学为“统领科学”？
3. 政治在很大程度上是生物学的、心理学的、文化的、理性的还是非理性的？
4. 像政治学这样繁杂的事物能否成为一门科学？
5. 马基雅弗利、孔子、考提利耶和赫勒敦的共同点是什么？
6. 霍布斯、洛克和卢梭有何区别？
7. 马克思主义理论的关键点是什么？
8. 什么是理性选择理论？

关键术语

行为主义	假设	无产阶级
资产阶级	制度	量化
非理性的	理性的	文化
合法性	现实主义	描述性的
规范性的	学术	学科
范式	社会契约	经验的
政治权力	原初状态	归纳
实证主义	公意	后行为主义

参考文献

Clarke, Kevin A., and David M. Primo. *A Model Discipline: Political Science and the Logic of Representations.* New York: Oxford University Press, 2012.

Easton, David. *A Framework for Political Analysis.* Englewood Cliffs, NJ: Prentice Hall, 1965.

Fukuyama, Francis. *The Origins of Political Order: From Prehuman Times to the French Revolution.*

New York: Farrar, Straus and Giroux, 2011.

Huysmans, Jeff. *What Is Politics? A Short Introduction.* New York: Columbia University Press, 2004.

Lane, Ruth. *Political Science in Theory and Practice: The "Politics" Model.* Armonk, NY: M. E. Sharpe, 1997.

Laver, Michael. *Private Desires, Political Action: An Invitation to the Politics of Rational Choice.* Thousand Oaks, CA: Sage, 1997.

Lipset, Seymour Martin. *Political Man: The Social Bases of Politics*, rev. ed. Baltimore, MD: Johns Hopkins University Press, 1981.

———, ed. *Political Philosophy: Theories, Thinkers, and Concepts.* Washington, DC: CQ Press, 2001.

Losco, Joseph, and Leonard Williams, eds. *Political Theory: Classic and Contemporary Readings*, 2nd ed., 2 vols. Los Angeles: Roxbury, 2002.

Morgenthau, Hans J., David Clinton, and Kenneth W. Thompson. *Politics Among Nations: The Struggle for Power and Peace*, 7th ed. Burr Ridge, IL: McGraw-Hill, 2005.

Naím, Moizés. *The End of Power: From Boardrooms to Battlefields and Churches to States, Why Being in Charge Isn't What It Used to Be.* New York: Basic Books, 2013.

Ryan, Alan. *On Politics: A History of Political Philosophy from Herodotus to the Present.* New York: Norton, 2012.

Shively, W. Phillips. *The Craft of Political Research*, 9th ed. New York: Pearson, 2012.

Theodoulou, Stella, and Rory O'Brien, eds. *Methods for Political Inquiry: The Discipline, Philosophy, and Analysis of Politics.* Upper Saddle River, NJ: Prentice Hall, 1999.

Tinder, Glenn. *Political Thinking: The Perennial Questions*, 6th ed. New York: Longman, 2003.

White, Stephen K., and J. Donald Moon, eds. *What Is Political Theory?* Thousand Oaks, CA: Sage, 2004.

Wilson, Edward O. *The Social Conquest of Earth.* New York: Norton, 2012.

第 2 章
政治意识形态

阅读与思考

2.1 政治理论和意识形态的区别

2.2 古典自由主义和现代自由主义的区别

2.3 伯克保守主义及其现代变体

2.4 社会主义分裂成多个变体的过程

2.5 民族主义的根源

2.6 当代意识形态的种类及其定义

2.7 意识形态的终结

20 世纪，很多政治科学家都认为美国的政治意识形态已经消失。美国两大党中的**实用主义**政治家都紧紧抓住政权中心，并愿意妥协。可是，最近的选举显示，美国人在意识形态上存在很大且越来越多的分歧。共和党人谴责民主党在财政、卫生和金融方面的改革为“自由主义”，甚至是“社会主义”。而民主党则谴责共和党想方设法阻挠必要的进步性立法，加剧贫富分化。二者之间几乎没有缓和、让步的余地。

实用主义
完全不按照理论或意识形态来行事的态度。

在此之前，美国经历了一波又一波的政治意识形态浪潮。两党均有自己的意识形态根源。也许很少有共和党人知道，他们都以古典自由主义为基础，可追溯到亚当·斯密在 1776 年提出的警告，即政府应从经济中退出。另一方面，民主党一直以来都强调利用政府解决金融危机、贫困、医疗健康和教育问题。他们曾是现代自由主义者，和古典自由主义者大不相同。美国的意识形态至今仍然存在，并发挥着影响力。

何为意识形态？

2.1 政治理论和意识形态的区别

意识形态源自一个信念，即相信事物会变得更加美好；这是一套改造社会的蓝图。正如安东尼·唐斯（Anthony Downs）所言：意识形态是“一种关于美好社会的文字幻象，一种建构美好社会的最终手段”。政治意识形态不同于政治科学，不是以平和的、理性的态度来理解政治系统，而是承诺要改变政治系统。（古典的保守主义或许是个例外，它努力让系统不致转变得太快。）**空想家**是拙劣的政治学者，因为他们混淆了意识形态语言中的“应该”（should）、“应然”（ought）与政治科学中的“实然”（is）。**意识形态**常常以政治理论和经济理论为基础，但又简化和大众化为向大众兜售主张，开展政治运动，并赢得选举。意识形态也许应该被称为廉价理论。

空想家
对某种意识形态充满激情的人。

意识形态
相信社会可以通过遵循特定的教义而得以改进的信仰体系，通常以“主义”作为后缀。

在政治生活中，意识形态与“运动”“政党”或是“革命”等紧密相连。为了奋斗并承受牺牲，人们需要意识形态的激励，需要信仰。美国人有时对此感到难以理解。他们看重的是调和与实用主义，无法理解意识形态在当代世界拥有的巨大能量。穆斯林“圣战”者将赛莱菲耶思潮、部落主义和反殖民主义杂糅在一起，他们牺牲自己的生命来杀害美国人和穆斯林同胞。我们在阿富汗和伊拉克面对这种新的、狂热的意识形态感到无法理解。

我们总是忘记，两个世纪前的美国人同样极其意识形态化，他们为约翰·洛克和托马斯·潘恩笔下关于自由、自治的激情所感染，打败了强大的、装备精良的英国人和从德国招募的黑森雇佣兵（他们并没有卷入战争的合适理由）。我们的内战某种程度上也是一场重新定义自由的意识形态战争，是联邦不同权力之间的战争。

古典自由主义
由亚当·斯密所创立，要求政府不干预经济的意识形态；在美国演变成为保守主义。

意识形态从不按拥护者所宣称的那样精确运行。有些意识形态是丑恶的失败尝试。所有的意识形态都是异想天开，总在现实面前土崩瓦解。理论家宣称他们可以使世界变得完美，然而现实极不完美。亚当·斯密的**古典自由主义**的确对 19 世纪的经济增长贡献良多，但是它还是带来了巨大的财富不平等和周期性的经济萧条；现在，它已经被改造成为当代自由主义。所有的意识形态在用其实际表现衡量时，都存在不同程度的缺陷。这是因为政治竞争对手阻碍了意识形态的实施，还是因为这些思想本身就存在缺陷？答案取决于你提问的对象。

自由主义

2.2 古典自由主义和现代自由主义的区别

按照耶鲁大学弗雷德里克·沃特金斯（Frederick Watkins）的说法，1776 年应被称为“意识形态诞生之年”，这并非只针对美国革命而言。那一年，苏格兰经济学家亚当·斯密出版了《国富论》（*The Wealth of Nations*），为古典的“自由放任”经济学奠定了基础。斯密认为，国家的真正财富不是金银总量增加，而是国民创造的商品和服务的数量。他驳斥早期的重商主义（mercantilism）观念，后者认为国家富裕的标准是金币的数量。西班牙通过对“新世界”的掠夺获得了大量贵金属，但国家却变得越来越贫穷。路易十四之前的法国也一直都遵循着重商主义的政策，通过实行计划、垄断补助、津贴、关税和其他形式的贸易管制来实现政府对经济的监管。

斯密表示，这不是实现繁荣的途径。政府干预会阻碍经济的增长。如果你给予一个企业制造某一产品的垄断权，你就取消了竞争，熄灭了它以更低价格来制造新产品的动力。经济将由此走向停滞。如果你以关

理论

意识形态的起源

许多意识形态起源于更深层的政治理论。古典自由主义可以追溯到 17 世纪的英国哲学家洛克，他强调个人的权利、财产和理性。共产主义可以追溯到 19 世纪早期的德国哲学家黑格尔，他强调一个社会的所有组成部分——艺术、音乐、建筑、治国方略、法律等，这些都紧密结合在一起，是内在时代精神的具体表达。

不过，哲学家的理念被简单化和大众化了。理论家需要的是行动的计划，而不是抽象的理念。例如，马克思认为经济是内在原因。大多数意识形态都包含经济的部分，因为经济能够推动社会的发展。列宁在此后又把马克思的理论应用于一个马克思曾表示怀疑的落后国家。毛泽东则把列宁的理论应用于一个更加落后的国家。

意识形态可以分类——带有过度简化的性质——就像 1789 年法国国民会议里从左至右的光谱式排列那样。当时，为使持相似政见的代表聚合在一起、同时避免强硬的政治家间形成互斗，在半圆形的座位里，保守派（支持君主制）坐在发言席的右侧，激进派（主张全盘抛弃旧制度并渴望自由、平等、共和）坐在发言席的左侧，持折中态度的人（只支持一定程度的变革）坐在他们中间。

自此，我们把后来的意识形态派叫作“左派”、“右派”和“中间派”，即使他们具体的观点已经发生改变。现在，左派热衷于平等、福利项目、政府对经济的必要干预。右派强调个人的原初状态和私有经济行为。中间派则把二者的观点予以综合和折中。稍微倾向左派或右派的人被称为“中左派”或“中右派”。瑞典的政党就是一个从左至右的光谱：一个小的共产党，一个大的社会民主党，中等规模的中间党（以前的农民党）、自由党、基督教联盟和保守党。

一种意识形态逐渐衍生出其他的意识形态。从斯密的古典自由主义开始，我们可以看到它如何向“左”推衍出社会主义、共产主义的分支，同时向“右”推衍出保守主义的分支。

税来保护国内企业，你就夺去了国内制造商生产更好、更便宜的产品的动力。把政府排除出经济领域，让经济自行运转（法文是 laissez-faire），才能真正地促进繁荣。

没有政府监管的自由竞争是否会造成混乱？斯密说，不会，因为市场自身会规制经济的运行。有效率的生产商会取得发展，无效率的生产商则会被自然淘汰。供给和需求决定价格，这比任何政府官员都灵。在自由市场中，一只“看不见的手”约束、修正着经济运行。如果人们希望得到更多某类产品，厂商就会增加产量，新厂商也会进入该领域，国外生产者也会带来他们的产品，抑或三者兼有。“看不见的手”——实际上是追求自身利益的无数个体的理性计算——在宏观上对经济进行调节而不需要政府的帮助。

这种意识形态被称为“自由主义”，它来自拉丁语中的“自由”

(liber) 一词：社会应当尽量从政府干预中摆脱出来。正如托马斯·杰斐逊的总结："管得最少的政府是最好的政府。"美国人把古典自由主义视为在水中游弋的鸭子，它很适合充满激情的、热爱自由的人的需要，他们拥有足够的扩展空间。经济领域之外的自由同样适合美国人，政府也不应该干预宗教信仰、出版和言论自由。

或许你会认为，这里所谈论的自由主义，实际上是今天美国人所称的"保守主义"。的确如此。在19世纪晚期，自由主义开始转变为"现代自由主义"，我们叫它保守主义，下面要对它进行讨论。为了让术语更为直接，应该把前述斯密的思想称为"古典的自由主义"，同现代自由主义区别开来。

现代自由主义

斯密初创的古典自由主义又是如何？到19世纪晚期，情况已经很明显，自由市场并不像斯密所想的那样可以自我约束。竞争存在缺陷。厂商倾向于操纵市场——斯密自己也曾予以警告。市场存在两极分化的趋势：垄断。经济体系产生了很多极其贫穷的下层民众（狄更斯曾经有过描述）。阶级地位一般为世代：富裕人家的孩子们可以接受良好的教育、拥有很多人际关系，这让他们保持上层阶级的地位。一次次的投机性投资导致金融危机反复出现——2008年到2009年那场金融危机是最近的例子，尤其给穷人和工人阶级造成伤害。总之，自由放任的社会出现了不少问题。

英国人托马斯·希尔·格林（Thomas Hill Green，1836—1883）对自由主义进行了反思。在他看来，自由主义的目标是一个自由的社会。但是当经济增长抹灭了自由时，情形又当如何？古典自由主义者对"契约"（在没有政府监督的情况下，由取得共识的政党达成的协议）非常重视：如果你不同意，就无须接受。但是如果两个政党的谈判权力相当不平等，就像一个富有的老板和一个贫穷的求职者，又当如何？后者果真能拥有接受或拒绝一份工资非常低的工作的自由选择权利？古典自由主义认为，任其发展好了，工资会自动达到一个合适的标准。但是如果工资低于最低生活线又该如何？格林认为，这时政府应该参与进来。这种情况下，政府不是在"侵犯自由"，而是在保护弱者。不再是完全消极意义的"表象性自由"（freedom form），而是应该有积极的"指向性自由"（freedom to）——格林称之为"积极的自由"（positive freedom)。政府的干预是为了确保足够的自由。

古典自由主义把政府从市场中驱除出去；**现代自由主义**又将政府请了回来，这一次是为了保护公民，使之避免经济体系中某些时刻存在的不公平。现代自由主义者主张的是对工资和工作时间的立法、组织工会的权利、失业与健康保险、改善受教育的机会。为此，在富人和工人之间，他们更愿意对前者课以重税。他们还对银行和金融进行调控，缓和了经济繁荣和衰退交替循环的情况。这就是我们所说的 20 世纪的美国自由主义——伍德罗·威尔逊、富兰克林·罗斯福（Franklin D. Roosevelt）和贝拉克·奥巴马（Barack Obama）的自由主义。古典自由主义的一支今天仍然存在，它强调言论和出版自由。

现代自由主义
拥护政府为修正经济和社会弊病而进行干预的意识形态，即当代美国的自由主义。

保守主义

2.3　伯克保守主义及其现代变体

我们应该把埃德蒙·伯克（Edmund Burke，1729—1797）的思想叫作“古典保守主义”，因为他主张的**保守主义**与现代保守主义存在诸多分歧。伯克了解斯密的理论，赞同自由市场是最好的经济体系。他反对派遣军队镇压美国殖民地的起义，毕竟，美国人只是想从英国那里重新获得失去的自由。就此而言，伯克像是一个自由主义者。

保守主义
要求最大限度地维持既有体制的意识形态。

不过伯克强烈反对的是，以革命方式将自由主义理念应用于法国。在那里，由于受哲学家卢梭和美国革命新传播的潘恩思想的影响，自由主义变成了激进主义。事情通常如此，适用于某地的某种意识形态应用于另一不同环境时就会发生扭曲。将自由主义用于美国很容易。一旦英国人和他们的托利党（Tory）同情者都被清除，就没有什么障碍了。但是在法国，一个庞大的贵族阶层和受国家支持的罗马天主教会会失去很多东西。革命者试图用断头台来解决问题，并废除了所有的既定制度。

伯克警告说，这是一个可怕的错误。自由主义者太过相信人类的理性。但其实人们并非完全理性，他们同样具有非理性的感情。为控制人类的非理性，社会经年累月地演化，发展出传统、制度及道德标准，诸如君主制和教会。伯克认为，如果将这些全部打碎，人类的非理性冲动会导致无序混乱，反过来又将产生比革命者推翻的更糟糕的专制。1792

年，他在《法国大革命反思录》中预言法国将陷入军事独裁。结果1799年，拿破仑便上了台。

伯克指出，现存的制度和传统不可能都是糟糕的，因为它们是千百年来反复试验的结果。人们已经习惯了这些制度和传统。最好的方式是予以维持或“保留”（“保守主义”由此而得名）。它们虽然不完美，但是有用。这并不是说，事情就应该永远不变。当然应当改变，但只能是渐变，让人民有一段适应的时间。他写道：“一个国家，如果没有变革的手段，也就没有保守的手段。”

伯克是一位重要的思想家，原因如下。他让我们发现了人类行为中的非理性因素：人类总是被情感而非理智所牵引；他发现制度与生物体一样，会随时间的流逝而成长、调适。最重要的是，他看到革命会带来灾难性的后果，因为社会无法马上按照人类理性的命令得以重建。尽管伯克的思想被称为“反意识形态”——它要扑灭席卷法国的激进主义浪潮——但仍具有巨大的力量。他对信仰、传统、道德的强调，为现代保守主义者所继承。他怀疑运用理性来解决社会问题的方法，这和珍妮·柯克帕特里克（Jeane Kirkpatrick）（里根政府驻联合国大使，一位政治学者，1926—2006）的意见一致。她发现，左派总是预期事情会变得更好，而事实是暴力动乱使事情变得更糟。因此，保守主义在当代思潮中仍具有很强的生命力。

现代保守主义

自由主义的另一个分支又是如何？那些拥护斯密创造的“最小政府”教义的人呢？他们仍然很活跃，只是我们改称之为“保守主义者”。（在欧洲，他们仍然自称为自由主义者或新自由主义者，这更让美国人感到困惑。）美国的保守主义者从诺贝尔经济学奖得主米尔顿·弗里德曼（Milton Friedman）那里受惠良多。他主张，自由市场仍然是最好的路径，斯密原初的教义是正确的，政府的干预无论在何处都会把事情弄糟。英国的撒切尔夫人和美国的罗纳德·里根试图在20世纪80年代复兴这种古典自由主义，结果很复杂，但一般都成功了。

现代保守主义者比亚当·斯密更加崇拜市场。斯密认为，市场具有欺骗性和不公平性；而今天的保守主义者则认为，相比政府调控，市场更为可信，且自我纠正能力更强。1987年至2006年期间，艾伦·格林斯潘（Alan Greenspan）在美国联邦储备委员会担任主席一职。有人曾警告说，美国房产市场实质上是泡沫经济，终将破灭，可他却视而不见。他当时认为，大银行应该不至于贪婪愚蠢至此，所以没必要采取联邦级别的行动。（后来他收回了这样的观点。）共和党和茶党都认为，市场比政府更有效。市场能把很多功能私有化，比如只让私人承包公司管理医疗健康服务。批评家称此为“市场原教旨主义”，就像是一种宗教信条。

现代保守主义同伯克一样，对传统十分关注，特别是在宗教领域。美国的保守主义者希望在公立学校中引进祈祷仪式，用立法制止流产，支持创办私立和教会学校。现代保守主义者也反对妇女和同性恋者的特别权利，他们认为每个人都拥有同样的权利。现代保守主义者是斯密经济学思想和伯克传统主义观念的混合体。

社会主义

2.4 社会主义分裂成多个变体的过程

尽管自由主义（古典的变异）占据了 19 世纪思潮的主流，但批判家对越来越大的贫富差距表示了谴责。与格林不同，一些批判者不相信少许的改良就已足够，他们要求推翻整个资本主义制度。这就是社会主义者，其思想领袖就是马克思。马克思的作品不是学者风格，它的主要目的是推动革命。在发展出宣告资本主义灭亡的深奥理论之前，他就一直对“布尔乔亚”（bourgeoisie）心存憎恶。马克思理论的最初纲要出现于 1848 年《共产党宣言》这本小册子，大致可以这样概括：“无产者在这个革命中失去的只是锁链。他们获得的将是整个世界。全世界无产者，联合起来！”马克思参与组织了欧洲第一个社会主义政党。

马克思的《资本论》是一部庞大的论著，分析了资本主义为什么应当被无产阶级推翻。紧接着就是社会主义的降临，这是一个公正、生产力强、没有阶级差别的社会。然后，当工业化生产水平达到相当高度的阶段，社会主义将进入共产主义，这是一个完美的、没有警察和货币甚至没有政府的社会。商品非常充裕，人们可以各取所需。私有财产不复存在，因此也不再需要警察。由于政府只是一个阶级统治的工具，因此当阶级分化消失后，政府也无存在之必要，它将“逐步消亡”。

马克思关注资本主义的缺陷和功能失调，但他从未对社会主义应当如何做出详细描述。他只是提出，社会主义将比资本主义优越很多，至于具体的内容他没有提及。社会主义思想家们因此给出了各种关于社会主义的观念，并且都宣称是马克思的真正思想。它包括社会民主党比较温和的“福利主义”、无政府-工团主义（工会管理一切）、托洛茨基的修正主义、铁托的实验性的分权体系。他们都宣称自己信奉的是“真正的”社会主义。这些对社会主义的不同解读首先导致社会主义的分裂，然后是共产主义阵营。

社会主义民主

20世纪初，信奉马克思主义的德国社会民主党（the German Social Democrats，SPD）成为德国最大的政党。马克思并没有过多考虑欧洲大陆的政党和工会；他觉得资产阶级政府会镇压它们，它们至多只是激烈革命的训练场。但是德国社会民主党取得了胜利，其成员在议会和地方政府的选举中获胜，其工会开始赢得更高的工资和更好的工作条件。于是一些人认为，工人阶级无须革命就能达成目标。既然有了选票，还要子弹干嘛?

修正主义者
改变意识形态或历史观的人。

社会民主主义
社会主义的温和形态，强调福利政策而不是对企业的国有化。

爱德华·伯恩施坦（Eduard Bernstein）发展了这种观点。他在《进化论社会主义》（*Evolutionary Socialism*）（1901）一书中指出了无产阶级真正需要的目标，并得出结论说，马克思关于资本主义崩溃和革命的理论不正确。改良为无产阶级赢得了实实在在的收益，它同样可以产生社会主义。通过对马克思主义所做的修正，伯恩施坦得到了**“修正主义者”**之名，从一开始就遭到正统马克思主义者的贬斥。在命运多舛的魏玛共和国（1919—1933）年代，社会民主党放弃了武装斗争，与自由派和天主教徒一起努力拯救民主制度。虽然遭到纳粹的迫害，但它在二战后重又复兴，并在1959年与所有的社会民主主义政党一样，完全放弃了马克思主义。许多国家的社会民主主义者转变成为“中左”性质的政党，不再要求进行革命。

那么，现在的**社会民主主义**代表着什么?持此观点的人已经放弃了企业国有化的主张。在瑞典，只剩下百分之几的企业属于国有，保守主义者在很早以前就试图防止它们走下坡路，避免更多失业。瑞典社民党首相奥洛夫·帕尔梅（Olof Palme）声称，“如果企业的基本目标是增加产量，在新的市场中赢得成功，为雇员提供好的工作，它们必须无所畏惧。在社民党执政的这些年中，瑞典的企业获得了从未有过的增长”。取代企业国有化的是，社民党人运用福利手段来改善民众的生存环境：失业和医疗保险、数量庞大的救济金，以及食品和住房补贴。社民党政府变成了福利国家。对于他们来说，福利主义似乎比社会主义更为贴切。

缺陷在于——事情总会出现不如意——福利国家耗资巨大。为了支付这些福利手段，税收增加了。在丹麦和瑞典，税收占据了**国内生产总值**的一半，这正是保守主义经济学家弗里德曼所警告过的。在这些税收压力下，不久你就会失去选择生活方式的自由。在福利方面，美国的自由主义者与社民党人非常接近。在意识形态方面，美国的民主党左翼与欧洲社民党的中间派存在相似性。

国内生产总值（GDP）
国家一年的商品和服务生产总额，常用人均（人均国内生产总值）表示，即人口平均分配国内生产总值。

共产主义

当社民党人变成改良主义者和福利主义者时，少数的正统社会主义者仍与马克思保持一致，成为共产主义者。在这种转化中，起关键作用的是一位俄国知识分子——列宁（1870—1924）。他使马克思主义发生了几大重要转变，创建了马克思列宁主义学说，这是共产主义的另一名称。

帝国主义　19 世纪末期，许多俄国知识分子憎恶沙皇制度，认为马克思主义是一种可以推翻沙皇体制的理论。马克思认为他的理论只适用于高度发达的资本主义国家，而不是落后的俄国（资本主义才刚刚开始）。列宁大部分时间都在瑞士流亡，他对马克思主义进行了改造，使其适用于落后的俄国。他提出“经济帝国主义”的理论，这是一套从德国革命者罗莎·卢森堡（Rosa Luxemburg）和英国经济学家 J. A. 霍布森（J. A. Hobson）那里借用过来的学说。这些思想家都很困惑：为什么在发达的工业化国家里没有发生马克思所预言的无产阶级革命？他们认为答案在于，资本主义通过在海外殖民扩张，剥削那里的原材料、廉价劳动力和新的市场，使自身成功转化。通过变成帝国主义，资本主义赢得了一个短暂的喘息期。国内市场不能完全吸纳资本主义的产品，所以它必须拓展海外市场。从殖民地得到巨大的利润后，母国就能够还清拖欠**工人阶级**的工资，使工人阶级走向改良而不是革命。

帝国主义
殖民帝国（主要是欧洲国家）的总称，马克思主义的宣传术语。

列宁认为，帝国主义的扩张之路不太平衡。某些国家，如英国和德国，高度发达；但是那些刚刚发展出资本主义的国家，如西班牙和俄国，却很脆弱。在整个国际资本主义体系中，新兴的工业化国家整体上处于被剥削的境地。那里，革命的狂潮能够燃发光明，它们是帝国主义链条的“薄弱环节”。因此，革命会在落后的国家爆发，然后波及发达国家。帝国主义国家高度依赖殖民地，一旦割断与殖民地的联系，它们必将瓦解。列宁更进一步地指出，第一次世界大战就是帝国主义列强为主宰全球经济而激发的冲突所导致的。

列宁成功将马克思主义的关注点从单个的资本主义国家内部转向资本主义国家之间，这使马克思关于无产阶级起来反对资本主义的革命，转变成为被剥削国家反对帝国主义列强的革命。马克思自己恐怕没有做过这样的论证。

组织 列宁真正的贡献是他对组织的关注。面临沙皇秘密警察的尾随跟踪，列宁认为俄国的社会主义政党不可能像其他政党那样——庞大、公开、努力赢得选举；相反，它必须是小规模的、秘密的、由职业革命家组成，在统一的指挥下被严密地组织起来。1903 年，俄国社会民主工党围绕这一问题而发生分裂。在党的布鲁塞尔大会上，列宁在党内赢得足够的支持，得到 51 位代表中的 33 票。列宁把他的派别叫作“布尔什维克”（俄语的“大多数”），而反对者——那些拥护温和路线、要求政党公开化的人——叫作“孟什维克”（少数）。1918 年，布尔什维克把党名改为“共产党”。

列宁对组织的关注赢得了回报。在第一次世界大战中，俄国陷于一片混乱。1917 年 3 月，一批温和主义者从沙皇那里夺取了权力，但是他们无力统治这个国家。11 月，布尔什维克操控了主要城市中兴起的议会（俄文为“苏维埃”），从温和派那里夺取了政权。巩固权力之后，列宁呼吁全世界所有真正的社会主义者加入一个莫斯科控制下的新的国际组织——“共产国际”，或称“第三国际”。世界上几乎所有的社会主义政党都分裂了，它们的左翼加入共产国际，并于 1920 到 1921 年间转变成为共产党。自此，社会民主党和共产党之间充满了敌意。

铁托主义
共产主义的温和分权模式。

铁托主义 南斯拉夫共产党的领导人铁托（Josip Tito）走的是另一条道路，是一种稳健和自由的共产主义。尽管铁托的政党在斯大林名义下与德国作战，但斯大林却无法完全控制铁托，于是在 1948 年将南斯拉夫驱逐出共产主义阵营。20 世纪 50 年代，南斯拉夫共产党全面改革了自己的制度，主要的做法是分权、非官僚化和工人自治管理，希望找到一个位于市场经济和计划经济之间的“中间地带”。南斯拉夫于 20 世纪 80 年代遇到了严重的经济问题。铁托主义或许是对试图在资本主义和社会主义之间走“中间道路”的共产党领导人的一个警告。二者的结合并不稳定，只有在铁托的领导下才能进行。1980 年铁托去世后，国家立即出现分裂，直至 90 年代初成为血流遍地的内战场所。

民族主义

2.5 民族主义的根源

在所有的意识形态中，真正的胜利者——在今天仍居主导地位的——就是**民族主义**，即对于国家的伟大和统一的一种夸大的信念。民族主义通常在被外国侵略者占领和压迫时爆发出来。在古巴、巴勒斯坦、伊拉克、越南，还有许多其他国家，大家喧嚣的是“我们不再被别人所统治！”。民族主义战胜、感染了所有其他的意识形态。就这一意义而言，美国的保守主义与民族主义相结合。

民族主义
一个民族高度的文化、历史和领土认同感、统一感，有时还有伟大感。

民族主义萌芽于文艺复兴时期的欧洲君主，宣称自己拥有绝对的权力，鼓吹自己王国的伟大和统一。因此，国家源于**主权**。但民族主义直到法国大革命时期才出现，它植根于“人民”并强化了法国人的情感——认为自己是特殊的先行者，注定要解放其他欧洲国家。1792 年，欧洲的保守主义者试图侵略法国，“武装起来的民族”在瓦尔密阻止了他们；激情洋溢的志愿者战胜了职业军人。令人心潮澎湃的《马赛曲》（法国国歌）就诞生在那一年。

主权
一国政府在自己的地盘上当家作主，拥有本国法律的最终裁决权。

拿破仑的军团没有传播开法国大革命的激进自由主义，却使民族主义遍布整个欧洲。被征服的欧洲国家迅速开始憎恨傲慢的法国占领者。当西班牙人、德国人、俄国人开始驱逐法国人时，他们自己也成为了民族主义者。民族主义的基础是对外国占领象征的憎恶，像英国的红斗篷、拿破仑的军团或欧洲的殖民地。它唤醒了 19 世纪的欧洲，并于 20 世纪传播到世界范围内的欧洲殖民地。现在，民族主义在第三世界最为密集。

19 世纪中期，全欧洲的思想家——尤其是德国人和意大利人——都把“民族”定义为绝对的人类价值，将其视为所有善的根源。意大利作家朱塞佩·马志尼（Giuseppe Mazzini）所唤醒的自由并非个人的自由——那仅仅是自由主义——而是民族的自由。通过从属于民族，个人才能获得真正的自由。比如他认为，教育必须反复灌输民族感情，把个人主义从人们的内心中驱逐出去。

当一个民族接受了知识分子的领导，知道要藐视一个敌人或“他者”并与之斗争时，民族主义就诞生了。在 20 世纪，通常是印度人、阿尔及利亚人或印度尼西亚人对抗英、法、荷兰等殖民政权，为独立而战。民族主义者相信，被别人统治是一种绝对错误。因此，波斯尼亚的塞尔维亚人不愿被穆斯林统治，约旦河西岸的巴勒斯坦人不愿被以色列人统治，车臣人不愿被俄罗斯人统治。一些伊朗人感到自己曾经被外来的政权所压迫、控制过，主张执行强硬的民族主义的军事、外交政策。即便是某些加拿大人，出于对美国经济和文化霸权的担忧，也转向了民族主义。

民族主义可能造成经济上的孤立。“我们不能让外国人主宰我们的经济!”民族主义者高嚷着这些口号。但是经济的快速增长需要外国投资和国际贸易。比如，美国的经济民族主义者反对出口美国新开发的丰富的页岩气，认为这应该为美国人享用，使美国人受益！与前述意识形态不同的是，民族主义依赖激情的渲染。从属于另一个民族的担忧似乎占据了我们心灵的中心。但是我们要斗争、杀戮的其他族群又当如何？

地区性民族主义 近几十年来，世界上出现了另一种民族主义：地区性民族主义。它要求从既有的民族中分离出来，组成其成员所言的真正的民族。魁北克试图从加拿大分裂出来，西班牙的巴斯克人、法国的科西嘉人、斯里兰卡的泰米尔人都是如此。他们的信念都建立在对外人统治的憎恨基础之上。

法西斯主义

法西斯主义
民族主义的极端形式，带有军事至上的色彩。

在意大利和德国，民族主义演变成**法西斯主义**，这是20世纪最为严重的灾难之一。法西斯运动的一个象征，就是穿着统一制服的成员。墨索里尼部队服役的经历使他变成了狂热的民族主义者。一战后，意大利到处都是不满的群众。在那混乱的岁月，墨索里尼在自己周围聚集起一批古怪的身着黑衣的人群，梦想着清除民主制度、政党政治，建立起严酷的中央集权，实行严格的纪律控制。这些法西斯分子——从古罗马有关权威的象征（一束树枝中间包着一把斧头）那里借用来的名词（fasces）——憎恨无序的社会状态，希望用强硬的领导来结束这一切。

1922年，处于混乱包围之中的国王把权力交给了墨索里尼。1924年，他把意大利变成一个一党制国家，自己则成为“元首”(Duce)。法西斯分子把自己人安插进每一关键领域，以实现对经济的监控。当时的意大利似乎给人以深刻印象：犯罪很少，有诸多纪念性建筑建成，物价稳定，还有他们经常挂在嘴边的“火车正点运行”。然而在表象的背后，法西斯主义的实质是混乱——隐性失业、经济衰退和腐化。

1929年，全世界的经济崩溃，使一些人认为法西斯主义就是未来的潮流。德国的希特勒抄袭了许多法西斯主义做法，只是让其成员穿上褐色的制服，并且加上了种族主义的内容。对于希特勒来说，德意志民族的任务并不只限于反抗制裁、不公正的《凡尔赛条约》和处理魏玛共和国遗留下来的混乱，它是一个与众不同的高等民族。希特勒并不是德国种族主义的始作俑者，后者的历史可以追溯到好几代以前，但他超越了前人。德国的种族主义认为，只有一个特殊的白人群体——雅利安人，是一切文明的卫士。其中的一支——诺曼人（包括德意志人）则更为优秀。（实际上，同其他欧洲人一样，德意志人也是多民族的混合体。）希特勒认为，高等的诺曼人有被犹太主义、共产主义、资本主义甚至罗马天主教会等“邪恶”力量玷污的危险。这种教义是死亡集中营的源头。

1933 年，在一片喧闹声中，希特勒被任命为德国总理，像墨索里尼那样在两年时间里获得了完全的独裁权力。或许大部分德国人的确拥护希特勒。纳粹的“合作”经济使失业率下降，许多工人觉得，他们的境地在国家提供的工作、职业和福利中得到很大改善。毕竟，纳粹的全称是“国家社会主义德国工人党”，但是其中的“社会主义”是个幌子。希特勒的真实目的是战争，一场成就英雄的战争。短短几年内，希特勒统治了欧洲，使东欧的斯拉夫国家成为德国的殖民地——他称之为“生存空间”（Lebensraum）。在这一过程中，纳粹的死亡集中营杀害了近 600 万犹太人和相近数目的基督教徒。希特勒疯了？很难说。他的许多观念备受德国人青睐，他有上百万狂热的支持者。这不是丧失理智，纳粹证明，民族主义有走向狂暴的危险。

“法西斯主义者”这个名称常被滥用、误用。一些左派分子把所有他们不喜欢的人都冠以这一头衔。比如西班牙的独裁者弗朗西斯科·佛朗哥（Francisco Franco），很长时间内都被认为是法西斯主义者。但他实际上是一个“传统的权威主义者”，因为他尽量减少大众对政治的参与，而不是像墨索里尼和希特勒那样去鼓励政治参与。巴西总统瓦格斯（Getúlio Vargas）于 1937 年建立了一个貌似法西斯主义的“新国家”，但是他只是借用了正在欧洲时兴的某些法西斯主义陈词滥调。一些美国右翼评论家斥责“伊斯兰法西斯者”和“女权纳粹者”。

美国的三 K 党身着制服，有时也被叫作法西斯主义者。三 K 党的平民种族主义和纳粹种族主义相似，但是他们强烈地反对政府的权力，而纳粹和法西斯主义则崇尚这种权力。现在，一些欧洲的反移民党派和反欧盟党派也掺杂了法西斯主义色彩。匈牙利的纳比克党憎恨移民和犹太人，身穿制服游行。

方法

命题的阐述

你要写一篇政治学的论文。第一句要开门见山地提出一个清晰而给力的命题，这是你即将证明的主要观点或主张。不能用经验材料证明的命题只是猜测，不是可靠的研究。一个命题首先要做的是假设。如果你的论据无法证明你的命题，那就放弃或修改它。你的命题段落起码要有这一段这么长。最简单的命题是某事的发生（或不发生）：“华盛顿出现了越来越多的利益集团。”要避免意义不大的命题，即众所周知或已确定的事，如“总统在大选后的 1 月 20 日宣誓就职”。一个引人入胜的命题解释一件事与另一件有着怎样的关系：“男性白人新教徒都把票投给共和党。”论证命题的第一步通常是收集例子或研究个案。如果你举例本州投给奥巴马最多的六个县，你能从中归纳出什么？不要温文尔雅地介绍你的命题（那是你英语课的事），要直截了当。一个命题要比论文大意更为精确。论文大意是高中学习的东西。

不直截了当的	直截了当的
电视对政治有很大的影响，很多批评认为这种影响并不总是好的。	美国电视广告让观众变得愤世嫉俗和冷漠，并带来低投票率。

不可证明的	可证明的
民主就是民有、民治、民享的祝福	富国倾向于民主，穷国则相反。

无价值的	有价值的
茶党分子对主要政党都不满意。	茶党分子绝大多数是对奥巴马政策不满的共和党选民。

模糊的	明确的
本论文是关于过去 30 年美国对伊朗的政策。	美国对伊朗的政策没有注意到日益增长的对伊朗国王的不满。

黑体居中

把副标题做成黑体居中格式会更显眼。出现新的副标题则说明你要提出另一个论据。一个段落就是一个想法，或者一个观点。每页设置成两倍行距，写三个段落。一个段落拖沓成一整页会造成阅读困难。每页不超过一个副标题。比如，如果你的命题是经济衰退不利于现任总统参选，那么你可以给每次选举添加一个小标题，如“2008 年选举”“2012 年选举”等。五页的论文可以分成三个小标题，意为你用了三个论点支持你的命题。

当代意识形态

2.6 当代意识形态的种类及其定义

新保守主义
从先前的自由派观点转向保守目标和方法的美国意识形态。

新保守主义

20 世纪 70 年代，美国出现了一种新的意识形态——**新保守主义**。

它主要来自理想幻灭的自由主义者和左派人士。正如其代表人物欧文·克里斯托尔（Irving Kristol）所言，“新保守主义者就是一个自由主义者，为现实所蒙蔽的自由主义者”。他们控诉说，民主党在民主改革与和平外交政策方面不现实的想法过于左翼。新保守主义者尤其反对约翰逊总统在 60 年代中期推行的“伟大社会运动”，该运动旨在消除美国的贫困和犯罪。一些自由派人士认为，“伟大社会运动”从未有过任何实现的机会，因为越战消耗了大部分资金。但是新保守主义者却说，它运作不当，许多项目没有任何实际结果。城市更加混乱，教育标准下滑，医疗补助极其昂贵，于是出现了一个依赖福利的贫困阶层，人们缺乏工作的动力。新保守主义者谈论的，是这些用意良好的自由主义计划所产生的消极的“看不见的后果”。

有一点特别让他们恼怒：“积极的歧视性政策”似乎给少数民族在工作方面以更优惠的待遇，有时甚至超过了训练有素的白人。特别是在学术职位的分配方面，“积极的歧视性政策”的确如此。自由主义者、白人、男性教授有时不得不尝尝自己酿下的恶果，与黑人、西班牙后裔和妇女共同争夺教席。许多新保守主义者对 20 世纪 60 年代兴起的极端相对主义感到恐惧。这些简单化的观念——比如“感觉好的就是对的”“凡事都取决于你自己的观点”“文化多元主义”——把许多自由派人士变成了新保守主义者。具有讽刺意味的是，一些新保守主义者是之前希望通过强调论点、文化的相对性来拓宽学生视野的大学教授。结果却是，学生变得空洞无知。

在小布什政府中，社会地位较高的新保守主义者拥护伊拉克战争，既是为了保卫美国利益，也是想把穆斯林世界变成民主阵营。许多传统意义上的保守主义者更倾向于孤独主义，鄙视新保守主义，其中有一部分倡导对伊朗及中国“强硬”。

自由至上主义

从 20 世纪 60 年代开始兴起了一种新的意识形态。这一意识形态由于太过自由化而变成保守主义——或者反过来说也可以。**自由至上主义**大致可以追溯到亚当·斯密，他主张在所有方面都取消政府的干预。这或许只是在重复共和党人的论调。他们指出，现代保守主义者主张自由经济、对个人自由的约束，而现代自由主义者则主张有限制的经济和个人的自由。为什么在这两个领域不可能同时拥有自由？自由至上主义者

自由至上主义
主张收缩所有的政府权力以确保个人自由的美国意识形态。

反对补贴、官僚机构、税收、对国际贸易的干预以及“大政府”本身。就此而言，他们继承了一个非常古老的美国传统，并由此而获得声望。尽管目前还没有自由至上主义的候选人赢得选举，但他们在华盛顿的卡托研究中心已经成为一个不容忽视的思想库。（卡托的报告《有轨电车的渴望》对城市轻轨系统的建设进行了指责，主张发展更便捷、便宜的公共汽车。）一些评论家指责，自由至上主义者崇尚交易混乱的自由市场，导致了 2008—2009 年的金融灾难。共和党人罗恩·保罗（参议员兰德·保罗的父亲）曾以自由至上主义者的身份竞选总统，后试图获得共和党提名资格。

女权主义

女权主义
要求女性达到心理上、政治上和经济上平等的意识形态。

20 世纪 60 年代的新生活造就了一批女性作家。到 20 世纪 70 年代，妇女运动在美国和西欧已经成为一种政治力量。**女权主义**作家认为，妇女的报酬比男性要少，很难升到高级职位，在心理和生理上为男性所奴役，得不到银行贷款和保险，依然处于“二等公民”的地位。

她们指出，问题的核心是一种心理感觉。男性和女性的“性别角色”是外部强加的，没有生物意义上的关联。男孩子们被教导要坚强、主动、竞争、“强壮”（macho，西班牙语），而女孩子们则被教导要温顺、从属、依附、有“女人味”（feminine）。这种性别的差异几乎完全是后天习得，由父母、“父权社会”的学校教育强加。这些能够改变。通过在幼儿期的适当培养和教育，男性可以变得温顺，女性也可以更加有主见、自信。

女权主义者加入了“意识觉醒”类的组织，强烈反对大男子主义。女性主义开始有了影响力。不少老板能够给予女性一个较为公平的机会，有时比雇佣的男性数量还多。妇女开始晋升到高层管理职位（尽管能到公司顶层的仍是极少数）。女性在结婚后仍然参加工作，这已经成为一种规范。丈夫们也经常帮着做家务，照看孩子。随着进入大学接受高等教育的女性人数超过男性，许多原来由男性主导的职业——制药、律师、商业，主导权逐渐被女性掌握。

然而在政治上，女权主义者尚未达到她们的全部目标。《平等权利修正案》没能通过国家立法。该法案保障性别平等。反女权主义者，有些还是保守的妇女，认为这一修正案会夺去妇女在法律许可范围内的特权与保护，让女性成为应征入伍的对象，甚至可能带来不分性别的卫生间。尽管有这些阻力，妇女们还是知道有一个途径可以使她们得到更多的政治权利——选举。在 1980 年的大选中，出现了明显的“性别鸿沟”。现在，拥护民主党的妇女比男性更多。

环保主义

同样是在 20 世纪 60 年代，**环保主义**也开始在发达工业国家广为流行。经济发展很少注意到对环境造成的破坏，任何形式的增长都被认为是好的：“自然资源取之不竭”。煤矿、工厂甚至农业生产都在污染水源，工业和汽车废气污染了空气，化学废料使土壤无法种植，核能源则使辐射问题愈益突出。对“增长”的信条，生态学家用“限制”来回应。他们宣传道：“我们不能再这样下去了，否则会带来一场环境大灾难。”洛弗运河事件、三哩岛核事故和切尔诺贝利核事故等证明他们的说法是正确的。大量燃烧矿物燃料和雨林可能会制造“温室效应”，使热量保留在地球的大气层，改变整个地球的气候。

环保主义
认为环境已经十分危险，必须通过政府管制和改变生活方式来保护环境的意识形态。

1970 年成立的环境保护协会只是让生态学家的需要得到部分满足。工业集团发现，这一协会的规定限制了增长而减少了利润。在里根政府时期，协会运作毫无效率。他们认为，生产能源的地位必须在自然环境之上。

管制只是环保主义理念的一部分。许多人认为，发达国家应该改变自己的消费模式和生活方式，以保护地球的资源、自然风光，净化空气和水源。美国人仅占世界人口的 4%，却消费了全球近一半的工业产品和 1/4 的能源。无论是否打破了与穷国的平衡，这种过于浪费的生活方式似乎都没有必要，也不利于健康。生态学家建议，让公共交通和自行车代替汽车，用全谷物食品和蔬菜代替肉类，用可以分解、再生的能源（如风力和太阳能）代替矿物或核能。

一些环保主义者成立了政治党派，先是公民党，然后是绿党。但是他们的影响力主要还是在现有的两大政党内，这两个政党现在都无法忽视环保主义者的选票。在 20 世纪 80 年代的西欧，特别是在德国和瑞典，绿党进入议会，下决心要消灭核能、有毒废料和战争。许多年轻的欧洲人发现，相对于老的、墨守成规的政党而言，绿党是一个很有吸引力的替代选择。环保主义者反对开发页岩气，因为页岩气虽然比油和煤更清洁，但还是会给大气增加碳。

意识形态终结了吗?

2.7 意识形态的终结

1960年，哈佛大学社会学家丹尼尔·贝尔（Daniel Bell，1919—2011）提出，已经持续了一个世纪的意识形态争论将要走向结束。共产主义的瓦解和福利国家的兴起引发了贝尔所言的“意识形态的终结”：已经没有什么可争论的了。政治上的论争将主要关注技术性的问题，即如何运转福利国家，比如福利项目应包括哪些内容。

1989年，政治学家弗朗西斯·福山（Francis Fukuyama）提出了一个更为超前的理论：不仅意识形态的争论会随着资本主义民主的胜利而结束，历史也将走向终结。他说的不是“时间的静止”，而是黑格尔设想的人类最终的生存境地——自由的人们生活在一个自由的社会中——现在已经进入视野。福山认为，我们不仅打败了共产主义，而且再也没有任何意识形态可以向我们提出挑战。随着意识形态的终结，思想斗争的历史也将终结。（用福山的俏皮话来说，生活将会变得无聊。）

只要看看现在的新闻，你就会对贝尔和福山的命题产生质疑。首先，欧洲共产主义的失败并不表明马克思的思想是错误的，尽管那些对马克思主义深有研究的人必须注意与苏联式社会主义划清界限。（我们这里所讨论的社会主义，是国家对工业的控制，而不是福利主义，后者只是资本主义民主的变异形态。）社会主义者仍在辩论实现“仁慈的社会主义”的可能性。在自由民主国家有数不清的意识形态观点：自由市场还是政府干预？给予更多还是更少的福利？是世俗国家还是宗教国家？是把民主传播到国外还是避免过多地卷入外部事务？福山不必担心生活会无聊。

思考题

1. 是否有可能摒弃意识形态而做到完全的实用主义？
2. 古典自由主义是怎样转变成为美国的保守主义的？
3. 现代自由主义与社会民主主义有多接近？
4. 列宁使马克思主义发生了什么变化？
5. 为什么民族主义会成为最强烈的意识形态？
6. 法西斯主义的基本要素是什么？
7. 意识形态还能否吸引今天的学生？
8. 意识形态化的政治是否可能消亡？

关键术语

古典自由主义	意识形态	新保守主义
帝国主义	实用主义	保守主义
修正主义者	环保主义	自由至上主义
社会民主主义	法西斯主义	铁托主义
女权主义	现代自由主义	空想家
民族主义		

参考文献

Åslund, Anders, and Simeon Djankov, eds. *The Great Rebirth: Lessons From the Victory of Capitalism over Communism*. Washington, DC: Peterson Institute, 2014.

Baradat, Leon P. *Political Ideologies: Their Origins and Impact*, 11th ed. New York: Longman, 2011.

Cohen, G. A. *Why Not Socialism?* Princeton, NJ: Princeton University Press, 2009.

Fawcett, Edmund. *Liberalism: The Life of an Idea*. Princeton, NJ: Princeton University Press, 2014.

Frank, Thomas. *The Wrecking Crew: How Conservatives Rule*. New York: Metropolitan, 2008.

Frum, David. *Comeback: Conservatism That Can Win Again*. New York: Doubleday, 2009.

Grosby, Steven. *Nationalism: A Very Short Introduction*. New York: Oxford University Press, 2005.

Heilbrunn, Jacob. *They Knew They Were Right: The Rise of the Neocons*. New York: Doubleday, 2008.

Judt, Tony, and Timothy Snyder. *Thinking the Twentieth Century*. New York: Penguin, 2012.

Kristol, Irving. *The Neoconservative Persuasion: Selected Essays, 1942–2009*. New York: Basic Books, 2011.

Krugman, Paul. *The Conscience of a Liberal*. New York: Norton, 2007.

O'Hara, Kieron. *Conservatism*. Chicago, IL: University of Chicago Press, 2011.

Phares, Walid. *The War of Ideas: Jihadism against Democracy*. New York: Palgrave, 2007.

Sandle, Mark. *Communism*. New York: Longman, 2006.

Schmitt, Richard, ed. *Toward a New Socialism*. Lanham, MD: Lexington, 2007.

Sperber, Jonathan. *Karl Marx: A Nineteenth-Century Life*. New York: Liveright, 2013.

Tismaneanu, Vladimir. *The Devil in History: Communism, Fascism, and Some Lessons of the Twentieth Century*. Berkeley. CA: University of California Press, 2012.

Wolfe, Alan. *The Future of Liberalism*. New York: Knopf Doubleday, 2010.

第3章
国家

阅读与思考

3.1 力量的制度化

3.2 有效国家、虚弱国家和失败国家的区别

3.3 单一制和联邦制的对比

3.4 选举制度和政党制度的关系

3.5 国家和经济的联系

尼日利亚东北部的大屠杀和诱拐事件震惊世界。要镇压这一愤怒的运动不容易，因为尼日利亚腐败、脆弱不堪。尼日利亚没有我们习以为常的强大而具凝聚力的统治。这个国家并非贫穷，只不过它大量的石油收益都流进了少数有权势的人的腰包里。而广大地区，包括贫穷的东北部地区，获益甚少，或者没有收益。尼日利亚诠释了什么叫“虚弱国家”——它的部分边界地区都处于**无政府状态**。在盛产石油的尼日尔河三角洲，失业的年轻男子都参加了叛乱-犯罪组织，因为这是他们能做的最好的工作。世界上很多国家都是虚弱国家。政治科学家都明白，“国家”或“民族”这两个术语掩饰了很多实际掌握统治权的变体。

无政府状态
没有政府。

什么是民族和国家？**民族**是个具有自我意识、凝聚力、共同的历史和文化，并经常（但并非总是）有一个共同的语言的人群。**国家**是一种政府结构，通常独立自主并有足够权力来厉行它的法令。（请注意我们是在原初意义上使用 state 一词，这和说美国有 50 个州 state 不是同一个词意。）加上 2011 年宣布独立的南苏丹共和国，目前世界上共有 194 个国家。

民族
拥有自我历史意识的人口。

国家
民族的政府结构。

民族（nation）与国家（state）孰先孰后？很多人会争论说民族一定是在国家之前就发展起来了，但是在绝大多数情况下，是国家创造了民族。例如，南非的祖鲁族是人为创造的民族，两个世纪以前由一位强大的武士谢卡（Shaka）通过聚集多个部族和部落而形成。法国至今还包括几个语言和历史完全不同的地区——大都是几个世纪以来通过武力得来的。巴黎通过教育、语言和中央集权的政府来灌输一种法兰西意识。法兰西民族也是由其国家创造而成的。美国是由一群来自不同殖民地的人在费城会议期间经过精心策划联结而成的。在融合同化千千万万个具有不同语言和文化的移民的同时，美利坚合众国历经多年发展出了自己的民族意识，这在很大程度上建立在开国文献中明确表达的理想的基础上。民族不是从天上掉下来的，它们是由品性各异的能工巧匠们创造出来的。

制度化的力量

3.1 力量的制度化

政治制度
建立和维持权威的模式。

政治制度（political institution）是政府得以运作的结构，诸如立法机构和行政部门。它可能会表现为令人印象深刻的建筑物，但并非必定如此，即使没有这些建筑物，权威依然存在。美国最高法院，即便是在一个帐篷中办公，也仍然是一个重要的机构，因为它的决议必须被遵守。正如下文所要论述的，最初，最高法院的权力并不明晰，但是法院强有力的个性以及一些重要的案例逐渐赋予它权力，和绝大多数机构一样，其重要性经由逐步演化而成。例如，美国联邦储备委员会（“美联储”）的设立是为了平复银行的恐慌，抗击通胀和调配对金融巨头们的援助。国会不能完成这些工作，所以当面临这些新的挑战时，美联储采取相应的措施以稳定美国的经济。良好的机构是机动灵活并与时俱进的。

我们将权威——对政治领导人的尊重——视为一种需要不断维持的流动的事物。政治制度也可视为凝固的或部分固化的权威，在长期的历史中，人们已经习惯于依靠政治制度来解决问题、裁定争端、确立方向。政治制度由许多人组成而且延续了很多代（如果它们是有效的），它们已超越了那些与其仅有暂时联系的人，并获得自身的价值。这赋予政治体系稳定性，公民也知道谁在负责。

制度大于单个的领导人。当 1974 年尼克松总统在公众的反对声中辞职时，美国总统这一职位（机构）并未受到丝毫损坏。但是如果连续出现一批这样的总统，而且他们都拒绝辞职的话，制度本身就会遭到严重损害。有时，独裁者试图将自己变成“制度”，但这从来没有成功过。无论他们在世时有多大权力，他们所力图建立的制度都随着他们的死亡而解体。铁托长期担任南斯拉夫领导人，他试图确保他所构建的体系在死后仍能延续下去，但后者高度依赖于他本人的存在，在他死后的第 11 年，南斯拉夫在流血中瓦解了。独裁者很少能建立起持久的制度，也极少能将个人权力**制度化**。

制度化
使某一政治关系持久化。

政府机构中强有力的人物能够在该机构打上自己的烙印。华盛顿总统在任两个任期退休后直到罗斯福，没有哪一位总统试图干得更长。华盛顿使总统任期制度化，但是并没有诉诸法律。直到 1951 年《宪法第二十二修正案》的出现，才有对总统任期的限制。另一个例子是德意志联邦共和国的首位总理康拉德·阿登纳（Konrad Adenauer），他非常强势，总理一职从未拥有这么大的权力。

研究政治制度的一个途径是确定政治体系中最有权力的职位：谁获得了权力？对宪法的研究可能有助于给权力定位，但这并不能反映全部事实。美国宪法规定，行政权和立法权是平等的并且应该处于平衡状态。但是两个多世纪后，权力已经明显地转移到了总统手里。1958年由戴高乐创立的法国宪法，看上去赋予总统近乎独裁的权力。但是法国的立法选举有时会使国会和总统分属不同的政党——一种在美国政坛很常见的“僵局”。法国总统通过调整自己的角色，赋予身属反对党的总理更多的权力，使问题得以解决。法国人称之为“共处”。宪法本身便是制度，它在实践中逐步演化而不是停留在字面上。

讨论“国家形式”，即将一个国家称为“**君主制**”还是“**共和制**”，已然是一个古老的话题。大部分国家现在都是共和制，但“共和”这个词并不意味着“好的”或“民主的”。绝大多数保留下来的君主已经成为名义上的国家元首，如英国、挪威、瑞典、丹麦、西班牙和荷兰，它们中的大部分还不存在改变目前这种状态的缘由。传统的并且还在运行的君主制仍存在于阿拉伯世界——摩洛哥、沙特阿拉伯、约旦、科威特——除非它们能将自己变成有限的立宪君主制，否则也许会慢慢消亡。这种转变的失败已经使埃及、伊拉克、利比亚、埃塞俄比亚和伊朗的君主制被推翻，并代之以革命性政体。

君主制
国家统治权力由个人继承下去。

共和制
没有君主的政治体系。

有效国家、虚弱国家和失败国家

3.2 有效国家、虚弱国家和失败国家的区别

并不是所有的国家都能发挥其相应的职能，有些国家就名不副实。即使拥有国旗并且在联合国具有合法席位，这也不能证明它就是一个严格意义上的国家。目前，世界上不存在以国家实力为依据的分类标准，但分析家们认为国家的类型还是可以分为以下三个类别：

有效的国家可以充分掌控自己的领土并收取赋税，法律被人民广泛认同并遵守。政府关心大众的福利和安全问题并且腐败情况很少。这些国家往往是富裕的，能够征收可观的税收（GDP 的 25%至 50%）。有效国家包括日本、美国和西欧。一些人也把这些国家归为“高效”的类别。

在**虚弱国家**中，犯罪行为充斥于政治活动，以致无法判断出政府于何时衰败而犯罪行为何时大肆兴起。政府没有力量对抗违法、贩毒、

虚弱国家
一个无法有效统治的、腐败的和罪恶弥漫的国家。

经典论述

亚里士多德的论政府的六种类型

最早也是最著名的政府分类是亚里士多德在公元前 4 世纪提出来的。他区分了三种合法的政府——统治当局为了全体利益而行事，三种堕落的政府——政府只按自己的利益行事。

按照亚里士多德的观点，君主制是一人为了全体的利益而统治。但君主制可能蜕化为它的堕落形式——暴君制，单个统治者为了自己的利益而行使权力。贵族制（aristocracy），希腊语意为最好的（aristos）统治，是少数人为了全体利益而统治。但这种精英的合法统治可以蜕变为它的堕落形式——寡头制，少数人为了他们自己的利益而统治。

亚里士多德把城邦（我们应当把它叫作宪政民主）看作多数人为了全体的利益而统治，并且是政府的最佳形式。所有的公民在选举领导和制定法律时都有发言权，但正式的宪法程序保护他们的权利。亚里士多德警告说城邦会衰败为堕落形式即民主制，多数人为了自己的利益而统治，是政府的最糟形式。亚里士多德见证了衰落的雅典城邦引发了伯罗奔尼撒战争。受人人平等思想的迷惑，民主制下的群众盲目追随腐败和自私的鼓动家，掠夺公民财产并引发战争。亚里士多德的分类体系盛行了近 25 个世纪，它依然有用并可以概括如下：

	合法形式	腐化形式
谁统治	**为所有人的利益**	**为少数人的利益**
一个人	君主制	暴君制
少数人	贵族制	寡头制
多数人	城邦	民主制

腐败、贫穷和分离运动。司法被金钱控制，民主只停留于口头，选举也被随意操纵。政府只能获取少量的税收，收入主要来自自然资源的买卖，比如墨西哥和尼日利亚大量出口石油，这些最终也会落入私人的口袋。许多亚洲、非洲和拉丁美洲的国家都是虚弱国家。

失败国家
一个连最小限度的治理都无法实现的国家，根本就没有全国性的政府。

失败国家根本就没有全国性的政府，尽管可能在某种程度上象征性的存在。军阀、民兵武装和鸦片种植者为所欲为。在这些国家中，枪支凌驾于法律之上。国家分裂的威胁随处可见。教育和卫生标准较差（如艾滋病毒/艾滋病的增加）。阿富汗和索马里都属于失败国家。海盗以索马里为中心活动，这是因为没有国家权力去阻止他们（这里也没有工作给年轻人）。外部援助和国际上的压力成了阻止这两个国家完全消失的仅有原因。一些人担心，作为伊斯兰武装分子大本营的也门也可能成为下一个失败国家。

理论

政治发展三阶段

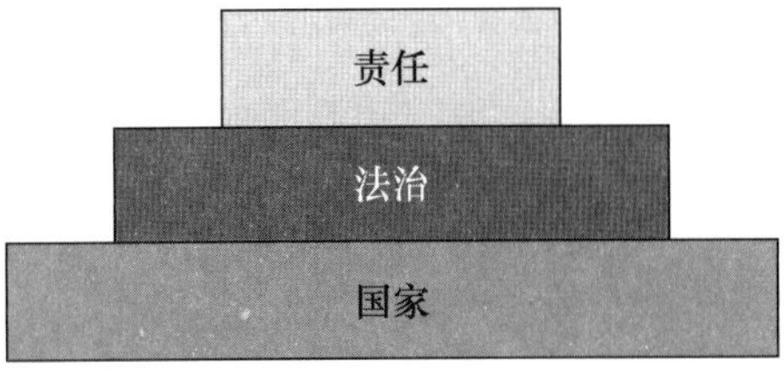

斯坦福大学政治科学家弗朗西斯·福山提出了一个重要的理论，以回答这个问题——为什么有些国家是失败国家？尽管阿富汗和伊拉克尽了最大的努力、花了巨额的资金，但是相比民主，它们更接近无政府状态。实际上，它们没有经过第一阶段也没有打基础，就试图建立第二阶段。没有根基的房子是立不起来的。

福山认为，政治发展的三个阶段一个都不能省略。第一个阶段是“国家”的成立。在过去，国家通常是由君主以武力的方式将部落和宗教聚集而形成的。和霍布斯一样，福山认为，国王只要有足够的力量控制或者镇压顽固分子即可，不一定得是“好国王”。很多发展中地区从未建立起过强大的国家。

很快，君主会要求利用官僚治理王国。官僚机构越优质——忠诚度高、文化水平高、相对清廉——国家就会越强大。没有好的官僚机构，国家永远是有缺陷而虚弱的。刚开始，官僚职位通过买卖获得；后来，这类工作面向大众，采取绩效制度。

接下来是更为现代化的阶段，即所有人都必须遵守的“法治”。教会，尤其是当其不受君主直接控制的时候，会树立道德标准，灌输是非观，帮助维持法治。独裁体制故意混淆“依法治国”的法治和“为统治者而设立的法律”。成百上千的法律被随意改换，用来惩罚反对者和异议者。

只有稳固构建这两个阶段后，才有可能形成最后一个阶段，也就是福山说的“责任制”，或者说是近代的一个新事物——民主。1649 年，查理一世由于违反法律被英国国会处以斩首，这是前民主责任制。19 世纪，美国、英国和一些大陆国家均实行选举权，带来了民主。

如果福山是对的，那么，如果想在没有强大的国家或法治的情况下建立民主又会如何？也许能努力在表面上暂时维持民主的样子，可是由于选举制度发展不完全，加上一党统治，这个努力一定会失败。在前两个阶段尚未确立之前，民主可能会来得为时过早。20 世纪 80 年代以前，几乎在所有拉丁美洲国家都发生过这样的情况。新保守主义者试图在伊拉克建立民主，这必然会失败，因为伊拉克没有基础，甚至没有国家。

单一制或联邦制

3.3　单一制和联邦制的对比

另一个基本的制度选择是关于国家的地域性结构。实际上只有两种

单一制
国家的权力集中于中央，地方自主权很小。

联邦制
中央和地方权力均衡，比如美国。

第一级行政单位
一个国家主要的地区行政划分，如美国的州或西班牙的省。

选择：**单一制**或**联邦制**。单一制赋予其组成地区的自主权很小或几乎没有，政府的治理由首都向周围辐射。其**第一级行政单位**——法国的省（departments），中国的省（provinces），瑞典的郡（counties），日本的县（prefectures）——主要由中央政府委派的官员管理，地方因素很小。而联邦制下的一级行政单位州——美国和巴西叫“states”，德国叫“lander”，瑞士叫“cantons”——在处理地方事务上有很大的自由权，并且法律禁止中央政府随意取消或改变这些权力。

单一制

单一制政府直接控制地方，对人们日常生活的影响远多于联邦制政府。法国的学校课程表由在巴黎的教育部统一制定，目的是减少地区在语言和文化上的差异（有一段时间语言文化差异非常大）。一个世纪前，法国的教育部部长可以看看手表，然后自豪地对记者说，现在全国的学校正在教授哪些拉丁单词。单一制国家有全国统一的警察力量，一个司法系统，其司法人员由中央任命。

中央-外围紧张关系
地方对于受首都控制的怨恨情绪。

地方主义
强调区域的不同并且有时有分裂倾向。

从 20 世纪 70 年代开始，出现了**中央-外围紧张关系**和**地方主义**。这里有几个方面的原因。经济因素是其中之一。地方的民族主义者声称自己的地区被中央政府剥削，变得越来越贫困。地方应该拥有当地居民想保留的独特的语言和文化。许多人感到，重要的政治决策并不由地方决定，而是由远方的官僚机构做出。地方常常对很久以前被中央政府并吞怀有历史性的仇恨。伊拉克的库尔德人就以这种心情仇视巴格达，而他们却不自知。单一制国家还在摸索解决地方问题的合适办法。

英国的权力下放 几个世纪以前，苏格兰的凯尔特人和威尔士人被入侵的安格鲁和撒克逊人赶到不列颠的外围，至今仍然保留着与英格兰有所区别的感受。许多苏格兰人和威尔士人十分仇视伦敦的统治。在 20 世纪 70 年代，苏格兰和威尔士的民族主义政党成长起来，在国会中获得了好几个议席。1997 年，布莱尔的工党政府推出“**权力下放**”（devolution）政策，给予苏格兰、威尔士、北爱尔兰更多的自治权力。1999 年首次选举产生的苏格兰议会，拥有增加税收和管理苏格兰地区教育、医疗保障、司法系统和地方政府的权力，这有些像美国的州。有些人认为，英国已经成为**准**联邦制，但是从地方的正式规定看，它仍然是单一制国家。2014 年，苏格兰民族主义者要求公投，险些将苏格兰从英国分裂出去。2015 年英国大选，整个苏格兰的投票都和苏

权力下放
从中央政府转移部分权力给地方政府。

准
几乎或接近。

格兰民族主义者一致，结果把工党从长期执政的位子上拉了下来。

方法

资料来源

资料来源——你获得事实、数据、引文和观点的地方——非常重要，是教师要检查的第一件事情。好的资料来源于专业书籍、学术论文或权威期刊。差的资料来自普通的或不确定的东西，比如课本（千万不要把你正在用的课本作为资料来源），百科全书（包括维基百科），词典和流行报刊。要引用某个东西，在句号之前用圆括号标出，把作者的姓放在前，年代放在后，中间不用括号，如：（史密斯 2010）。

谷歌和维基的搜索引擎很好用，但很少能给出完整的内容。它们不会告诉你要问什么问题。很多网站只是广告和宣传。大部分都过于流行而狭隘，很少提及往年或他国发生的事情，且欠缺历史和比较的视角。因此，你仍然需要专著和论文。

学者们把资料来源划分为两类：原始资料和第二手资料。原始资料是未经他们大脑过滤的直接材料。它可能引用 2012 年总统候选人贝拉克·奥巴马的话（琼斯 2013）。它可能是某个报告中的统计表（世界银行 2015，274-275）。它可能是你自己对大学生的调查。

第二手资料包括他人的成果、思想或观点。它可能是网站上一篇关于美国的伊朗政策的文章（贝里 2012）。它可能是学者解读世界银行的图表（亚当斯 2007）。拿足球比赛来做类比，哪一个更好呢——是自己观看比赛（原始资料）还是听体育解说员的描述（第二手资料）？教师们通常都喜欢原始资料。一篇论文应当包括从官方文件来的原始数据，比如小布什对美国环保署预算的削减（威廉姆斯 2008）。另外，威廉姆斯对这次削减的评论是第二手资料（威廉姆斯）。同一资料来源被引用两次并不表示是两个来源。一本书内的每一个资料来源应该出自不同的书或文章。

如果你有大量好的资料来源，即在五页纸的论文中有十个，老师们会印象深刻。如果你引用了特定的事实或摘录，要注明页码（汤普森 2001，247）。在图书馆的参考书目部分，有各种办法可以加快开始查找的速度，大部分是在计算机上。

《纽约时报》索引

期刊文献读者指南

社会科学索引

出版信息服务

中央情报局世界真相全书

存档事实

词汇索引

理论索引

第一搜索

要研究行政-立法关系（国会、白宫、新法律、预算），部分好的参考资料包括：每周和每年出版的《国会季刊》，最好的是每一个总统任期一本的《国会与国家》。要研究外国情况，可以查一下《当代史》杂志和国会图书馆出版的《国家研究》系列丛书。

法国的地方分权　在历史上，法国比英国更倾向于单一制。一切都是——或者直到最近——由巴黎控制，这从15世纪路易十一建立起绝对统治时代就已经开始。在17世纪，红衣主教黎塞留（Cardinal Richelieu）通过委派省级行政长官（intendants），把权力进一步集中到巴黎，向他本人负责。在法国大革命中，拿破仑和共和党人都遵循着单一制的路线。现在，各**省省长**都要向内务部报告当地的情况。

省
法国第一级行政单位。

省长
法国第一级行政单位长官。

在法国的96个省中，绝大多数是根据河流的名字来命名的，力图抹去当地的历史记忆。但与英国一样，法国也有独特的地域结构：布列塔尼的凯尔特人（the Celtic Bretons），几个世纪前从英国分离出来逃避撒克逊人；南部的米迪人（Midi），发音仍然带有古代语言的味道；以及科西嘉人（Corsicans），仍然在说一种意大利方言。布列塔尼和科西嘉的民族分离运动经常为自己的目标而采取暴力行动。

1960年，为了更好地协调经济发展，戴高乐总统下令成立22个大区，每个地区由2到8个省组成。从1981年开始，社会党总统密特朗实施了真正的**地方化分权**（decentralization），给予大区一定的经济规划权力，由巴黎任命的行政长官把部分权力转移给地方议会。法国就这样改变了实施了五个世纪的集权制。

地方化分权
把行政管理的职能从中央政府转移到地方层级，比权力下放的程度要弱一些。

西班牙的自治　西班牙同样分解了其高度集权的政治体系。这里的问题显得尤为紧迫，由于地方仇恨长期以来一直受弗朗西斯科·佛朗哥独裁统治的压制（1939—1975），因此表现得非常激烈。西班牙的地区问题是欧洲最困难的问题之一，仅次于南斯拉夫。在西班牙北部的巴斯克人和加泰罗尼亚人说着非卡斯蒂利亚语系的语言，有着自己独特的文化。另外，西班牙的很多地区在中世纪曾被赋予地方权力（fueros），它们将其珍藏了几个世纪。面对巨大的地域多样性，西班牙的集权者们试图移植法国的单一制模式。结果，无论西班牙试图建立何种民主制，地区仇恨都会显露出来。分离运动在1874年和20世纪30年代非常集中，但都被视国家统一为神圣的西班牙军队所击溃。

自治体
西班牙拥有自治权力的地方政府形态。

为了安抚以较温和的方式出现在加泰罗尼亚、加利西亚、安达卢西亚及其他地区的分离主义者的情绪，新的西班牙民主政府建立起17个被称为**“自治体”**（autonomías）的地方政府，让它们拥有地区议会、征税的权力、语言的权利，并控制全部地方事务。最大的问题仍然是西北部的巴斯克，那里的恐怖主义组织“埃塔”（ETA）为了完全独立，实施了谋杀和爆炸。绝大多数西班牙人支持这种自治体，但在欧元危机期间，中央-外围紧张关系——尤其是在巴斯克和加泰罗尼亚地区——

仍然存在于税收和资金调拨问题上。西班牙可能会再次爆发分离运动。

单一制的利弊 单一制下的政府有可能变得过度集权。没有中央政府的允许，地方政府或许连设立一个红绿灯、一个公交汽车站的权力都没有。公民因此忽视地方事务，造成政治上的分离感。不过，集中化的权力有利于推进国家的现代化。在政府系列中，清晰的权威层次使政府变得高效。单一制国家的中央政府能够统一调配资源，协调计划和发展。税收在全国范围内都是统一的，企业和个人无法像在美国那样，通过转移到低税收的地区来避税。像日本那样的国家还可以制定很高的教育标准和规范。

日本给予某些地区自治权，但只是一种联邦制的趋势。日本1871年建立的国家体系复制自法国，43个**县**，三个大城市，以及北方一些小岛都有选举出的行政长官和一院制的议会。它们的行动受到东京的内务省的监控和限制，只能收取大约30%的税收，这在日本叫作“30%自治”。那些有个性、比较敢言的地方行政长官现在逐步开始要求更多的自治权力。

县
日本的第一级地方行政单位。

邦联
各组成部分凌驾于中央区之上的政治体制。

中央区
国家的首都和权力中心。

案例研究

联邦的不稳定性

从理论上说，除了单一制和联邦制之外，还有第三种选择：**邦联**。在单一制下，权力集中于国家的首都。在联邦制下，权力在**中央区**与组成部分之间取得平衡。在邦联中，部分可能超越中心。

邦联不会持续太久，不是分裂就是走向联邦制。这是《邦联条例》指引下美国的命运。如果美国各州像邦联制下那样保留高度的独立性，它们在内战中就不能协调彼此的行动。瑞士仍然称自己为“邦联”（赫尔维蒂联盟，Confederatio Helvetia）——这是瑞士人引以为豪的，从1291年开始——但它现在实际上已经是联邦体制。欧盟起初是邦联形式，但是随着设在布鲁塞尔（欧盟的总部）的领导机构权力的扩张，特别是在经济和货币联盟（新的欧元体系）形成后，它也会走向联邦制。

联邦制

联邦制国家给予地方行政机关高度的自治权，同时也允许中央政府拥有足够的权力来管理国家。保持联邦各地区之间的平衡并非易事。美国是最早建立联邦制的国家之一，有时把联邦制强加于其他国家，比如伊拉克，伊拉克国内的逊尼派、什叶派和库尔德人之间的矛盾导致了大规模内战。苏联和墨西哥过于集权，因此一些学者怀疑它们是否还算联邦制国家。联邦制的关键之处在于，其成员具有一定的权力，因此不能被中央政府轻易忽视。

典型的情况是各州由上院来代表，如美国的参议院和德国的联邦议会议员（单一制国家并不需要上院，虽然大多数保留这一机构）。在联邦制体系中，中央政府在外交、国防和货币政策上拥有垄断性权力，州负责教育、警察、高速公路和其他与民生相关的事务。由于这种权力的划分很少是清晰或持久的，联邦政府往往依赖于中央和地方之间一种微妙而不稳定的平衡。

联邦制的形成有这几方面的原因。首先是为了国家安全。小而弱的州无法免遭其他强大国家的侵略（这是《联邦党人文集》的主要论点）。各州外交和军事资源的整合是俾斯麦德国的主要力量。联邦也可以用于经济目的。美国的繁荣很大程度上要归功于建立了一个没有关税壁垒、横跨大陆的市场，现在欧盟也试图效仿这一模式。联邦主义往往是维护国家统一的唯一途径。1947 年英国从印度撤离后，印度建立了联邦体制，允许一些邦如孟加拉、旁庶普在加入印度时保留原有的文化，但是没有地方自治的保证他们就不会加入联邦国家。大部分拉美国家——特别是阿根廷、巴西和墨西哥这样的大国——认为联邦制是控制其广阔地域的唯一方式。1993 年，比利时也从单一制转向联邦制，给予两种语言（法语和弗兰芒语）同等的地位。但两部分人群仍然相互厌恶，比利时可能会分裂。

联邦制的利弊 在联邦制下，公民与地方最接近，他们可以影响地方官员并且观察到政策是如何决定的。美国的各州被称为“民主的实验室”，它们会试验各种各样的新项目。如果成功，就会在全国得以推广；如果失败，也不会带来太大的危害。但与此同时，地方政府或许缺乏财政项目的资金，有时它们的官员没有能力或变得腐败。地方政府的决策有时也会导致重复建设和缺乏协调。

州
德国的第一级地方行政单位。

在不同的联邦体系中，州、省与其以下层级的政府间的关系也各不相同。在德国，16 个**州**都有自己的宪法和负责地方事务的政府，州议会甚至可以影响外交政策，因为是通过它们选举产生联邦上院（国家立法机构的上议院）议员。在联邦制国家中，印度是比较独特的一个，如果有些联邦发生骚乱，新德里可以宣布实行“总统管辖”接管其权力。

美国的 50 个州可以在任何领域进行立法，不必取得中央政府的批准。通常，教育、福利、民法、财产税和行业执照都属于州权限。但在20世纪，联邦政府在民法、福利和经济管理制等领域都扩张了权力。小布什通过《不让一个孩子掉队法案》，把教育标准集中到联邦层面，许多州和传统的共和党员对此表示反对。但由于依赖政府联邦的批准和财政份额，各州必须在许多领域迎合联邦政府的标准，即便联邦政府不能直接如此要求。比如，如果哪个州不制定禁止21岁以下未成年人饮酒的法律，华盛顿就不下拨高速公路的资金。绝大多数州会很快执行。

从一开始，美国人就为联邦政府的合适角色而争辩，担心"分离主义"会损害联邦。这种情况的确出现过。南方各州对"州权"（"奴隶制"的委婉说法）的坚持导致了分裂和内战。在20世纪60年代，最高法院有争议的裁决引发了要求限制联邦法院权力的斗争。有些人坚持认为，权力过分集中在华盛顿是对联邦制和个人自由的威胁。但与此同时，地方政府和公众依然依赖一个强有力的联邦政府来帮助他们解决复杂（有时耗资巨大）的难题。联邦主义并不是一个轻易可以维持的制度，对于那些地域广阔、分离倾向严重的国家也不是一个很好的解决方式。看看下面这些例子吧。

苏联的联邦制　从字面上看，苏维埃联盟是一个高度分权化的联盟：其15个**加盟共和国**拥有退出联盟的权利。在实践中，在共产党的严密控制下——尽管有时也高度依靠当地的领导人（如格鲁吉亚、乌兹别克等）——它们服从莫斯科的命令。很少有人能想到，在苏联集权化的外表下也隐藏着持久的分裂运动。戈尔巴乔夫低估了地方民族主义的力量，当他在20世纪80年代后期推行**公开化**政策时，许多苏联的共和国开始疾呼独立，特别是立陶宛、拉脱维亚、爱沙尼亚等波罗的海国家，它们是1940年被强行合并到苏联的。1991年苏联解体后，所有15个共和国都宣布独立。现在俄罗斯从经济方面或者军事方面致力于重建所谓的"近邻国家"，正如在格鲁吉亚的那样。

加盟共和国
苏联和南斯拉夫的第一级地方行政单位。

公开化
戈尔巴乔夫关于媒体公开化的政策。

苏联留下的空缺由俄罗斯联邦填充。它由89个自治共和国、地区甚至城市组成，均与莫斯科签订了联邦条约。有些地区有超过一百个民族聚居，它们拒绝签订条约并宣称自己独立。在北高加索地区，绝大多数穆斯林从来不愿接受莫斯科的统治，现在有些地区正试图分裂出去。莫斯科担心，一旦承认车臣独立，就会激发其他地区的独立浪潮。2013年，波士顿尝到了车臣恐怖主义的苦头。普京总统为维持中央的控制力，建立了7个特别区，由前安全警察部队的头目管理。

三大前共产主义联邦——苏联、南斯拉夫和捷克斯洛伐克——能否建立起真正的联邦体制以避免国家解体？还是从一开始就注定了分裂的命运？这些似乎解决了“民族问题”，但一旦丧失权力后问题又重新暴露出来。

前南斯拉夫联邦 南斯拉夫成立于 1918 年，是一个新的且某种程度上人为建立的国家，其联邦共和国成员很少感觉满意。二战期间这一联邦分裂过一次。当时德国占领军建立了一个独立的克罗地亚并逐步扩大地盘。克罗地亚的纳粹分子屠杀了约 30 万在当地居住了好几个世纪的塞尔维亚人和其他民族的人，当时种下的仇恨在 20 世纪 90 年代爆发出来。与纳粹作战的共产党游击队认为，联邦制是解决问题的好办法。在特立独行的共产党人铁托的领导下，南斯拉夫的联邦制让它的六个共和国真正管理地方事务，并都向议会输送同等数量的代表。在南斯拉夫国民会议主席团中，每个共和国都有一名成员。

这种超联邦的建构并没有能够安抚地方民族主义者，反而导致了分离倾向。每个共和国都要求拥有自己的铁路、钢铁厂，并控制自己的经济。在铁托的统治下，共产党和安全部队可以维持南斯拉夫的统一，但 1980 年铁托死后，共和国开始走上分裂的道路。

离心倾向
分裂主义的倾向。

加拿大联邦 加拿大同样存在很强的**离心倾向**。英国允许讲法语的魁北克人保留自己的语言，这些亲法的人变成二等公民，比其他加拿大人更为贫穷并受到歧视，因为几乎所有的私人和政府事务都使用英语。20 世纪 60 年代，魁北克人党开始兴起，试图将魁北克从加拿大独立出来。为了安抚他们，渥太华的联邦政府在 1969 年让加拿大成为了双语国家，英语和法语拥有平等的权利。魁北克党人并不满足，他们要求法语成为魁北克唯一的官方语言。为了联邦——由于地方政府可以否决中央政府，联邦看起来像是一个邦联——的统一，渥太华和地方政府在艰难的谈判后通过了两个新的联邦条约，但随后都被否决。其障碍在于，条约确立了魁北克作为一个“独立社会”的分离状态。魁北克人认为这还不够，但其他加拿大人认为这些已经很过分。虽然魁北克的分离运动现已减退，但是加拿大人仍在为联邦制而争吵。

实行联邦制非常困难。上面讨论的三个案例提醒我们，联邦制并不能包治百病。如果联邦的组成部分存在太大差异——文化、经济、语言或历史——那么联邦体系可能无法将它们结合在一起。相同的政治文化有很大的好处，就像美国、澳大利亚、巴西、德国那样。将这种政治文化作为基础，中央政府和地方政府之间就能保持权力平衡。美国仍然在寻找一种适当的平衡。

选举制度

3.4 选举制度和政党制度的关系

选举制度是一种非常重要的制度选择。它有助于决定政党的数量，形成稳定的政府，并增强公民对政治的兴趣。目前存在着两大类型的选举制度及其诸多变体。

单名选区制

最简单的选举制度是英美的“**单名选区制**”（single-member district）。在这种制度下，一个选区的代表只有一人，只要获得多数选票（不一定要过半数）便可成为整个选区的代表，这叫作“多数获胜的单名选区制”或“胜者全得”（first past the pose，FPTP）。这种制度使利益集团和政治派别组合成两个大的政党。如果有四个政党分别获得25、25、24、26 个百分点的选票，那么最后一个政党将赢得整个选举。在这种情形下，意识形态方面分歧不大的两个失败的政党，会立即认识到结合在一起对于它们赢得下一次选举很有利。当这两个政党联合并取胜后，另两个政党也将被迫合并。这就是明确的信号：要么合并，要么失败。威尔逊能赢得 1912 年大选，就是因为西奥多·罗斯福使共和党走向分裂。实行单名选区制的国家容易形成两党制。

单名选区制
每一地区选举一人，美国和英国实行这一制度。

在这种制度下，第三党确实而且能够存在，但获胜的概率很小。它们只是作为反对大党的群体和压力团体而存在。英国的自由民主党能够获得近 1/5 的选票，但由于这些选票在整个国家的分布非常平均，所以它们能够获得的席位很少。单名选区制对第三党一点也不仁慈，但加拿大、苏格兰和印度是个例外，该国省一级政党的集中允许大量政党存在。

单名选区制的优点 “胜者全得”的政治制度使政党集中于政治体系的中心，因为这是选民集中的地方。这有助于遏制极端主义的生长。如果政党领袖偏离了主流的观点，该政党就会在选举中失败，选举之后，这位领袖也将被替换。1964 年，保守的戈德沃特（Goldwater）领导的共和党、1972 年自由派的麦戈文（Mc Govern）领导的民主党以及被两位无能之人——2010年的戈登·布朗（Gordon Brown）和2015年的埃德·米利班德（Ed Miliband）——所领导的工党，都发生过上述情况。在大多数民主国家，民意排列成一条“钟形”曲线，大多数人都在中心位置。离中心太远的政党将会受到惩罚。有人认为，2012年共和党人曾远离过中心。

多数主义制度 把议会半数以上席位给予某一获胜政党的选举制度。

这种制度也使一个政党在国会里占据多数——它因此而被称为**多数主义制度**——不太容易出现政党联盟。在单名选区制下，胜利会被放大。比如在2015年，英国保守党仅拿下37%的选票却取得了国会51%的议席。记住，单一选区制下的议席与选民的支持率不成比例。选民当中很小一部分人改变选择也会导致很多议席转移，足以形成议会里新的多数派和新的政府。在宪法明确要求实行权力分立的美国，通常是一个党执掌白宫而另一个党执掌国会，这削弱了该种制度的优越性。

单名选区制的缺陷 单名选区制在议会里创造了一个多少有些人为色彩的多数，使统治变得更容易，但是因此也无法公正或准确地反映公众的观点。在每个选区里胜者全得。失败的政党，即使获得了49%的选票也得不到代表权。有时候——包括美国——赢得多数票的政党却没能获得多数席位，这取决于它们的票数在选区的分布情况。感谢计算机，美国的州现在都经过了精心设计——有些选区的形状非常怪异——这样一来，对一个政党或一个与之非常接近的政党或其他不可预见的党派来说，435个众议院议席中将近有400个是“安全的”。这样的做法损害了民主性，带来极端的党派斗争，且各党之间毫无合作。

单名选区制具有竞争性，选民有两种选择。单名选区制将候选人推向政治中心，避免选民盲目支持。在这些选区，美国两大政党有时候区别甚微，都是走中间路线，这会让选民产生厌烦情绪，也帮助解释了美国选举中的低投票率。欧洲的多党制拥有较高的投票率，部分是因为选民可以从一个更为有趣的政党菜单中进行选择。

比例代表制 通过政党所得票数来分配席位。

比例代表制

比例代表制（proportional representation，PR）建立在多名选区代表的基础上。也就是说，一个选区向国会输送数名代表，而不是只有一名。在荷兰和以色列这样的小国家中，整个国家就是一个大的选区。在瑞典，一个选区是一个郡，西班牙则是一个省。如果该选区有十个议席，每一政党都会提出 10 名候选人。选民在政党中进行选择，政党所得议席与选票比例相对应。如果一个政党获得了 30％的选票，它就会把前三名候选人派到国会。获得 20％ 选票的政党可以派出两名候选人。

但是很少有选票如此精确。一个政党可能在 11 个议席的竞争中获得 42％的支持率，它是否会得到 4.62 个席位？你如何把半个人送到国会？最普遍的是“东特计算公式”（d'Hondt mathematical formula），它以牺牲小政党为代价让大政党获得更多的议席。瑞典通过全国范围内的统筹消除数字上的不协调。它在 21 个选区中只选出 349 个席位中的 310 席，剩下的 39 个席位则通过政党在全国所获支持率的比例进行分配，以修正误差。

为了尽量减少分裂主义、滋扰行为、极端主义政党的问题，比例代表制要求政党必须获得一定百分比的选票才可获得席位，这被称为“门槛条款”（threshold clauses）。德国和波兰要求，一个政党必须在全国范围内获得至少 5％的选票，瑞典和意大利则要求必须获得 4％的选票。

比例代表制的优点 比例代表制意味着国家立法机关能够准确反映公众的意见和政党的力量。不像英美体系，政党不必争夺中间选民，因此可以更清晰地表达出自己的意识形态和原则，因为它们不必取悦所有人。如果人口的一小部分确实信奉某些东西，他们也可以组成政党并获得一到两个席位。他们不会被迫联合成强大的政党并淡化自己的观点，就像在胜者全得制度中那样。

比例代表制的缺点 比例代表制对于政党分裂无能为力，因此经常产生多党制。不过这种趋势正在消减，两大党制甚至出现在比例代表制。瑞典和西班牙有一到两个大一些的政党，再加上一些小党。它们的政治系统并未被严重分裂。另一方面，以色列为政党的分裂所困扰，大约有 10 个或以上政党被选进议会。如果比例代表制中的主要政党获得少于半数的席位，它就必须与其他政党结成联盟。这种联盟通常不稳定，而且不能在重大问题上形成决策。如果一个政党足够强大并能单独执政，体制就会相当稳定。而英美制度则把权力赋予绝对多数，从而保证稳定。所以在 2010 年的英国大选中，虽然没有政党夺取多数议席，但也会形成一个政党联盟（保守党和自由民主党）。

绝对多数
必须超过半数。

简单多数
得票最多的获胜，即便是没有超过半数。

混合制
把单名选区制和比例代表制结合在一起的选举制度。

自二战起，意大利局势极不稳定，其多党联盟政府执政时间一般不超过一年。

案例研究

法国和德国的变体

法国也实行单名选区制，但有所不同的是：它是两轮投票。很少有候选人能在第一轮投票中赢得**绝对多数**（必须超过50%，这和英美国家的**简单多数**不一样），所以那些获得至少1/8支持率的候选人不得不参加一个星期后的第二轮选举。这一次只要获得简单多数即可赢得选举。根据政党之间事先的协议，有一些候选人会退出选举，并劝说其支持者投票给立场与他们相似的候选人。所以大部分第二轮选举只留下两到三位候选人。法国的第一轮选举有点类似于美国的初选。

德国的选举制度基本上是一半实行“胜者全得”，一半实行比例代表制。在一场分开的投票中，德国人既选择单个人来代表其选区，同时又选择一个政党按其得票比例来代表州。联邦议会中的所有权力分配由第二次投票来决定，也是对政党的一次选择，所以席位总是和选票成比例。另外一半席位留给在选区竞争中的328个胜利者。德国分投代表制产生了准两党体制，带来了政治稳定。该制度是对比例代表制的改革，是二战后设计用来防止重回虚弱而不稳定的魏玛体制，该体制将整个国家当作一个大选区的比例代表制。在20世纪90年代，意大利、新西兰和日本都采纳了德国式的**混合制**，在国会选举中将单名选区制和比例代表制结合起来。

国家和经济

3.5 国家和经济的联系

政府如何能更好地促进百姓的经济和社会福利？国家面临着两个问题：(1) 应当归国家所有或监管的经济是多少？(2) 应当将多少国家财富用于再分配以帮助社会上贫穷人口？对问题的回答产生了四种提高普遍福利的方法：自由放任、政府统制、社会主义和福利国家。这就形成了很多政治学家都爱用的四格图（见图3-1）。

自由放任
法语的意思是“任其自然”；最小政府干预和监管的经济体制；资本主义。

在**自由放任**体制中，政府拥有的产业很少，或者没有，以福利计划形式出现的再分配也相当少。这些国家都是亚当·斯密的追随者，也是托马斯·杰斐逊的信奉者，他们认为任何政府对经济的干预都会降低增长并最终减少繁荣。这种理论认为私有企业和个人进取心造就了国家的自由和繁荣。

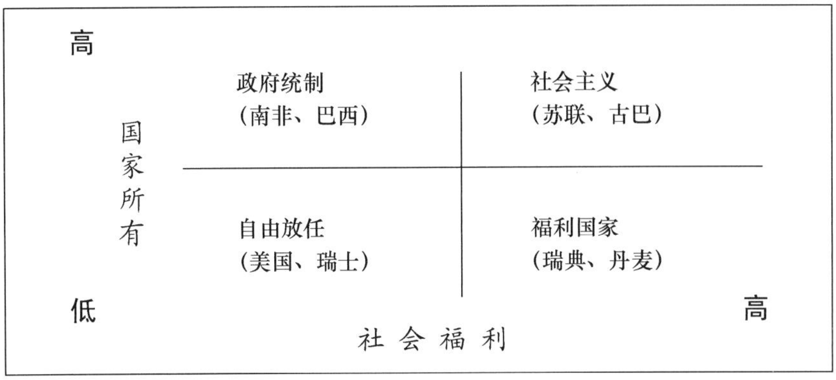

图 3-1　政府统制、社会主义、自由放任和福利国家

福利国家自己的产业也很少或没有，但福利国家会通过财富的再分配帮助那些境况较差的人。有时也以“社会民主主义”闻名的西北欧福利国家通过健康保险、儿童照料、工作培训以及退休基金等形式为国民提供一个“从摇篮到坟墓”的服务。为了支付这些开支，它们征收世界上最高的税收，例如，瑞典和丹麦的税额超过国内生产总值的一半。尽管如此，它们的产业几乎都是私人所有，并按资本家的方式来经营。

福利国家
主要通过政府再分配给较穷的国民的经济体制。

政府统制是一个早于自由放任的古老体制。其现有形式叫作国有资本主义。在该体制中，国家（指全国性政府）是头号资本家，拥有并经营许多主要产业，却不提供福利救济。政府统制始于一位法国国王，他为了法国的财产和权力建立了一个强大的中央集权的国家来监督企业。政府统制，有时用法语称为“ étatisme ”（国家社会主义），包括国家对铁路、钢铁、银行、石油和其他大企业的所有权。中小企业都还留在私人手里。政府统制在很多欧洲和拉丁美洲国家流行一时。法国、巴西、智利和墨西哥都曾是政府统制体制，但现在都在往自由市场方向改革。很多发展中国家追随这种模式，因为它们认为只有政府才有资金、办法和创建新产业的能力。但经济成效说明国有企业十分低效，因为它们由官僚运营且缺乏竞争力，因此经常由于亏本经营而不得不依靠国家财政的补贴。

政府统制
主要产业归国家所有以提高国家的权力和威望的经济体制；前资本主义体制。

社会主义体制既实行国家所有又实行广泛的社会福利。以苏联为例，政府拥有绝大部分生产资料，代表全社会运营经济。

社会主义
声称为了全社会的利益而使产业归政府所有的经济体制；与资本主义相对。

在实践中，各国政府倾向于把这四种体制的因素结合起来。就连基本实行自由放任的美国也有福利政策以及被诟病的对金融巨头的援助。问题从来没有得到过解决，国家经常改变它们的组合。今天，我们看到在东欧、法国和拉丁美洲存在大规模转变国有产业的现象。瑞典这类福利国家已经看到过于慷慨的福利和过高的税收造成的困境，因此选举出保守党政府。

美国人一个基本的看法是政府应当保持小的规模。可是，世界的其余大部分地方认为国家权力是自然而有益的事物。例如，在法国，15世纪，路易十一创造了一个强大的国家；17世纪，国家在路易十三和黎赫留（Richelieu）大主教手里得到扩张，并被灌输到法国人的意识中，后来扩展到欧洲的大部分地方。这种法国式的**强国家**监督经济和教育、征收捐税、修建公路和运河以及建立常备军。经过专门学校培训的知识精英管理着这个国家。

强国家
现代政府的组织形式。

这些看法在20世纪流行并延续至今。在1870—1871年被德国打败后，法国精英们把国家当作现代化的工具。巴黎的政府试图建立一个统一的和团结的国民，把“农民转变为法国人”。中央统一的学校体系消除了方言，打破了停滞的农村传统，把优秀分子吸收到大学。国有产业把法国变为一个经济强国。在二战中再次被德国人打败后，法国精英们再次运用国家权力实现了国家的现代化。

这能否行得通？法国的确在很大程度上实现了现代化，但这是否是最快或最有效的方式？英国和美国在历史上更为先进，但其政府监管却最少；让自由市场的竞争精神来做这件事要快得多、容易得多。（当然，这个比较不太公平，英国和美国没有与强大的、向外扩张的德国为邻。如果它们有的话，政府的作用可能会更为强大。）

另一个国家指导现代化的例子是日本。随着1868年的明治维新，东京将不同的工业分派给武士家族，为其提供资金，并要它们模仿西方最好的东西。经过一代人的努力，日本在“富国强兵”的口号下从竹器时代进入了钢铁时代。第二次世界大战后，通商产业省（MITI）把银行贷款引向发展中的工业，抵制外国竞争，并用日本产品占领世界市场，以此指导日本经济的腾飞。在我们说政府对经济的指导不起作用之前，我们最好解释一下为什么它在日本还管用。当然，日本人有着完全不同且合作性更强的文化。美国的MITI在我们的经济和态度的背景下可能不会起作用。1990年起，日本经济陷入停滞，这种发展模式不再适用。

政府是否应该通过提供计划、建议、广泛的产业合作、保险和贷款来监管经济？传统的美国式回答是：“不，它只会把事情弄糟。”对于美国经过激烈争论通过医疗改革的事情，欧洲人和加拿大人感到惊讶，因为他们在几十年前就实行医疗改革了。即使在美国，联邦政府也会通过取得大面积的土地、让移民者定居下来、给予铁路优先通行权等措施，一再刺激经济向前发展。20 世纪 30 年代，田纳西河流域管理局为美国的落后地区带来了电力并控制了洪水。2008 年，保守派不支持对大型金融机构的援助，但大部分人认为这很有必要。美国也同样把国家当作现代化的工具，并且仍然利用联邦项目来促进产业的发展。现代政治的一大问题是我们到底需要多少政府的干预。

思考题

1. 民族和国家有什么不同？
2. 什么是“虚弱国家”和“失败国家”？
3. 亚里士多德关于政府的六种类型是什么？
4. 一种政治制度的核心是什么？
5. 单一制和联邦制存在的问题是什么？
6. 两种主要的选举制度是什么？它们的优缺点分别是什么？
7. 社会主义和政府统制有什么不同？
8. 是否全世界都同美国一样更喜欢小政府？
9. 政府能否或者是否应当实现社会现代化？

关键术语

无政府状态
自治体
中央区
中央-外围紧张关系
离心倾向
邦联
地方化分权
省（法国）
权力下放
失败国家
联邦制
第一级行政单位
不公平划区
公开化
制度化
自由放任
州（德国）
多数主义制度
绝对多数
混合制
君主制
民族
简单多数
政治制度
省长（法国）
县（日本）
比例代表制
准
地方主义
共和制
政府统制
单名选区制
社会主义
国家
强国家
单一制
虚弱国家
福利国家
加盟共和国

参考文献

Acemoglu, Daron, and James A. Robinson. *Why Nations Fail: The Origins of Power, Prosperity, and Poverty*. New York: Crown, 2012.

Burgess, Michael. *Comparative Federalism: Theory and Practice*. New York: Routledge, 2006.

Dahl, Robert A., and Bruce Stinebrickner. *Modern Political Analysis*, 6th ed. Upper Saddle River, NJ: Prentice Hall, 2003.

Farrell, David M. *Electoral Systems: A Comparative Introduction*. New York: Palgrave, 2001.

Fukuyama, Francis. *Political Order and Political Decay: From the Industrial Revolution to the Globalization of Democracy*. New York: Farrar, Straus & Giroux, 2014.

Gallagher, Michael, and Paul Mitchell, eds. *The Politics of Electoral Systems*. New York: Oxford University Press, 2006.

Hueglin, Thomas O., and Alan Fenna. *Comparative Federalism: A Systematic Inquiry*. Decorah, IA: Broadview, 2006.

LaCroix, Alison L. *The Ideological Origins of American Federalism*. Cambridge, MA: Harvard University Press, 2010.

Lijphart, Arend. *Patterns of Democracy: Government Forms and Performance in Thirty-Six Countries*. New Haven, CT: Yale University Press, 1999.

Lindblom, Charles E. *The Market System: What It Is, How It Works, and What to Make of It*. New Haven, CT: Yale University Press, 2001.

McCabe, Neil Colman, ed. *Comparative Federalism in the Devolution Era*. Lanham, MD: Lexington, 2002.

Micklethwait, John, and Adrian Wooldridge. *The Fourth Revolution: The Global Race to Reinvent the State*. New York: Penguin, 2014.

Moreno, Luis. *The Federalization of Spain*. Portland, OR: F. Cass, 2001.

Stephens, G. Ross, and Nelson Wikstrom. *American Intergovernmental Relations: A Fragmented Federal Polity*. New York: Oxford University Press, 2006.

Van Creveld, Martin. *The Rise and Decline of the State*. New York: Cambridge University Press, 1999.

Zijderveld, Anton C. *The Waning of the Welfare State: The End of Comprehensive State Succor*. Piscataway, NJ: Transaction, 1999.

第 4 章
宪法与权利

阅读与思考

4.1 宪法和法令的区别

4.2 宪法的目的

4.3 现代生活中“权利”的变体

4.4 美国司法审查是宪法的首要内容之一

4.5 美国言论自由权的发展历程

美国人已经知道，联邦政府在大范围调查他们的电话和电子邮件。反恐行动很久以前就开始了，也通过了一系列法律。可是在情报人员把整件事泄露给媒体之前，国会对此缄口不言。1978年，《外国情报监听法案》（FISA）得到了国会自由党人的支持，目的是防止联邦政府窃听美国公民。尼克松则设立了一个秘密的FISA法庭，专门扫除收集民众信息的执行令。“9·11事件”后，国会很快通过《爱国者法案》，用以监视电话、邮件、财务状况、信用卡和穆斯林公民。经过几次修订后，法律要求手机和网络用户将其通信元数据交给美国国家安全局（NSA）。美国国家安全局使用超级电脑算法程序掌握联系双方、联系时间以及联系位置。美国国家安全局表示，它们没有查看信息，只是把可疑的信息发给中央情报局（CIA）和联邦调查局（FBI），这两个机构有权让FISA法庭授予更多的监听许可。

虽然这类法律旨在防止外国威胁，但却罔顾第四修正案，而将美国人置于监控之下（第四修正案保证公民不受“不合理的搜查和逮捕”）。自由派和保守派都担心隐私权受侵犯以及大数据警察国家的出现。共和党人和民主党人均维护国家监听公民的做法，称这是打击恐怖主义的核心，没有侵犯权利。他们反对取消监听，声称一切都是合法行为。2012年，国会再次坚决授予FISA权威，并表示会追踪监听情况。奥巴马总统曾任宪法学教授，他说：“你不可能在百分之百安全的同时拥有完全的隐私，并毫无不便之处。我们作为一个社会必须做出一些决定。”这是最高法院审查的一个最佳范例。

保密和安全与自由和隐私的对立在美国历史上不是一个新问题，因为对自由的类似限制在其他的紧张情况下也曾出现过。建立和限制权力的问题存在于各个政治系统，尤其是在特殊时期。要在政府权力和公民自由之间、多数人的福祉和少数人的权利之间保持平衡并非易事。

少数派
在大型社会内由语言、民族、种族或宗教等区分出来的小集团。

同样地，要平衡多数派的意愿和**少数派**的权利并非易事。例如，很多州禁止同性结婚，可是这是否侵犯了同性恋者的平等权利？对有些人而言，同性婚姻冒犯了他们的宗教信仰。2015年，最高法院根据平等保护法以5比4的投票结果裁定，各州不可以禁止同性结婚。即使宪法保证了宗教自由，有些地区的群众还是围堵了穆斯林教堂。还有人认为，穆斯林不受第一修正案保护。

这些问题涉及权利和政治权力的问题。大多数人可能会同意最高法院的决定是法律，即使国会并不喜欢它。我们是否应该特别注意那些中东长相的人，因为他们可能，仅仅是可能，是恐怖分子？而如果他们不是恐怖分子，那么他们是否有权利起诉他们的原告？我们该如何确定对政治权力的限制以及在多数人的需要和个人及少数派的权利之间达到平衡？传统、**法令**、最重要的是国家宪法提供了一些指导原则，它们为政府治理奠定了宪法基本准则。

法令
立法机关所通过的普通法律，而不是宪法的一部分。

宪法

4.1 宪法和法令的区别

按照惯例，**宪法**是描绘政治系统结构的书面文件。政治科学家将“宪法”界定为一套规则和习惯，无论是成文还是不成文，政府都要据此处理事务。几乎每个国家都有宪法，因为每个国家都根据某一套规则行事。在混乱、腐败或独裁的政治体系中，宪法可能无关紧要。阿富汗被武装部落和军阀割据，根本无法实施新宪法。在刚果（以前叫扎伊尔），蒙博托不允许限制他窃取国家财富。少数国家，像英国和以色列，没有单一的成文宪法，但仍然存在宪法。英国的习惯、法令、先例以及传统等非常强大，以致英国政府认为自己受经过几个世纪形成的实践制约。因此，英国政府受宪法限制。

宪法
构建政府的基本准则，通常是成文的。

现在大多数宪法也明确列出了个人权利和自由。除美国宪法以外，这是个新近的事情。加拿大直到 1982 年才有了《权利和自由宪章》。英国直到 2000 年采用了欧盟的人权公约，才有类似的东西。此前，英国的权利和自由没有这么明确。

宪法规定了政府的形式、机构和限度，平衡少数派和多数派的利益。宪法的功能不止于此。政治科学家不仅研究宪法的具体内容，还研究它的实际操作。例如美国宪法，它非常简短，很多东西都未曾提及。它的七条正文主要界定政府各部门的权力，第二十七修正案大致规定了公民权利，但也为解释权利留了空间。

相反，许多二战后独立的新兴国家采用了相当详尽的宪法。战后的日本宪法是 1946 年由美国占领军政府在 5 天内起草的（它们花了些时间考虑宪法的要素），包括 40 条国民的权利和义务，比如生产就业的权利、适宜的生活水平和社会福利救济等——与美国宪法序言中的一般价值“正义……国内安宁……共同防务……公共福利……自由”形成鲜明的对比。德国宪法（基本法）的第一条也列举了一长串权利，不仅有基本权利和政治自由，还有社会和经济保障，包括对教育系统的国家监督和对经济的公共控制。

1988 年的巴西宪法列举了很多权利——每周工作 40 小时、医疗和退休计划、最低工资、最高利率、环境保护等——却是巴西经济无力承担的。这些权利会阻碍必要的经济改革。很多人现在认为，详尽的社会和经济权利不应被写入宪法，它们应当属于政令或市场运作。无法实现权利成了新宪法的一个普遍现象，尽管宪法的起草者认为他们能够解决社会和经济问题。

英国可以用不成文的宪法治理，尽管英国政府正在考虑起草一个成文宪法。美国用高度概括的宪法实现自身运作。在这两个国家，宪法的详细内容是在使用过程中不断被充实的。但大多数新成立的国家都致力于冗长的成文宪法，试图清楚地写下每一个细节。

最高法律

4.2　宪法的目的

民族国家采用宪法与古代美索不达米亚的立法者汉谟拉比编纂巴比伦法典出于同样的原因：在这个国度里设立最高的法律。宪法是社会的基本法律，不能轻易改动。它是衡量政府或人民行动的准绳。立法机关可以在某年通过一项法律而在第二年将之推翻，但宪法条文的修改要困难得多。在瑞典，通过宪法修正案必须经过两届立法机构普选。

修订美国宪法的难度大得多。最普遍的程序是参众两院以 2/3 的多数通过，然后得到 3/4 州议会的批准。美国宪法自 1791 年采用《权利法案》以来至今只修订了 17 次，反映了修订程序的难度。1983 年《平等权利法案》未获得通过，因为投票赞成它的州议会不到 3/4。共和党人提议修改第十四修正案中的基本人权条款，要求废除“锚孩子”（非法移民在美国所生的孩子）的美国公民身份，但同样没有被通过。日本要求，通过修正案需得到每个议院 2/3 的席位，以及全民公投的多数席位。2013 年，首相提议将两院 2/3 的席位降至简单多数，再加上全民公投的席位。这在整个亚洲引起了争议，因为这样一来，日本将更容易废除宪法第 9 条，即日本放弃发动战争的权利。

案例研究

变更宪法的危险

请注意不断变更宪法的国家，这是不稳定的标志，并且意味着没有宪法扎根于人民的心灵。法国从大革命以来已有 15 部宪法，并非所有都付诸实践。巴西自 1822 年独立以来也有了 7 部宪法。铁托时代的南斯拉夫，每 10 年出台一部新宪法。宪法太过重要，不能轻易试验。

宪法条文的概括性

不论多么详尽的宪法都无法预见可能出现的每一个法律或行政问题，因此，很多内容都需要宪法法院在特定案例中对最高法律予以解释。这种宪法的司法解释概念在世界范围是一个相当新鲜的事物，它由美国人开创，在最近几十年才流行开来。因此，我们多数例子用的是美国。

美国《宪法》在《〈权利法案〉第一修正案》中写道："国会不得指定关于下列事项的法律：确立国教或禁止信教自由。"这是一个非常概括的表述。在特定事件（诸如学校的祈祷问题，或者信仰动物祭祀或非法毒品的邪教）中的解释方式取决于事件发生时当权的决策者。公立学校的祷告行为是否意味着打破了政教分离？还是说学校里的祷告活动是信教自由的一部分？或者如果那是某一学校行政区内多数人的愿望，便可允许在学校进行祷告活动？

宪法条文必须经过解释以适用于特定的事件。谁被赋予巨大权威来决定宪法概括性词句的含义？最早始于美国，现有 30 多个国家把**司法审查**的权力交给国家最高法院。法院裁决政府行为是否符合宪法、宣布其无效以及避免那些它认为是违宪行为的过程被称为司法审查。司法审查的权力具有争议性。许多批评者指责最高法院（最有名的是 1953 年到 1969 年厄尔·沃伦担任首席大法官期间）强行把个人哲学当作国家的法律。在很大程度上，宪法确实跟阐释者所说的一样，但过于主观的解释看起来是司法审查概念必然要冒的一个风险。

司法审查
法院决定法律是否合宪的能力；并非在所有国家都有。

法院并不总是以一贯不变的方式解释宪法。在美国，沃伦法院代表了**司法能动主义**，但这并不一定意味着"自由"。它依赖法官的意愿废

司法能动主义
某些法官积极主动地宣布某一法令违宪来推翻立法机关的决定。

司法克制
某些法官不情愿地推翻立法机关通过的法令。

除某一法律或实践来保护公民的权利。与之相反的是**司法克制**，最高法院不是把它的工作看作是制定法律，而是接受国会的领导。法官奥利弗·温德尔·霍姆斯（Oliver Wendell Holmes）和费利克斯·弗兰克福特（Felix Frankfurter）曾就司法克制问题向最高法院提出建议，因而被许多人看作是伟大的自由主义者。与之相反，罗伯茨法院推翻了许多法律却被认为保守。

基本法
德语为 Grundgesetz，指德国自 1949 年以来的宪法。

相同地，德国联邦宪法法院具有争议也不足为奇。参照美国的最高法院——除了它有 16 名法官外——德国法院被授权确保所有的法律都遵守**基本法**。1975 年，德国法院发现有一条法律允许堕胎——为防止纳粹恐怖的重现而订立——与基本法中强烈支持的生命权条款存在冲突，因而宣布堕胎违宪。1995 年，德国法院宣布，巴伐利亚州要求每间教室放置十字架的法律违宪。2009 年，它又发出警告，欧盟不能无视德国的民主和主权。不是所有的国家都给予它们的最高法院裁决法律是否合宪的权力，有些国家将这个权力赋予立法机关。英国议会一般自己决定什么是合宪的。

宪法和立宪政府

政治文化
一个国家关于政治的心理。

一部宪法在很大程度上依赖于它被解释的方式。两个不同的国家可能采用相似的宪法，但它们的运作却可能大相径庭。瑞典和意大利有类似的结构，但它们的**政治文化**差异甚大——瑞士人较意大利人更为温顺，因此它们的成文法的功能也不一样。宪法有可能是虚构的。苏联宪法设立了一个政府框架——一种联邦体系，包括两院制的立法机关和被授予行政权、类似内阁的部长联席会议——还规定了一长串公民的民主权利，但实际上，共产党高层几乎控制了一切，包括个人权利。

立宪主义
政府限制权力的程度。

立宪主义指的是政府权力受限制的程度。它最早出现在 1215 年英国贵族迫使约翰王（King John）签署的《大宪章》中。《大宪章》并没有提及民主，它只是限制国王的权力，保障贵族的权利。然而，几个世纪以来，它却在现代英国、美国、加拿大被用来推进民主和个人自由。在一个实行立宪政府的国家，法律和制度制约着政府，以确保公民的基本权利不被侵犯。相反，一个极权主义或权威主义政府并没有受到宪法的限制，个人和少数团体的确无法保护自己免于政府不顾宪法所言而做出的武断行为。20 世纪 70 年代，阿根廷和智利的军政府让数以千计的可疑左翼分子“消失不见”（意味着受折磨和被杀害），尽管它们的成文宪法保护人权。

美国对少数派权利的侵犯事件并不罕见。除了奴隶制和后来对美国南部非裔美国公民权利的侵犯，最大的一次发生在 1942 年，根据不太著名的第 9066 号行政命令，大概有 11 万居住在西海岸的日裔美国人被拘禁，人们误以为他们是敌对的外侨（大部分是在美国出生的）。在未经任何法律程序的情况下，他们被剥夺了住房、生计和自由，送进了又脏又破、围着铁丝网和看守塔的拘留营。没有证据可以证明任何一个日裔美国人有背叛行为，他们都是激进主义和战时歇斯底里症的受害者。

就连签署这项命令的国防部部长亨利·斯廷森也害怕这“会在宪法上造成一个可怕的漏洞”。的确如此，直到 1983 年，联邦法院才推翻拘禁的合法性。这一事件表明，即使是完善的民主国家也会在夸大其词、毫无根据的大恐慌时期将其公民的言论和行动自由抛到九霄云外。从日裔美国人中招募来的第 422 战斗团是第二次世界大战中最值得夸耀的美国部队。

宪法的目的

如果有些国家不注意宪法所写的东西，为什么它们仍不厌其烦地制定宪法？宪法扮演着多种角色：它们把国家的理想目标写入条文，从而提供一种象征功能；它们规定政府的结构形式，并试图为政府统治的权利进行辩护。

国家目标的表述　根据美国宪法序言，国家致力于六个目标：建立更完善的联邦，树立正义，保障国内安宁，提供共同防务，促进公共福利，确保自由的幸福。1977 年的苏联宪法宣称自己是“发达的社会主义社会”，致力于建立一个无阶级的乌托邦。联邦德国宪法力求摆脱任何纳粹统治的痕迹，因而把自己的努力方向定位为“服务于世界和平”，并明确宣布没有哪个群体会被剥夺德国的公民权——这与希特勒的纽伦堡法典正相反，该法典宣布成千上万的德国人为非公民。

序言和权利清单是象征性的表述，表明宪法起草者的价值观、理想和目标。但序言本身具有概括性，而且其法律约束力也不确定。怎样解释它们？美国宪法中“更完善的联邦”、“树立正义”或者“促进公共福利”是什么意思？宪法规定了国家的理想，但对这些目标和价值的解释还需要一些决策。

案例研究

加拿大的新宪法

加拿大的情况很特别。1867 年，英国议会通过《英国北美法案》，加拿大获得独立。但在英国统治加拿大期间，只有获得伦敦的英国下院的同意才能修改宪法。渐渐地，这激怒了加拿大人，他们要求收回宪法的“修改权”，也就是把它收归加拿大。直到 1982 年他们才如愿以偿，伴随而来的是他们从未有过的东西，一部模仿美国《权利法案》的《权利和自由宪章》。

权力分立
美国关于政府的各分部应当分立开来并且相互制约和平衡的原则，在其他政府中还比较少见。

形成政府结构 宪法还是个蓝图，它用文字描绘了谁在政府里做什么，规定了每个部门的职权及其限制，还提供解决冲突的正规渠道。美国宪法的第一条到第三条概述了国会、总统和司法机关的权责。国会可以征收直接税和进口税，但不得对输出的货物课税。总统是三军总司令，但必须经参议院“咨询及同意”才能缔结条约。在**权力分立**的系统中，宪法对政府的各个部门的权力和责任进行了区分，同时也限制了各部门的权力。

宪法也划分了中央与地方政府的权力。在联邦制国家中，权责在一个全国政府和若干个省或州政府之间进行划分。美国宪法的这种分权具有概括性，没有给予中央政府的权力都属于各州和人民。这种权力的划分变得越来越不明确，特别是近年来，联邦政府在教育、卫生、福利、住房和其他服务的财政开支中占有很大的比重。

很多国家是单一制，也就是说，它们不用按地域划分权力，而是把权力集中于首都。单一制国家并不寻求中央和地方的权力的“平衡”，但它们可能会给郡（瑞典和爱尔兰）或县（日本）一点自主权。它们也可能重新设立甚至取消现存的地方政府，这在联邦制下无法做到，国家不能轻易取消或改变各组成州，每个州都是一个合法的实体。

确立政府的合法性 宪法还可以给政府打上合法性的烙印，既具象征性，也有实际功效。许多国家不会承认一个新兴国家，除非它有成文宪法，这是持久和责任的标志。美国的联邦条款和随后的美国宪法标志着美国的独立。

制宪大会
召集起草新宪法的立法机构。

大多数政权发生重大变革之后的宪法都写得很短，它试图建立新政权的统治权力。**制宪大会**是政权更迭后第一次制定新宪法的立法会议。1977 年选举产生的西班牙议会把自己变成了制宪大会，用新的 1978 年宪法否定了佛朗哥体制。这项工作完成之后，它又变回正规的议会。1990 年，保加利亚选举出 400 人的大国民议会来制定一部新的、后共产主义的宪法。任务完成后，1991 年保加利亚选举产生了 240 人国民大会。在取代塔利班政权之后，阿富汗各派组成大支尔格会议（大国民会议），这是一个传统的制宪大会，并在 2004 年出台了新宪法。但是统治阿富汗大部分地区的军阀却对它视而不见。

宪法能保障权利吗?

4.3　现代生活中“权利”的变体

公民自由和公民权利

第二次世界大战期间，纳粹集中营夺去了数百万条生命，日本军队在中国烧杀抢掠。全世界因此采取措施以防止类似惨剧。1948 年，联合国大会通过了《世界人权宣言》，作为一种象征性表述（没有实际的制裁权力），确立了绝大多数国家都不愿公然违犯的基本道义和目标。如果一个国家要那样做的话（萨达姆·侯赛因使用毒气对付伊拉克同胞，洛朗·卡比拉在刚果纵容并掩盖部族大屠杀）世界会对其采取援助和贸易孤立手段。违背人权的指控可能会说服苏丹停止在达尔富尔地区的杀戮。虽然没有直接的强制性，但设立人权规范让我们更有可能去实现人权。

《世界人权宣言》是依照法国的《人权宣言》和美国的《独立宣言》制定的，它确定了政府不应任意剥夺的基本公民权利。这些权利包括生存权、集会结社自由、言论自由、游行示威自由、信仰自由和政治参与自由。《世界人权宣言》还规定了许多经济和文化的需求：工作权、受教育权、婚育和养家的权利，以及按照自己的文化生活的权利。这些权利不可强加，也很少有人会去强加。事实上，权利和自由都难以界定，而且所有国家都会以某种方式限制公民自由。少数派团体的问题存在于世界各地。欧洲最严重的公民权问题和吉卜赛人有关，他们不论在哪儿几乎都会受到蔑视。

少数派团体和公民自由

很少有国家是一模一样的，大多数国家由不同的种族、民族、信仰、文化或语言背景的公民组成，且它们的公民或文化自由经常需要妥协。居住在佛罗里达州的海地人或居住在新墨西哥州的墨西哥人处于不利的地位，除非他们会讲英语。英国的印度人和巴基斯坦人、法国的阿根廷人以及德国的土耳其人，都生活在需要遵从主流文化的压力之下。但《世界人权宣言》明确规定，少数派团体有权保持它们的文化独立性。它能否或应当在这些情境中被强制实施？美国关于“多元文化主义”的争论即围绕这一问题。美国是否应当放弃“合众为一”（epluribus unum）、保护每个族群？是否每个群体的孩子都有权受到他们父母语言的教育？孩子们是否应该接受同样的教育？这是战后美国政治上废除种族隔离的重大问题。1957 年，艾森豪威尔总统和种族隔离主义者僵持不下，于是召集阿肯色州国民警卫队进入小石城的中央高中（护送黑人学生上学）以取消隔离。

美国宪法的适用性

4.4 美国司法审查是宪法的首要内容之一

宪法被传统、新用法和法律改变。美国宪法并没有提及政党，但我们的政党制度已经成为美国政治过程的确定部分。同样地，美国参议院如今要通过任一提案都必须有 60 票赞成，而不是 51 票。如果没有 60 票这个数字来约束，议员们常常会阻碍立法。近年来，议院两极分化严重导致了这类情况出现，但是宪法对此没有具体的解释。司法判例和政府传统也成为社会的基本法律。甚至以前提及过的司法审查如今在美国宪法里也没了踪迹。最高法院宣布法律违宪的权力最早是在 1803 年由最高法院自己宣布的。宪法需要灵活性来适应时代的变迁。佩戴武器的权利和表达的自由，说明了美国宪法性质的变化。

佩戴武器的权利

2008 年，最高法院第一次裁定，第二修正案中的“佩戴武器的权利”是个人权利。关于这一点的争议性已经产生并将持续存在。1939 年，法院在“美国诉米勒”一案中反对运输短柄猎枪，全国的法官以米勒为先例来限制枪支所有权。但在 2008 年“哥伦比亚特区诉海勒”一案中，法院裁定，特区严格的枪支法律违反了《宪法第二修正案》。

美国开国元勋们希望能防止任何由常备军带来的集权现象。因此，宪法的“民兵条款”设想美国的国防很大程度上握在“民兵”手中，使权力分散在各州和民兵成员当中。为支持这一点，《〈权利法案〉第二修正案》(1791 年通过) 写道：“管理良好的民兵是保障自由州的安全所必需的，因此人民持有和携带武器的权利不得侵犯。”基于公民防卫的民兵概念从来没有什么重大收获（各州都不想花这个钱），联邦政府接管了主要的防卫任务。

人权
免于政府诸如未经正当程序而逮捕、拷问、监禁和处死等虐待行为的自由。

公民权
参与政治和社会的能力，比如投票和自由言论；有时会和人权混为一谈，但比人权的层次要高。

但是除属于民兵外，个人是否有拥有枪支的权利？自由主义者及枪支管制倡导者声称没有这种权利，只有民兵享有枪支拥有权。相应地，各州和市可控制枪支所有权。例如，哥伦比亚特区在 1976 年宣布私人持有枪支违法，但保守派指控上述决定违宪。海勒最高法院裁决，家庭用于防卫的手枪合法。这立即变成了当地的法律，全国步枪协会立即提起诉讼在全国范围内反驳类似法律。

海勒为拖延了数年的第二修正案的诸多问题提供了机会。它是否意味着美国人可不受限制地自行拥有任何枪支？在家庭之外可以吗？隐瞒可以吗？机关枪？散弹枪？警用弹药？恐怖嫌疑人和疯狂的年轻人呢？或者各州、市仍有权采取合理限制吗，比如禁止携带枪支进入公共会议？米勒和海勒的例子表明，为回应新情况及具体案件经历了两个世纪的宪法将被重新解释，比如精神病患者能顺利买到枪支，疯狂展开杀戮。

美国的言论自由

4.5　美国言论自由权的发展历程

美国《〈权利法案〉第一修正案》写道：“国会不得指定关于下列事项的法律：……剥夺言论自由或出版自由，或剥夺人民和平集会和向政府请愿申冤的权利。”我们认为言论自由是一个民主国家的标志，公民如果认为政府或坏或错应该公开说出来。反政府或反宗教的文艺作品不应受到任何政府部门的干预或审查。

经济权利
保障充分的物质生活水平，是最新的也最有争议的权利。

建构
人们普遍认为是古老和神圣的东西，实际上却是新近的和人为的。

美国法律坚决支持言论自由，可是，多数国家都宣布了“仇恨演讲”非法。在欧洲大部分国家，否认曾发生过的屠杀事件是非法行为。2015 年，穆斯林极端分子杀害了法国《查理周刊》(Charlie Hebdo) 的 12 名职员，引发了对言论自由和仇恨演讲的争论。《查理周刊》漫

理论

权利是什么？

“权利”从何而来？是天生还是人为？经典思想家们——包括美国的开国元勋们——把“天赋权利”作为**人权**的基础。天赋表示的是上帝的旨意，这并不难理解。你立刻而且本能地知道用飞机撞击大楼是错误的。生命和自由是天赋的，因此政府只有为了善的目的才能剥夺人们的这些权利。人权可以用消极的“免于……”来概括阐明，这也就是托马斯·杰斐逊最关心的，免于各种暴政。

公民权的概念有了更新，处于更高的层次；与现代民主同步发展，因为公民需要言论和投票的自由。它们不像人权那样不言而喻。出版自由应该是公民权而不是人权，尽管两者有重叠的地方。那些被剥夺公民权——比如组织反对党的权利——的人很快也会发现他们会被独裁政权关起来。在美国，平等机会成为主要的公民权议题。

经济权利的概念出现得最晚——随着早期社会主义者的出现诞生于19世纪——并且把权利转向物质领域。在富兰克林·罗斯福等人的推动下，它们通常用积极的“做……的自由”来阐明，也就是说要有充分生活、拥有工作和接受教育的自由。其中很多权利需要花费政府项目中很多纳税人的钱。保守主义者说这些根本不是权利，只是各种群体希望想得到的东西，比如老年人要求把处方药作为“权利”。有些人担心“权利产业”会无止境地制造模棱两可的权利。

“权利”用英国哲学家杰里米·边沁的话说，“就是法律的孩子”。一件事只有被写入宪法或法令时才能成为权利。在《医疗保障法》出台之前，老年人没有权利要求联邦资助他们的医疗保险。现在他们认为那是十诫之一。所有权利或多或少都有人为的成分或由“社会**建构**”而成。是否某个东西是好的、人们想要的就自然是权利？是否利益集团想要的每个东西就真的是它的权利？要小心“权利”一词的滥用。

画以娱乐的方式讽刺一切，包括先知穆罕默德，这冒犯了全世界的穆斯林。150万人浩浩荡荡来到巴黎宣称出版自由。穆斯林为此动怒，反对他们口中的仇恨演讲。可这到底是言论自由还是仇恨演讲？这让我们再次想到了行为的文化背景和界定权利的不易。

言论自由看似简单，实则不然。言论自由能否给校园里的顽固者挑起非洲裔美国学生仇恨的权利？报纸是否有权出版可能危害国家安全的消息？公立博物馆可否拒绝冒犯公民宗教神经的艺术品？我们都相信自由表达的权利，但我们中的大多数都会同意这应该有个限度。正如奥利弗·温德尔·霍姆斯大法官认为的那样，没有人可以在拥挤的剧院里大喊“着火了”，除非真的失火了。言论自由是否包括国家可以高举邦联旗帜？像邦联旗帜这种标志可能会让一个狂热的种族主义者实施暴力行为，比如，2015年，一名青年在北卡罗来纳州的查尔斯顿教堂杀害了9

名非裔美国人。

在你决定一件冒犯性言论案件是否应受到第一修正案保护之前，你得记住，没必要拿言论自由权去保护没有冒犯到任何人的言论。按照霍姆斯大法官的说法，表达自由也必须受到限制，如果言论或出版物有明显会立即引发“罪恶”的“危险”，国会有权制止这种危险。1925 年，最高法院在“吉特洛诉纽约州”一案的判决中，支持对要求暴力推翻政府的激进分子定罪，因为他的话语代表着一种“坏的倾向”，它可能“败坏道德、引起犯罪和扰乱公共和平”。那个决定是在**“红色恐怖”**时期做出的，如果是在和平时期结果可能会不一样。

红色恐怖
第一次世界大战和麦卡锡时期对共产主义颠覆的夸张的恐惧。

关于第一修正案的争论永无止境。1971 年，一份多卷、保密、由国防部发布的关于发动越南战争的研究报告被泄露给《纽约时报》和《华盛顿邮报》，两家报纸都开始登载一系列关于此事的耸人听闻的文章。尼克松的行政队伍立即拿到一个法院的指令，以国家安全为由阻止其继续出版。在这个开始为人所知的“五角大楼文件”案中，最高法院很快并且全体一致否决了政府关于官方秘密受到危害的主张。那时，大部分美国人都厌倦了战争。雨果·布莱克（Hugo Black）大法官的理由是：“只有自由和不受限制的新闻舆论才能有效揭露政府的诡计。新闻自由最重要的责任是防止政府任一部门欺骗人民并把他们送到遥远的国外害热病而死或被炮弹轰炸而死……报纸正好做了这件高尚的事情，这也是其创始人希望并相信他们会做的事。”

最近，有人争论说言论自由有些过火，特别是在处理激进主义、色情作品或是以“政治正确”的名义压制别人的言论等方面。网络为这个争论开辟了新的广阔领域，为传播满怀仇恨、极端主义的信息提供了便利。“伊斯兰国”在网上成功招收了新成员。

2010 年，国会用了很长时间才通过一项竞选改革的法律，以限制大财团的影响，部分原因是竞选捐赠在很多人看来也是言论自由的一种方式。他们认为，金钱如同话语，两者在支持各自的候选人和利益上都不应受到限制。现在很多人可以直接自由进入“超级政治行动委员会”，这是一种消极竞选，让美国选举更为肮脏。有人担心，资金雄厚的企业和个人将来可以直接收买选票。

言论自由和煽动言论

煽动言论
引起公共秩序混乱或国家颠覆的刺激性言论。

煽动言论指的是企图通过批评政府或官员制造不满或反抗。自从

《权利法案》通过以来，美国政府曾数次以煽动叛逆罪压制一些激进的言行。国会通过第一个煽动罪法案是在 XYZ 事件之后的 1798 年。当时美国正与法国进行一场不宣而战的海上战争，该法案针对的是“雅各宾派”——对法国大革命中主张保卫美洲的人的称呼。这项法案直到约翰·亚当斯总统离任时才终止（这显示它的真实目的可能是想影响大选）。该法案引起了争议，但它没有经过最高法院的任何宪法性检验就被废止了。第二个煽动罪法案在内战时期生效，林肯总统用自己发动战争的权力压制反对统一的北方人，他认为“这是富人和穷人之间的斗争”。这件事被告到最高法院，但法院拒绝对其合法性做出裁决。由于这项行动未经检验，因此所有的“政治犯”在内战结束后都得到赦免。

20 世纪的煽动罪法案 第一次世界大战期间，1917 年的《惩治间谍法案》引出了霍姆斯大法官“即时而明显的危险”原则。那时，社会主义者与和平主义者敦促人们以拒绝服兵役和其他方式搅乱战争以反对美国加入第一次世界大战，这项法案禁止任何旨在干扰美国征兵政策的图谋。按照《惩治间谍法案》，一些人在 1919 年受到指控。在其中一个案件中，最高法院支持这项法案，因为如果言论自由对国家安全构成“即时而明显的危险”，它应当受到限制。为此，有几百人被依照此法投入监狱，包括社会党领袖尤金·德布斯（Eugene Debs），但多数人在战争结束时得以释放。

20 世纪四五十年代，煽动罪法案主要用来对付共产党人。1940 年的《史密斯法案》是国会通过的最为全面的煽动罪法案，它禁止鼓吹以暴力推翻政府，禁止散发反政府传单或有意加入反政府组织或团体。《史密斯法案》引起了许多争议，但它一直都没有得到宪法性检验，直到 1951 年最高法院支持对美国共产党领导人的判决，即使他们没有被指控有反政府的暴力行为。“它是会引发危险的图谋，”首席大法官文森（Vinson）判决道，“不在于有没有公开的行为。”从那以后，还有一些法院对《史密斯法案》的合宪性做出判决，但都摇摆不定。在 1957 年“耶茨诉合众国”一案中，沃伦法院以只有抽象的反对主张而没有公开行为为理由推翻了对美国共产党领导人的判决。四年以后，在“斯凯尔斯诉合众国”一案中，最高法院支持《史密斯法案》中关于共产党员身份非法的条款——但这个判决也指明，只有那些想要直接用暴力推翻政府的积极分子才有罪。最高法院谨慎地指出按照《史密斯法案》，党籍本身并非不合法。

最为严厉的立法可能是二战后的麦卡锡（Ma Carthy）时期通过的反对共产党人颠覆威胁的法案，这是另一个“红色恐怖”。1950 年的《麦卡伦法案》禁止共产党员在联邦政府或国防系统工作，还建立了颠覆活动控制委员会（SACB）强制推行这个法案，并要求由 SACB 指定的组织向司法部部长登记。批评者指责该法案不仅侵犯了言论自由和结社自由，而且危害了第五修正案中关于自证其罪的条款。虽然国内安全法从未被宣布完全违宪，但每个 SACB 的举措都得向司法部部长登记的行为，都被宣布违宪。最后，当人们认识到 SACB 在各个方面都没有达到目的时，国内安全法于 1973 年被废止。有趣的是，实际上，美国政府没有采取任何措施阻止对越南战争的批评；反对者非常多，国家也没有宣战。

恐怖分子的权利？

“9・11 事件”之后，布什政府将已被逮捕的恐怖分子嫌疑人归类到一个新类别：“非法敌方战斗人员”。他们的定罪证据通常非常模糊。他们处于犯罪嫌疑人和战犯之间，但并不享有两者的任何权利。他们以各种方式被严厉审讯，比如模拟溺水的水刑。无人知晓是否获得了有效信息，在法庭上，被迫认罪无效。有些人未经指控和审判就被关进关塔那摩监狱，也没有时间限制——因为他们不在美国国土上。毫无疑问，他们当中的很多——但是哪些？——是危险的恐怖分子，他们的定罪证据是保密的。实际上未经审判他们就被判处无期徒刑。

“9・11 事件”恐慌平息之后，很多人怀疑这是否合宪。2004 年，最高法院裁决，根据美国法律，关塔那摩的裁决有效。2006 及 2008 年，最高法院裁决，恐怖分子嫌疑人拥有**人身保护权**。法院没有释放任何被拘押者，也未对任何审判下达指令，但是它确实促使政府确定他们到底是犯罪嫌疑人还是战犯。如果是前者，他们得接受审判；如果是后者，应根据日内瓦公约处理他们。对于新分类“非法敌方战斗人员”，法律很难适用。

人身保护权
判决之前被拘留者可以抗议无罪。

美国政府遏制言论及逮捕可疑人物的历史表明，随着时间的流逝，《权利法案》的保障已被解释为指代不同的事物。当国会、总统或法院预见危险或威胁时，它们会加强限制；其他时候则更为宽容。权利有很强的环境依赖性。2001 年“9・11 事件”后，很少有美国人担心未经正当程序拘留成百上千的嫌疑人。几年后，由于记着惊慌失措反应过度的

方法

参考文献

无论是谁阅读你的文章，都应该能够找到你的资料来源，确定这些资源有效且与文章相关联。参考文献一般放在论文的最后，这样标注是美国政治学会要求的标准，但这并非不可置疑。这源于美国心理协会（“心理风格”）和芝加哥风格指南的变化。你的导师可能喜欢与现代语言协会相似的风格，也有可能更喜欢老式的脚注的风格，这种风格至少与学科相一致。在我们需要考虑的标准中发生了一些变化，尤其是在网站上。总的来说，参考书目为读者找到你文章的资源提供了一张地图。

在你论文的末尾，在小标题“参考书目”或“引用文献”的部分是悬挂式缩进和按照字母顺序排列。作者要写全名（姓和名），写明出版年份，文章名加引号，期刊或者书籍名称需要斜体。如果是一本书，需要添加城市和出版社；如果是期刊，需要在最后加上月份和日期。用标点符号把这些因素隔开。如果没有列出作者，就使用文章的标题或者网址以及赞助机构的名称。下面是使用的形式：

Works Cited

Adams, Jonathan. 2007. Development and the Environment. Washington, DC: National Ecology Association.

Berry, Nicholas O. 2013. “Iran: Who Is Rational?” Foreign Policy Forum. May 21. foreignpolicyforum. com.

Jones, Robert. 2014. “Obama Announces Energy Program.” New York Press. December 4.

Smith, Paul. 2015. “Obama and the Environment.” New Departure. June 20.

Thompson, Earl. 2001. George Bush and the Environment. New York: Simple & Simon.

Williams, Charles. 2005. “The EPA Budget under Bush.” Ecology Quarterly 17: 417.

World Bank. 2009. World Development Report 2008/2009. New York: Oxford University Press.

例子，有人担心，应当修改草率通过的《爱国者法案》，以确保其不违反宪法。那段时间，未经授权监听电话被裁决违宪。

当我们看到其他国家对人权和公民权进行合法限制时，我们应当记住这种背景依赖性。有些政权的确遭受围攻，反对派要推翻它们（通常都有好的理由）。由于选举总是被非法操纵，推翻这种政权的唯一办法就是采取未经法律许可的方式，可能包括暴力。在这种情况下，言论自由可能会很快导致暴力反叛，并得到丰富的回报。当政府感到恐慌时就会采取更严厉的压制措施，它之所以恐慌是因为它知道自己可能会被推翻。在缅甸、韩国、印度尼西亚、埃及、伊朗、南非、阿根廷和其他许多国家，都有因言论大胆而被投入监狱的反对派。“言论自由”不单是好事，它也可能是炸药包。言论自由发展壮大的前提是在和平时期拥有合法的政府并保持长期稳定。简而言之，它具有政治性。

思考题

1. 什么是宪法？
2. “权利”从何而来？
3. 宪法是否应该明确社会和经济权利？
4. 简短的美国宪法如何能够继续发挥作用？
5. 是否大多数宪法都存在“制约和平衡”的情况？
6. 美国宪法如何随着时间而变化？
7. 可否为了取缔仇恨言论而限制言论自由吗？
8. 恐怖嫌疑人是否享有权利？
9. “9・11 事件”对美国人的权利观产生了怎样的影响？这种情况以前是否有过？

关键术语

基本法
公民权
制宪大会
宪法
司法审查
少数派
人身保护权
人权
司法能动主义
司法克制
法令
经济权利
红色恐怖
煽动言论
权力分立
立宪主义
建构
政治文化

参考文献

Ackerman, Bruce. *Before the Next Attack: Preserving Civil Liberties in an Age of Terrorism*. New Haven, CT: Yale University Press, 2006.

Cornell, Saul. *A Well-Regulated Militia: The Founding Fathers and the Origins of Gun Control in America*. New York: Oxford, 2006.

Eisgruber, Christopher L., and Lawrence G. Sager. *Religious Freedom and the Constitution*. Cambridge, MA: Harvard University Press, 2007.

Fisher, Louis. *The Constitution and 9/11: Recurring Threats to America's Freedoms*. Lawrence, KS: University Press of Kansas, 2008.

Freeberg, Ernest. *Democracy's Prisoner: Eugene V. Debs, the Great War, and the Right to Dissent*. Cambridge, MA: Harvard University Press, 2009.

Herman, Susan N. *Taking Liberties: The War on Terror and the Erosion of American Democracy*. New York: Oxford University Press, 2011.

Howard, John. *Concentration Camps on the Home Front: Japanese Americans in the House of Jim Crow*. Chicago: University of Chicago Press, 2008.

Hunt, Lynn. *Inventing Human Rights: A History*. New York: Norton, 2007.

Levinson, Sanford. *Framed: America's Fifty-One*

Constitutions and the Crisis of Governance. New York: Oxford University Press, 2012.
Lewis, Anthony. *Freedom for the Thought That We Hate: A Biography of the First Amendment*. New York: Basic Books, 2008.
Lichtblau, Eric. *Bush's Law: The Remaking of American Justice*. New York: Pantheon, 2008.
Maddex, Robert L., Jr. *Constitutions of the World*, 3rd ed. Washington, DC: CQ Press, 2007.
Mayer, Jane. *The Dark Side: The Inside Story of How the War on Terror Turned into a War on American Ideals*. New York: Doubleday, 2008.
Murphy, Walter F. *Constitutional Democracy: Creating and Maintaining a Just Political Order*. Baltimore, MD: Johns Hopkins University Press, 2007.
Nelson, Samuel P. *Beyond the First Amendment: The Politics of Free Speech and Pluralism*. Baltimore, MD: Johns Hopkins University Press, 2005.
Posner, Richard. *Not a Suicide Pact: The Constitution in a Time of National Emergency*. New York: Oxford University Press, 2006.
Risen, James. *Pay Any Price: Greed, Power, and Endless War*. Boston: Houghton Mifflin Harcourt, 2014.
Rosenfeld, Seth. *Subversives: The FBI's War on Student Radicals, and Reagan's Rise to Power*. New York: Farrar, Straus & Giroux, 2012.
Seidman, Louis Michael. *On Constitutional Disobedience*. New York: Oxford University Press, 2013.
Shipler, David K. *The Rights of the People: How Our Search for Safety Invades Our Liberties*. New York: Knopf, 2011.
Stevens, John Paul. *Six Amendments: How and Why We Should Change the Constitution*. New York: Little, Brown, 2014.
Stone, Geoffrey R. *Perilous Times: Free Speech in Wartime from the Sedition Act of 1798 to the War on Terrorism*. New York: Norton, 2004.
Wittes, Benjamin. *Law and the Long War: The Future of Justice in the Age of Terror*. New York: Penguin, 2008.

第 5 章
政体

阅读与思考

5.1 代议制民主是唯一可行的民主的原因

5.2 民主精英主义理论和多元主义理论的对比

5.3 极权主义的特点

5.4 威权主义和专制统治的区别

5.5 新型民主总是失败的原因

民主兼具争议性和传染性。它既不简单也不容易。在美国共和政体诞生之时，许多人就曾怀疑它是否可以长存。人们注意到，雅典和罗马民主都已灭亡。1831—1832年，法国人托克维尔近距离观察美国，认为美国民主惊人而可行。19世纪末20世纪初，世界其他国家还只是缓慢地、不情愿地走向民主。有些国家尝试实行民主，却走向倒退。意大利和德国的独裁统治受到遭受经济大萧条冲击的民主国家公民的追捧。

有关独裁统治和民主制度的争议还将继续。但是，这两者并不是简单的非黑即白的关系，它们之间存在很多变数，我们很难给它们划清界限。一些国家只是表面民主，政府控制媒体、操纵选举、迫使议会和政党服从统治者。许多国家在民主和非民主之间摇摆，我们称之为“转型”政体。

代议制民主

5.1 代议制民主是唯一可行的民主的原因

民主
群众参与、竞争选举、维护人权、公民权利的政治体制。

非自由主义民主
政府由选举产生，但缺乏民主性质，比如公民权利和对政府约束的政体。

民主包含许多意思。独裁者误用“民主”使民众相信他们生活在民主体制中。利比亚前领导人穆阿迈尔·卡扎菲扬言他准确代表了国民的意志。民主并不等于自由。即使是自由和公平的选举，比如土耳其和埃及的选举，也会产生凌驾于公民权利和自由之上的**非自由主义民主**。民主是一个复杂且需要制衡的体制，真正的民主必须具备富有思想的公民、对权力的制约、法律以及人权和公民权利。一个自称民主的国家并不是真正的民主国家，而且也不是每个国家都可以成为民主国家。

“民主”（源自希腊语 demokratia；demos 意为人民“people”，kratia 意为统治“rule”）在19世纪以前都带有负面含义，思想家赞同古希腊对民主的批评，认为直接民主是暴民统治。允许所有公民定期选举官员并亲自制定法律的真正“民主”已经少有，雅典的全民大会（General Assembly）、新英格兰的镇民大会（town meeting）、瑞士的州民大会（Landsgmeinde）更是少数中的少数。

全民公投
针对事件而不是参选人进行全民投票，直接民主制的一种类型。

美国仍然通过**全民公投**处理法律不能解决的事情。尽管全民公投看似民主，但支持者仍可以使事件过分简单化或操纵事件，就像加州人看到的许多措施——其中一些还相互矛盾——每次投票都会出现这样的情况。法国总统戴高乐通过全民公投掌握了权力，避开了传统政客。巴基斯坦前总统曾是一位将军，1999 年通过军事政变上台，并且在 2002 年通过全民公投巩固了自己的权力。很少有人被愚弄。

由于人口众多，很难实行直接民主。17 世纪早期，英国人约翰·塞尔登在支持伦敦议会的言论中说过："一间房子不能容纳所有人的意见。"如果一个国家政府向数以百万计的选民提交每一个决定，那么这个政府效率不高。**代议制民主**作为唯一可行的制度得以发展。

代议制民主
公民不直接管理国家，而由选举产生的责任代表管理的一种民主制度。

现代民主政治并非人民政策所处的实际环境。相反，人民扮演着更为普通的角色。用李普塞特的话说，今天的民主政治是指"为改变执政官员提供定期宪法机会的政治体系，允许大多数人从竞争对手中选择政府官员来影响重大决定的社会机制"。符合宪法是指政府受到宪法限制并且按照特定方式行使权力。代议制民主具备几项本质特征。请注意，它不是一项简单的或自发形成的政治体制。经过多年的发展形成，在不具备该制度实行条件的国家（如俄国和伊拉克）强行实行代议制民主通常会以失败告终。

政府民主责任制

在民主政治中，政策制定者必须获得多数人支持或赢得多数投票。领导人必须对公民负责。民选领导人执政失当可以被投票下台。没有人拥有永久占据政权位置的权力，领导人由公民在规定间隔时间（美国）或特定最大时间周期（英国）内通过自由、公平、定期选举产生。尽管受特定宪法条款的限制，大多政治体制依然可以实行重选。公民通过重选可以支持或控制政府政策的大方向。宪法条款限制也会给民主责任制带来缺陷——如果领导人知道他们无法在下一次选举中继任，他们可能会减少对民众意志的回应。

政治竞争

选举人必须选择竞选人或政党，这意味着至少有两个不同的选择。在欧洲，选举人在几个政党之间选择，每一个政党都试图突出自己的执政理念和政策。一党参选或一个候选人参选都不民主。美国人应在两个竞选人之间做出选择，一个主要党派产生一个候选人。但大多数美国国会议员很少或不与反对党竞争，因为高额竞选费用让挑战者望而却步。国家立法机构重新划分选区，确保重新选举。即使美国也称不上是完全民主。

各党在选举之前有足够的时间和自由来组织合进行竞选活动。美国只允许参选人在选举前几天进行反对党活动。同样，禁止媒体介入选举阻碍竞争对手，比如用控制电视的手段。许多民主是通过最后投票前几年或几月中的政治自由实现的。人工投票仍然存在问题，在某些地方（如2012年的俄罗斯和以前的芝加哥），可靠的人“提前和重复投票”，票数会被算错。有故障的投票系统可能会否定民众意愿，比如佛罗里达州2000年的打卡投票系统。选举不等于民主。认为这二者等同是一种常见的错误。

政权更迭

政权必须通过和平、法定的途径实现非定期移交。没有一个政党或个人可以永远执政。执政党执政数十年的体制不可能是真正的民主政治体制。这样的政党宣称它们赢得民众支持，但时常颠覆规则。2015年，新加坡人民行动党连续第12次赢得选举胜利；它只允许短暂的游说活动和重新划分选区。墨西哥革命制度党（PRI）从20世纪20年代起赢得了14次直接选举。但是，在2000年，代表国家行动党（PAN）的比森特·福克斯·克萨达赢得了墨西哥总统选举，墨西哥开始实行民主。同样，2002年肯尼亚通过投票将统治时间达39年之久的政党驱逐下台。其他非洲国家也实现了权力的轮替。

哈佛大学政治学家塞缪尔·亨廷顿提出“两次轮替测验法”作为稳定的民主政治的标志，即通过选举实现两党之间的权力交替标志着民主制度已经根深蒂固。比如，波兰1989年推翻共产党政权，实行自由公平的选举（被称为“开国选举”），团结工会领导人莱赫·瓦文萨在选举中获胜。但是一些受到急剧经济变革冲击的波兰人在1995年选举了一个社会主义党总统，社会主义党由前波兰共产党发展而来。但是他们也不喜欢这个社会主义党，于是在1997年选举了一个右派政党执政。波兰因此有了两次轮替并巩固了它的民主资格。俄罗斯还没有轮替。

权力更迭一个未言明但很重要的作用是控制腐败。反对党对执政党的腐败进行监督和揭露，有效矫正执政党滥用公权的错误行为。

不确定的选举结果

民主选举既然与权力更迭有关，就一定存在不确定因素、流动性和个人投票变动的情况。投票不能只限于团体，因为一个团体中的所有人都会投票给同一个候选人或政党，比如一个部落、宗教、社会阶层或者一个地区。如果这样国家就会陷入苦难和狭隘。有人担心美国文化战争正走向苦难和狭隘。必须保留一定数额的选民让候选人进行竞争性拉票，这样才能使政客具有危机感，让他们对整个国家负责。

在伊拉克，选举和宗教紧密相连。大多数逊尼派教徒投票给逊尼派政党，而什叶派教徒投票给什叶派政党，这使民主难以实行，暴力斗争频发。在非洲，选举与部落紧密联系，民主因此很难实现。在津巴布韦，罗伯特·穆加贝所属的多数修纳人部落几十年来一直投票给他。有些人希望修纳人能说一句："够了，我不关心他是不是修纳人；他已经毁了这个国家。"并投票反对他的津巴布韦非洲民族联盟-爱国阵线。印度人开玩笑说："在印度，你不是在投票，而是在投**种姓**。"印度选举结果可以通过种姓等级预估。幸运的是，印度的个人主义经常战胜种姓支持，使得选举更民主且存在多变性。

种姓
具有严格等级差别、世袭的社会地位和团体。

民众代表

在代议制民主中，投票人通过投票选举立法人来主张和保护他们的利益。立法人通常为特定地区和团体利益代言。但是他们应该怎样代理？一些理论家认为立法者应该把选举当作实现选民意愿的**授权**。选民想要的是他们应该享有的权利。另一些理论家不同意这一观点，认为选民对某一问题没有自己的意见，代表要在可行之时扮演**委托人**的角色，为全局利益处理问题。美国议员在 2008 年和 2009 年强顶来自民众的压力，投票支持财政救济措施，他们的行为与授权理论相悖，这个时候他们扮演的就是委托人而非授权人的角色，他们投票是为公众利益考虑。约瑟夫·熊彼特反对授权理论："古典民主理论的主要问题在于主张'民众'对每一个问题都持有确定和合理的意见，并且在民主制度中通过选举'代表'帮助他们执行这些意见。"

授权
一个代表执行民众的某种意愿。

委托人
没有特定授权而决定公益事业的代表。

当然，很少有人对所有问题都有确定的观点。如果他们被要求为限制二氧化氮和控制无限制借贷投票，没人会投票。因此，代议制民主并不意味着代表要成为选民的密码，而是全体民众作为一个整体能够控制政府政策的大方向。比如，民众想要提高教育质量，他们会把具体措施留给立法人去决定。而现代民主的精髓就在于民众与立法人之间的这种合作关系。E. E. 谢茨施耐德（E. E. Schattschneider）对此做过精辟的总结：民主理论的智慧始于区分民众可为与民众不可为。对民主事业最极端的破坏就是赋予民众一种神秘魔幻全能的力量，这种力量使多数民众无法清楚认清单凭自己之力所不能之事。就这点而言，民主的普遍定义已经导致我们自欺欺人。

多数决定

人们很少会全票赞成政府的重要决定。一些派系支持，另一些派系就会反对。怎么解决这个问题？一个很简单的答案就是古希腊民主的多数人决定制。但是现代民主的新理念是多数人决定同时保护少数人权利。为了保护少数人权利，建立一个独立于政体之外的司法体系很有必要。

少数人的意见很重要。也许现在流行的观点就是过去少数派的观点。大多数国家政策之所以成为法律也是因为多数派和少数派之间的冲突。而且，随着时间的推移，少数派的意见逐渐被普遍接受，许多多数派的意见却被证明是不明智、不切实际和有害的。如果少数派的意见被忽略，多数派的意愿就会成为“多数专政”，成为暴政的先兆。

异议权和反抗权

非暴力反抗
非暴力抵制不公正法律，促进更高法律形成。

民众与少数人权利相关，他们享有反对他们认为错误或不合理的政府行为的权利。1776 年的《独立宣言》对该项权利做出明确表述。亨利·梭罗曾在反对 1846 年与墨西哥战争时为**非暴力反抗**做过最经典的美国式辩护：“所有人认同革命权，即人们有权拒绝效忠并且抵制专制或无能的政府。”印度独立运动领袖圣雄·甘地也受到梭罗影响，他领导的非暴力反抗运动最有名。印度非暴力反抗运动强调以公民的方式抵制，即既要进行反抗行为，又要注意采取非暴力方式，不能违反法律。这项主张和运动引人注目，迫使统治者反思。最终甘地和他的追随者成功使印度摆脱了英国殖民统治。

一些人认为，非暴力反抗是建立在道德基础上的个人行为，但是另一些人会将其组织起来形成规模。马丁·路德·金是美国非暴力反抗运动的杰出领导人，他领导的 20 世纪 60 年代非暴力不合作运动有力地挑战了地方种族歧视法律。马丁·路德·金和其他南方基督教领袖会议成员经常遭到逮捕，但联邦法院审理该案件时会宣布歧视性法律不符合宪法。他们坚持不懈的运动改变了美国法律和精神。如果没有非暴力反抗，少数人的诉求将得不到伸张，国会也不会改革。

政治平等

在民主政体中，所有成年人（年龄等于或大于 18 周岁）都平等享有政治权利："一人一票"。理论上，所有人都有权竞选政府公职，但评论家指出，公民竞选公职要耗费大量财力，还需要种族和宗教关系。但是，迫于少数人诉求和非暴力反抗的压力，民主对越来越多的人开放，进入政府公职的人也越来越精英。2008 年巴拉克·奥巴马胜选就是一个很好的例子。

大众咨询

大多数领导人意识到要想进行有效的治理，就要知道民众所想，并且对他们的需求做出回应。公民是否受外国战争、税收、失业或者油价上涨困扰？聪明的领导人意识到他们要采取温和的措施。美国公众因为对医疗改革的质疑而反对奥巴马。领导人会持续关注民意，并采取民意测验。媒体会创造机会让领导人与公众对话。新闻记者在新闻发布会和采访中会就热点问题向胜选官员提问。社论和读者来信反映了民众的意见。

近几年，批评家指出，美国官员经常依赖小团体选民意见，因为他们组织完善，具有发言权。多数美国人支持控制枪支，但美国步枪协会阻止枪支控制立法。美国政府在 2008 年多听取财团而非普通民众的意见，这就是为什么国会在 2008 年金融危机中选择救援银行巨头。

新闻自由

独裁者无法容忍自由且具批评性的**大众传媒**，民主政治却离不开这些媒体。记者无国界组织（Reporters Without Borders）的世界新闻自由指数（World Press Freedom Index）显示，评判一个国家民主程度最简单的方式，就是看该国媒体是否批评政府。没有批评就没有民主。现在有一种反民主的手段：利用诽谤法阻止媒体对政府腐败进行报道。媒体提供事实，唤起公众意识，促使统治者对民众诉求做出反应。没有自由而批判的新闻媒体，统治者就会掩盖错误行为和腐败，掩盖视听哄骗民众。

大众传媒
在最短时间涵盖最多受众的信息传播方式。

一些美国人认为美国媒体报道太过尖锐，它们自动采取与政府对立的立场，降低政府的权威，削弱国家。也许在某些情况下，这种情况确实存在，但是民主制度没有一种机制来决定什么样的报道言论过分。对肆意的新闻报道的控制行动与在所谓的"言论自由市场"相互贬斥的同类型期刊、渠道和日志相互抗争。公民在没有政府监管的情况下，如果指控准确，可以为自己做决定。只有美国媒体被半开玩笑地称为“政府的第四分支”。

实践中的民主：精英主义？多元主义？

5.2　民主精英主义理论和多元主义理论的对比

精英
政治体系中顶级或最有影响的人。

多元主义
认为政治是多个团体互动的理论。

即使政治权力满足民主的所有标准，也无法实现权力的均匀分配；少数人享有很多政治权力，而还有很多人没有或只有很少权力。政治学家认为这种权力的不均衡是正常而不可避免的：**精英**做出实际决策，民众一般遵从这些决策。关键争议在于，有多少精英会对民众负责。精英理论家认为精英很少负责，**多元主义**者认为精英基本负责。

早期精英思想家、意大利政治学家加盖塔诺·莫斯卡（Gaetano Mosca）认为，政府最终会落入少数人手里：“在所有社会——从文明刚刚萌芽的不发达社会到先进强大的社会——产生了两个阶级——统治阶级和被统治阶级。统治阶级人数很少，行使所有政治职能，垄断权力，享受权力带来的优越。被统治阶级人数众多，被统治阶级以一种现在看来多少有些不合法、专制而暴力的手段所控制。”

德国思想家罗伯特·米歇尔斯（Robert Michels，1876—1936）认为，任何组织，不管其宗旨多么大众，都会被少数人管理。他将其称为“寡头政治铁律”。耶鲁政治学家罗伯特·达尔（Robert Dahl，1915—2014）表示，“参与性民主政治”在大的现代社会中无法实行，因为政府机构庞杂、问题复杂，关键政治、经济、社会决定由极少数人敲定，要在庞大的政治体制中打破这一局面很难，甚至不可能。这三位都赞同精英理论。但是精英理论家莫斯卡和米歇尔斯认为精英人士没有责任，而多元主义理论家达尔认为精英人士应对民众负责。

现代精英理论家并不如人们想的那样保守，相反却很激进；他们贬斥精英人士的统治不公平、不民主。哥伦比亚社会学家赖特·米尔斯（C. Wright Mills，1916—1962）公开抨击过“精英统治”，认为精英统治下存在权钱交易，某些行业为政治人物提供金钱，政治人物投票支持投入大量的国防经费，而军队将领又将带来丰厚利润的合同授予这些行业。米歇尔斯曾预言，这些连锁计划将美国推入战争。

精英理论家强调，精英人士正是凭借金钱和关系进入权力中心。

2004 年美国总统竞选人布什（68 岁）和克里（66 岁）都毕业于耶鲁大学，而且都是美国秘密精英协会骷髅会的成员。2012 年的总统候选人奥巴马和罗姆尼都毕业于哈佛大学法学院。国会一半成员都是百万富翁，他们的工资是他们的选民的 9 倍。“精英”并不等于“富有”。富人很少参政，但他们会为政治人物提供财力支持。“超级政治行动委员会”能够让百万富翁用金钱影响选举。作为回报，他们得到法律庇护、财政补贴和税负减免。布什政府在 2001 年给予富人 1%的税费减免，为石油业提供特殊交易，而布什总统和副总统切尼都在石油业中担任高管。批评家控诉大公司在财力上控制两大政党。重要行业为总统竞选活动提供大量财力支持，谋求自身的持续发展；他们见证了金融行业规避法律的能力。批评家发现，华尔街金融人士和联邦政府高官常常聚在一起。精英主义理论家就是用这些事情做文章的。

随着冷战开始而激增的国防军费在苏联解体之后迅速减少。大多数政治家出身一般家庭，其中很少来自富有家庭（罗斯福、肯尼迪以及老布什、罗姆尼除外）。政治家除了可以赢得财力支持外，更深知采取何种政治立场和措施可以赢得选票。大公司确实可以从选举中获利，但我们也可以看到石棉业由于可能造成健康危害而被迫关闭。烟草公司要赔付上百万诉讼费并且不断面临来自政府的压力。虽然不情愿，但是银行巨头受到法规制约。保守主义百万富翁大笔投资支持罗姆尼的超级政治行动委员会，但他们却在 2012 年选举中失败了。根据精英理论，他们应该赢才对。

多元主义理论家认为政治通过**利益集团**得以发挥作用，我们将在第 9 章进一步讨论。任何公民团体都可以对政府提出抗议或要求，政治家一般都要耐心听取公民的诉求。准确地说，如果一个团体财力雄厚、组织完善，政府对其诉求就会更为关注，但是对于政治体制，没人能扭转局面。美国石油公司的富有程度排名世界前列，而这些公司支持阿拉伯国家。为什么美国政策向以色列倾斜？大多数美国犹太人和基督教原教旨主义者支持以色列，政治家需要他们的投票和财力支持。多元主义理论家认为，利益集团是实现民主的好途径，可以确保政府听取民众的意见。许多人认为只有多元社会才是民主的。在没有多元主义传统的社会建立民主就像栽种无土之树，缺乏根基，就像俄罗斯，共产党的长期统治已经清除了利益集团。

利益集团
通过对政府施加压力，迫使政府实行有利于其发展的政策的团体。

纯粹精英理论家把社会看成一座金字塔，只有极少数精英人士在金字塔顶端。而纯粹多元主义理论家将社会看成台球，避免不了碰撞摩擦，而政府的功能就是制定政策。两方的观点都过于极端。将社会看成一连串的小型金字塔，每个小型金字塔顶端存在一个精英人士，这种描述能够更准确地反映现实。如多元主义理论家所言，团体之间存在互动，又如精英理论家所言，领导和追随者存在层次。罗伯特·达尔将其称为“多头政治”（见图 5-1），利益集团之间的领导已经达成了稳定的共识。

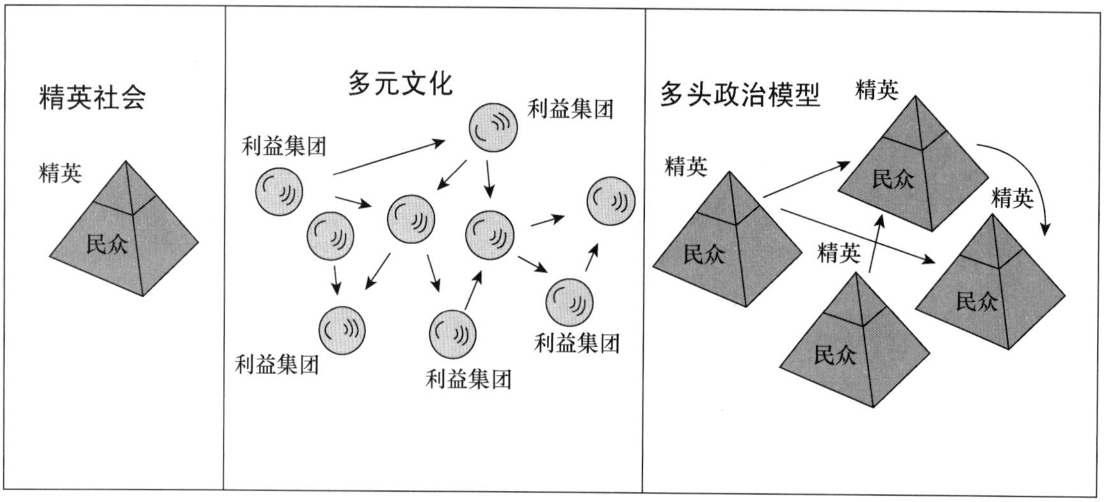

图 5-1　精英、多元及多头政治模型

阿伦德·李帕特（Arend Lijphart，1936—　）称之为“协商民主”，所有重要团体的精英都通过宪法达成协议进行管理，防止他们的追随者使用暴力。每一个团体相应地获取一些利益，但没有哪个团体可以获取一切。李帕特认为荷兰在这个方面颇为成功。在荷兰，天主教、加尔文教以及世俗阵营已经达成“精英协商”。而在黎巴嫩，民主体制却已崩溃，导致平民冲突爆发。大多数稳定国家具备精英“冲突管理”机制。在美国，商业、劳工、少数民族、地域和其他精英相互作用，每一个团体尽力做到自我团结，每一个团体也都和其他团体进行不同程度的合作。如果精英团体之间的共识破裂，美国就会陷入血腥内战。

极权主义
政府对民众实行专制统治的政体。

极权主义

5.3　极权主义的特点

在**极权主义**体制中，统治阶层几乎完全不对民众负责；他们稳居权力中心，很难下台，专制政权尚未瓦解。现在很少有专制政体。专制政体强调对民众进行完全控制、洗脑，搞国家和个人崇拜，这种政体不够完善。现在很少有人支持专制政体。20 世纪初，墨索里尼、希特勒建立并且发展专制统治。有人曾认为这种制度是未来趋势，但在 20 世纪，它却是社会弊病。大多极权主义的例子都发生在过去，而不是现在。

民主

达尔的“影响关系”

耶鲁大学罗伯特·达尔的重要贡献是对权力种类的阐释。达尔认为权力就是一人使另一人做其想做的事。达尔运用一个更中性的“影响关系”，将其分为几个等级。

- 合理劝说是“影响”最成功的形式，即说出事实，并解释某种行为的原因（比如，医生劝你不要抽烟，因为吸烟有害健康）。
- 操纵劝说，稍次于合理劝说，比如在选举中欺骗或误导民众做某事。
- 诱导低级，即威逼利诱使某人做某事。
- 权力威胁使某人坐牢或失业。
- 高压政治，必须做。
- 肉体虐待配合高压政治，使用或威胁使用人身伤害。

我们以此来评判政府优劣，运用较高劝说等级影响的政府优于运用较低劝说等级影响的政府。

何谓“专制统治”？

20 世纪的专制统治已经远甚于过去的君主专制。彼得大帝和路易十四都是专制暴君，但因受限于当时的通信技术，他们并不能密切掌握民众言行。即使作为皇室独裁者的路易十四，也没有试图控制法国国内的一切。而 20 世纪的专制国家正相反，统治者试图控制民众生活的各个方面。1922 年意大利进入墨索里尼统治时期，1933 年德国进入希特勒统治时期。这两个国家都受到第一次世界大战的重挫。外部分析人士于 20 世纪 20 年代创造了“专制统治”一词，在该种政体下，一党实行专制统治，并且试图按照自己的价值观念调整社会结构。旧君主专制镇压民众，使民众缄口不谈政治，而新专制统治却时刻对民众进行煽动。卡尔·J. 弗里德里希（1901—1984）和兹比格钮·布热津斯基（1928— ）给出了专制统治国家的四个标准。而前工业时代国家不符合其中四项标准。

包罗万象的意识形态 专制统治国家针对历史、经济、未来政治和社会发展制定了一系列官方理论。专制统治利用这种意识形态描述理想世界，声称要建立完美幸福社会。任何违背这种意识形态的人都是“全民公敌”。所有公民都要相信和认真研究学习这种意识形态。

层级制度
阶梯状自上而下的权力分级。

一党专政 专制国家实行一党专政和个人崇拜。墨索里尼、希特勒盛行个人崇拜。党员数量受到严格控制，只占总人口的 10%，加入执政党是个人荣誉。党员身份带来特权，相应地，党员会更支持该党。党内有严格的**层级制度**，高于或与政府机构有联系。执政党占据政府要职，在公民面前树立至少表面一致的形象。

有组织的恐怖活动 安全警察运用武力或心理手段镇压控制民众。纳粹的盖世太保和墨索里尼的秘密警察奥夫拉不遵守法律约束。专制统治下，宪法保障不存在或被忽视，统治阶级对民众进行秘密逮捕、监禁和虐待。安全警察有时被称为“秘密警察”，他们通常听命于统治阶级，对抗民众，比如犹太人、地主、资本家、社会主义者和神职人员。这些人经常强行进入民众住所。大规模逮捕和处决突出了专制统治的势力和民众的无助。

垄断媒体 专制统治下媒体为政府代言，宣传官方意识形态，宣扬政府领导。媒体只发布正面新闻。如果有外部势力破坏这种体制，就会被制止。

武器垄断 专制统治政府垄断武器，通过对武器垄断防止武装反抗。

经济受统治阶级控制 专制统治体制下，国家经济受统治阶级控制。希特勒通过政党“合作”对私有经济进行控制。以上方式让国家变得强大，因为统治阶级可以按照自己的意愿分配国家资源用于重工业、武装生产以及其他政党期望的领域。工人被分配到需要的岗位，消费者的需求被忽视。

专制统治的影像与现实

正如不存在完美的民主一样，彻底的独裁也不存在。局外人认为，专制统治国家完全控制民众。曾有人去过法西斯统治下的意大利，他们印象最深的是表面上的法律、规定、干净的环境和一人统治。事实上，许多人在暗地里反对墨索里尼，他的政府机构和经济计划混乱无序，国家统治也不稳定。1943 年，当英国人和美国人进入意大利南部，不服从并欺骗墨索里尼多年的军事将领发动了军事政变。意大利（意大利直到 1946 年还是王国）国王以总理的身份对墨索里尼处以火刑。这又是哪种全面控制？

早期的专制统治模式从来就不符合现实。它是对完全控制的一种尝试，而非实现。1989 年末，东欧国家相继脱离苏联，我们由此认识到专制统治的不堪一击。就意识形态来说，许多市民，甚至前共产主义党员都厌恶共产主义。一党专政解体，非共产主义政党掌握了政权。有组织的恐怖活动失势。多年来官方媒体被严重忽视并让位于自由媒体。经过巨大的努力后，计划经济转为市场经济。

方法

怎样写出逻辑严谨的文章？

海明威告诫作家“文章要语言精练”，言简意赅。把文章缩短一半，精简度一般会提升一倍。删繁就简。关注副词、形容词和术语。用连词连接共有一个主语的两个句子，反问自己“如果我写得太短，是否会言未尽意”。使用主动语态，尽可能使用动词代替名词。《纽约先驱报》城市主编斯坦利·沃克告诉新入行的记者要“避免使用形容词，多使用小动词”。

结构松散 长期的政府冷漠和官僚障碍主义形成一种冷漠、事不关己的文化。	**结构紧密** 远距离政府和不作为政府使人们对政治漠不关心。
使用名词 德国选举呈现标志性趋势，即选举与宗教信仰紧密联系，天主教徒支持基督教民主，反对派投票给社会民主党。成为领导。	**使用动词** 德国天主教徒为基督教民主党投票，反对派支持社会民主党。取得成功。
两个简单句一个主语 联邦选举委员会数据显示戈尔在民众投票中占微弱优势（半个百分点），但该委员会数据还显示布什在总统选举团中取胜。	**复合句** 联邦选举委员会数据显示戈尔在民众投票中占优势，但布什在总统选举团中取胜。
被动语态 民众投票被戈尔赢得。	**主动语态** 戈尔赢得民众投票。

右翼专制统治

右翼专制统治是另一种情况，比如意大利的法西斯统治和德国的国家社会主义。当时，作为工业国家的意大利和德国面临经济大萧条、社会动荡、国际政治困境和弱势，且国内民主意识淡薄。1922 年，意大利陷入混乱，墨索里尼被任命为总理并很快成为第一个法西斯专制统治者。德国作为第一次世界大战战败国，社会混乱，背负巨额战争赔款，大量人口失业，劳工纠纷频发，通胀爆发。正是在这样的背景下，纳粹从选举和街头斗争中崭露头角。1933 年，希特勒承诺要恢复社会秩序、拒绝承认《凡尔赛条约》、保护个人财产不受东方共产主义威胁。他的政策得到工业、军方、中产阶级的支持，他们支持建立法西斯国家。

辉格党民主
少数人的民主，尤其是早期民主。

煽动政客
以极端、错误方式诱导蛊惑民众的政治家。

右翼专制统治并不提倡革命，相反，他们通过加强现有社会秩序、重振本民族来抵制左翼革命。正如希特勒对犹太人和吉卜赛人实行种族灭绝政策，右翼专制统治消灭外国人和低等民族。民众被灌输大民族自豪感和好战精神。右翼专制统治一般允许私有企业发展，但是垄断行业和国家贸易协会必须按照纳粹意愿发展。

民主

为什么民主会失败?

民主可以很快进入一个国家的政治生活。大规模受过教育的中产阶级可以为稳固的民主奠定根基。巴灵顿·摩尔 1966 年曾说："没有资产阶级就没有民主。"贫穷国家的人关心生存甚于民主。2004 年联合国对拉美国家人口进行调查，他们更愿意支持能够给他们提供食物的独裁者，而不是一个选举出来的领导人。中产阶级温和、容忍，他们清楚解决问题不可能一蹴而就。如果一国民众没有这样的素质，选举就会破坏民主，就像伊拉克、俄罗斯和津巴布韦。

一个国家过渡到民主制国家是一个微妙的过程，并且越缓慢越完善，就像 19 世纪英国通过一系列改革法案进入民主社会。更为典型的是，早期民主只有少数人可以参与，这种模式叫作"**辉格党民主**"。当全体民众获得投票权，这种模式就结束了（在美国，1828 年杰克逊胜选标志着这种模式结束了）。新选民或不谙世故的选民经常受政治人士煽动，这些**煽动政客**夸下海口会满足选民要求，以此获取选票。他们承诺"共享财富"，鼓吹民主主义和宗教基础。阿根廷的庇隆、巴西的瓦加斯和委内瑞拉的查韦斯就是很好的例子。军事组织比煽动政客更具威信力。如果沙特阿拉伯进行民主选举，选民一定会将选票投给本·拉登。民主进程太快会给煽动政客、军人、狂热者创造机会。一些因素会阻碍民主进程：

1. 贫穷
2. 不平等
3. 中产阶级缺失
4. 教育程度低
5. 石油
6. 种群主义
7. 社会不文明
8. 曾经的殖民地
9. 没有早期民主经验
10. 没有民主邻国，通常前四个因素经常一起出现。

民主很少会在具备以上所有或大部分特点的国家成功。

威权主义

5.4　威权主义和专制统治的区别

威权主义和专制统治经常会被混淆，它们的意义不同。威权主义下，政府为小团体，比如一个独裁者或者一支军队——他们严格控制成员数量。威权主义不会控制所有事情。经济、社会、宗教、文化、家庭事务由个人解决。威权主义淡化了专制统治的六项特征。在威权主义下，意识形态很少统一。有些人认为萨达姆政府是专制统治，但是它更接近威权主义。表 5-1 给出了威权主义的主要类型。

威权主义
即非民主也非专制的政治体制。

表 5-1　威权主义类型

类型	例子
军事独裁	缅甸、尼日尔
个人独裁	利比亚、委内瑞拉
传统君主专制	沙特阿拉伯、科威特
一党专制	俄罗斯、津巴布韦
一党专政	古巴

威权主义限制个人自由，它更喜欢受控制、有秩序、愿服从的等级组织。民众按照独裁者意愿遵守法律、缴税。独裁下的民主只是表面现象。选举只是独裁者上台走过场；反对者根本没有机会，其中有些会被逮捕。司法机关按照独裁者意志立法，傀儡总理和内阁负责执行。媒体和文人都会进行非正式的“自我审查”，以防他人的批判，从而保住工作。法国的路易十四实行的就是早期的威权主义，他有一句名言：“L’état c’est moi ”（我即国家）。

西班牙佛朗哥政权是“传统威权主义”，在这样的统治下，民众只能被动接受和顺从独裁者意志，而非主动参与。佛朗哥及其支持者没有明确的意识形态，经济和媒体的多元性有限。里根总统时期的美国驻联合国大使兼政治学家柯克帕特里克认为，威权主义和专制统治有一点不同。前者可以进行改革（比如阿根廷、智利、巴西），后者却很难实行改革。

威权主义和发展中国家

第二次世界大战后，殖民地国家相继独立，这些独立国家都宣称实行民主制度。但是民主制度在这些国家没有持续多久，殖民主义者总是打击民主政治文化。西方民主的诞生源于个人主义和竞争的市场经济。

发展中国家的经济多为传统的农业经济，这些国家重视家庭和部落。民众受教育程度和收入水平都较低，大多数都面临生存压力。后殖民时期的领导者通常会选择社会主义理念，而英国和法国的学生则认为国家政治复兴和经济发展需要集权。前者认为自己了解民众需求，并操纵选举。

第三世界
部分亚洲、非洲、拉丁美洲的发展中国家。

这样，许多**第三世界**的国家都进入一党专政的威权主义。这种统治很恐怖。政府官员推行耗资巨大、不切实际的项目，通过各种法规和税收打击个人积极性，镇压持批判观点的民众。腐败阻碍了经济增长，如坦桑尼亚和缅甸越来越穷，造成国内政治不民主且经济也不发达的局面。津巴布韦于 1980 年开始实行民主政治，该国一些政党反对执政党及其领袖穆加贝，他领导军队镇压反对党、建立威权主义，并声称威权主义是维护国家统一、发展社会主义经济的唯一有效途径。津巴布韦通胀率高达 100 万个百分点，而穆加贝因为计票错误还是赢得了选举，大多数津巴布韦人陷入饥饿和失业的困境，穆加贝的政治对手或被监禁或被杀死。

案例研究

伊拉克民主？

英国于 1922 年合并了三个土耳其帝国省，建立伊拉克。伊拉克人内部存在矛盾。60% 的伊拉克人是什叶派穆斯林，在阿拉伯世界中受到压迫的少数民族。萨达姆·侯赛因是逊尼派阿拉伯人（占伊拉克人口的 20%），他屠杀了成百上千个什叶派穆斯林。2003 年，什叶派获得宗教活动自由，赢得选举，忽视了逊尼派分享权利的要求。逊尼派教徒对什叶派教徒进行炸弹袭击。而什叶派目前掌握伊拉克政权和军事，又为了报复屠杀逊尼派教徒。在伊拉克北部，库尔德人（占伊拉克人口的 20%）实行自治并准备宣布独立。他们是逊尼人，而非阿拉伯人。2014 年，来自很多国家的逊尼派武装分子声称，“伊斯兰国”已经占领了伊拉克和叙利亚大部分地区。他们得到犯罪势力的支持，杀害了所有不认可他们信仰的人。

选举并不能产生民主，只有在经济快速发展、教育程度不断提升、政治环境良好稳定的国家才会出现民主。伊拉克邻国大多为独裁统治，其中一些比另一些更独裁。萨达姆的统治并非偶然，而是一个濒于崩溃的国家必然的现象。

威权政体的民主化

5.5 新型民主总是失败的原因

1974 年以来，很多国家放弃威权或独裁政体，转而实行民主制度。

现在世界上至少有大约一半的国家具备不同程度的民主。民主从西欧和北美扩展至整个世界成为学界的研究课题。1989年发行的季刊《民主杂志》解释了民主产生的原因以及民主不断发展的原因。

经济高速发展的威权政体和经济停滞、瓦解的共产主义政权推动了民主的发展。智利、巴西、韩国这些经济飞速发展的地区在政治上独裁，却在经济上实行私有市场化。就像一个独裁者所言："我管政治，你管经济。"支持经济发展的政权会制定宏观经济政策（货币稳定、通胀低、借贷资本充足），向世界市场出口商品。经济增长持续一段时间之后，整个社会走向民主。这个过程体现了**现代化理论**：一个国家的人均收入水平达到中等后，就具备了民主的成熟条件。民主很难在贫穷国家得到发展，而印度是一个例外；印度尼西亚在经历了几十年独裁统治后也出现了民主。不过，人均收入处于世界中等水平、经济发达的国家仍是生长民主的理想国度。

现代化理论
经济增长滋生了大批受过教育、要求民主的中产阶级。

为什么是这种情况？首先，经济增长创造了中产阶级，为民主发展奠定了群众基础；中产阶级提倡改革。其次，人均受教育程度提高；大多数人高中毕业，许多是大学生。他们不再无知，不会受政治人士煽动和极端主义影响，或被贿选。再次，民众保护自身利益的意识不断增强：多元主义。他们提出商业、职业、区域和宗教要求。他们可以认清政府的残暴、腐败和无能，不喜欢被愚弄。2012年，城市和受过教育的俄罗斯人就表达了这种态度。最后，市场经济教会人们学会独立自主、多元化、包容，不要期望太多。如果所有情况正常，民主制度可以包容自由媒体、多党成立，最后实现自由选举。

石油输出国的情况不一样。由于财富和权力集中在少数人手里，石油输出国的民主发展滞后。世界上有23个经济依赖石油或天然气出口的国家，这些国家出口收入占经济总收入的60%以上，但没有一个是民主国家。人均GDP高的石油输出国也不是民主国家。石油业雇佣工人不多。依赖政府提供工作和救济的公民不能构成自主、多元的中产阶级。这些波斯湾国家并不具备实行民主政治的条件。

石油输出国
经济依赖石油输出的国家，如沙特阿拉伯。

民主在从独裁统治解放出来的国家能否持续长久？最近匈牙利显露出专制统治的迹象。但在远东和南半球，民主还不完善或正在衰退。市场经济对俄罗斯、乌克兰和乌兹别克斯坦而言还很陌生，从中央经济向市场经济过渡要经历许多困难。对民主不了解的选民会将选票投给独裁者，他们向选民承诺恢复社会秩序、提高收入。俄罗斯文化倾向于铁腕政治。俄罗斯国家领导人手握权柄，可以左右法令，俄罗斯议会也听命于领导人，能源行业（天然气和石油）由国家控制，媒体为政府服务。少数人占据了国家的大量财富。一些人称之为**“盗贼统治”**，世界许多国家都有这种现象。

盗贼统治
盗贼政权（诙谐说法）。

实行民主并不容易。民主是一个复杂的、需要认真平衡的体系，这种体系的发展需要良好的政治文化，这种政治文化产生需要市场经济背景、大量受过良好教育的中产阶级以及多元主义传统。几个世纪以来的宗教和哲学演变为民主提供了生长的土壤。而伊拉克却缺乏这些因素。伊拉克和其他国家最终会实行民主制度，但要经历几十年。大多数学者期盼这种情况发生，因为人们支持**民主和平**理论，没有哪两个民主国家会永远相互斗争。如果一切变成现实，则更民主的世界便意味着更和平的世界。

民主和平
认为民主国家之间不会开战的理论。

思考题

1. 为什么现代民主意味着代议制民主？
2. 民主政治的典型特征是什么？
3. 精英主义理论和多元主义理论哪一个更准确？
4. 为什么极权主义成为 20 世纪的一种普遍现象？
5. 极权主义和威权主义有何不同？
6. 极权体制是否注定失败？为什么？
7. 为什么许多国家开始转向民主制度？
8. 为什么民主制度有时也会失败？民主在伊拉克能否奏效？
9. 美国是否应该尝试输出民主？

关键术语

威权主义	煽动政客	精英
民主和平	层级制度	民主
非自由主义民主	利益集团	石油输出国
第三世界	多元主义	极权主义
全民公投	委托人	大众传媒
代议制民主	辉格党民主	现代化理论
非暴力反抗	种姓	授权
盗贼统治		

参考文献

Ayittey, George B. N. *Defeating Dictators: Fighting Tyranny in Africa and Around the World*. New York: Palgrave, 2012.

Bartels, Larry M. *Unequal Democracy: The Political Economy of the New Gilded Age*. Princeton, NJ: Princeton University Press, 2008.

Coggan, Philip. *The Last Vote: The Threats to Western Democracy*. London: Allen Lane, 2013.

Collier, Paul. *Wars, Guns, and Votes: Democracy in Dangerous Places*. New York: Harper, 2010.

Diamond, Larry. *The Spirit of Democracy*. New York: Holt, 2009.

Dobson, William. *The Dictator's Learning Curve: Inside the Global Battle for Democracy*. New York: Doubleday, 2012.

Flathman, Richard E. *Pluralism and Liberal Democracy*. Baltimore, MD: Johns Hopkins University Press, 2005.

Halper, Stefan. *The Beijing Consensus: How China's Authoritarian Model Will Dominate the Twenty-First Century*. New York: Basic Books, 2010.

Jamal, Amaney. *Of Empires and Citizens: Pro-American Democracy or No Democracy at All?* Princeton, NJ: Princeton University Press, 2012.

Linz, Juan. *Totalitarian and Authoritarian Regimes*. Boulder, CO: Lynne Rienner, 2000.

McFaul, Michael. *Advancing Democracy Abroad: Why We Should and How We Can*. Lanham, MD: Rowman & Littlefield, 2010.

McWilliams, Wilson Carey. *Redeeming Democracy in America*. Lawrence, KS: University Press of Kansas, 2011.

Ross, Michael L. *The Oil Curse: How Petroleum Wealth Shapes the Development of Nations*. Princeton, NJ: Princeton University Press, 2012.

Rothkopf, David. *Power, Inc.: The Epic Rivalry Between Big Business and Government—and the Reckoning that Lies Ahead*. New York: Farrar, Straus & Giroux, 2012.

Ringen, Stein. *Nation of Devils: Democratic Leadership and the Problem of Obedience*. New Haven, CT: Yale University Press, 2012.

Runciman, David. *The Confidence Trap: A History of Democracy in Crisis From World War I to the Present*. Princeton, NJ: Princeton University Press, 2013.

Stepan, Alfred., ed. *Democracies in Danger*. Baltimore, MD: Johns Hopkins University Press, 2009.

Teorell, Jan. *Determinants of Democratization: Explaining Regime Change in the World, 1972–2006*. New York: Cambridge University Press, 2010.

Tismaneanu, Vladimir. *The Devil in History: Communism, Fascism, and Some Lessons of the Twentieth Century*. Berkeley, CA: University of California Press, 2012.

Tilly, Charles. *Democracy*. New York: Cambridge University Press, 2007.

Wedel, Janine R. *Shadow Elite: How the World's New Power Brokers Undermine Democracy, Government and the Free Market*. New York: Basic Books, 2009.

第二篇
PART TWO

政治态度

第 6 章 政治文化

政治文化探究一个社会关于政府和政治的广泛而普遍的观念。参与式的、讲求职业道德的文化有利于维系一个自由而繁荣的社会，而犬儒主义文化则可能造成破坏。政治文化一旦确立将会延续很长时间，但在某些事件的压力下也会走向衰败。任何一个社会都有精英-大众文化以及亚文化的区别。政治文化主要从家庭中习得，有时也会从学校公开的社会化中得到强化。

第 7 章 民意

民意寻求关于领导和问题的具体观点；与政治文化相比，民意相对狭隘而易变。个人观点由社会阶层、教育、地域、宗教、年龄、性别和种族等因素塑造而成。在样本随机、问题明确的条件下，科学的民意调查可能是准确的。美国总统都会经历蜜月期和重振士气的事件，但在一段时期之后支持率往往会下降。受访者不同程度的兴趣和热情会干扰民意调查，导致大幅的波动。

第 6 章
政治文化

阅读与思考

6.1 政治文化和民意的区别

6.2 国家的政治文化如何随时间而变化?

6.3 精英政治亚文化和大众政治亚文化的区别

6.4 一个国家中特征鲜明的少数民族亚文化带来的影响

6.5 政治社会化的主要机构

目前，美国的政治文化存在分裂的情况，给国家治理增加了难度。虽然美国人仍然有很多共同的价值观，但是多年来，他们已经形成了两个阵营。自由派认为，经济、医疗保险和少数族裔的权利都需要政府干预。而保守派则对此持强烈的反对态度，它们更倾向于不干涉多数事物的小政府。这一分歧比理性主义政策之争更为深刻，因为它关注的是看待生活和社会的基本方式。同性婚姻、堕胎、种族平等和枪支法是导致两派分歧的主要问题。凡是自由派人士认为可以重塑美国生命力、公平而必要的措施，都会被保守派人士谴责为腐蚀个人责任感、削弱美国生命力。双方互不相让，想尽办法阻挠对方的意愿。

什么是政治文化？

6.1 政治文化和民意的区别

每一个社会都将规范和价值平分给每一个成员。对于政治系统应如何运作，政府应如何对待他们、为他们做些什么，他们的诉求和义务，等等，社会成员也有明确的意识。关于政治系统的信念、符号和价值，就是一个民族的政治文化。不同的民族之间存在很大的差异。（和商业对应的则是“企业文化”，各个公司的企业文化都大不相同。）

价值
根深蒂固的观念；政治文化的关键要素。

一个民族的政治文化由它的历史、经济、宗教和民俗等决定。祖先确立的基本**价值**可能延续很多世纪，政治文化是关于政治的“集体记忆”。美国建立在“竞争性个人主义”之上，这是一种为自己奔忙的精神，现在依然存在。在印度，尽管政府力图消除种姓制度，但有着千年历史的种姓制度在今天仍然强大。法国人长期以来就是“国家之上”，期望有一个强有力的政府来监管经济生活。几个世纪以来，伊拉克都属于阿拉伯帝国和土耳其帝国领土。处于萨达姆控制下的伊拉克人，心目中只知道权威，伊拉克政治文化中根本就不存在民主。

政治学家维巴把政治文化定义为“由来自经验的信念、表意符号和价值观组成的体系，它规定了政治行为发生的环境”。大部分内容都可以追溯到很远。美国人一直都喜欢小政府。在日本存在传统的封建等级制度的痕迹，社会地位较低的人仍然顺从于社会地位较高的人。日本人尽管厌恶腐败又无能的官员，但仍旧对他们的权威心存敬意。而传统上不愿意顺从于任何人的美国人，在民主之风的洗礼下，即便对国家治理了解不多，也相信自己有发言权。就政治文化而言，日本与美国截然不同。

政治文化与民意

政治文化和民意二者交叠在一起，因为它们都是关于政治的态度。政治文化是关于政府和政治的基本、普遍的情感；民意则相反，它寻求的是对某一领袖和政策的观点。政治文化寻求的是合法性基础，是维持政治体系的基本态度，民意则寻求对当前问题的反应。

政治文化和民意的研究方法是重叠的：向人群中随机选择的样本群提出问题，并根据得到的反馈进行研究，不过所提的问题可能不同。一个政治文化研究者可能会问：你有多相信政府？民意研究者则可能问：你是否认为现在的总统称职？一项政治文化研究会在几个国家提出同样的问题，以获得比较性的结论。两者可能都会持续跟踪民意，以了解政治文化中的合法性是有所提升还是下降，或者在民意中总统的支持率有何变化。

政治文化研究不限于社会调查。在对日常生活进行观察、对个人情感的深层次问题进行研究时，研究者可以运用人类学、心理学的方法。民意研究很少脱离数据量化的范畴，政治文化研究则能够运用历史、文学资料获得深入理解。比如，19 世纪欧洲游客的评论揭示了美国政治与社会价值的延续性。亚历克西斯·德·托克维尔（Alexis de Tocqueville）在 19 世纪 30 年代走遍了美国，他有洞见的评论直到今天仍有作用。他是政治学中政治文化这一分支的奠基者之一。

通常，政治文化几近恒久，或变化得非常缓慢，民意则易变。不过近年的研究表明，政治文化同样处于不断的变化之中。稳定高效的政府和持续的经济增长能够强化合法性的感受，衰败无序的政府和经济的倒退则是合法性削弱的反映。民意如果在足够的时期内保持不变，慢慢也会变成政治文化。在 20 世纪 60 年代，民意对越战的支持逐渐减弱。几乎在同一时期，对美国政府的信心也在下降。关于某一具体问题的民意影响了整个政治文化，使政治文化对政治体系的态度更倾向**犬儒主义**。

犬儒主义
不信任和怀疑，特别是对政府而言。

要知道，国家政治文化的变化比民意慢得多，前者潜在的基本性质会世代保持，或许能经历几个世纪。人们可以轻易地识别出，在托克维尔时代的美国和今天的美国，基本的价值并无太大改变。法国人仍然不时走在巴黎的大街，抗议不公正的社会现象，正如他们的祖先所做的那

经典论述

公民文化

阿尔蒙德和维巴对不同国家的政治信仰、符号和价值的比较进行了开创性的研究。1959 年和 1960 年，他们访问了五个国家的 1 000 多人，总结出他们的政治态度。从调查所得的数据中，他们确认了三种普遍的政治文化：参与型、从属型和教区型。他们总结说，每一个国家的政治文化，都是这三种理想类型的不同混合体。

参与型

在参与型的政治文化中，诸如美国和英国，人们懂得自己是公民，并关注政治。他们对自己国家的政治体系引以为豪，也愿意对其展开讨论。他们相信，自己能够影响政治，并宣称受到不公正待遇时会组织起来保卫自己。相应地，他们显示出较高的**参政能力**和**参政效能**。他们为选举而自豪，相信公众应当参与到政治生活中去。在社区中，他们很活跃，经常参加到不同的志愿组织。他们更倾向于相信他人，就像孩子参与家庭中的讨论那样。参与型的政治文化很明显是民主政治的理想土壤。

从属型

比参与型政治文化低的是从属型政治文化，特别是在联邦德国和意大利。在那里，人们也相信自己是公民，并关注政治，只不过被动一些。他们相信政治性新闻，对自己国家的政治体系没有自豪感，情感上的认同也少一些。讨论政治时，他们的感受并不好。他们感到，自己只在和地方官员打交道时才能影响政治。他们不经常去参加组织社团，参政能力和效能要低些，有些人感到完全没有权利。他们也参加投票，但是没有投票的热情。他们不愿过多地相信他人，也不愿像孩子那样轻易地表达观点。民主在这种文化中生根有很大的难度，这里的人们更多地认为自己是从属的客体，而非积极的主体。

教区型

更低一级的是教区型政治文化，如墨西哥。在那里，许多人并不认为自己是国家的公民。他们认同于相邻的地域性团体，因此有了“教区型”这一称谓。对于国家的政治体系，他们没什么自豪感，也不抱太多期望。他们不关心政治，没有什么政治知识，也很少谈论它。他们既没有参政的热情，也没有参政的能力，在既定的政府机构面前，很少有权利的感觉。在这种政治文化中发展民主政治非常困难，既需要全新的制度，也需要全新的公民文化。

参与型
对参与政治有兴趣或意愿。

从属型
认为公民就是要服从权威而不是过多地参与政治。

样。意大利人保持着几个世纪流传下来的对政府任何事物的不屑之情。从未有过自由民主经历的俄国人，仍然希望有强有力的领袖，对民主持低调态度。政治文化仍是对政治体系支持（或不支持）态度的基本要素，尽管并非铁板一块。这就是俄国的民主化运动失败的一个原因。

美国的政治参与

即便是在美国，也只有很少一部分人积极地参与政治。阿尔蒙德和维巴的一个关键性发现是，要使民主正常运作，政治参与应该是“间歇的和潜在的”。实际上，他们用的是民主的政治文化中“睡着的狗”这一说法。民主政体的领导人知道，在大多数时候，绝大部分民众并不过多关注政治；可是他们也知道，如果丑闻、高失业率、通货膨胀或不合民心的战争激起了民众的不满，民众可以在下一次选举中将他们选下台。因此，政治领导人总是在努力使公众不被唤醒、保持沉默。民主政体的领导人遵循“**预期反应法则**”，他们总是在问自己：公众会对他们的决定做出什么反应。假如公众没有什么反应，他们会很高兴，让这些“睡着的狗”好好躺着吧。

这一理论有助于解释美国政治生活中一个奇怪的现象：它的**投票率**在工业化民主国家中是最低的。直到最近，还只有一半的美国选民费心去投上一票，虽然现在人数多了些。州和地方一级的选举人更少。而在西欧，投票率通常都在 3/4 左右（不过现在也在下降）。那么，美国人有什么理由吹嘘自己的民主？理论家回答说，民主的政治文化并不总是需要高投票率。它需要的是一种态度，一旦被唤醒，人们就会参与——投票，贡献时间和金钱，组织团体，举行巡回请愿——民选出来的官员知道这一切意味着什么。他们担心茶党的兴起会导致他们败选。从这一意义上讲，民主是一种统治者和被统治者之间的心理联系，它约束着官员，使之不过分愚蠢。正是民众的态度而非实际的参与构成了民主的政治文化。

阿尔蒙德和维巴的另一个主要发现是，为了影响做出不公正决定的当地政府，五国公民有不同的反应。很多美国人说，他们会“努力谋求别人的帮助”。面对政治问题时，美国人似乎是天然的“团体组织者”，这一特征正是美国民主的一个重要基石。在更为“从属型”的国家，这种组织团体的倾向就更小。

其他研究还显示，美国人比其他国家的人民更以自己的政体为荣，对于自己国家民主的运行也更为满意。1995 年，盖洛普的一项调查发现，64％的美国选民表达了不同程度的满意度。加拿大人是 62％，德国人是 55％，法国人是 43％，英国人是 40％，日本人是 35％，墨西哥人和匈牙利人只有 17％。美国人经常抱怨自己的政府，但是他们对于民主的信念仍居世界首位。

教区型
比较狭隘，对于公共政治没有什么兴趣。

参政能力
知道如何通过政治途径来达成目标。

参政效能
感到通过参与政治能够获得收益（相反的就是没有任何权力感）。

预期反应法则
政治家们根据民众可能的反应来制定政策。

投票率
在某次选举中，合法选民参加投票的比例。

方法

引文

不要事事引用。引文知识只有在陈述关键概念时重要。你可以引用国务卿就外交政策的讲话，但不要引用记者或者专业人士的话。他们的精练语言并不重要。即便你只是想要借用他们的思想，并且用自己的话加以转述，这仍然是引用。写论文时，简短的概括远远胜于长篇引用。

引用

专栏作家托马斯·弗里德曼曾经写道："对奥巴马总统的任何实质性批评，不管右翼还是左翼，我都没有问题。但是有一件很危险的事情正在发生。最右边的批评已经开始丧失权威，而且带来了类似存在于以色列拉宾遇刺事件中的气氛。"（弗里德曼，2009）

转述

华盛顿专家很担心别人对奥巴马总统偏执的怒气。

一位学者偶然就某个问题做出了清晰的、带有煽动性的阐述或许值得引用。比如"伊斯兰国家的疆界，是鲜血横流的疆界"（亨廷顿，1993）。要使用部分的引用，而不是完整的引用。挑出有意思的或起作用的话，然后引用它们：五角大楼的官员们说，他们"没有预计"到伊拉克的混乱（辛克莱，2003）。如果你必须引用完整的句子——超过三行——那就把它转换成一个缩写的句子。用省略号（……）来表示你略去了不必要的词汇。用方括号（[]）来表示你插入了原文没有的解释性的话。例如："放慢节奏就意味着落后。落后就要挨打。过去的俄罗斯的历史揭示了这一点……由于落后，她总是被打败…… 我们[俄罗斯人]落后于领先国家五十到一百年。我们必须在十年内消灭这个差距。不是斗争，就是灭亡。"（斯大林，1931）

政治文化的衰败

6.2　国家的政治文化如何随时间而变化?

近来在大部分发达的民主国家，政治文化变得越来越悲观，选民的投票率也下降了。更多的民众认为，政治生活中充斥着腐败，政府缺乏效率。最严重的是日本——经济已经持续停滞了 20 年。在 20 世纪六七十年代——那是越战、水门事件、通货膨胀的年代——对美国民众的调查显示了民众对政府的信心急剧下滑（见图 6-1）。20 世纪 80 年代，在里根总统"良好感受"的执政理念下，民众的信心开始回升，但无法达到 60 年代初的水平。2004 年和 2013 年的下降或许分别反映了对伊拉克战争和失业以及政府瘫痪的不满。民众日益增长的悲观态度使美国政府的管理变得越发困难，他们在选举时的反应也显示出对华盛顿的持续不满。美国的政治文化不再像以前那样统一，并且拥有高度的合法性。

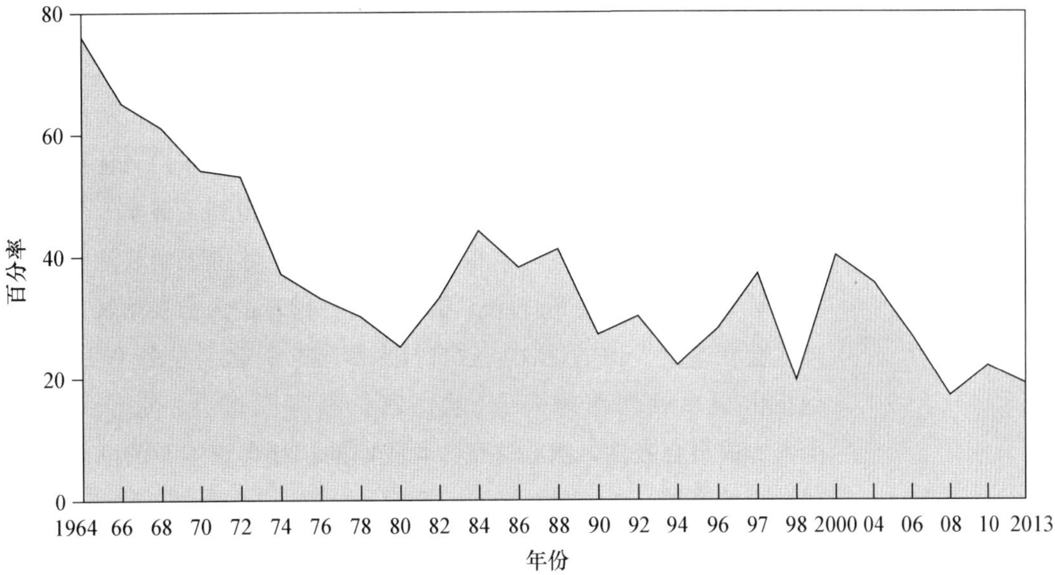

图 6－1　美国人对政府的信任（1964—2013）

与之相关的是美国的"文化之战"，即保守派与自由派之间令人厌恶的两极分化。二者之间互不喜欢，投票时也在极力反对对方。两个世纪以来，"两个西班牙"之说一直存在，这源于宗教和地域的差别。现在，美国似乎也分裂成两个"国家"。一个保守的、福音主义的、小城镇的"国家"，分布在美国的中部。它支持共产党。另一个是自由派的、**世俗的**、都市的"国家"，分布在东西海岸。它支持民主党。保守派人士憎恶同性恋和妇女的权利、增税、奥巴马，观看福克斯新闻频道。自由派人士憎恶大公司、死刑、枪支以及老布什，观看微软全国有线广播电视公司节目（MSNBC）。

世俗的
与宗教无关的事务。

尼克松最先利用这种两极分化赢得了 1968 年的总统选举，而自此这一分化也越来越严重。这种两极分化的原因复杂而充满争议。20 世纪 60 年代是个动荡的时期，年轻的一代美国人通过"毒品、性和摇滚"否认权威。于是，被尼克松称为"沉默的大多数"的老一代美国人转而支持拥护"家庭价值观"的保守基督教和共和党。这给美国的宗教与世俗造成很大分歧。还有一个可能，即美国人仍未从越战的心理创伤中恢复过来，而伊拉克战争又一次点燃了他们的怒火。医疗改革的巨额支出以及银行的紧急援助行动激怒了保守主义派。在经济和人口增长方面，东西海岸在发展，中部则处于停滞状态。如果两极分化持续下去，有人会担心美国政府的稳定性。两派美国人之间的对话最终失败，因为他们的论点含混不清，不够理性。

一个要认真讨论的因素是美国人组织团体的趋势的减弱，无论是救火志愿者组织，还是工会。在19世纪30年代，托克维尔指出："美国人无论年纪大小、境况如何，都对结社有着持久的热情。"他对这种热情印象深刻，因为它是（仍然是）法国所缺乏的东西。他把这视为民主的基础之一，这在以后的公民文化研究中得到了证实。但是有些观察者认为，现在这些"草根组织"衰落了。哈佛大学政治学者罗伯特·普特南（Robert Putnam）指出，打保龄球的人数在增长，但保龄球协会在减少。他的论文《独自打保龄球》引起了很多关注和反对。他指出很多社团组织——工会、家长教师联谊会、童子军、共济会——成员在减少，担心这意味着我们的"社会资本"的削弱以及公民社会的衰败。

其他人争辩说，美国人仍像以前一样参加志愿者组织。传统的组织，如童子军和马鹿协会，可能真的衰亡了，但是新的组织，如"个性化居住空间""车轮一族"等，在不断壮大。40%的美国大学生乐于帮助无家可归者，救助贫困者，做家教，参与宗教生活，清扫周围环境，以及进行了其他的志愿行为。茶党运动的迅速兴起表明，美国人仍然愿意建立志愿组织，他们的志愿服务精神并没有消亡。

然而，有人看到了美国志愿者组织衰败，他们担心这会引起政治和经济方面的反弹。如果个人仅仅追求他的"权利"而没有相应的奉献精神，他从政府那里什么也得不到。民主不再是相关公民面对面讨论社区事务，而是一群心怀不满的公民叫嚷着"给我"。不仅如此，福山（带给我们"历史终结"理论）认为，信任或"自发的社会性"支撑着经济增长和稳定。如果你可以相信他人，你就能和他们做更多的事情。因此，存在"高信任度"的社会可以带来繁荣的国家，低信任度的社会则不能。

另一派学者认为，信任度的降低是一件很自然的事情，并不总会造成坏的结果。几十年来，全世界的政治家们都给公众越来越多的承诺，承诺政府可能根本办不到的事，最后仅仅归结于资金不足就没了下文。但与此同时，公众接受了更多的教育，意识到了这一鸿沟，愿意对此提出批评。当今所谓的"批评型公民"强烈抗议土耳其、巴西、埃及、印度尼西亚及其他脱离民众的腐败政府——这是对政治家的警告，是民主的好兆头。

政治文化在转变。它是一个混合物，由很早之前就记住的、植根于心底的态度加上对当前情景的反应所组成。这些内容的改变是对政府绩效的回应，这与承诺不同。政治文化不会从天而降，而是政府有作为和不作为的产物。

案例研究

美国的宗教

相比其他发达的工业化国家，美国的宗教色彩更加浓烈。2009年，盖洛普的一项调查发现，65%的美国人认为，宗教在生活中占据着非常重要的位置。这一比例远远高于英国人（27%）、加拿大人（42%）、德国人（40%）、法国人（30%）和日本人（24%）。在发达的工业化国家中，美国是统计上的一个特例。总的来说，贫穷的国家是最虔诚的国家——印度（90%）、尼日利亚（96%）、巴西（87%），还有穆斯林国家——印度尼西亚（99%）和巴基斯坦（92%）。

美国人的宗教情怀是使美国与欧洲区分开来的一个重要因素。许多欧洲人都认为美国受到基督教原教旨主义者统治。民意测试发现，几乎有一半的美国人相信创世神话，近2/3的人相信魔鬼的存在。绝大部分美国人相信，《启示录》中的描述会成为现实，他们纷纷购买描述《启示录》内容的书籍。2016年，共和党候选人从保守的基督教徒那里获得了支持。这在欧洲或者日本不可能发生。

精英与大众亚文化

6.3 精英政治亚文化和大众政治亚文化的区别

一国的政治文化并不是统一而单一的。人们经常可以发现主流文化和**亚文化**、精英与大众之间态度的差异。精英——这里的讨论，要比“政府精英”（只占很少的1%）范围更广——在政治文化的研究中，意味着受过良好教育、收入较高、影响力更大的人（大约占几个百分点）。他们更愿意参加投票、维护争议、组织团体、参与竞选公职。公民文化研究一次又一次地确证了这一发现：一个人所受教育的程度越高，他（她）就越积极地参与政治生活。

亚文化
在主流文化中的次级群体文化。

共和党和民主党大会的代表——很明显他们对政治抱有强烈的兴趣——代表着精英文化和大众文化的区别。通常，半数的代表拥有硕士以上学位（通常是法学院的），这一比例比普通选民要高很多。大部分代表出自年收入高于普通选民的家庭。他们比普通选民更为意识形态化，民主党代表更倾向于自由派，共和党代表更为保守。换句话说，在大会上代表政党的人，并不是典型的选民。有着良好教育、经济背景和更意识形态化的人占据着领导岗位。这并没有错，全世界都是如此。

为什么会这样？这里我们回到早先提到的概念：政治能力和政治效能。受过良好教育的人知道如何参与政治。在通信、大会发言、组织团体，他们更为自信。他们会感到，自己的行为至少能产生某些政治影响。教育程度不高和家境不好的人在做这些事时，就缺乏知识和自信。许多人觉得无能为力："既然我所做的不起作用，为什么还要为此烦恼呢?"处于社会底层的人因此会变得冷漠。

精英与大众之间政治参与的差异是民主的一个主要悖论。从理论和法律上说，政治对民主政体中所有人开放。但在实践中，一些人比另一些人参与得更多。由于有着良好教育和经济状况的人（教育程度越高，工资就越高）更多地参与政治，他们因此处于更有利的位置来获取自己的利益。所以，2001 年削减税收的目的是迎合富人——他们提出倡议并捐出政治献金——就不足为奇了。处于经济社会较低阶层的人做不到这些。满足他们的要求不会这么快。选举仅仅是政治参与的起点，它并不能保证决策的同步。在大众政治文化中，对政治的敌意和冷漠大大降低了普通选民的参政潜力；强调能力和功效的精英政治文化则加大了精英的影响力。

理论

文化和发展

亚洲地区的经济增长，为贫国依旧贫穷而富国日渐富裕提供了文化上的解释。日本、韩国、新加坡都没有什么自然资源，但是它们教导民众要努力工作、多做储蓄、相互信任（大部分也都转向了民主政体）。有些学者指出，它们共有儒家文化的遗产并倡导这些价值。

一个世纪以前，韦伯认为，新教徒为资本主义奠定了文化的基础。"新教伦理"推动人们努力工作、积聚资本。西北欧各国的大部分人都是清教徒，这些国家是最先进入资本主义和民主政体的国家。即使是今天，这些国家仍然富裕，有着很高的信用等级、法治的社会，腐败很少。缺乏这种文化的国家，如卢旺达和埃及，在经济增长和民主化方面都没有迅速进步。

如果关于财富的文化解释是正确的，贫国一直保持贫困，直到它们从传统主义、互不信任和宿命论中解脱出来。而这些恰恰都是中东国家的特点。它们固守价值，缺乏援助和指导，经常陷入普遍的腐败。对文化理论的批评指出，几十年前，儒家文化还被指要为东亚的落后负责，而经济增长后主流的价值不同于传统。没有人能确认，一个国家将依靠什么样的文化实现快速发展。答案总是令人怀疑。

少数族裔亚文化

6.4 一个国家中特征鲜明的少数民族亚文化带来的影响

2010 年的人口普查显示，超过 1/3 的美国居民不是白人。他们或许是黑人、拉丁裔、亚裔、原住民，或者是太平洋岛民。在加利福尼亚州，白人是少数民族。即便是在白人中也存在着种族、宗教和地域差别。对于一个特定群体而言，当其与其他群体的差异程度足够强时，我们就可以说它形成了一种"亚文化"。如何定义"亚文化"还有些棘手，因为并不是每一个群体都有"亚文化"。明尼苏达州"沃比冈湖"(Lake Wobegon)[①] 的挪威裔美国人并没有形成一种亚文化，因为他们的文化和政治认同是**主流**。

主流
共享政治文化的普通标准。

但是美国的黑人较白人更为贫穷、更缺乏教育、更为民主，他们是坚定的民主党人。2012 年选举在种族问题上形成了分歧，因为大部分的白人支持罗姆尼，而大部分的非白人支持奥巴马。关于司法正义体系的态度，黑人与白人截然不同。黑人往往会称警察杀害了没有武装的种族主义者，而很少有白人这样说。新运动"黑人的命也是命"坚信，警察既残暴又嗜杀。白人相信警察和法庭是公正的，且美国社会自 20 世纪 50 年代以来在**融合**黑人方面有了巨大的进步，但是巨大的鸿沟依然存在。

融合
把亚文化群体融入主流文化。

亚文化群体不愿被主流文化统治。加拿大魁北克一些说法语的人一直想从联邦政府中分裂出来，成立一个独立的国家。东巴基斯坦的孟加拉人在种族和语言上与巴基斯坦人非常不同，确实于 1971 年成立了自己的国家。西班牙北部的巴斯克人和北爱尔兰的罗马天主教徒也足以构成政治亚文化群体。被称为"凯尔特边缘"的苏格兰人和威尔士人，反对占统治地位的英格兰人：他们强烈支持工党，而英格兰选民则强烈支持保守党。2014 年，苏格兰举行公投，险些从英国分裂出去。2015 年，苏格兰民族党在苏格兰大败工党。苏格兰人属于英国亚文化，有分裂主义的倾向。

在亚文化非常明确的地方，政治体系有可能受到威胁。苏联和南斯拉夫的解体，主要是因为它们的民族更愿意效忠于民族而不是国家。在印度，一些锡克教徒诉诸武力，希望能从旁遮普邦独立出来，印度总理英迪拉·甘地夫人在 1985 年就被她的锡克教卫兵刺杀。由于文化分裂，

---

① "沃比冈湖"系美国喜剧大师加利森·凯勒(Garrison Keillor)在他的广播节目"大平原居家伴侣"(A Prairie Home Companion)中塑造的虚构小镇，其原型来自明尼苏达州、艾奥瓦州、北达科他州等由北欧移民创立的农村小镇。——译者注

黎巴嫩、印度这些国家陷入一种危险的境地，暴力事件频发。

一个国家是否应该努力把亚文化融入主流文化？融合相当困难，但是如果对它放任自流，在以后的日子里，亚文化可能寻求独立，就像斯里兰卡的泰米尔人那样。秘鲁的西班牙人征服了印加，让印第安人保持自己的语言文化。但是现在，城市里说西班牙语的秘鲁人不了解山区里说克丘亚语的秘鲁人。任何未经融合的亚文化都会带来或多或少的问题，最坏的便是对国家政治系统造成威胁。

从19世纪70年代开始，法国就从长远考虑，通过统一的学校体系来推行民族的融合。不说法语的多为落后山区。法国教育部派出老师，像传教士那样深入这些地方的乡村。老师们遵从全国统一的课程表——教育部可以随时说出，全国都在教什么课程——要求学生牢牢记住法兰

案例研究

魁北克："我们主宰自己的命运"

法国人几乎与英国人同时到达北美，但是法国人对高额利润的毛皮贸易比对占据殖民地更感兴趣，因此派出的法国居留者不多。因此，北美新法西兰的人口远远少于南部的英国殖民地。法国和印第安人之间的冲突，随着1759年英国占领魁北克而告终止。在亚伯拉罕平原的历史性战役——这是一次规模很小的战斗，包括双方指挥官在内的伤亡很少——结束后，英国人让加拿大的法国人保留了自己的语言和罗马天主教。这在当时是一个宽宏大量的姿态，但却意味着两百年后，加拿大会面临魁北克分裂运动的怒火和挑战。

在文化和政治意义上，魁北克省沉寂了两个世纪，在充满生机的北美成为一个传统的孤岛。魁北克没有受到法国大革命的影响，因此比法国人更为保守，它被称为"未经革命的法国"。魁北克经济上的主导权转入说英语的人手中，蒙特利尔也逐步成为英语居民占大多数的城市。许多**操法语者**（Francophone）被**边缘化**，变成贫穷、孤立的农民，受到的教育也很少。**操英语者**（Anglophones）引领着经济的发展，而占据人口大部分的操法语者更愿意服从地方政治人物和天主教会，这是一个没有公开的事实。

在20世纪60年代，魁北克人被"静悄悄的革命"唤醒。操法语者的态度发生了急剧的转变，他们脱离了传统的政治和教会。几乎是全新的一代魁北克人党（PQ）要求魁北克从加拿大分离出来。他们认为，魁北克实际上拥有不同的文化，他们不愿再接受操英语者的统治。

魁北克人党和与之相关的魁人政团（Bloc Quebecois）成为该省最大的政党。1980年关于分裂的公投以40%对60%而失败，但1995年的公投只以微弱劣势没有通过。自那时起，魁北克分离运动沉寂下去了，魁北克人党也开始衰落。魁北克人已经对这一话题不感兴趣。对于美国而言，魁北克是一个错误的双语主义和文化多元体的例证：它们可能导致国家的分裂。

西的光荣和统一。几十年后，一个统一和融合的法国就出现了，这是过度的社会化例证（见下边讨论）。

美国利用学校和志愿的融合创造出一种主流文化，使大多数美国人都感到“宾至如归”。移民们发现，如果想在新世界有所作为，就必须学习英语。成就导向型社会消费倾向使口味和职业模式标准化。“大熔炉”发挥了作用——在 1/8 的美国居民都是移民的情况下，仍然在发挥作用——但是并不完美。2013 年，那些在波士顿马拉松比赛中非法放置炸弹的人在心理上从来没把自己当作美国人。许多美国人保留了细微的亚文化差别——通常是在宗教和烹饪领域——可是这并不具有政治上的重要性。亚籍美国人也同样被迅速地融入主流文化。现在他们大约占总人口的 5%，却在国会的 535 个议案中照样拥有数个席位。

操法语者
讲法语的人。

边缘化
被推到社会和经济的边缘，通常指的是穷人和亚文化群体。

操英语者
讲英语的人。

民主

三个以色列

政治价值观从何而来？以色列很好地做出了解释。20 世纪早期，社会主义价值观在东欧十分普遍。以色列由东欧的犹太人建立，他们带有左翼倾向。（就定义而言，东欧的犹太人不算保守主义，因为东欧的天主教徒和民族主义者向来对他们嗤之以鼻。）部分基布兹（集体农场）运动成员是马克思主义者，工人运动和工党都是社会民主主义者。这些人都属于欧洲移民，和欧洲的马克思主义者及社会民主主义者相似。以色列自 1948 年成立以来就由工党领导的左翼联盟统治，直到 1977 年工党失去选举资格（因为腐败）。

1948 年后，中东犹太人大量涌入以色列境内（从也门、摩洛哥、阿尔及利亚、突尼斯、伊朗及其他地区），他们没有欧洲左翼思想，也不带民主观念。到 20 世纪 70 年代，以色列的犹太人一半来自欧洲，一半来自中东，这在投票模式中有所表现。来自中东的以色列人（Mizrahim，东方犹太人，源自希伯来语，意为“东方”）喜欢态度强硬的领导人和民族主义政策。他们非常不信任阿拉伯人，支持右翼党派，比如联合党。以色列的左翼党派受到以色列人历史影响较深。能代表以色列文化双面性的，是 1995 年伊戈尔・艾米尔刺杀工党总理伊扎克・拉宾事件。拉宾原是东欧人。艾米尔原是也门人，他认为拉宾在和平问题上对巴勒斯坦人过于友好和让步。

20 世纪 80 年代后期，一百万犹太人从苏联涌入以色列，他们带有苏联那种强硬、不宽容和非黑即白的思想态度：我们是正确的，别人都是错误的，都是威胁。他们缺乏公正，其少数群体没有权利。以色列是一个犹太国家，没有阿拉伯巴基斯坦人的立足之地。俄罗斯的犹太人组成了以色列家园党（“我们的家园以色列”），2009 年，该党赢得了 12% 的投票率和 15 个席位（共 120 个席位）——是以色列议会的第三大党，其领导人阿维格多・利伯曼出生于苏联的摩尔多瓦，后成为外交部部长，但由于过于专横，很少有外交官员愿意和他打交道，他被比作普京时代的俄罗斯政治家。

以色列的例子告诉我们，民主价值观来源于一个国家的文化根源，很难改变。以色列的移民政治文化大概有三个层次，但只有一个具有民主性（第一个）。民主需要民主文化的支撑，而民主文化需要时间才能扎根。就像伊拉克一样，在一个没有民主文化的国家建立民主就好比登山一般漫长而艰难。

并不是所有的亚群体都这么幸运。黑人和西班牙后裔尚未被完全融合进美国的主流文化，但是这种情况正在发生转变。如今，占总人口 13%的黑人在白宫代表人中拥有大约 10 个席位。奥巴马的母亲来自堪萨斯州，而父亲是肯尼亚人，他的当选有利于从心理上融合黑人群体，同时也是自 1960 年肯尼迪使天主教融入美国主流文化之后的一个新的转折点。

是否应该将这些亚文化进行完全的融合？这是二战以后美国政治面临的重大问题之一。通过 1954 年“布朗诉托皮卡教育委员会”的案件，最高法院开始动用联邦政府的权力整合美国的学校。这一措施遭到了强烈的反对。在一些地方，联邦法官不得不直接控制地方学校，以维护少数民族学生乘公交上学的权利。赞同融合的肯尼迪和约翰逊时代的政府认为，在与共产主义的斗争中，如果美国人口中有一个特殊的群体是被压迫的、贫穷的，它就不可能组成一支强大的军队为世界其他国家提供自由、公正的范例。在此，融合是国家安全的一个方面。

语言方面是否也必须进行融合？美国的黑人是否必须放弃“黑人英语”而改说标准英语，西班牙后裔也必须学习英语？假如他们不愿意，就会给整个生活造成极大的不便，尤其是在找工作时。但是许多黑人、西班牙后裔和美国土著将他们的语言视为民族认同和骄傲的标志。美国宪法并没有特别规定一种国语，也没有让英语外的其他语言成为非法语言。在一些地方，标志和官方文件同时使用英语和西班牙语。1986 年，加利福尼亚州的选民通过一项法案，让英语成为本州普遍使用的官方语言。当然，人们还是能够继续说他们的语言，但是官方文件和选票将只能用英语来表达。1998 年，加利福尼亚州终止了双语教学，为的是加速亚文化的消融。加利福尼亚州被认为是全国潮流的一个代表，其他州也通过了类似的法律。

政治社会化

6.5 政治社会化的主要机构

社会化
对于文化的学习。

在**社会化**的过程中，孩子们养成了礼仪和语言模式，且伴随终生。尽管有些是来自正式的教导，但大部分却来自对其他人的模仿。政治社会化也以同样的方式来教导政治价值和独特的方式。学习面对国旗宣誓表示忠诚，唱国歌，遵从权威人物——从总统到警察，都是通过家庭、朋友、老师和电视得到的。在文化的“贫民窟”中成长起来的孩子，如美国内地城市的少数民族，很容易形成有别于主流文化的亚文化。因此，政治社会化对于维持政府的稳定非常重要。

经典论述

权威个性

最为直白地把个人性格特征与政治态度联系起来的著作是 1950 年西奥多·阿多诺（Theodore Adorno）与他人（大部分是纳粹德国的流亡者）合作的《权威个性》。它主要依据弗洛伊德的理论，认为个性源自幼儿期的经历。阿多诺及其同伴针对法西斯的政治观点，列出了 29 项相关要素，因此它们被称为“F”量表。在这一量表中，得分比较高的人在生活方式上非常刻板，对于外来者和少数民族持不宽容、偏见或敌意态度，顺从或喜爱权利，迷信或盲从。

阿多诺的研究引起广泛的兴趣，但不久就在方法论上、在个性与政治之间的直接联系上遭到批评。最近有一项研究验证了这个方法，但此方法基于基因学而不是幼儿期。对双胞胎的研究表明，人对独裁主义、笃信宗教和保守主义的倾向——都属于“传统主义”的标签——具有部分遗传性。尽管其结论不令人信服，它仍然是精确、有洞见的研究。

社会化的机构

公开的社会化
政府有计划教授文化的政策。

家庭　家庭是孩子最早接触的，在所有要素中分量最重。政府和学校进行“**公开的社会化**”的努力，假如与家庭的导向不同则通常归于失败。共产主义国家，如波兰，就存在这一问题：它们的制度试图给孩子灌输社会主义价值，但是家长——在波兰，通常信仰天主教——却教育孩子忽视这些。而当家庭和政府的价值观高度同一时，如在美国，两种社会化模式就能够相互加强。

家长在政治行为方面对我们的影响会延续很久。大部分人都投与父母同样的票。更基本的是，家庭塑造了个体的心理特征，它反过来决定着我们的政治态度。它传递一套规范和价值（包括政治方面的内容），以及信念和态度（如政党忠诚感、对政府的信任或不信任）。早年的环境和训练有着强烈的影响，特别是 3 岁到 13 岁之间。孩子们无意识地、不经辨识地从父辈那里接受了许多规范、价值和态度，并会一直伴随终身。人们在成年后还给世界的正是他们在孩提时代所得到的。一项研究表明，带有权威性格的人几乎在孩提时代就有不同程度的严酷经历。阿尔蒙德和维巴发现，那些记得小时候在家庭事务中拥有发言权的人，成人后在政治效能方面更为成熟。

学校 更为有意识的社会化发生在学校。大部分政府都通过讲述历史把自豪感和爱国主义灌输给孩子。许多非洲国家通过教授英语或法语，教导学生明白他们拥有伟大的、统一的民族国家传统（尽管这是一个神话），以此努力整合诸多有着不同语言和历史的部落。这经常不起作用。共产主义国家同样依赖于学校进行对新政权忠诚的系统灌输。不过我们在 1989 年已经看到，这些努力收效甚微，家庭和教会侵蚀了学校让东欧人相信共产主义的努力。在使世界各地的移民成为一个民族国家的成员方面，美国的学校做得非常出色，某些关于双语制教育说的批评是正确的。

人们接受学校教育的程度对其政治态度同样有影响。通常情况下，受过长期教育的人比只接受过短期教育的人对共同体有更强烈的代表感，感到更能够去影响大众政策。前者有着更多的政治参与。大学毕业的人更为宽容、开放，特别是在对待种族问题上。而只受过高中教育的人则显得相对狭隘。这是因为教育传输了更为开放性的态度，也因为受过良好教育的人通常收入更高、地位更高，这激励着他们更多地参与以追求更多的利益。

伙伴群体 朋友和玩伴同样对政治价值有影响。伙伴群体影响力的相对强度似乎在逐渐上升。当父母都忙于工作时，孩子们更多地从同伴那里而不是通过家庭来接受社会化。“家庭价值”的拥护者把这看作青少年吸毒和暴力行为的决定性因素。

有不同看法认为，在流动性大的社会中，比如美国，家长常常选择居住在和自己相似的人附近。保守主义者倾向于郊区和小城镇，靠近和自己生活追求相似的其他保守主义者。自由主义者则倾向于大城市。家庭社会化的程度会因世界观相似的伙伴群体而增强，可是其他方面的同理心却会减弱——这是一种对政治多极化发展的解释。

大众传媒 大众传媒——特别是电视——的影响力在逐步加大。许多人担心这种影响力是负面的。哈佛大学政治学者普特南认为，过多观看电视使人们变得被动，对社区集体事务丧失兴趣。美国的孩子一年要花数千小时看电视（俗称“插座上的婴儿椅”）、打游戏，有些内容非常暴力。批评者认为这会让孩子们失去爱心，变得暴力，不过这尚未被证实。电视很早就进入孩子的生活，即使是 3 岁的儿童也能够在电视上认出总统，知道他是国家的“老板”。参议员和众议员的新闻报道相对少一些，且不够尊重，这种认知会伴随孩子的一生。

大众媒体也能和其他社会化形式相辅相成。如果一个家庭的父母和邻居都是保守主义者，那么这个家庭的孩子可能也会接触到福克斯新闻的保守主义信息。同样，自由主义的家长在开车送孩子上学的时候，会让孩子收听国家公共广播台（NPR）相对自由主义的信息。

政府　政府本身也是社会化的机构。实际上，它做的每一件事都是其公民行为的反映，许多政府行为都是在向公众做出解释或展示政府的态度，通常是用来培植公众对政府的支持和忠诚。国家层面的盛大场面，如 2014 年索契冬奥会，对公众有着强有力的影响，国旗招展的游行和阅兵、对最高领袖的赞美也是如此。不过，政府控制政治态度的能力有限，因为这些信息和经验都要通过与亲属、伙伴等小群体的谈话才能到达个人，在这一过程中附加了其他人的态度。在与社会分离的异化群体中，家庭和社区会教导他们的孩子不喜欢政府，忽略政府传递的信息。

思考题

1. 什么是政治文化？
2. 政治文化与民意有哪些区别？
3. 俄罗斯和伊拉克在政治文化上有什么问题？
4. 解释阿尔蒙德和维巴确立的政治文化三类型。
5. 如果美国的政治文化是参与型的，为什么参加投票的人那么少？
6. 从 20 世纪 60 年代开始，“美国态度”发生了什么变化？
7. 精英政治文化和大众政治文化的区别是什么？
8. 为什么有些文化能够带来经济上的增长？
9. 试说明一个特定的群体能否形成一种明显不同的亚文化。
10. 政治社会化过程中，最强有力的内在动因是什么？

关键术语

操英语者	教区型	世俗的
犬儒主义	参与型	社会化
参政能力	亚文化	参政效能
从属型	预期反应法则	投票率
价值	公开的社会化	主流

操法语者　　边缘化　　融合

参考文献

Alexander, Jeffrey C. *The Civil Sphere.* New York: Oxford University Press, 2007.

Blondel, Jean, and Takashi Inoguchi. *Political Cultures in Asia and Europe: Citizens, States and Societal Values.* New York: Routledge, 2006.

Brewer, Mark D., and Jeffrey M. Stonecash. *Split: Class and Cultural Divides in American Politics.* Washington, DC: CQ Press, 2007.

Brogan, Hugh. *Alexis de Tocqueville: A Life.* New Haven, CT: Yale University Press, 2007.

Buruma, Ian. *Taming the Gods: Religion and Democracy on Three Continents.* Princeton, NJ: Princeton University Press, 2010.

Damrosch, Leo. *Tocqueville's Discovery of America.* New York: Farrar, Straus & Giroux, 2010.

Diamond, Larry, and Marc F. Plattner, eds. *How People View Democracy.* Baltimore, MD: Johns Hopkins University Press, 2008.

Fischer, David Hackett. *Fairness and Freedom: A History of Two Open Societies, New Zealand and the United States.* New York: Oxford University Press, 2012.

Huntington, Samuel P. *Who Are We?: The Challenge to America's National Identity.* New York: Simon & Schuster, 2004.

Lane, Jan-Erik, and Svante Ersson. *Culture and Politics: A Competitive Approach,* 2nd ed. Williston, VT: Ashgate, 2005.

Perlstein, Rick. *Nixonland: The Rise of a President and the Fracturing of America.* New York: Simon & Schuster, 2007.

Putnam, Robert D. *Bowling Alone: The Collapse and Revival of American Community.* New York: Simon & Schuster, 2001.

Riley-Smith, Tristram. *The Cracked Bell: America and the Afflictions of Liberty.* New York: Skyhorse, 2010.

Warren, Mark E., ed. *Democracy and Trust.* New York: Cambridge University Press, 1999.

Westen, Drew. *The Political Brain: The Role of Emotion in Deciding the Fate of the Nation.* New York: PublicAffairs, 2008.

第 7 章
民意

阅读与思考

7.1　轶事和调查的区别

7.2　形成民意的主要因素

7.3　民意调查的不足之处

7.4　构成民意的强度因素

2001年的恐怖袭击——“9·11事件”发生后，美国人决心不论用什么方法、在什么地方，都要阻止恐怖分子的破坏。很多人预测，没时间再去过度关心人权了。“强硬起来!”这是他们发出的信息。国会对此很清楚。登机的人都要接受全面搜查，甚至鞋子也要闻一闻，检查有无爆炸物。可是渐渐地，特别是当美国人在2013年得知联邦机构在暗中监视他们的手机和电子邮件后，他们开始厌烦这种侵犯隐私的行为。人们对恐怖主义的忧虑慢慢褪去，而越来越担心隐私问题。这一转变说明了民意的易变性——这是一种正常现象。

民意是什么，不是什么？

7.1 轶事和调查的区别

民意
公民对于流行的、特定的问题和事件的反应。

政治文化和**民意**密切相关，但并不是一回事。政治文化关注长期存在的价值、态度和人们深深持有的观念。大多数美国人坚信，政府权力有走向专制的可能，必须受到控制，而民主制度是唯一合适的政府形势。民意关注人们特定的、短期的政策或问题的反映，比如向海外派兵或选举倾向。

民意与个人政治观点也不同。一位妇人对于其邻居宗教信仰的态度并不是民意，但是她对于公立学校是否应该举行祈祷仪式的态度是民意的一部分。民意指向政治或社会问题，而不是私人事务。

轶事
只有很少人回应的观点或事务。

我们会发现，民意调查十分复杂。捕风捉影的**轶事**并不足以反映民意，我们不清楚它的代表性有多大。“窥一斑而见全貌”的想法是记者的观点。同样地，设计不佳的调查可能会有误导性。

民意的存在并不意味着公众有强烈、清晰或统一的信念。这种一致性非常少见。所谓的民意通常包括数个小规模的、相互对立的群体，加上许多游移不定的人群，以及更多对此问题并无兴趣或想法的公众。最主要的一点是，民意是各种不同的政治态度，具有易变性。

有时，民意显示了民众明显的无知。1991年，一项民意调查显示，绝大多数美国人都在立陶宛问题上支持老布什，但是几乎没人知道立陶宛位于哪里。2006年，一项哈里斯民意调查发现，尽管新闻报道了三年之久，可是有一半的美国人仍然认为，2003年伊拉克战争中伊拉克拥有大规模杀伤性武器。有64%的人表示，萨达姆·侯赛因和“基地”组织有“很大关联”（实际没有）。

因此，调查数量是否就可以制定政策？很多美国人反对对汽油增税，但这并不代表政府不会增税。民选的领导人是否会屈服于民意？杜鲁门总统非常讨厌民意，经常口出微词。几十年后，许多人欣赏他是一位不顾反对意见、执意按自己意图做事的领导人。有些人认为，现在的政治领导人过于关心民意。如果你总是小心翼翼地亦步亦趋，那怎么领导这个国家？

民意对于民主非常重要。选举是公众意愿的直接表达，一次选举只能表明选举对官员整体表现的态度，他们很少关心特定的问题。民意是对细节的反映，能使官员们了解民众对于特定问题——比如医疗和战争的想法。因此，民意可以被看作把公众的观点“输入”政治生活的某种装置，是确保选举正常进行的一种途径。

但民意通常都是无知、易变、不可信的。因此，公务员经常试图“制造”他们所需要的民意。很久以前，英国社会主义者比阿特丽斯·韦布（Beatrice Webb）就说过：“没有自发形成的民意。它是信念和激情的产物。”这种做法有时起作用，而有时会起反作用。当尼克松于 1971 年末宣布他将是首位访问中国的美国总统时，美国人支持这一做法。而另一方面，在 2003 年入侵伊拉克之前，布什 43（这样叫是因为他是第 43 届总统，他的父亲是第 41 届总统）政府宣布，伊拉克拥有大规模杀伤性武器，会危及美国。大多数美国人相信这是事实，但是当发现没有这种武器时，他们转而反对战争，可这场战争还是持续了数年。

利益集团经常引导或制造民意。它们把那些痛苦的画面带给公众，尤其是通过电视，通常能引起大众的同情心。1965 年，亚拉巴马州塞尔玛市治安官的暴力行径出现在电视上，于是公众普遍支持黑人争取选举权的斗争，并因此通过了《选举权法案》。

任何政府在民意面前都是脆弱的。甘地仅仅是通过非暴力不合作的手段，利用民意使印度赢得了独立。他是一位面容憔悴、缠着腰布的瘦弱老人，领导着抗议运动，自己织布，发出假如英国人不撤出印度就自杀的威胁。印度国大党故意增加治理国家的难度，逼迫英国不得不于 1947 年承认印度独立。

民意因其易变性，成为政府决定公共政策时需考虑的众多因素之一。你必须仔细衡量：民意调查是否真实反映了民意？民意是否对国家最有利？违背民意有什么后果？在民主国家，违背民意可能导致下一次

民主

民意调查的短暂历史

1824 年，《哈里斯堡宾州人报》（*Harrisburg Pennsylvanian*）向大街上的行人询问，他们愿意选 J. Q. 亚当斯还是安德鲁·杰克逊。他们称这个不科学的民意调查为“风中的稻草”。其他报纸使用多种既仔细又混乱的方法，在诸多选举大赛中采用了这种“稻草测验”（straw polls）。流行杂志《文学文摘》发明了一种著名的调查方法，预测了 1924 年、1928 年和 1932 年的总统选举结果。它用大量样本，认为这样更为可信。它用信件的方式进行调查，在通讯录、汽车拥有者名录、电话簿上查出大约一千万个地址。1936 年，这家杂志预测共和党人阿尔弗雷德·兰登（Alfred M. Landon）将获得 59.1% 的选票。但最终罗斯福的压倒性胜利——大约赢得了 60%——宣告了随机调查方法和《文学文摘》杂志的失败。

正是在这一年发布了新研发的“科学测验”技术，这是市场研究的一个新的分支。乔治·盖洛普（George H. Gallup）调查结果在多家报纸上发表，预测了罗斯福的胜利。盖洛普指出，《文学文摘》的结果不准确，因为它的样本主要来自高收入家庭，而这些人对罗斯福的社会和经济政策持不满态度。盖洛普所使用的新技术强调样本的“代表性”，而不是越多越好。

这种科学的样本选择方法自此成为这一领域的主要方法，取得了多次成功。但它在 1948 年的选举中还是失败了，当时几乎所有的民意调查都预测托马斯·杜威（Thomas E. Dewey）将以压倒性优势打败哈里·杜鲁门（Harry S. Truman）。结果杜鲁门在竞争中赢得了 49% 的选票，当时有三个竞争对手。预测错误的原因在于，调查假设还未决定投票的人与已经决定投票的人最终的投票率一样。实际上，前者更倾向于支持杜鲁门——差不多 75%。

从那时起，民意调查进一步改进了方法，现在已经可以通过特别的技术确认对某一候选人的摇摆态度。他们并未宣称能够预测将近两个或三个百分点的差值。最近几位赢得总统选举的候选人得票差额都小于 1%，因此民意调查无法准确进行预测。2000 年的总统选举被认为是“过分接近的选举”。有一个问题非常突出：在预测过程中，如果不是所有调查者都会投票，那么谁有可能是投票人？

2012 年，民意调查采用了汇总的办法，确保调查的准确性。有一位年轻的数据学家，名叫内特·席尔瓦，常用棒球数据做练习。他通过对摇摆州的仔细研究来预测趋势，并预测奥巴马选举成功，当时有很多传统的专家都无法做到这点。席尔瓦是用汇总的方法算出了民意调查平均数的人之一。他剔除了有不良记录的人，用样本规模测验出其他人的意愿。汇总的方式能排除民意调查中的数据波动。比如，调查数据中如果有 3% 左右的差值，那就意味着差值不大于或小于 3% 的概率达 95%。但这也说明，在这一范围内，对 20 个人的调查无法获得民意调查结果。

选举失败。甚至在非民主政体中，民意也至关重要，忽略民意的领导人可能会被推翻。2013 年，基辅大规模游行抗议逼得乌克兰贪污腐败的领导人逃去了俄罗斯。

一个仅依靠暴力和强制力的政府延续不了多久。尽管拥有强大的压制反对派的暴力武器，但要维持统治，首先也要靠无阶级的乌托邦理想和反抗纳粹侵略的爱国主义，其次才是秘密警察。东欧剧变和苏联解体，从根本上说，都是因为这些制度缺乏公众的支持。

民意的形成

7.2　形成民意的主要因素

社会学家对公众的政治态度只有粗略的了解。当然，没有哪个社会群体百分之百地赞成或反对。实际上，60%或 70%已经是相当高的比例。我们要找的是社会集团间的差异，可以用统计方法来检验。我们寻求的是灰度，而不是黑白两色。一旦我们发现了重大差异，就可以说找到了**显著性**，即影响一国民意的类型和问题的程度。比如，在斯堪的纳维亚国家，社会阶级的划分是政党取向的决定性因素。工人阶级支持社会民主党，中产阶级支持保守派政党。在欧洲的拉丁语系国家，社会阶级的划分不那么重要，工人阶级的选票分散在左、中、右各个政党中。那里的宗教和地域的差别最为关键。在美国，最重要的是宗教和城乡之间的差异。

显著性
字面意思是“跳起来”，指民意中特定问题的重要性或者持不同观点的公众的特征。

社会阶级

马克思非常重视**社会阶级**。他预言工人阶级将会成为社会主义者。不过社会阶级的确非常关键，即便是在阶级差别很小的美国。几十年来，美国的体力劳动者一直倾向于民主党，收入较高的或者职业层次较高的人则倾向于共和党。但这只是一种倾向，他们也经常受到其他因素的影响。贫困的人常在宗教和社会问题上非常保守，而富有的人更为自由化，甚至是激进。工人阶级关注非经济领域，诸如枪支管理、道德（堕胎、同性恋）或战争的主导权等，支持共和党，而教育程度更高的人往往支持民主党。

社会阶级
主要基于收入而形成的社会分层，通常分为底层、中间和上层。

社会阶级很难测量。有两种普遍使用的方法：客观的和主观的。客观方法是询问被调查者的年收入或对邻居生活质量进行评判；主观方法是询问被调查者认为自己属于哪一个阶级，询问结果通常与客观的调查结果相悖。大多数美国人习惯把自己定位为中产阶级，其实他们也许并不是。很多人都是“工人阶级”，可是大多民意调查都忽略了这一社会阶级。有时，即使非常富有的人也认为自己处于中间阶级，并自称为中产阶级。人们谋生的手段或许比他们的实际所得更重要。有一个典型的例子：美国的农民是保守的，而矿工和钢铁工人不是。不同的职业产生不同的政治态度。

有时，社会阶级的情况与马克思的预期相反。生活在豪华郊区、受过高等教育的人是自由主义者，而生活在城市中心的贫困人群是保守主义者。研究西班牙的学者发现，社会阶级与左翼支持者之间存在相反关系。富人比西班牙穷人更容易支持左派。在这项研究中，教育是最主要的因素。

特别是在与宗教或地域等其他因素结合在一起时，阶级非常重要。在英国，阶级和地域因素会影响选民。在法国，是阶级加上地域，加上虔信程度（虔诚的天主教徒对不虔诚者）。在德国，是阶级加上地域，加上主导教派（天主教或新教）。正如耶鲁大学的约瑟夫·拉帕隆巴拉（Joseph La Palombara）所言，关键的问题是“阶级加上什么?”

社会流动性
人们进出另一个社会阶层。

二战后，美国的收入分配相对公平，大多数的公民属于中产阶级。然而到了 20 世纪后期，收入增长越来越不平等。从 20 世纪 70 年代起，那些具有学士学位或更高学位的和具有高中文凭或以下的美国人之间的收入差距增加了一倍。那些占 0.1%人口的高收入人群的收入份额大大地增加而工厂工人的工作很多却被外包出去。美国的**社会流动性**很大，但现在却不及西欧和加拿大。美国人不再相信后代会更加富有。批评家担心美国中产阶级空心化。社会阶级呈现出新的特色，但是其政治影响尚不清楚。很多白人工薪阶级和中产阶级的社会经济地位都有所下降，它们认同保守主义的共和党人的说法，即这一切都是由大政府、税收和债务造成的。另一方面，很多中上层阶级都支持民主党，认为政府有必要出面，以矫正失衡。

教育

教育程度与社会阶级相关，而这会推动两极分化。那些具备大专以上学历的可以在信息技术和金融方面赚得盆钵尽满，而那些不具备高学历的却只能勉强度日。家境较好的通常会让孩子受到更多更好的教育，这有效地传递了他们的阶级地位，并同时减缓了战后美国人口增加而带来的社会的流动性。

美国的教育经常会产生政治分裂，使人们在**非经济问题**上支持自由化，在**经济问题**上则趋向保守。大量的调查数据表明，受过大学教育的人更为宽容，支持公民权利，能够理解不同的观点。但是在经济问题上，许多人开始反对对收入进行再分配——对高收入者增加税收（这是针对他们的）和对失业者提供福利。要知道，在其他国家，受过教育的人在经济和非经济问题上都持自由主义立场。美国的工人阶级也是如此，他们希望得到更高的工资，但是在种族、生活方式、爱国主义等方面却十分不宽容。出身中产阶级的年轻人抗议越战，有时会对工会成员的无动于衷表示强烈的愤慨，这是对经济和非经济领域自由主义态度差别的鲜明写照。

非经济问题
关于爱国主义、宗教、种族、性别和个人选择的问题。

经济问题
关于工作、收入、税收和福利的问题。

经典论述

阿尔蒙德的三种“公众”

在 1950 年《美国人民与外交政策》中，政治学者阿尔蒙德提出，美国存在三种民意，而不止一种。

1. 普通的公众：人口的大多数，除切身利益外对其他事情不太了解或不感兴趣。例如，他们对外交政策并不关心，除非国家处于战争或国际危机之中。

2. 专注的公众：接受过良好的教育，了解那些抽象的政治问题，如外交政策。他们是观看政治精英表演的观众，同时也能对普通民众的观点产生影响。

3. 政治精英：极少数高度参与政治生活的人，通常是职业政治家。他们是国会议员、总统任命的官员、负责报道国内外政策的高级记者等，对普通公众和关注的公众施加影响。

阿尔蒙德认为这三种区分在外交领域最为明显。简单听从新闻的美国人逐渐减少，调查显示，美国人对国际事务也越来越不关心。那些关心的公众和政治精英——企业家、媒体负责人、宗教领袖和学术人士比普通观众更拥护北美自由贸易、商业扩张和对巴尔干半岛的干预等。

地域

老话说得好，每一个国家都有南方，在政治上也是如此。不过无法明确的是，南方是否一定比北方更为保守或激进？卢瓦尔河以南的法国，塔霍河以南的西班牙，世代都是左倾的。意大利南部却是保守主义的大本营，德国南部的巴伐利亚也是如此。在英国，英格兰非常保守，而苏格兰和威尔士却支持工党。当然，在美国，南方数十年来一直有“顽固的南方”之称，南方人会自然而然支持民主党；不过现在他们却转向共和党。

地区
一个国家的不同部分，通常有着自我意识，有时带有亚文化的差别。

边远**地区**通常弥漫着对首都的怨恨，由此带来所谓的“中心-外围紧张关系”。通常情况下，边远地区被国家政府强制统一，它们对此很不满。地域的回忆会持续几个世纪之久。美国南部、魁北克、苏格兰均是如此。这些地方通常都感到在经济上落后于中央地带。它们可能有着不同的语言，如西班牙的加泰罗尼亚和巴斯克、比利时的瓦隆（说法语的南部）、魁北克、南斯拉夫的斯洛文尼亚以及印度部分地区。

政治生活中的地域性因素一旦产生，就会保持很长时间。地域性在英国、法国、德国和美国政治中扮演着重要的角色。美国南部和西部大多数“阳光地带”的各州（不包括加利福尼亚州）对于经济和非经济问题都持保守态度，对从联邦那里争取权利非常热心。北部和东部“云雾地带”的各州，工业已经衰退，倾向于自由化，特别是在政府支出方面。近年来，美国南部的保守主义阵营和共和党结为联盟，而东北部的自由主义阵营转而支持民主党。

宗教

宗教信仰
对宗教的忠诚度；常常会影响政治信仰。

反教权主义
天主教国家中要求教会脱离政治的运动。

宗教经常是政治生活中最有爆发力的因素，在塑造舆论方面有强大的影响力。宗教影响有两种情况：主导性教派和虔信程度。在德国，天主教徒支持基民盟，新教徒支持社民党。这主要是主导性教派的问题。在法国，大部分民众至少是名义上的天主教徒，问题在于**宗教信仰**，因为不少法国人对宗教比较冷淡。一个法国人越是参与到大众中来，他就越会支持保守党。在支持共产主义的选民里，很少有虔诚的教徒。在波兰，罗马天主教会鼓励教皇反对共产主义制度，支持带有宗教色彩的政党。在天主教国家中，最大的分裂在教权主义者和**反教权主义**者之间。法国、意大利和西班牙很长时间以来都受这个问题困扰，保守主义政党带有更强的宗教色彩，而左翼政党对宗教的影响持有敌意。

宗教在美国政治中也非常重要。美国的清教徒支持共和党。宗教与种族往往叠加在一起。天主教徒，特别是波兰裔天主教徒，是最忠诚的民主党人。在一个世纪前的移民浪潮中，大城市的民主党欢迎并帮助了来自天主教国家的移民，因此他们的后代成为了坚定的民主党支持者。不过当民主党赞成合法堕胎时，这一联合就消失了。在很长时间内，人们相信天主教徒不可能成为美国总统，1960 年，肯尼迪打破了这一观念。不过在 2004 年，天主教徒约翰·克里失去了天主教选民的支持，因为教士们谴责他支持合法堕胎。许多天主教徒和清教徒原教旨主义者在堕胎问题上走到了一起。2000 年的副总统候选人参议员约瑟夫·利伯曼（Joseph Lieberman）是一位严守教规的犹太教徒，但是他并没有引起更多的关注或反对，这表明美国人变得更加宽容了。

20 世纪 80 年代“宗教权利”的凸显对于美国政治非常重要。粗略估计，有 1/7 的美国人对宗教权利非常关注，原教旨主义派别的政治色彩也趋于浓厚。电视布道者动员起自己的成员反对色情文学、堕胎、同性恋，而积极支持共和党。在共和党内，天主教联盟是主要的保守力量。小布什在 43 岁时成为福音派基督教徒，从而赢得了原教旨主义者的选票，而这当中的绝大部分原教旨主义者都支持共和党。在 2012 年共和党初选中，天主教徒里克·桑托勒姆从福音派基督教徒得到的票数多于从天主教徒得到的票数，这说明，以往清教徒对天主教的质疑已逐渐淡化。

传统的宗教分歧已经被宗教性分歧取代。2012 年，每周去教堂的人中，有 2/3 支持米特·罗姆尼；而不去教堂的人中，近 2/3 支持奥巴马。宗教性分歧深入到堕胎、支持以色列等问题。如今，虔诚的清教徒和天主教支持同一个党派，对公共政策问题也有着相似的看法。

年龄

关于年龄对民意的影响，有两种理论：**生命周期**和代际理论。前者为人普遍接受，它认为，随着年龄的增长，政治态度会发生相应的改变。因此，年轻人是天生的激进派，而老年人则更为中庸，或趋于保守。由于没有肩负责任，青年人非常理想主义，带有反抗精神；但是一旦有了家庭、职业、孩子的压力，人们就变得保守。在 2008 年的总统选举中，大部分年轻选民都强烈支持奥巴马。

生命周期
认为随着年龄的增大而改变态度的理论。

这种生命周期理论并不总是正确的，因为有时，整整一代人在年轻时遭逢大事，从而影响一生。世界大战和经济大萧条给当时的人留下几十年的记忆，影响了他们对战争、经济和政治的观点。德国社会学家卡尔·曼海姆把这叫作“**政治代**”。许多从越战中幸存下来的人对美国在伊拉克的军事行动持激烈的批评态度。经历过 20 世纪 30 年代大萧条的人比年轻人更支持联邦福利政策，后者是在战后繁荣年代里成长起来的。

政治代
认为年轻时代的政治观点可以形成长期影响的理论。

性别

在妇女运动兴起之前，性别就对政治差异产生了影响。传统上，特别是在天主教国家，妇女更为保守，更为关注家庭、家族和道德。但是在一个现代化的社会里，男性和女性的观点都发生了改变。妇女离开家庭去工作，对社会和经济问题更为敏感，并且不再接受丈夫的政治观点。在美国，20世纪80年代开始出现了一种**"性别鸿沟"**，女性对自由化和民主党的支持率要比男性高出好几个百分点。女性支持联邦政府的家庭和家族观念，而不喜欢共和党的好战态度和对女权的鄙视。近几次选举中，女性支持民主党总统候选人的比例要比男性高出好几个百分点。不过，如果考虑军事地位和种族，性别鸿沟就小多了。

性别鸿沟
表示为美国女性要比男性更倾向于支持民主党。

种族群体

种族与地域、宗教相互关联，不过有时会单独发挥作用，特别是在美国这样的多种族国家中，一些种族群体形成了政治亚文化。美国长期以来都是移民"大熔炉"，但是种族意识会延续好几代。美国政治经常被描述为带有种族色彩，英裔白人新教徒和其他北欧移民通常是保守的，支持共和党；来自欧洲南部和东部地区的移民、黑人、西班牙裔、亚裔美国人更为自由化，支持民主党。这种划分在复杂的政治和个性中也许过于简单化，但在2012年仍有作用。

几十年来，种族政治发生了很大改变。内战以后，大部分黑人加入共和党，即支持林肯的政党。在罗斯福和新政时期，大部分黑人成为民主党人，并一直延续至今。在19世纪，美国的犹太人大多是共和党人，因为共和党批评沙皇俄国的反犹主义。世纪之交的犹太移民通过纽约的坦慕尼协会（Tammany Hall）了解了美国政治中的民主党，于是开始支持它。近来，许多犹太人受到新保守主义的影响，转而支持共和党。共和党由于支持反对非法移民的严格法律而失去了西班牙裔的选票。

精英和大众舆论

在精英和大众舆论之间总有一道鸿沟。大众舆论对复杂的问题理解较为肤浅，但是能对决策做出反应。而通常，受过教育且具有影响力的精英的见解更为复杂而成熟。大众群体常会误解或反感决策，他们知道什么会伤害他们的经济利益或他们的基本价值观，因此可能会对明显的不公平进行抨击。

比如，2008 年全球金融危机造成严重的经济衰退，经济学家、银行家、国会议员、共和党总统和美联储主席一致同意：必须采用联邦计划给巨头企业借贷大量应急资金。但这是精英的共识，一开始大众群体并不知道如何反应，因为这超出了大部分美国人的专业知识范围。到 2010 年，大多数人开始反对这一救援行动，即使他们已经避免了经济萧条，也接受了补偿。他们威胁要让投票给救援行动的人选举失败，包括共和党人。尤其恼人的是，各大主管给自己发了巨额奖金。

欧洲经济危机期间，大多数精英都认识到，“欧元区”较弱的成员国（19 个使用欧盟货币的国家）需要应急资金支持，否则这些国家可能面临崩溃，从而危及所有欧盟国家。德国总理安格拉·默克尔说：“如果欧元崩溃，欧洲也会崩溃。”但是欧洲民众非常愤怒——特别是德国人，他们承担了大部分的金融压力。这些人努力工作，却过着入不敷出的生活，他们为什么要救援那些卷入巨额债务的蠢国家呢？这里要注意美国和欧洲在态度上的相似。

要做好大众舆论研究，特别是针对复杂或者专业的问题，比如外交政策和金融财政，应区分精英和大众舆论。大众民意不够有见解也不够冷静，因此无法给好政策提供好基础。问题在于（这是一个老问题）应该由谁决定政策：是懂得这类复杂问题的专家还是老百姓？大多数政治科学家对于让民意引导决策持谨慎态度。

民意调查

7.3 民意调查的不足之处

民意调查有很多方法。国会议员用每天接到的电话测验民意。现在，他们用社交媒体上发出的推特数量来衡量大众（特别是年轻人）的反应。你可以在当地的咖啡店闲逛，听听人们的谈话。但是这些方法忽略了一个可能性，即打电话、发推特和谈论自己观点的人并不能代表没做这些事的人。

任何用具有代表性的样本测量公众态度的做法都可以叫作“**民意调查**”。公开出版的民意调查（特别是在选举年）备受关注。我们几乎每天都能看到美国人对战争、失业、堕胎以及选举所持态度的数据和百分

偏态分布
向一方倾斜的分布曲线。

单峰分布
中心向上突出的分布曲线，如同钟形。

双峰分布
向两极分化、中间比较低的分布曲线。

极化
使观点趋于双峰分布。

民意调查
对于公众看法的调查。

民主

经典的舆论曲线

我们常用一条统计曲线来概括不同的人的不同思考方式。它显示了不同观点的分布——从一个极端到另一个极端。没有争议的问题显示的是**偏态分布**。例如，在“9·11事件”之后，极少有美国人反对消灭伊斯兰恐怖主义者（如下图）。

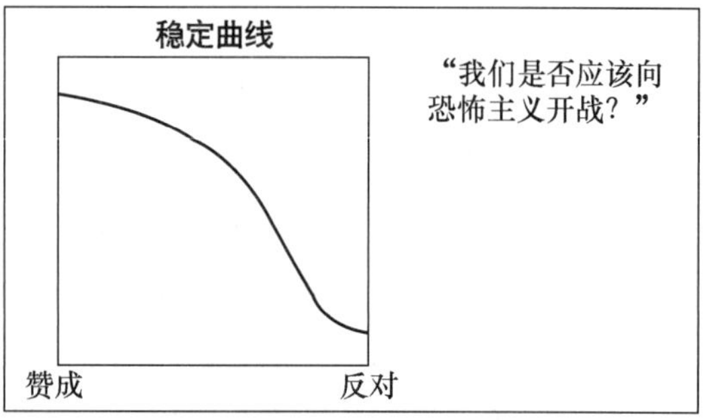

在许多问题上，民意的曲线呈“钟形”，或是**单峰分布**，位于极端位置的人很少，大部分都集中于中间地带。在意识形态方面，所有的工业化民主国家的极左或极右派都不多，大部分人处于中间位置（如下图）。

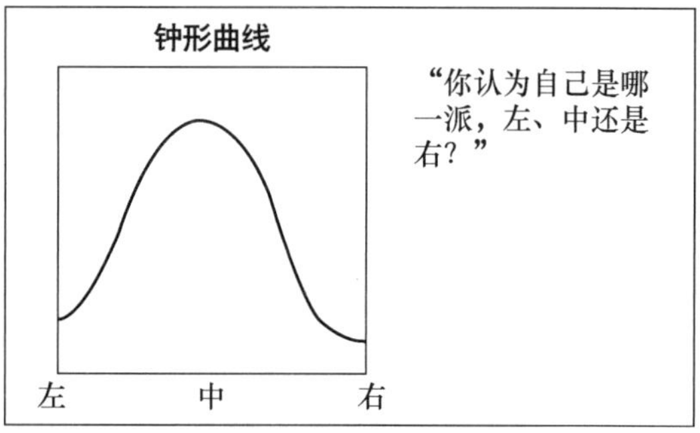

第三种曲线是“U”形曲线，或是**双峰分布**。两极要多于中间的人。大多数的民主党人支持堕胎，而共和党人对此持反对意见，只有少数保持中立。堕胎问题在美国政治上呈明显**极化**趋势（如下图）。

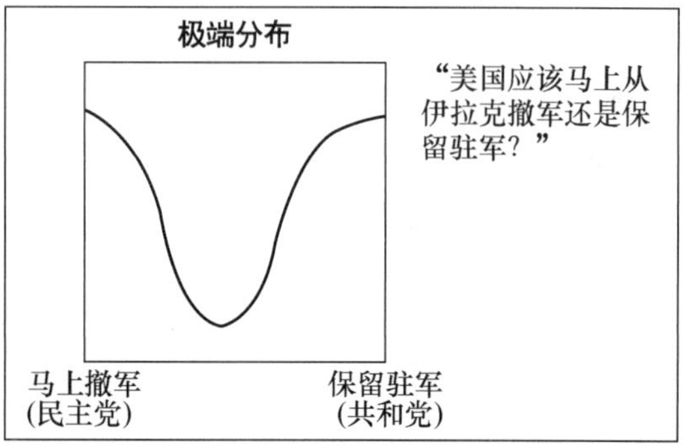

钟形曲线的舆论分布是民主国家的基础。如果许多公民持极端态度，形成U形曲线，政治体系就会崩溃。这给1933年的德国带来极端主义政权，给1936年的西班牙带来内战，给1973年的智利带来军事政变。几乎所有的民主国家关于基本问题的舆论态度都呈现出单峰分布，也就是说，人们集中于中间部分。民主带有中间派的性质。

比。这对政策制定者和候选人十分有用。

但是在它的政治效果方面也存在争论。比如，民意调查是否过度关注和影响了不确定的舆论？通过将民意调查当作权威性裁决，记者制造出自圆其说的语言，人们读后是否有被误导的可能？民意是否应该被当作——像一些人建议的那样——决定公共政策的公正和民主的工具？用民意调查决定公共政策是否有足够的可信度？谁在使用民意调查？他们的目的是什么？我们能否相信他们？

同样地，人们表达的观点是否反映了他们的真实想法？大多数人在大多数时间里对政治并不关心。他们对与自己生活并不直接相关的问题兴趣不高，而且对多数问题也不能获得足够的信息。例如，大部分调查表明，近一半的被调查者说不出他们的国会代表人的名字。因此，在大多数问题上，只有很少一部分民众能够形成清晰的观点，让新闻记者和编辑对他们产生兴趣。既然民意中包含这么多的不确定性，民意调查又如何能精确反映人们的想法？

因此，虽然设计优良的民意调查是测验民意的最佳方法，但是请不要盲目相信调查数据。这种数据存在缺陷。政策制定者必须平衡民意调查结果和他们在这些问题上的认识。

民意调查的技术

只有1 000人的小样本，如何能预测2亿人的观点？答案非常复杂，但是可以用以下一些基本步骤来总结它的技术。

选择样本 民意调查员首先必须决定民意调查代表的是谁的观点。一般来说，民意调查只对成年人而不是小孩子的想法感兴趣。但不是所有成年人的意见都一样重要。通常，民意调查员只对有可能会在下一次选举中投票的成年人感兴趣。所以，他们对登记选民或者说**可能性选民**的观点感兴趣。民意调查结果代表的人就是**全民**。

大多数民意调查由于调查人数过多而没有办法做到调查。民意调查者会在调查人数中取样，基于**样本**的回答以推断全部意见。只要样本具有代表性，就可以对调查结果进行**推论**。要让样本具有代表性，就必须让调查群体中的每个人都有同样的机会被选为样本。这样，数据才能显示——500、1 000或者1 500个人可以代表全民的意见。推论结果只存在很小的**误差范围**，随着样本规模增大，误差也会减小。

选择样本最基本的方法就是**简单随机抽样**。就像是把调查群体中每个人的名字都放进一个帽子，然后从帽子里抽取名字。调查者常常会采用更为复杂的随机抽样方法，比如“分组抽样”，这样可以省去亲身采访的路费；或者“分层抽样”，以保证调查群体中的分组都具有适当的代表性。不论用哪种抽样方法，都必须满足一个标准，即目标人群中的每个人都有同样的机会被选中，以保证民意调查的有效性。

获得样本 下一步是在样本中选出一群人作为调查对象来回答民意

可能性选民
根据其投票历史或者意图，可能在下一届选举中投票的成年人。

全民
民意调查所代表的所有人。

样本
被选中进行调查的人，通常能代表所有人。

推论
接受把样本的意见作为所有人意见的反映。

误差范围
在样本结果的范围内，民意可能的波动，通常用±3%表示。

简单随机抽样
随机选中的一组人。

调查者的问题。因为路费的原因，面对面调查非常昂贵，美国也很少用这样的方式调查。在电话和电脑不常见的发展中国家，面对面可能是调查的唯一方式。邮件调查的成本也很高，而且还要等待调查对象回复，这就限制了调查对象的数量。如今虽然网上调查或者邮件调查更为普遍，但是，不是每个人都有电脑，也无法找到详尽的邮件地址。

美国最常用的民意调查方式就是电话调查。调查者要么随机拨号（RDD），可在目标区随意选择电话号码；或者使用样本登记表（RBS），从选民登记簿上选取名字。两种方法各有利弊。电话调查比面对面访问成本低一些，可是由于人们越来越不愿意接电话或回答调查者的问题，受访者回答内容的可信度也因此降低。

提问 为避免带有倾向性的回答，使用不带偏见的语言非常重要。例如，在 1999 年《华盛顿邮报》和美国广播公司的一项联合调查中，半数被调查者被问及克林顿总统如果遭到弹劾是应该辞职还是“与参议院指控做斗争”，59%的人认为应该“辞职”而不是“斗争”。另一半被调查者被问及同样的问题，但却是用委婉的说辞表达了“辞职”以及“保留职务并直面在参议院的考验”，在这种情况下，只有 43%的人回答了“辞职”。文字的细微差别——“斗争”比“直面考验”语气更重一些——会带来不同的回答。1992 年，一项措辞失败的调查（它引起了双重否定）表示，1/5 的美国人怀疑纳粹大屠杀是否真的发生过。而 1994 年在文字上做修改后，只有 2%的人表示怀疑。调查者必须避免语气上的差别或同情的外表，因为这有可能给被调查者以暗示，误导结果。

民意调查的可靠性

民意调查通常是可靠的，前提是我们能够充分认识到它的局限性。美国关于民意调查每年要花掉好几亿美元，各个竞选班子也会在初选和普选中雇用数以千计的私人调查机构。他们用这些民意调查预测选举结果，并了解选民关注的问题。获取“谁会投票”这一信息对于选前民意调查非常重要。许多人之前确定了要选的人，而在实际投票时并不这么做。这些选民和还没有决定的人，并不能像那些确定要选谁和已经做好决定的人那样进行区分。这造成了 1948 年对杜鲁门获胜的预测失败。一次重大的转变可能会改变选举的结果，调查者必须做出相应的调整，但没有人能够确认这种转变有多大，或者气候或恐怖袭击等事件带来的影响。

民意具有**易变性**，在某一特定事件的影响下会迅速发生变化。1965 年，当约翰逊总统决定进行越南战争时，一个助手告诉他“民意全部在我们这一边”。作为一位密切关注民意调查的狡猾政治家，他回答说：“是的，这只会延续很短的时间。”他是正确的，1965 年时公众的支持率是 2/3，到 1968 年，就出现了 2/3 的反对声音。伊拉克战争的情况也是一样，2003 年时对伊拉克战争的高支持率达 2/3，到 2006 年也出现了 2/3 的反对声音。美国人不喜欢耗时长而无结果的战争。

易变性
表示民意通常变化得非常迅速。

如果受访者对民意调查者提出的问题一无所知，也可能导致民意的易变。人们希望自己看起来有见识，所以即使他们以前从未想过民意调查者提出的问题，他们也会就问题提出自己的看法，所以民意调查必须留神这些看法，避免将其纳入统计数据。新的或是复杂的问题最有可能导致这类情况的出现。这就是为什么公众舆论在这些问题上似乎极具易变性的原因之一。公众不一定会改变想法——只是受访者忘记了他们曾经回答过自己根本不了解的问题。

在电话调查中出现了一个新问题：高比例的“无人反应”。美国人已经接受了太多的电话调查，他们会拒绝或直接挂断电话。他们会用来电显示屏蔽不认识的号码。如今只有一小部分人会回复，这样的话，调查失去了随机性或代表性。互联网上的调查也存在同样的问题，因为被调查者是“自我选择的”，并且他们的收入和教育程度都高出平均水平，任何只调查这类群体的民意调查都缺乏可信度。

手机使用的增加也会引起类似的问题。过去，民意调查者只打座机。现在只有手机而没有家庭电话的人更多了。而因为年轻人最有可能只有手机，所以民意调查者得不到他们的反馈。最近，民意调查者把手机调查也纳入了样本范围，并对样本中缺失的部分进行了统计调整。

自变量
可以影响其他事物的因素。

因变量
受自变量影响的因素。

协方差
反映两个因素如何相互影响及在多大程度上相互影响的指标。

随着技术和公共习惯的变化，民意调查者必须不断更新他们的调查方法。他们通过向候选人、媒体和公众提供有用的信息来赚钱。如果他们的方法不可靠，就会败给更值得信赖的竞争对手，失去商业机会。盖洛普 2012 年的最终民意调查显示，罗姆尼会在和奥巴马的竞选中胜出。但是盖洛普错了，因为它在上述某些方面中出现了错误，导致后来业务受到损失。

方法

变量

变量是不同因素的指标，它揭示出某些变化。如果可能的话，可以把这些因素进行量化。变量有两种：**自变量**和**因变量**。前者是那些可能影响或带来变化的因素，但并不总是能够确定。例如，可以假设一国人均 GDP 的增长会带来民主化。这里，人均 GDP 是自变量，民主是因变量，后者在字面上取决于其他变量的影响。

可以把这二者结合起来，再把民主作为自变量，看看它如何影响财富。因果关系很难证明，因为原因可能导致不同的结果。有些人认为，民主能促进繁荣。当然，在某些情形中，因果关系只有一个方向。我们可以把清教徒白人男性作为自变量，认为它使共和党在选举中获胜，但我们不能反过来说，共和党的胜利会使人们成为清教徒白人男性。

如果这两种变量都有可靠的数量来测量，就可以在长时段内把它们列入一个图表或标出不同的颜色，以显示出肯定性的**协方差**（其中一个的变化会导致另一个发生变化），这会给我们的论点提供有力的证明。有时，我们看到的是反比关系（一方上升，另一方就下降），这仍然可以证明我们的论点。如果没有或只有很小的关系（图上的两条线摇摆不定，没有什么关联），那就要退回去，对论点进行修正。有时相关关系存在时间滞后的问题，这会带给我们很有意思的论点。例如，对于总统的外交政策，民意往往在 6 个月后才能做出反应。

美国的民意

7.4 构成民意的强度因素

在美国的民意调查中，一个最古老也最重要的问题是总统如何履职，而不是有多少人喜欢他。然而在实践中，喜欢总统的被调查者会竭力证明总统的工作绩效，因此“声望”这一术语经常出现在调查中。更为准确的说法应该是“支持”或“赞许”。

蜜月期
在总统任期之初的高支持率。

通常，总统起初有着高支持率，然后逐步下降。第一年，他会和媒体和公众保持良好的“**蜜月期**”，高点数的支持率通常出现在任期早期。高支持率能让总统在国会上更加容易通过议程。但讽刺的是，早期的高支持率常常出现在总统团队最缺乏经验和利用高支持率实现目标的阶段。几年后，问题开始积累起来，或是经济的恶化，或是外交政策的失败。这使支持率开始下降。当他离职时，很少能保持起初的高支持率。

当一位总统于危急时刻上台或从事一项重大行动时，他的支持率会有短暂的上升。如果总统面临艰难的抉择，美国人通常都会支持他，他们喜欢果断的决定。政治学家约翰·米勒（John Mueller）把这叫作**“重整旗鼓”**。卡特总统在 1979 年伊朗人质事件中，支持率上升了 13 个百分点，但紧接着在下一年，他就因措施不力而受到指责，并失去连任的机会。老布什 1991 年开始海湾战争时，支持率上升了 18 个百分点，但是在一年半后的总统选举中失利，原因是徘徊不去的经济衰退。小布什在“9·11 事件”后的支持率为 35%，2003 年伊拉克战争时也不低，但当战争延续下去时，就没有这么高了。2011 年，本·拉登被杀，奥巴马总统的支持率很快蹿升了 11%。

重整旗鼓
能够重新激发起对总统支持率的事件。

有人怀疑总统们，尤其是在任期后期，故意以戏剧性的方式来表现其果断决策，以提升他们疲软的支持率。外交政策提供了这种戏剧性表演的天然舞台和最好的电视频道。一次与外国领导人的会议、一次对恐怖分子的公开打击或一次营救美国人质的行动，都可以使总统的支持率明显上升。杜鲁门、肯尼迪、尼克松、卡特、里根、布什父子都曾因戏剧性的外交事件获得高支持率。即使是失败也会让美国人团结在肯尼迪总统周围，如 1961 年针对卡斯特罗的“猪湾事件”。但是如果一个耻辱性事件延续很长时间，总统的支持率必然会下降，就像卡特和里根对付伊朗那样。同时，耗时过长的战争也会降低支持率，如朝鲜战争时的杜鲁门、越战时的约翰逊、伊拉克战争时的小布什。经济危机对支持率也有不利影响，五位共和党总统（艾森豪威尔、福特、里根和布什父子）在低迷的经济形势下得到的评价都很差。良好的经济发展对总统非常有利，在经济繁荣的 20 世纪 90 年代末期，克林顿即使在被弹劾时期也拥有很高的支持率。经济停滞，奥巴马的支持率下降。经济增长，他的支持率随之提高。

总统的支持率是一个基础，它可以渗透到总统的其他行为中。正如人们预期的那样，在 1983 年美国成功接管格林纳达并营救出美国学生时，里根总统的支持率因此跃升了好几个百分点。与此同时，人们对里根政府经济政策的支持也开始上升，尽管这种经济政策与之前并无多大改变。

自由主义者和保守主义者

美国的大众舆论是否两极分化？政治科学家争论说，自由主义者和保守主义者之间的鸿沟是否只是精英阶层的意见不合？美国民众在意识形态上是否不再是单峰分布而是呈双峰分布？一些调查显示，仍有许多人自称温和派，在一些问题上持自由主义观点，而在另一些问题上持保守主义观点。一些学者发出警告，我们应该关注那些关注政治的人，而不是不了解政治的人。用政治科学家艾伦·阿布拉莫维茨（Alan Abramowitz）的话来说，政治参与已经两极分化。自由派人士和保守派人士越来越无法达成共识。绝大多数自由派人士倾向于提供更多服务的大政府，而同样数量的保守派人士则倾向于提供较少服务的小政府。

要解释这种明显的内在不一致，我们可以回到先前讨论过的经济自由主义和非经济自由主义之间的区别。美国人对于“保守主义”或“自由主义”的概念并不十分清晰。例如，所有的退休人群都支持社会福利和医疗保险（这是经济方面的自由主义政策），但同时他们中的很多人也认为自己是保守主义者，因为他们认同传统的价值观念。他们是在非经济意义上使用“保守主义”这一概念。可是，在经济问题上，比如对处方药品的联邦资助，他们持极端自由主义的态度（通常是不情愿的）。那些自称为保守主义者的人（或许是因为他们居住的地方有这方面的倾向）如果能得到更多的联邦拨款，可能就变成了自由主义者。“温和”也很受欢迎，但温和可能意味良多。三个人在所有问题上都可能以不同的方式表现为温和，在经济问题上持保守主义态度，在非经济问题上持自由主义态度，或者相反。这三个人都会称自己是温和派。相比之下，“自由主义”一词最近几年已经不那么流行了。许多自由主义者更喜欢称自己为“进步主义者”或温和派。

谁在关注？

民意是一个混合体。不同的人群对不同的问题感兴趣。农民关注的是农产品价格，产业工人关注的是进口数量，妇女关心工资平等，少数民族关心工作机会。有时，一些群体感到满意，但另一些群体会表示反对。经济增长可能会令富人满心欢喜，但却会让很多人陷入苦恼。

专注的公众
那些关注政治（通常是国内外事务）的人。

那些**“专注的公众”**，尽管数量很少，但有着很大的政治影响力。因为他们有自己的观点并能够清晰地予以表达，有能力在政治上进行论证。有时，他们能够激起公众的关注。对越南战争、伊拉克战争的反对，对南非种族隔离政策的声讨，起初就是在教堂、报纸和教室里由一小部分人提出的。人们还不太注意这类事件，但已经有一些“专注的公众”看到了中东和非洲发生的暴行。面对冷淡的或反应迟钝的普通民众，这些人是鼓舞者、带头者。

这就是为什么所有的政治制度都对知识分子持警惕、有时是怀疑态度的原因。在华盛顿，官员们花费大量的时间和精力与这些人沟通，让他们尽可能减少批评，不致影响公众和下一次选举。白宫和新闻媒体经常处于“老鼠和猫”的关系。一旦政治精英们意识到普通公众其实对政治并不过分关注，他们就会对民意不再关心。1998 年的研究表明，国会、总统班子和高级文官相信，大多数美国人并不清楚针对关键问题的态度，而精英们是唯一能够跟上他们观点的人群，因此可以通过后者决定很多事情。很不幸，这一切都发生在民主政体中，不过他们的看法可能是正确的。

普通民众的冷漠和不统一，意味着他们的观点难以识别，对决策也很难产生影响。民选出来的领导人习惯于只注意那些与问题密切相关的人群的观点。调查显示，大多数美国人允许堕胎，但只有少数人强烈支持。“反堕胎”者尽管人数不多，但**强度**非常大，经常可以把大多数抱无所谓态度的人排除在外。犹太人大约占了美国总人口的 2%，但是在他们中间支持以色列的态度非常强烈，这使大部分民选官员不得不采取亲以的立场。大部分美国人支持某种形式的枪械管制，但大部分人对这个问题反应冷淡。反对枪械管制的人却热情高涨，也因此非常有影响力。意见强烈的少数经常凌驾于冷漠的大多数之上。

强度
持有某个观点的坚定性和热情度。

“专注的公众”不成比例的影响力和热情带来了民意的一个问题。一个经常出现的情况是，所谓的“民意”其实只是一个小团体的观点，只有他们强烈地关注这一问题。应该把他们的观点当作不具公众代表性而排除在外，还是加重分量？哪一个做法更为民主？大部分人都倾向于认为，民主是大多数人的民主，即使他们的意见不一致。不过，当出现受到集中关注的问题时，许多人希望不要只是简单地数人头，他们认为社会中多数人的观点是片面错误的，不应该予以认真考虑。

民意调查公正吗？

民意调查不仅仅是监测民意，有时也可以制造民意。有人批评说，公开民意调查结果可能会毁掉一次选举。例如，新闻媒体有可能强烈关注预测某一位候选人比其他人领先很多的民意调查。不被看好的候选人表示，这种公开报道对他的竞选会产生灾难性的影响，因为他的支持者会对他失去兴趣。对某些候选人来说，不利的民意调查结果，特别是在竞选早期，的确可能应验结果。早期领先的候选人会得到更多的捐助、更密集的新闻宣传，从而得到更多的支持者。

目前存在一个矛盾，即如何消除民意调查给刚离开被预测地点的选民的影响。美国的东海岸和西海岸之间有 3 个小时的时差，在电视上报道东部民意调查的胜利者时，西部的选民可能正在填票。东部的预测是否影响了西部的选民？即使初期的预测准确，但如果有更多的人投票，西部的州和地方的候选人是否会赢？有些人建议可以让广播延迟播报调查结果。法国禁止在选举前两天及选举当天公布民意调查结果，只能在晚上 8 点投票结束后公布。目前没有证据表明调查结果对总统选举是否真的有影响，但是它可能会影响参众两院的选举和州的立法。调查结果，其影响力尤其在被迅速公开时，就不是中立了，但是目前尚无法律来对此予以约束。

美国应该按照民意调查来治理吗?

通过以上的讨论，我们似乎可以认为，美国不应被调查结果左右。首先，公众的注意力千差万别。在许多问题上，普通民众没有明确的知识和意见。这时，少数人的集中观点可能会主导民意调查结果。政府领导人，特别是拥有现代通信手段的领导人，会按照自己的意愿来影响民意，并鼓励他们制造出自己想要的反馈。

问题的提法和样本的选择可能会严重歪曲结果。调查必须由值得信赖的专业机构来进行，因为他们有标准化的问卷和随机抽取的样本。设计来动摇你、讨人厌的“导向性民意调查”不值得回应，你直接挂掉这种调查电话。电话调查的低回应率损害了调查的可信度。同样重要的还有“多变性”的问题。公众在今年喜欢的东西，在下一年未必如此。基于一次调查而做出的决策在结果真正出现时也许已经不合时宜。小布什的顾问卡尔·罗夫（Karl Rove）认为伊拉克战争会取得选民的支持。情况的确如此，但只延续了一段时间。那些试图跟从民意调查结果的高级官员有可能掉进陷阱。有价值的民意调查的确能在特定时段内提供准确的民意，但是仍然无法取代仔细的分析和审慎的预测。

思考题

1. 政府是否遵从或制造民意？
2. 宗教对于形成美国的民意有什么样的重要作用？
3. 什么是“政治代”理论？
4. 对三种经典的舆论曲线进行阐释。
5. 为什么《文学文摘》对 1936 年的选举结果预测失败？
6. 为什么民意调查对 1948 年的选举结果预测失败？
7. 为什么了解样本人群很重要？
8. 什么是随机样本？
9. 如何真实评价总统的“公众性”？
10. 什么是“强烈程度”和“易变性”？

关键术语

轶事
反教权主义
专注的公众
双峰分布
协方差
因变量
经济问题
性别鸿沟
蜜月期
自变量
推论
强度
生命周期
可能性选民
误差范围
非经济问题
极化
政治代
全民
民意
重整旗鼓
地区
宗教信仰
显著性
样本
简单随机抽样
偏态分布
社会阶级
社会流动性
民意调查
单峰分布
易变性

参考文献

Abramowitz, Alan. I. *The Disappearing Center: Engaged Citizens, Polarization and American Democracy*. New Haven, CT: Yale University Press, 2010.

Alvarez, R. Michael, and John Brehm. *Hard Choices, Easy Answers: Values, Information, and American Public Opinion*. Princeton, NJ: Princeton University Press, 2002.

Aronowitz, Stanley. *How Class Works: Power and Social Movement*. New Haven, CT: Yale University Press, 2003.

Asher, Herbert. *Polling and the Public: What Every Citizen Should Know*, 8th ed. Washington, DC: CQ Press, 2010.

Berinsky, Adam J. *In Time of War: Understanding American Public Opinion from World War II to Iraq*.

Chicago: University of Chicago Press, 2009.

Dalton, Russell J. *Citizen Politics: Public Opinion and Political Parties in Advanced Industrial Democracies*, 5th ed. Washington, DC: CQ Press, 2008.

Druckman, James N., and Lawrence R. Jacobs. *Who Governs? Presidents, Public Opinion, and Manipulation*. Chicago, IL: University of Chicago Press, 2015.

Lardner, James, and David A. Smith, eds. *Inequality Matters: The Growing Economic Divide in America and Its Poisonous Consequences.* New York: New Press, 2005.

Mueller, John. *War, Presidents and Public Opinion.* New York: Wiley, 1973.

———. *Overblown: How Politicians and the Terrorism Industry Inflate National Security Threats and Why We Believe Them.* New York: Simon & Schuster, 2006.

Murray, Charles. *Coming Apart: The State of White America, 1960–2010*. New York: Crown, 2012.

Silver, Nate. *The Signal and the Noise: Why So Many Predictions Fail—But Some Don't*. New York: Penguin, 2012.

Stonecash, Jeffrey M. *Class and Party in American Politics.* Boulder, CO: Westview, 2000.

Traugott, Michael W., and Paul J. Lavrakas. *The Voter's Guide to Election Polls*, 4th ed. Lanham, MD: Rowman & Littlefield, 2008.

Wald, Kenneth D., and Allison Calhoun-Brown. *Religion and Politics in the United States*, 6th ed. Lanham, MD: Rowman & Littlefield, 2011.

Weisberg, Herbert F. *The Total Survey Error Approach: A Guide to the New Science of Survey Research.* Chicago: The University of Chicago Press, 2005.

Weissberg, Robert. *Polling, Policy, and Public Opinion: The Case Against Heeding the "Voice of the People."* New York: Palgrave, 2002.

第三篇

PART THREE

政治互动

第 8 章 政治沟通

现代政治围着媒体转，其中互联网更是日新月异，尤其重要的是精英媒体。报纸衰落了，但目前电视仍然最具影响力，尽管网络的影响正在增强。然而，电视新闻报道参差不齐，观众得到的信息有限。美国政府和媒体经常处于敌对状态，尤其是在媒体发现受欺骗之后。

第 9 章 利益集团

利益集团是多元主义的基石，对民主至关重要，然而利益集团可以由政府项目创建。“大钱”（big money）已经导致了过度的利益集团影响力和层出不穷的丑闻。较高的社会经济地位给予利益集团更大的便利去影响立法机关、行政机关、法院判决以及公共诉讼。在某些体制中，强势利益集团是与民主对着干的。

第 10 章 政党

政党是政府出色的组织装置，尤其是在民主国家。政党可根据集权化和组织化的程度或意识形态等多种方式来分类。大多数现代民主政党现在成了集聚诸多团体和观点的“意见箱”。政党制度与政党有着逻辑上的区别，它表明政党如何相互作用，包括一党制、一党独大制、两党制和多党制。选举制度影响政党制度，后者在一定情况下可能解体。

第 11 章 选举

首先我们要考虑谁最有可能去投票，结果发现不同群体之间的投票率是不一样的。其次要问谁去投票并且如何投票，结果发现关键变量是政党认同、社会阶层、宗教、年龄以及城乡差别。选举重组理论声称每隔数十年选民就会改变政党认同而投向另一方，但该理论已受到质疑。美国选民已经表现出了强烈的党派极化。人格魅力显然有利于赢得选举，但有些选民会对在任总统的绩效进行全面评价。候选人调整立场只是为了理性回应大众的需求。

第 8 章
政治沟通

阅读与思考

8.1　现代大众媒体及最具影响力的媒体

8.2　社交媒体的政治影响力

8.3　电视行业是否失去了政治话语权?

8.4　大众媒体中的“结构性失衡”

8.5　敌对媒体对民主的必要性

互联网和社交媒体带来了一场通信革命，年轻一代接触到了非政府控制的即时通信。然而，这些变化着的政治影响充满了不确定性。一些人把互联网的出现和15世纪印刷术的发明进行比较，后者拓宽了人类自主学习和思考的自由空间。现在互联网似乎更进一步，但另一些人的态度却更加谨慎。**博客**和网站充斥着大量个人意见和党派偏见，并进而导致政治的碎片化和极端化，自由派读自由派的博客，保守派读保守派的博客，从来没有就中间立场达成一致。当网络渗入包括出版和广播在内的主流媒体的时候，武断性的博客取代了真实的事实报道。

博客
定期更新的网页，经常与其他网站和党派链接。

新媒体出现几年后，政治动荡可能会应运而生。我们可以看到三重融合：(1) 社交媒体在全球范围内出现，正如 (2) 腐败（与经济增长相关）在 (3) 人口膨胀的基础上更为严重。然而，通信研究总是不适用于因果律，这也证明通信是导致经济和社会其他方面发生变化的原因，而非结果。

大众媒体与政治

8.1 现代大众媒体及最具影响力的媒体

大众传媒强力影响着政治。在18世纪80年代，《联邦党人文集》被发表在13个州的报纸上，以争取民众对新宪法的支持。1828年安德鲁·杰克逊击败约翰·昆西·亚当斯的那场胜利是史上最肮脏的“媒体运动”，一些报纸控诉杰克逊和他妻子不道德。1904年，以人粗心细形象出现的“媒体候选人”西奥多·罗斯福赢得了报纸版面，也赢得了选举。富兰克林·罗斯福通过广播的“炉边谈话”和数百场记者招待会，赢得了大众对其政策的支持。今天，大众传媒被公认为是政治的组成部分，现代竞选如此依赖电视节目，以至于评论家批评候选人不再去办公室处理事务，而是由职业的市场顾问把他们像商品一样包装和出售。

政治学家很早就意识到政治对沟通交流的依赖。卡尔·多伊奇（Karl W. Deutsch，1912—1992）的研究揭示出，现代化程度和民族主义都可以用邮件形式和流量、电话、报纸等来进行衡量。沟通交流越多，现代化程度也越高（这并不代表谁引发谁的因果关系）。政治体系和传播体系互相平行，谁也离不开谁。

所有的政治行动都是沟通的反应。沟通有不同的层次和类型。**面对面**交流是改变或强化政治观点的最基本、最有效的方式，因为它允许对

面对面
通过个人接触进行沟通。

话，而大众媒体则相反。直到 20 世纪 30 年代早期，面对面的交流一直是政治竞选的主要方式。候选人在他们的选区面对小范围的选民**登台演说**（古代人们是站在树桩上演讲的），寻求当地政治名流、地方长官和政治组织的支持。电视的兴起在很大程度上忽视了这种草根演说，除非为了获得免费的媒体报道或寻求地方支持，因为这样候选人可以亲自接触到大部分选民。

登台演说 为了个人竞选向听众发表演说。

大众传媒面对的是无数的受众，因此比面对面的交流更能赢得大量选民或公众舆论。即使是最大的集会演讲，听众也不过数千，但大众传媒却是一种单向的传播。观众无法立即告诉总统他们不同意他在电视里传达的信息。大众传媒通常强化了既有的政治观点，但极少能够改变它们。广播电视确实比印刷品更具有说服力，因为它们更接近于面对面的交流，但其效果依然有赖于朋友之间的闲聊。

电视在很大程度上把播音员变成舆论领袖，这侵蚀了当地舆论领袖的作用。电视不仅直接传播着政治消息，把新闻和理念带入千家万户，也在间接改变着社会。大多数观察者都同意，如果没有电视，20 世纪 60 年代的民权运动不可能获得成功。南方的种族歧视在印刷媒体和广播时代很大程度上是被忽视的，但是电视上消防水带和警犬袭击和平示威者的新闻使得大多数美国人转而为黑人争取平等的权利。同样，关于越南战争的新闻报道——世界上首次使用电视报道战争——使许多美国人反对越战，反对约翰逊总统。2004 年虐待伊拉克战俘的照片也有这样的效果。

与上一两代人相比，越来越多的美国人开始对新闻失去兴趣。还有不到 1/3 的人在坚持看电视新闻和阅读报纸。新闻的内容也从政治和世界性事务转向个人取向，以及生活中实用的关于健康、商业和生活方式的信息。这一转变与美国人对政治兴趣的下降是同步的，这再次验证了传媒与政治之间的密切联系。这种衰退的原因也引起了大家的讨论。有些人看到的是价值取向的改变，特别是沉溺于娱乐的年轻的、**关注自我**的一代人。只有恐怖袭击、战争或金融危机，才能使他们关注现实世界。

关注自我 重视自我体验。

不同的现代大众媒体针对不同的受众，他们可以根据教育、收入和年龄来进行区分。受教育程度越高，接受媒体信息的程度也越高。大学毕业生和收入较高的人会像关注广播和电视节目一样，注重阅读报纸杂志和书籍；而那些受教育水平较低的人大多数只看电视，并且在很大程度上只是为了娱乐，很少有人是杂志和书籍的忠实读者。

舆论领袖
当地有名望的、能够影响他人观点的人。

年龄也会影响大众媒体。老年人更关注报纸和杂志的社论和新闻内容，年轻人则青睐体育、摇滚明星和特稿多于重大新闻。年轻人也喜欢社交媒体，大学生中关注新闻和评论文章的人非常少见。

经典论述

大众传播的两步曲

大众传媒是如何影响政治观点的呢？保罗·拉扎斯菲尔德（Paul Lazarsfeld）和伊莱休·卡茨（Elihu Katz）认为是间接的，他们在 20 世纪四五十年代的研究中发现了该过程的"两步曲"。第一步是媒体消息，但关键的是第二步，即受人尊重的本地**舆论领袖**——阿尔蒙德称之为"专注的公众"。这些人从大众传媒那里获得政治观点，再在日常接触中把这些观点传播给那些并不怎么关注政治的朋友。大众传媒的说服力取决于这些舆论领袖。

现代大众传媒

报纸　在 1910 年，美国有 2 600 多种日报，而且大部分的美国城市有两种或两种以上彼此竞争的报纸。今天，只有其中的一半生存下来，并且只有少数美国城市还拥有两种独立报纸。很多主营报纸业务的公司长期亏损，都大规模地削减它们在首府和海外的办事处的员工。其中有一些甚至倒闭。随着新闻在网络的增长，许多市民使用网络却无法获得多样化的政治和社会观点。拥有美国报纸市场大约 75％的份额的大公司想在不引起争论的环境下寻求利益，它们倡导的是一种保持**"现状"**的倾向。只有少量报纸为着现实的和理想主义的原因，保留着明显的党派色彩。大部分报纸收入来自广告，而广告费的多少依赖报纸的发行量。因此，保持高的发行量是报纸主要关心的问题，这促使报纸采用中间化的新闻政策，小心翼翼地避免引发对立，从而也使得报纸趋于平庸。

现状
当前状况。

新闻界长期以来一直有着强调客观性的传统（评论文章不必如此）。职业标准影响着从业人员，要求他们公正、诚实地进行报道。更进一步，美国报纸上的大多数新闻都来自美联社，它极为关注报道的客观性，并极力避免主观性评论对报道的影响。有些人质疑，如果报道本身不受影响，那么报道内容的选择是否会受到记者个人观点的影响。不管怎样，博客没有保持中立的传统，常常卷入大范围内的党派之争，比新闻更激进。一些人担心客观的报道会从此消失。

那么，美国的报纸到底有多大的政治影响力呢？事实上，其影响力已经大不如前了。在 20 世纪 60 年代，大约 80%的美国人会每天读一份日报，而现在只有不到 30%的人会那么做。电视和互联网成为人们的主要新闻来源，而报纸排名第三。年轻人大部分都抛弃了报纸，他们更加喜爱网站和博客。伴随着电视成长起来的美国人没有太多的阅读习惯。报纸的内容大部分是广告（这也是人们读报的一个重要原因）和美联社通讯的翻版。大多数报纸上的评论文章都变得无足轻重。当然也有例外，那就是“精英媒体”。

广播 像报纸一样，广播的影响力也不比往昔。现在三家大公司拥有半数以上的美国广播电台频率。仅纯信道通信公司就控制了超过 1 200 个电台频段。从其总部发出的节目是具有高度同一性的新闻，没有地方性的内容，连龙卷风的警告也没有。不过在两次世界大战之间，广播是非常普遍的。广播新闻、评论以及政治性演说——如罗斯福的“炉边谈话”，并为卡特和里根所效仿——很有影响力。但随着 20 世纪 50 年代电视的兴起，广播的重要性开始下降。不过也有两个例外。“广播谈话”节目的流行强化了保守主义的观点，尽管这为愤怒的右翼所敌视。为了强化自由主义观点，全国公共广播电台的广播杂志《时事纵览》提供了对世界大事、经济政治和若干批评性观点的报道，这强化了自由派的观点。

通讯社报纸 广播中的大多数重要新闻以及电视中大量的新闻报道，都不是独自编辑出来的，而是来自联合通讯社（美联社）纽约办公室的打印机，因此习惯称之为**通讯社**。精英报纸总是鄙视从通讯社翻版新闻，它们为自己拥有独立的报道力量而自豪。但大多数的美国报纸仍旧不过是美联社的地方出口，除了新闻，美联社还为它们提供图片、体育报道，甚至是食谱，当然也有新闻。

通讯社
为所有媒体服务的新闻机构。

美联社是一个联合性团体，它拥有在发行量基础上而每周投资数千美元的许多成员。这些成员也把地方事件发给联合通讯社，由它进行编辑改动，由此可以在全国甚至世界范围内传播。美联社是少数几个不为政府所控制、拥有、补贴和监管的通讯社之一。它不受政府影响，并且一直为此而骄傲，但它也面临着财政困难的问题。既然可以在网上获得免费信息，何必还为此付费呢？英国的路透社、法国的法新社和德国的德意志新闻社都受到政府严密监督。合众国际社（United Press International，UPI）曾试图和美联社竞争，但是现在它属于文鲜明牧师（Rev. Sun Myung Moon）的“统一教”（Unification Church），难以走出从前的阴影。

来源
新闻记者从何人何处获得信息。

尽管不受政府控制，但仍有一些其他问题限制了美联社的新闻质量和影响力。首先，它过于追求报道速度，每一分钟都是最后期限。这意味着它几乎没有时间进行深度挖掘。其次，美联社对于新闻的界定是以官方**来源**为准的。通讯社报道的所有事件都可以归结到政府当局，像警政署、白宫、政府部门或五角大楼等。其原则是：如果不是来自官方，它就不能成为新闻。这使美联社错失了许多调查性报道，因为它不去报道反对派、大街上的平民以及市场中的商贩——这些人或许有比官方发言人更为深刻的见解。正因为如此，美国的新闻媒体没有预测到伊朗革命的来临。通常，最好的新闻不是关于重要事件或政府声明的，而是关于人们的所思所言的，这正是博客的优势所在。虽然姗姗来迟，但报纸和通讯社现在也囊括了综合报道和阐释。

精英媒体
拥有广泛影响力，精英和细心公众所阅读的报纸、杂志。

精英媒体　《纽约时报》、《华盛顿邮报》、《华尔街日报》和《金融时报》虽然只有小部分美国公众在阅读，但是它们的分量举足轻重。华盛顿的决策者们会阅读并且严肃认真地对待其中的新闻和评论文章。重要的思想家在“反评论”版面或写给编辑的信中陈述自己的观点，展开思想领域的斗争。这也是上述报刊拥有超越自身发行量的影响力的原因。它们被称为“**精英媒体**”，因为阅读这些报刊的人比较富有，受过良好的教育，比地方报刊的读者拥有更大的影响力，其中有许多是舆论领袖，他们把自己的观点传达给其他公民。

这些“精英报刊”追求“调查性报道”，寻找政府或党派的错误行为，这是其他一般报刊因为担心被起诉而会回避的内容。《纽约时报》1971 年登载的五角大楼关于越南战争的报告震惊了全国。《华盛顿邮报》1972 年关于水门事件穷追不舍的报道导致了 1974 年尼克松的下台。《华尔街日报》的评论文章则影响了华盛顿的经济决策。起源于伦敦的轻快而智慧的《金融时报》已经风行美国并且成功从《纽约时报》和《华盛顿邮报》分走了一些读者。有些人认为英国《金融时报》是精英报纸中的精英。

寡头垄断
市场由几个大公司所主导。

一些小范围的舆论杂志也颇有影响力。保守派的《国家评论》、自由派的《美国前景》、左派的《国家》以及新保守主义的《标准周刊》对舆论领袖们有着巨大的影响力。学生们通常忽视精英报刊，但是那些追求领导地位的学生则经常关注这类报刊。

民主

媒体垄断的趋势

如果媒体存在竞争是好事，那么美国就应该注意了，因为现在媒体的控制权逐步走向**寡头垄断**。20 个左右的大公司控制着大部分美国人的读、听和看，因为他们控制着报纸、电台和电视台。最大的五个媒体巨头是：

新闻集团：澳大利亚出生的新闻业大亨默多克，拥有福克斯电视台、哈珀柯林斯出版社、《标准周刊》（很有影响力的新保守主义杂志）、《华尔街日报》、《纽约邮报》、《泰晤士报》和美国直播电视集团有限公司。

通用：拥有全国广播公司和威望迪环球公司，它自身就是一个重要的联合企业。

时代华纳：一家大杂志社和重要的电影制片厂的联合体，现在还拥有美国有线电视新闻网和美国境内提供线上加值网络服务的公司。

迪士尼：拥有美国广播公司和娱乐与体育节目电视网。

康卡斯特：最大的有线电视公司，曾经试图接管迪士尼。

清晰频道：拥有大部分的美国电台并进行集中规划，清除了地方性的内容。

如果没有言论自由和信息多元，还能保证民主吗？媒体批评者担心，我们接收到的是白宫新闻发言人那里传出的单一的、没有反对的声音。有的人认为分化和批评还是存在的，现在主要通过博客和社交媒体来传播大量信息和观点。联邦通讯委员会被认为能够消除垄断，但近年来的表现显示，无论规模大小，都没有出现问题。

社交媒体

8.2　社交媒体的政治影响力

互联网和社交媒体的政治影响正在增强。你可以在网上查找任何东西，比如候选人的政见纲领，然而通常是在认可该候选人的时候才会去看他“布道式的劝诫”。愿意关注电视和报纸新闻的美国人开始减少，但是愿意关注互联网新闻的人增多了，特别是年轻人。阅读互联网新闻无须支付费用，你可以随时阅读，只关注你感兴趣的内容。相较于政治新闻，人们似乎更关心体育和经济消息。2004 年，霍华德·迪安（Howard Dean）为赢得民主党总统提名，首次在网络上募集政治资金，结果很是成功，后来的总统候选人都纷纷效仿。据估计，奥巴马 2012 年的竞选活动在网上筹集了近 7 亿美元。

一些人钟情于互联网是因为在网上可以看到在传统媒体中看不到的故事。博客不必对任何人负责，可以揭露任何可疑的政治事件，可以曲解，甚至非法监视，且对经济危机的报道要比报纸和电视更早更深入。"谈话备忘录"（Talking Points Memo）在 2007 年首次注意到小布什政府开始裁减主张自由的律师。在线杂志《沙龙》（*Salon*）披露了 2004 年文鲜明牧师在美国国会大厦加冕为弥赛亚的消息。这些发现震惊了传统媒体，它们继而开始掩盖它们之前忽视的东西。与网络相比，主流媒体显得异常冷漠。

然而，随社交媒体发展而成长起来的一代人认为，他们会把一切都公之于众。但他们不会这样；有些人（最好是有经验的记者）仍然得出去挖掘新闻，而许多人宁愿保持沉默。没有新闻的真实报道，社交媒体基本上就是八卦论坛。传统媒体的支持者指出只有它们才能通过懂行的专家核对事实来保证"高品质的新闻"。只有传统媒体在报道政府、法庭、战争，还有自然灾害的基本新闻，这些报道的代价都不菲，互联网只是简单地将故事当作新闻汇集起来，却不支付任何费用。在"信息需要免费"的口号下，博客几乎是无本经营，从不在该领域发送报道，并且其素材都是来自志愿者的免费邮件（经过专人挑选），而报纸和电视却鼓吹其"平衡性"（兼顾事物的两面），这一点博客和推特并不感兴趣。

究竟网络会不会让国民及时获取信息？很多人都持怀疑态度。互联网极大地降低了整个媒体世界的花费（就像数字音乐极大地降低了音乐界的花销一样）。这使得成千上万的人都可以发行他们自己的杂志、博客，他们大部分是有高度偏向的党派人士。一份研究表明 85%的博客链接都指向那些具有相应政治观点的网站。深思熟虑的综合性不是互联网的强项。你可以在互联网上获取信息的所有细节，但前提是你先得想要这么做。你可以在网站 www. asahi. com/english 阅读日本的顶级日报，但是又有多少人愿意这么做呢？许多报纸杂志现在都开展了在线传播以平衡其普通传播的下滑。千百万人现在都在电脑上阅读《纽约时报》，每月仅需支付 20 美元。现在对媒体来讲一个大的问题是，新闻机构是否应该为其提供的在线新闻服务收取费用。

数字媒体可以冲击非民主体制的根基。伊朗人在 2009 年用电脑和手机对抗操纵选举的行为。年轻的突尼斯人、埃及人和叙利亚人用手机动员起来反对执政党。因为经济增长的需求，大部分国家都接受并允许

案例研究

媒体和战争

2003年的伊拉克战争受到媒体广泛的支持。“9·11事件”是一个“重振士气的事件”，使媒体变得激情万分，强烈支持小布什总统。媒体接受了政府关于伊拉克在制造大规模杀伤性武器（WMD）的公告。不过在战后，我们发现没有这些武器，想要在极度混乱中建立稳定的民主制度是不大可能的。哪怕是为了“报复”战前的误导，大多数媒体也开始转向批评性态度，于是政府再次愤怒地指责媒体误导了公众，削弱了士气。

是媒体的斥责降低了公众对战争的支持吗？政治学家约翰·米勒指出在朝鲜（1950—1953年）、越南（1965—1973年）、伊拉克（始于2003年），2/3的公众都支持战争，但是在3年之内，人数锐减到了1/3甚至更少，并且越南战争公众支持率的降低时间甚至早于电视节目的播出，所以我们不能将这种降低归咎于电视。时间和牺牲人员的增加导致了支持率的降低，不是因为电视节目，美国人只是不喜欢长时间的战争。伊拉克战争的支持率降低得更快，可能是因为没有找到任何大规模杀伤性武器。

美国军方依旧在抱怨，电视就像在越战时那样降低了公众的支持率。在2003年，记者只能从战斗的细节中来“零乱”地报道这场战争。这种正面报道，让新闻人很快就与士兵们建立起联系。不过这都是小角度的报道（从悍马军车上发出的观点），它没有解释全部的情况。它也没有涉及当时发生的抢劫和抵抗。当新闻报道显示占领是多么困难时，公众对占领的支持就下降了，但这是由新闻报道还是现实造成的？2004年，美军士兵通过电子邮件发送的侮辱伊拉克战俘的性虐待照片引发了一场重大的道德观念上的转变，其影响堪比1968年在越南发生的迈莱（Mylai）大屠杀。在这两起事件中，照片都不是由媒体拍摄的，而是由美国士兵拍摄的。

2004年，《纽约时报》和《华盛顿邮报》发表的不同寻常的道歉声明，表示后悔相信政府的断言，导致了2003年的（伊拉克）战争。编辑们说，他们没有充分地质疑，他们本应该追问更多的问题。后来，一些报纸报道了美国的秘密反恐计划，小布什政府和奥巴马政府威胁说要用1917年的《反间谍法》起诉他们。根据《〈宪法〉第一修正案》，新闻工作者享有知情权；政府声称这不利于反恐工作取得进展。如果进行审判，大多数人认为媒体会赢。

在2003年伊拉克战争发生后的几年里，所有的专栏——包括保守的共和党人的报纸——都一致谴责伊拉克的拙劣工作。无论是白宫还是五角大楼都无法承受长时期的舆论压力。没有什么好的方法可以“管理”新闻报道，真相不断暴露，经常引起公愤。媒体似乎在遵循一种“反弹”模式：最初，媒体接受政府的公告，然后发现自己被误导后，开始变得愤怒和敌对。

新媒体发展，但是经济和科技发展带来了政治竞争和批评，打破了国家的信息垄断。

数字媒体支持民主参与，其独特之处在于它包含了思想的双向流动。报纸（除了写给编辑的信以外）、电视，甚至许多网站都是由记者向公众单向传递信息。但是社交媒体更像是对话。公众可以对一则新闻报道发表评论，比如脸书上的帖子或转发某个想法。关于真实报道的评论如果像病毒一样传播开来，就会变成一堆假话。这会让民主辩论变得更有意义吗？也许会，但有时他们只是机械重复媒体精英的谈话要点。

巨人：电视

8.3　电视行业是否失去了政治话语权?

当大多数人提及媒体，他们指的是电视，因为电视仍然具有最大的影响力。大约 2/3 的美国人仍然从电视上获取新闻，相比几十年前的 90%有所下降，而且大多数人认为电视新闻比报纸更可信。然而，现在年轻人从互联网和社交媒体上获取的新闻比从电视上获取的更多。

第二次世界大战之后，电视几乎触及和改变了政治的所有方面。如今的竞选运动围绕着如何获得电视时段而考虑，获胜者多半是那些出得起大价钱雇用最好的新闻媒体顾问的人。电视已经涉嫌造成美国选民投票和政党数量下降。一些观察家认为，如今的政治集中于几秒钟内的电视时段，这使公众认为政治更加无足轻重。冷静的分析没了，忽悠的口号来了。

电视新闻

电视胜在可视化。事实上，电视并没有提供比广播更多的新闻，但它的确通过一种个性化和可信的感觉、一种模仿面对面交流的方式，向人们提供了更重要的东西。新闻制作者把注意力更多地投放在有“看头”的新闻故事上。与通讯社一样，抽象的、深入的题材通常只做少量的报道就过去了，相反，戏剧化的行为——如果有摄像机在手可以抢到镜头——就会大肆宣扬。正因为如此，和大多数其他的美国媒体一样，电视没有报道埃及民众多年来对胡斯尼·穆巴拉克（Hosni Mubarak）的仇恨情绪，仅披露了 2011 年开罗民众高呼要将他赶下台。电视从未解释越南战争是怎么回事，仅仅在 1968 年给出了一张西贡军官枪杀一名越共的胶片剪辑，从而激发了美国人的反战情绪。电视新闻总是能吸引人的眼球。从本质上讲，这种媒体更加感性；正如通信理论家马歇尔·麦克卢汉（Marshall McLuhan，1911—1980）所观察到的，电视比其他媒体更具内在的激情，它的报道越过大脑直入人心，这是电视媒体最大的力量。

电视摄像组在室外的工作是非常昂贵的，尤其是在海外，因此一般是在通讯社已经注意并追踪事件后他们才开始进入目的地。电视制作者偏好于提前知道将会发生什么，然后再安排摄像组进驻。这使电视新闻偏重于记者招待会、各种演讲、听证会以及政府声明等内容。一些批评者把这叫作**媒体事件**，也就是说如果没有新闻报道，这些事件也许就不会发生。填补报道真空期的是业余视频，一般是用手机拍摄后，上传到视频网站，然后由电视筛选播放。虽然图像很差，但它们传达了一种存在感，这是专业媒体无法比拟的。世界各地的人们目睹了土耳其和埃及的抗议活动，以及不久后叙利亚发生的斩首事件。

媒体事件
为了迎合报道需要而制造出来的新闻。

深入分析也不是电视的强项。一则普通新闻占时约 1 分钟，4 分钟的新闻就被认为是有深度的报道。沃尔特·克朗凯特（Walter Cronkite）——长期以来电视新闻人的先驱，强调电视新闻仅仅是“摘要或标题式服务”，意思是如果观众希望获知更详细或更深入的信息，那就只好求助于别的渠道。当然，许多美国人并不看更深入的报道，而是把迟到的、引人注目的媒体事件作为日常信息的来源。因此，我们不必惊讶于民意测验一再发现美国人对当今的许多重大事件知之甚少。

电视和政治

电视通过若干方式改变政治。在任者，尤其是白宫的现任领导人，总是备受人们的关注。电视强化了这种关注，不过并不总是让**在任者**如意。电视新闻十分关注总统的举动。国会获得的报道比总统少，法院则比国会更少。这源于美国长期以来重视总统的传统。总统——尤其是电视在孩子心目中塑造的总统——被视为全能的父亲形象，一个可以解决任何问题的人。这种意识会令现任总统非常高兴。但是事情接着会走向另一端，总统并不能解决所有的问题，吹毛求疵的新闻界又在暗示总统使问题变得更糟。全能的总统形象引来的是各种各样的指责批评。媒体，尤其是电视，激起了总统崇拜，然后又刺激了大众对总统的不满。媒体所强调的期望值过高，相应地，失望也就很大。一些批评家认为，媒体的这种报道方式损害了美国的政治系统，使国家变得不稳定并难以治理。

在任者
已经在岗的官员。

浪头
领先者获得更多支持的趋势。

通过电视获得提名 电视对总统候选人的提名起着非常重要的作用。所有的眼睛都盯着早期的总统预选，评论员肆意评论谁是“真正的胜利者”以及谁更有“势头”。候选人被当作进入选举后续阶段和全国大会的领跑者，获得**浪头**效应、高知名度甚至更多的电视报道。在提名过程中，电视成为“国王的拥立者”。毫不奇怪，候选人尽量按照电视的要求来安排他们的活动和竞争策略，以便得到尽可能多的电视镜头。

电视关于候选人的报道集中于他们的个性，而不是对国家和社会问题的看法。电视通过精巧的特写和表面上的自然举止，给观众一种感觉，即他们所看到的就是候选人的真实个性。事实可能不是这样：有的候选人像专业人士一样把玩媒体（如里根），有的候选人却非常紧张以至于掩藏了他们平时的个性（如多尔）。候选人在电视上的表现无法充分反映他们在工作中的表现，然而它却是美国选民最常用的一个判断标准。

当电视在提名和竞选过程中担当如此重要的角色时，党派的作用被忽视了。越来越多的候选人通过自己的团队筹集资金，并利用电视媒体直接与选民对话。领先的竞争者已经得到进入全国大会的推动力，所以他们不需要党派的专业人士来代理提名事务。如今的政治已走出了以往烟雾腾腾的密室（用来策划竞选提名事务），而变成了镁光灯下的政治，这并不见得比以前更好。党派及其领导人或多或少地总是知道一点政治事务，有能力推出可靠的、成熟的候选人来。现在有了电视，一位几乎没有政治经验的候选人，也可以不知从哪里冒出来并且获得国家最高官职，奥巴马正是这样当选的。

当然，我们在责怪电视削弱了美国政党政治时，必须非常小心。美国的政党，除了少数城市政党，从来没有像大多数欧洲政党那样组织严密（欧洲政党也在衰落）。而且，它们的衰退在很久以前就开始了，并不纯粹是因为电视。其他的因素，比如特殊的利益集团、政治行动委员会（PAC）、直邮信件以及网络鼓动的增多，都削弱了美国政党的力量，电视不是唯一的罪魁祸首。

电视和政治冷漠 很早以前就假定电视造成了政治的消极和冷漠。哈佛大学的政治学家罗伯特·帕特南系统考察了可能引起美国“公民参与热情”减退的原因，他发现，出生于二战以前的老人们更信任政治，也更多地加入团体、参与政治。其中的原因就在于，他们成长于 20 世纪 50 年代开始的“电视时代”以前，而成长于“电视时代”的年轻人则缺乏这些品质。帕特南说：“花在看电视上的每一个小时都与更少的信任感、更少的团体成员意识相连，而花在读报上的每一个小时恰恰与此相反。”独自看屏幕的时间（现在还包括电脑、平板电脑和智能手机）阻碍了邻居之间建立信任的社交互动。

另一个相关的指控是电视降低了大选的投票率。这里有一个时间上的巧合。1960 年，电视首次奠定了它成为竞选中最重要手段的地位，那一年投票率降低了 13%，直到 1988 年，投票率基本维持在这一低水平。因此“电视饱和论者”认为，是电视使公众对投票失去了兴趣。最后的两名候选人的观点听上去几乎差不多，选民们很难区分出有什么不同。负面的竞选因素也使许多选民感到厌恶。针对政治污点的指控（特别是来自超级政治行动委员会的源源不断的资金）与反指控愈演愈烈，更换越来越快，选民受到**交叉压力**，不得不进入冷漠和无法决定的状态。在西欧，一般禁止在付费的电视时段中进行竞选宣传，他们的选举时段也相对短一些（通常在一个月左右，而不是像美国长达一年或更多），那里的投票率就比较高。只有美国不限制电视中的政治类广告。

交叉压力
对立的政治力量之间的争夺选民之战，经常造成政治冷漠。

美国大选电视宣传的总费用差不多是 10 亿美元。根据播出时段和地点的不同，1 分钟的节目可能要价 10 万美元甚至更多。竞选成本这一因素本身就改变了美国政治。众议院议员有时只需很少的电视广告就能当选，但参议员和总统候选人就需要更多的电视广告了。总统竞选的大部分支出（2016 年的竞选中，大部分资金由超级政治行动委员会资助）现在都用在了电视上。政治咨询业——在恰当的电视时段上宣传恰当的主题、标语、口号和演讲——已经成为一个庞大的产业。在大多数的竞选中（除 2012 年的竞选），获胜者就是那位花费最多资金、在电视上投入最多的人。这使利益集团和政治行动委员会的重要性凸显出来，由此而削弱了政党的作用，并且加深了普通选民的无力感。许多美国人忽略党派标签，这种倾向警醒了一些政治学家，他们把这称作选民的“解组”，即选民不再把自己与一个政党拴在一起。有人担心，由于这些选民缺乏政党的认同感，他们会日渐敞开心扉接受媒体尤其是电视的政治劝说。由此，2012 年的总统竞选令人质疑宣传费用的有效性，因为主要由共和党人承担的巨额电视支出并没有让他们获胜。负面广告可能会相互抵消；选民们干脆把他们全都排除在外，也不理会他们。

方法

界定变量

你必须对所使用的变量进行界定，以使自己和读者不至于理解错误。这就意味着经过深思熟虑将考虑范围收窄。例如，很难用“民主”这个词来形容它的复杂性。有太多的问题需要关注。你会发现，有些国家具备民主政体的某些特征，但并不是全部。一个好的定义会让你把讨论置于合适的领域。你可以把总统选举年经济的下降界定为“困难时期”，然后来看是否会因此而失去选票。

即便是“投票”这样的概念也需要缩小范围。我们指的是基层的、地方的、总统选举，还是国会选举？我们无法比较2016年总统选举和2014年国会选举的投票率。总统选举的投票率要高一些。我们可以讨论的是同样层次的投票，如每四年一次的总统选举。

更为困难的是，宽泛的、模糊的术语带来了情绪化的问题，如“孤立主义”。我们如何证明来自特定地区或政党的参议员更像一个孤立主义者？如果你向他们提问，所有人都会给出否定的答案，因为这一名词暗含着“忽视”之意。你应该用一个意义更窄的词，如“不干涉主义者”，并言明是指反对美国向海外派兵。这样，通过调查参议员的投票记录，你可能会发现不干涉主义的模式。

电视所有权及其控制　在所有工业化国家中，美国政府对通信和媒体的控制最少。自从电报发明以来，美国政府就退到了幕后，让私营公司涉足通信行业以赚取利润。在欧洲则恰恰相反，电报很快就像电话一样被政府的邮政系统接管。考虑到宪法第一条对言论自由的保证以及社会中存在的自由企业文化传统，美国政府自然不想插手通信和媒体行业。对欧洲国家来说，它们拥有中央集权和家长制的传统，政府对电信的控制就像对铁路的所有权一样理所当然。现在欧洲的电视已经有一部分是州管理和私人运营了，这两种运营形式都要对政治党派的报道持续收费。

非家长主义
不扮演监管和引导的角色。

电磁频谱
传送广播电视信号的电波。

美国的**非家长主义**带来了一些问题。20世纪20年代，随着收音机的大量增加，**电磁频谱**上密密麻麻地挤满了各个电台，它们彼此竞争，都试图把对方赶出去。为了结束这种混乱局面，1927年的《无线电法》表明广播电视应该服务于“公共利益、便利和需要”。联邦通讯委员会监管广播但无权监管电台的节目内容。广播曾要求“等时性”以努力确保公平，但如今已经放弃了。

框架
一个新闻故事的基本方向和说明。

理论

新闻框架

自从社会学家欧文·戈夫曼（Erving Goffman）发展出“**框架**”概念后，它就为众多社会科学家所使用，它跟沟通研究有着特殊的关系，意指一个新故事的基本线条。与简化和模式化类似，框架指的是建立一个参考的架构，以便在特定的话题中起暂时的支配作用。新闻人称之为“导线”（有时会故意写成错别字以引起更多关注），即关键的第一段，设定了整个故事的方向。

框架并不一定意味着有意的倾向，相反它是一个让记者、编辑和读者理解新闻的必要限定。你不能第一句就写：“哇，财政断崖确实太复杂了！”新闻人必须时刻拿出一个框架。像往常一样，2012 年底，他们接受了华盛顿的框架（一些经济学家和商界领袖也认同这个框架）：美国经济在 2013 年将遭遇严重衰退。但实际并非如此。媒体无视关于金融断崖不会发生或不会那么糟糕的情况（1999 年，媒体把“千年虫”说成是一场会让所有电脑崩溃的灾难）。主流媒体的报道往往有相同的导线。几乎所有人都接受主流框架，并避免复杂或有质疑的框架。

在政治上，框架也发挥着极大的作用。谁都可以用框架去建构问题以引导政治议程。小布什政府用大规模杀伤性武器和恐怖主义建构了伊拉克战争，并且获得媒体的支持，至少刚开始时是这样的。后来，当媒体发现自己被误导后，它们重构了伊拉克的故事——内战和混乱。白宫气得直瞪眼。伊拉克战争是白宫和媒体之间的一场高风险的框架较量。

精英们在操弄着框架：媒体是绵羊，政治精英是牧羊犬。白宫归咎于媒体，但通常媒体最先接受的是由白宫或其他精英提供的框架。它们必须如此，它们别无选择。2008 年，当庞大的美国金融公司濒临倒闭，记者们不得不采访那些获得政府救助的金融家。后来，一些记者采用了与那些职业的和智库的经济学家们不同的批判性框架。但好几个月以来，媒体都没有质疑白宫提供的“我们濒临又一个大崩盘的”框架。新闻故事齐刷刷地这样引导：“末日将至，如果我们不马上接受保尔森计划的话！”没有人认为保尔森计划可能失灵或者还有更好的选择。

那么你如何才能保护自己免受一些框架的误导呢？第一，要拓宽新闻的来源，博客通常最先质疑那些标准的框架。第二，要明白不同方面都想用故事框架达到政治或财政的目的，赢得选举或金钱。第三，要注意新闻故事的出处：它们与这个议题有利害关系吗？如果是的话，期待一个自助的框架吧。第四，用怀疑和耐心对待所有新闻故事，等待一两周以便获得平衡的观点。恐慌是明智判断的大敌。

我们得到糟糕的服务？

8.4　大众媒体中的“结构性失衡”

美国的大众媒体并没有给美国人提供很好的服务。首先，新闻报道具有高度的选择性，通常会过分重视某些方面，而又忽略其他方面，这被称为“结构性失衡”。总统及其幕僚占据了一半以上分配给联邦政府的新闻时间。总统天然地比其他政府部门更具可看性和戏剧性。记者、编辑和制作者都担心，如果他们多花一点时间在国会或者法院上，读者和观众就会感到厌烦。他出入直升机、迎接外国领导人、到海外旅行、卷入丑闻，这都为电视提供了很好的镜头。国会受到关注时，一般是某个委员会面对一个紧张、有争议的或有敌意的证人。委员会的成员抛出指控的问题，而证人有时结结巴巴地否认，有时爆发出咆哮。那是很好的戏剧性场面。至于国会其他的事务，则是相当晦暗无趣。法院面临着一个最大的障碍：大多数法庭禁止拍照。于是美国人逐渐产生了这样一种认识，那就是白宫做了最多的事情而且拥有最多的权力，而国会和法院则算不了什么。

行政部门和州政府也被忽略了。大量的部门、机构和文官在治理国家，但是官僚只是乏味的采访对象，联邦的限制是不明智的。许多未来的新闻题材被埋没在官僚机构里。什么机构运用什么样的标准允许深海采油？媒体直到三哩岛核事故发生后才会关注它。哪个部门按照合同把数百万美元转移给总统竞选中的贡献者？金融行业的风险和欺骗一直存在了许多年，监管机构和媒体却毫无反应。哪个联邦机构来判断商业航空公司是否制定了足够的安全标准？哪个联邦机构发布飓风预警？又向谁发布呢？（卡特里娜飓风过后，越来越多人开始关注这一点）新闻媒体只是等到出了大事后才表示震惊。政治的真正内容和素材藏在联邦机构里，但是媒体很少注意它。

对州政府的关注更少。它们没有国家级的媒体——大广播公司和精英类报纸——有的只是地方级媒体，那些是小镇上的报纸和广播。州一级的媒体是没有的，部分是因为州不是广告商关注的“市场区域”（人口中心）。因此，除了州政府所在地，关于州政府的新闻极少，即使它们有时也非常重要。在某种程度上，网络媒体对国家政治的报道填补了这一空白，但仅限于那些关心政治的人。

对全球范围的事情，新闻媒体也总是要等到发生点什么才会去关注、报道。除了精英媒体以外，媒体很少对可能有麻烦的地方作背景报道，于是，当恐怖袭击打击美国或东亚出现金融危机时，大多数美国人感到惊讶万分，其实本不该出现这种情况。即便是最温和的报道，也会让美国人意识到日益上升的问题的严重性，但是美国媒体在这些地方没有长驻记者。拉丁美洲对美国非常重要，但媒体几乎把它给忘了。我们生活在一个骚乱的世界里，而美国的媒体不到暴力发生是不会去关注的。媒体的从业人员对自己的定位是：提供“好看的东西”比分析和警告更重要，这就造成了美国人面对事件时的震惊与迷惑。

美国媒体的最大问题是，它们并不想对世界各地发生的事件进行连贯而全面的报道。在紧张的时间限制下开工，抓拍最佳的镜头，并且高度依赖官方的资料，媒体通过许多小事件向我们“轰炸”过来，却很少把这些故事串成一个完整的过程。提供给我们的新闻报道就像拼图一样凌乱无序。这个问题部分可以归结为媒体的每日出版特性，毕竟报纸和电视在每天的固定时间总是要出东西。这样出来的新闻总是不完全的，有时还是有误导性的。我们只看见人们在射击，却不知道原因在哪里。媒体世界用莎士比亚的话来说就是“充满各种声音和愤怒，却毫无意义”。

可以做什么?

除了精英媒体以外，大众媒体不能提供有意义的东西。几乎没有记者会去解释新闻报道的历史背景和来龙去脉。记者被认为是多面手，能够知道事情的方方面面。你所做的一切只是写下官方是如何说的就可以了。正是因为这个原因，编辑和专栏作者经常采纳可用的“新闻”而不是直接的新闻故事，因为前者使得新闻似乎更有价值，而后者只是一些零碎的堆积。遗憾的是，大多数美国人在决定选举谁、经济问题以及出兵海外时，非常需要考虑这些“零碎的东西”。

能做些什么呢？专业的新闻人士通常会承认，公众获取的信息质量不高，他们当中的一些人也希望报道做得范围更广、更有深度，但是制约他们的恰恰是公众本身，少数商业记者对金融体系存在的问题发出了警告，但大多数人——包括银行家和投资者——对 2008 年的全球金融危机感到不可思议。你该如何引起人们的注意？阿富汗战争的开支超过 1 万亿美元，损失了 2 000 名美国士兵，但在 2012 年的大选中，媒体几乎没有对此进行报道，公众却被一位美国将军在喀布尔的爱情生活所吸引。大多数人并不希望获得更有价值的信息，特别是对那些复杂和遥远的事情。对受众的调查发现，人们对国外的事情关注得较少，而对地方事务关心得较多。如果推出过多的世界新闻，没准报纸会破产。体育和当地的人文趣事才是最有价值的。大多数人不是知识分子，不喜欢复杂深刻的分析。他们关心枪击事件，但是不想知道其背后的原因。

媒体是否有义务教育公众，使大家更好地理解我们这个复杂的世界呢？一些媒体中的理想主义者确实感觉到这样一种责任，但他们常常被精明的生意人拒绝，而后者才是拍板的人。过一段时间，理想主义者变得愤世嫉俗。我们不能期望很快就有大的改变。对学习政治学的学生来说，最好去看精英媒体的报道。一般的大众媒体就看看体育版好了。

案例研究

媒体和水门事件

1972年，一则新闻报道导致了尼克松政府的终结，并且自那时起，部分媒体认定了自己的新形象，即成为公共道德的监护人。与白宫有关的人因盗窃和企图在民主党竞选总部——水门办公室安放电话窃听器而被捕。《华盛顿邮报》两名年轻的记者经过艰难的调查，发现了被总统办公室掩藏的秘密，他们后来出版了《都是总统的人》一书。尼克松越是努力证明自己的清白，他看上去就越是有问题。他没有遭到弹劾。众议院特别委员会提出弹劾的请求，接着尼克松宣布辞职。众议院非常有可能通过弹劾，参议院也会宣告总统有罪。

但是如果没有媒体的报道，一切还会是这样的吗？虽然法院和国会最终采取了法律行动，但是是媒体使人们相信，这些部门不应该忽视或拖延履行其职责。是媒体导致了尼克松政府的下台吗？尼克松的人这样认为，不过他们一向就憎恶新闻界。另外也有人认为，即便没有媒体的加入，一切还是照样会发生，只不过要缓慢一些，而且没有这么富有戏剧性。问题在于，政府和媒体彼此纠缠得如此紧密，简直就是同一过程的不同部分，难以分开。

水门事件以后，一些媒体，特别是精英媒体和全国电视网，通常都会采取与政府对立的立场和态度。对政党的批评也是很不温和的，甚至有时不讲道理。总统们现在都认为，媒体对自己很不友好，总统的政策很自然地遭到质疑和批评。媒体把华盛顿视作处处充满“丑闻”，于是陷入了一种“日渐强烈的愤怒”中，认为没有未被玷污的名声。

对手：媒体和政府

8.5 敌对媒体对民主的必要性

媒体作为民主政体的批评者，它的作用很早就为人们所公认。托马斯·杰斐逊在1787年写道：“如果只剩下没有报纸的政府和没有政府的报纸两种选择，我毫不犹豫地选择后者。”在俄罗斯和墨西哥，揭露腐败和滥用权力行为的记者遭到暗杀，也不会进行什么调查。许多新闻单位进行“自我审查”，以求自保。

对抗关系
互相批评和反对，相互之间充满敌意。

几个世纪以来，报纸一直在批评政府。20 世纪 60 年代末 70 年代初，媒体和政府之间出现了一种新的**对抗关系**，并一直持续到今天。当然，不是所有的媒体都卷入了这场战斗，毕竟大多数报纸和通讯社的新闻还继续依靠官方资源。但是精英媒体和电视常常采取与行政机构敌对的立场和态度。

这种敌对关系的起因显而易见：越南战争和水门事件。在这两大事件中，行政机构都陷入了故意欺骗媒体以安抚公众情绪的套路里。许多传媒界的人士十分憎恶被这样利用，他们的反击手段有二：一是在记者招待会上尖锐地提问，二是提供调查性的报道。尼克松总统使事态变得更糟，他长期以来对新闻界就是恐惧和厌恶的。当他 1962 年失去加利福尼亚州州长的职位时，垂头丧气地抱怨说"新闻界不要再打压尼克松了"。在新任总统记者招待会召开前，尼克松像以往一样把自己关在一间黑暗的屋子里，以放松自己紧张的神经。他喜欢在相当保密的情况下召开会议，通过电视广播直接公开他的决定，而不需要新闻界人士的介入。反过来，新闻界也非常讨厌尼克松。

在西贡，美国军方举行了一次下午新闻通气会，他们配着"五点钟的轻喜剧"，希望对战争进程的说明尽快过去。结果在座的新闻记者不久就对重复的、错误的和无关紧要的简报感到厌倦，开始转向互相打听情况。他们发现腐败无能的西贡政权无法赢得民心，越共能够随意组织罢工，战术和士气不足以阻止他们。《纽约时报》一位年轻记者对吴庭艳政权非常不满，他的报道降低了美国人对该政权的信心，导致吴庭艳 1963 年被驱逐并被手下的将军谋杀。这就是精英媒体的影响力。

越战被认为是首次被电视展示的战争：年轻士兵的尸体在电视上一览无余。对于电视使美国人反对越战这一观点，我们要谨慎地接受。朝鲜战争（1950—1953 年）没有电视报道，但是美国公众以同样的方式来反对它：当美军伤亡数字增加时，公众就开始反对战争。是伤亡数字，而非电视报道，改变了美国人对这两场战争的态度。越南战争也带来了《五角大楼文件》（Pentagon Papers），首先在《纽约时报》登载，然后是《华盛顿邮报》。尽管报告事件最终认定的罪魁祸首是约翰逊政府，但尼克松政府被触怒了，下令停止出版，政府首次对报纸进行审查。最高法院立刻否决了政府的做法，于是新闻界又开始运行。至此，政府与媒体之间公开宣战。

新闻界是否走得太远了呢？有人已经对媒体攻击所有权威的专横态

度感到厌烦。媒体似乎认为自己总是正确的，而政府总是错误的。共和党指责媒体过于自由化。此外，激进人士则批评媒体只听从总统和大公司的。双方的指责都有些道理，但也应该看到，终究绝大部分机构在媒体的监督之下。报纸在第一时间揭发了克林顿总统的性丑闻。媒体好像在找所有政治家的碴。在互联网的帮助下，一些人现在“问责新闻”，愿意揭露一切——包括关于酷刑和无人机袭击的机密材料——以便让公众来评判。爱德华·斯诺登（Edward Snowden）泄露出由维基解密（Wiki Leaks）等组织发布的机密文件，此举为媒体提供了渠道，但有人说这是以国家安全为代价的。

研究表明，新闻记者和写手的确更倾向于扮演自由派和民主党人，这在有些报道中可以看出，但是电台和报纸的老板，则倾向于扮演保守派和共和党人，并且会打击雇员的自由化激情。广播的访谈很明显地偏向右翼，纪录片制作者则大多是激进的自由派人士。对媒体偏见的指责很难被确证，因为人们可以发现，媒体错怪了所有的政治家，无论是共和党的还是民主党的。白宫试图严格控制信息，这引起了媒体的不满。

媒体在民主制度下的适当角色是什么？它们能够而且应该进行批评，这是显而易见的；这会让政府保持警觉。但是，它们可以批评到什么程度呢？它们应该揣测处处都有错误行为和不可告人的秘密吗？记者们应该效仿因水门事件闻名的伍德沃德和伯恩施坦而去深挖各级政府的丑闻吗？由于有最高法院的**沙利文原则**（Sullivan rule），媒体在很大程度上可以免遭诽谤诉讼，“公众”人物被认为应该对媒体的监督保持公开。这使许多公众人物感到自己在万能的新闻界面前无能为力和痛苦不堪，也普遍增加了他们对政治的愤世嫉俗的态度。公众对太过苛刻的新闻界的批评也与日俱增。也许美国应该找到一条令人愉快的中间道路。

沙利文原则
1964年最高法院保护媒体免遭政府官员的诽谤诉讼的决定。

思考题

1. 大众传媒和面对面的交流会产生什么不同的影响？
2. 什么是精英传媒？
3. 网络如何改变政治沟通？
4. 电视新闻的缺陷在哪里？
5. 金钱能够买到电视时段或者进而会“收买”选举吗？
6. 电视是否制造了政治冷漠？
7. 哪个国家拥有最自由的大众传媒？
8. 媒体是否应该为阿富汗战争的支持率下降负责？
9. 如何保持消息灵通？
10. 媒体和政府的对立是好事吗？

关键术语

对抗关系	框架	舆论领袖
浪头	在任者	来源
博客	关注自我	现状
交叉压力	媒体事件	登台演说
电磁频谱	非家长主义	沙利文原则
精英媒体	寡头垄断	通讯社
面对面		

参考文献

Bennett, W. Lance, Regina G. Lawrence, and Steven Livingston. *When the Press Fails: Political Power and the News Media from Iraq to Katrina.* Chicago: University of Chicago Press, 2008.

Boehlert, Eric. *Bloggers on the Bus: How the Internet Changes Politics and the Press.* New York: Simon & Schuster, 2010.

Buell, Emmett H. Jr., and Lee Sigelman. *Attack Politics: Negativity in Presidential Campaigns since 1960.* Lawrence, KS: University Press of Kansas, 2008.

Cohen, Jeffrey E. *The Presidency in the Era of 24-Hour News.* Princeton, NJ: Princeton University Press, 2008.

Gant, Scott. *We're All Journalists Now: The Transformation of the Press and Reshaping of the Law in the Internet Age.* New York: Simon & Schuster, 2007.

Ghonim, Wael. *Revolution 2.0: The Power of the People Is Greater Than the People in Power: A Memoir.* New York: Houghton Mifflin Harcourt, 2012.

Goodwin, Doris Kearns. *The Bully Pulpit: Theodore Roosevelt, William Howard Taft, and the Golden Age of Journalism.* New York: Simon & Schuster, 2013.

Graber, Doris A. *On Media: Making Sense of Politics.* Boulder, CO: Paradigm, 2012.

Hall, Kermit L., and Melvin Urofsky. *New York Times v. Sullivan: Civil Rights, Libel Law, and the Free Press.* Lawrence, KS: University of Kansas Press, 2011.

Jones, Alex S. *Losing the News: The Future of the News that Feeds Democracy.* New York: Oxford University Press, 2009.

Kumar, Martha Joynt. *Managing the President's Message: The White House Communications Operation.* Baltimore, MD: Johns Hopkins University Press, 2009.

Levy, David A. L., and Rasmus Kleis Nielsen. *The Changing Business of Journalism and Its Implications for Democracy.* New York: Peter Lang, 2010.

Mindich, David T. Z. *Tuned Out: Why Americans Under 40 Don't Follow the News.* New York: Oxford University Press, 2004.

Morozov, Evgeny. *The Net Delusion: The Dark Side of Internet Freedom.* New York: PublicAffairs, 2011.

Perlmutter, David D. *Blogwars.* New York: Oxford University Press, 2008.

Prior, Markus. *Post-Broadcast Democracy: How Media Choice Increases Inequality in Political Involvement and Polarizes Elections.* New York: Cambridge, 2007.

Wasik, Bill. *And Then There's This: How Stories Live and Die in Viral Culture.* New York: Penguin, 2010.

West, Darrell M. *Air Wars: Television Advertising in Election Campaigns, 1952–2008,* 6th ed. Washington, DC: CQ Press, 2013.

Wu, Tim. *The Master Switch: The Rise and Fall of Information Empires.* New York: Knopf, 2011.

第 9 章
利益集团

阅读与思考

9.1 利益集团及其与政党的区别

9.2 利益集团与民主的关系

9.3 影响利益集团有效性的因素及其案例

9.4 利益集团使用的一些策略

9.5 利益集团过于强大的原因及其案例

美国最高法院的一系列裁决把利益集团推到了新的高度，有些人说这是危险的高度。这些新组织被称为“超级政治行动委员会”（super-PACs），由超级富有的匿名捐赠者向政治竞选注入大量资金。亿万富翁们通过这些超级政治行动委员会向候选人和支持他们的财政的、意识形态的利益集团捐赠了数百万美元。虽然竞选捐款和支出不断飙升，但总体上对选举结果单方面的影响尚不清楚。

共和党人对此表示十分赞同——这些裁决由最高法院的多数共和党人通过——认为他们将获得开支优势，但该决定的第一个受害者是2012年共和党总统候选人，他们在由超级政治行动委员会资助的初选中相互指责、相互讽刺，损害了共和党的整体形象。具有讽刺意味的是，保守派知识分子首提“不可预见的后果”。在选举日，超级政治行动委员会的巨额开支似乎没有什么影响，部分原因是民主党人也筹集了巨额资金，而过于饱和的选民可能会无视尖锐的夸大和指责言论。

利益集团的普遍性

9.1　利益集团及其与政党的区别

超级政治行动委员会只是资金雄厚的利益集团影响政治的一种新手段。批评人士抱怨富人在政治上的主导地位，但在民主制中，却没有什么办法可以阻止它。控制这种影响需要限制利益集团对政治过程的介入（包括它们的言论自由权）。谁又能决定哪一个利益集团应该有多大的影响力呢？任何做出这一决定的人都可能严重地扭曲民主。

利益集团的理论是：即使身处最完善的民主体制，个人的能力也是微乎其微的，解决的办法是由志趣相近的人组成一个团体。经过艰难的组织筹备、寻求资金、院外游说，个人才能获得影响力。由此看来——这是一个多元主义的视角——政治生活的关键在于各类组织。这是一种多少有点天真的观点，因为它没有注意到不同的集团拥有极不平等的资源。联邦游说团体每年要耗费大约90亿美元的开支。资金雄厚的个人和公司有更大的影响力，普通百姓力量微弱甚至几乎没有影响。利益集团在多元化的美国尤其强大，但它也是随处可见的，即便是在专制政体下，也有利益集团默默寻求着专政者的支持。

“利益集团”一词指的是任何试图影响政府的人的集合。有些利益集团昙花一现，有些则长期存在。有些仅对影响特定政策感兴趣，有些则关注广泛的话题。有些影响行政机构，有些影响司法或立法部门，有些仍然只是影响民意。但是所有这些都是试图通过影响政策来促进小团体的利益却不必对公众负责的组织。

利益集团与政党

利益集团有些像政党。两者都试图影响公共政策，但利益集团在选举之外施加影响，对公众也不必负责任。政党必须赢得选举。利益集团或许试图影响那些对其主张表示同情的候选人，但候选人总是在政党的大旗下而不是在利益集团的旗帜下进行活动。

目标 政党的目标是通过选举获得权力。利益集团通常与特殊的项目和事件相关，很少由政府的正式机构来代表。相反，它们试图影响立法者和行政机构。利益集团通常希望获得所有政党的青睐。经济集团就希望同时得到民主党和共和党两方的支持。当然有的利益集团支持某一政党，如全美步枪协会（NRA）就强烈支持共和党候选人。

成员性质 政党为了赢得选举的胜利，寻求最大可能的支持，会把利益不同的人们都拉入自己的队伍。共和党甚至会把所有收入阶层的人都包括在内。自认为代表所有普通民众的民主党，也欢迎来自社会各个阶层的支持者，包括一些富有的人。利益集团的成员来源就狭窄得多。工会的成员，可能享有共同的生活、工作条件和人生目标。理想主义的利益集团吸引那些注重宗教、环境或性别因素的人。有些团体把不同的团体联系在一起，例如把罗马天主教徒和原教旨主义新教徒联合起来反对堕胎。

由于一些原因，包括选票长度的限制，很少有超过12个政党参选。但是对利益集团是没有限制的，一些国家（如美国）促进了它们的发展。打开华盛顿特区的电话簿，查询“全国……”，能找到数百个全国性协会、联合会和委员会。美国之所以繁荣，是因为它吸引了2万多个利益集团。

谁属于利益集团？

所有发达的社会都是由许多不同的产业、文化、经济、教育、种族和宗教团体组成的多元化社会。相异的利益导致了不同团体的自主形成。在一个多元化的民主制度中，多种多样的利益集团推动它们自己的主张和观点，创造了一种对立利益的平衡，这在理论上阻止了任何一个团体统治政治系统。这种乐观主义的观点认为，政府政策是多个代表不同人利益的利益集团竞争的产物。

不过利益集团更多地代表中产阶级、下层民众和企业的利益。由于一些利益集团比另外一些利益集团更为富有，联系更为紧密，因此不同利益集团在民主体制中能够发挥的作用并未处于同一水平线上。批评人士指出，如果集团理论真的成立的话，穷人将会组织成团体以从经济中获得更大的好处，但是这些缺少教育的穷人，在建立利益集团促进他们自身利益的过程中行动缓慢。富裕的人和受过较好教育的人则更有可能参与政治，包括组织和运作利益团体以及超级政治行动委员会。

处于社会底层的公众，没有多少组织来代表他们的利益，因此他们可能在政治体制中采取爆发性行为。他们的怨恨情绪爆发出来，可以像法国大革命攻占巴士底狱的风暴那样突然发生。近年，美国市中心平民区的暴乱反映出与种族相关的问题在非裔美国人中引发了愤怒情绪。黑人区的暴乱，并没有对商业、工会或者其他组织的权威产生挑战，它们照旧行事。并不是社会的所有方面都可以有效地形成和利用利益集团。

理论

对抗性力量

多元主义的一种理论认为，没有哪一个利益集团能够垄断权力，因为总是有一个或数个集团与之竞争。对抗性力量理论认为，商会受到工会的牵制，犹太人团体受到穆斯林团体的牵制，反对进口的企业集团受到支持进口的企业集团的牵制，制药公司受到退休者联合会的牵制。多元主义者认为，正是这种平衡使我们的政体更为自由、民主。

但平衡总是存在吗？正如其他国家一样，美国的工会成员数量锐减，比商会的力量要小得多。

电力和石油企业组成强大的院外游说集团，面对的是3.2亿消费者，后者却没有这样的集团来为之代言。由大保险公司、医院、医生组织、医院雇员和医药公司参与的医疗改革斗争每天要花费140万美元来游说。因为保险行业的阻止，2010年的法案只针对私人而没有对公共医疗加以规定。另一方面，在医疗保健的消费者群体基本上没有什么代表性。现实中真正存在的对抗性力量少之又少。

利益集团与政府

9.2 利益集团与民主的关系

利益集团试图影响政府决策。但是，如果是在那些政府比较虚弱的地方呢？阿富汗基本处于无政府状态，政府的法令几乎很难延伸到首都喀布尔以外的地方。在这里有很多的团体：部落、宗族、军阀、鸦片种植者和塔利班组织，但我们不会称它们的互动为“多元”。在墨西哥，与毒品相关的犯罪活动是主要的经济活动，并且催生出了“卡特尔”这样的武装利益集团。比较脆弱的州以犯罪和政治互相渗透为特点。并不是所有的利益集团的活动都是好的且和平的，这取决于利益集团在法律体系内运作的意愿，就像那些所谓的强势的州那样。

一旦政府开始资助某件事情，受益的利益集团在强烈的金钱利益驱动下会要求该资助项目持续下去。正是由于政府变得越来越庞大并且资助了更多的项目，利益集团数量才激增。现在，几乎每一个美国政府部门都有一个或更多的利益集团在旁边监督着，希望得到更多的利益，或是修改规则，使自身变成一个正式机构。教育和能源部门便是在这种环境下产生的，里根总统曾许诺要废除它们。但是他也未能做到，因为利益集团和政府紧密结合在一起，并且有些是政府创造出来的，它们的权力太大了。

有时，利益集团还参与政府的立法和执行过程。在英国，国会的“利益成员”就是那些公开代表某些产业和工会利益的人。这种状况并没有引发不满，并且被认为是极其正常的（相反，私下里给政府施加压力的行为，被认为是“庸俗的”，甚至是一个丑闻）。在瑞典，利益集团的势力相当大并且很有权威，负责制定新法案的皇家委员会，就是由政府官员、立法者和利益集团的代表组成的。当一项计划草拟好后，会交给各个相关的利益集团进行评议。瑞典政府中负责农民和工人福利的机构，由各自的农民组织和工会来管理。一些学者把这叫作**法团主义**（corporatism），意思是利益集团具有政府的功能。在瑞典，商会、工会的代表和内阁成员经常会面，讨论决定某些重大的公共政策。批评家们认为，这种过于亲密的关系已经完全超越了国会的民主制度。

法团主义
利益集团对政府运作的直接参与。

政府如何制造利益集团?

政府把许多利益集团动员起来，因为它们与政府的计划有关。有农业游说团体，因为有农业项目；有教育游说团体，因为有教育项目；有退伍军人游说团体，因为政府要打仗。

1938 年，作为罗斯福总统走出大萧条计划的一部分，国会创建了联邦国民抵押贷款协会——也就是被人熟知的“房利美”——来包销家庭贷款并且鼓励房屋购买和建造。1968 年，国会将房利美私有化，使其成为一家正规公司，通过购买银行的抵押贷款，重新打包，然后像债券一样出售来赚钱。为了确保这个重要的“间接抵押市场”的竞争，国会在 1970 年又创建了联邦住宅抵押贷款公司（房地美），同样是一个私有化的并且和房利美有着同样作用的组织。

成群的房地美和房利美的说客确保国会能持续支持这两个抵押巨头。批评人士称，房利美和房地美基本上是在利用抵押贷款业务进行游说。在 2008 年房地产市场的发酵中，国会迅速将无限制纳税人的钱授权给房地美和房利美，这也被认为是“大到不能倒”的行为。许多人批评这种紧急行为，虽然房利美和房地美照样保持盈利私有化，但是却将风险转嫁给了纳税人。

这样的环流是普遍的：国会创造了一个项目，这个项目创造一个利益集团，这个利益集团为了保持国会的支持而运转。美国农业补贴是大萧条时代用于帮助困境中的农民的，现在每年要花费数十亿美元，大部分被用于“和农业综合企业合作”，但是很少有人想去削减它。由于利益集团的影响，这些项目一旦开始就很难终止。

作为利益集团的官僚机构

政府和利益集团的关联还有另外一个非常重要的途径，只不过经常为人们所忽视：官僚机构成为最大的和最有力量的利益集团之一。公务人员并不仅仅是被动的法律执行者，他们在制定和执行法规的过程中也有自己的意愿在其中。许多法案源于特殊的官僚机构。摆在立法委员面前的数据和材料，许多都来自行政部门及其机构。在日本，大权在握的**通产省**官僚常常告诉**日本国会**立法的内容。

通产省
日本负责经济、贸易和工业发展的内阁部门。

日本国会
日本的国家立法机构。

官僚体系发展出了自己的利益。他们认为自己的任务非常重要，每年都在要求更多的预算和更多的雇员。一位职业文官怎么可能会建议取消自己的部门呢？曾有人认为，利益集团是社会和经济的分支。这种论断仅仅部分正确，因为它还是政府的分支。用霍布斯的话来说，政府和利益集团是一对双胞胎。政府部门越多，利益集团就越多。

认为所有的政治体系中都有利益集团的存在，这只是说出了一部分事实。因为不同政治体系中的利益集团以完全不同的方式运作。制约利益集团的一个核心要素是政府。多元主义并不仅仅取决于既存的利益集团（它们费尽心思影响政府），还取决于政府在多大程度上允许或鼓励利益集团发挥作用。多元主义具有规范性，要么是“应当……”，要么是“可能……”。

案例研究

法国的反多元主义

美国和英国高度多元化。在这两个国家，利益集团的行为是可接受和可取的，院外游说也被认为是健康的民主政治中的正常行为。而在法国恰恰相反，尽管存在利益集团的行为，但人们仍然不赞成它的存在，甚至认为它有一点肮脏。法国继承了几百年来的中央集权、父权主义的政府。它过去习惯于由巴黎的各部设定国家的目标，指导国家的经济。

哲学家卢梭在法国人的思想领域中仍然占有重要位置。他认为，让“部分人的意志”来玷污或扭曲“公共意志”的行为不能存在，而“公共意志”就是全民族想要的东西。卢梭这里假定存在的“公共意志”，多元主义者拒绝承认这一点。相应地，利益集团被视为企图滥用或歪曲国家利益。法国官僚机构的精英很少关注利益集团，认为那是“不客观”的组织。与英国和美国相比，法国的利益集团在很艰难的环境中运行。

相比之下，美国人的多元化传统可以追溯到《联邦党人文集》，其中，詹姆斯·麦迪逊认为，一个拥有众多利益（他本人将其称为“派系”）的大型多元化共和国，是限制多数派权力利用政府对政治少数派实施暴政的最佳方式。

有效的利益集团

9.3 影响利益集团有效性的因素及其案例

政治文化

利益集团在具有本地自治和建立协会传统的多元化社会中兴旺繁荣。利益集团在那种多元化薄弱的社会中生存往往很艰难。美国人、英国人和瑞典人比法国人、意大利人和墨西哥人更倾向于参与自愿组成的团体。受教育程度高的人和男性（但这也在变化）更有可能归属于某个利益集团。并不是所有的团体都是和政治相关的，但是即便是非政治团体，通过成员之间的讨论也会具备一定的政治影响力。对自行车俱乐部的成员来说，当他们支持公路自行车赛时，就与政治发生了关系。在有着诸多联合团体的社会中，人们拥有程度更高的政治能力和**效能**。有些人担心，美国人结社的倾向开始下降。

效能（感）
一个人对自己所做之事能有所作为的感觉。

“大钱”的增多

金钱或许是利益集团获得成功的最重要因素。如果有足够的金钱，利益的实现几乎不需要集团行为。对于通过选举来使支持它们观点的候选人当选的利益集团来说，金钱具有特殊的重要性。大多数的民主国家都意识到，金钱与候选人之间过于密切的关系存在着危险性，我们可能会拥有一个“金钱买来的最好的国会”。2010 年，美国最高法院取消了对超级政治行动委员会的捐赠限制。一些人担心这将导致用金钱购买影响力和腐败。美国的石油和农业利益集团拿出了大笔资金捐赠，并获得联邦补贴。医疗保健和金融产业对两党来说都是最大的竞选贡献者，并且也受到了足够的重视。用加利福尼亚州政治教父杰西·昂鲁（Jesse Unruh）的话来说，“金钱是滋养政治的母乳”。

很多国家尝试过不少改革。日本的改革者们试图打破“金钱政治”，那是极端依赖利益集团的政治（大企业、银行、农场主，甚至是黑社会），但是直到目前也没有成功。德国和瑞典对参加大选的政党提供了几乎所有的**公共财政**支持。到 1977 年才建立民主制度的西班牙，根据选举之后选民投票的数量和赢得的议席来给政党相应的补贴。有些国家（英国、法国和德国等）试图限制竞选的费用。

公共财政
利用税收所得资助选举费用等。

美国不愿意用公共财政支持竞选，理由如下：首先，美国高度强调自由。根据最高法院对《〈宪法〉第一修正案》所做的解释，使用金钱是言论自由的一种形式。如果一个人愿意把自己的钱给某个候选人，那是一种政治表态。其次，美国的竞选比其他民主国家更耗时、更费钱，这是虚弱的分权制政党和特殊的提名制的结果。在西欧，选举过程更短、更便宜，因为他们的政党已经安排好了候选人及纲领。最后，在前两个条件的基础上，美国的立法者无法找到一种以公共财政来支持竞选的模式，以使其可以按照人们的意图真正地发挥作用。一些改革的努力反而产生了负面的**“不可预知的后果”**。

不可预知的后果
当法律或公共政策没有取得预期效果时所产生的不好的、相互对立的结果。

政治行动委员会
在美国专门向选举活动提供金钱的利益集团。

软钱
提供给政党和利益集团的竞选资金，目的是规避联邦政府对候选人政治捐助的限制。

某些个人和**政治行动委员会**对政党或利益集团的捐赠，并不直接用于候选人的竞选活动。这类**“软钱”**，使得政党和利益集团在竞选中可以利用“议题广告”来打击对手，而且不用提自己支持的候选人的名字。“软钱”导致了政治竞选中负面广告的增多。例如，在 2004 年，一个明显属于共和党的特别成立的“快艇委员会”做了一个电视广告指控约翰·克里夸大了他的战争英雄主义。2012 年，亿万富翁们的大部分收入税只有 15%，他们捐出了数百万美元，其中大部分捐给了共和党人，以保持税法不变（尽管这个比率上升到 20%，仍然很低）。

2002 年，经过艰苦的斗争后，《麦凯恩-范戈尔德竞选改革法案》终于获得通过，最高法院裁定它是合宪的。许多人曾为之欢呼，但是到了 2004 年，它就变得不切题了。问题在于三个方面：第一，该法案并不具有真正的限制意义；个人可以直接给总统候选人捐赠 2 600 美元，给全国性的政党捐赠 3.1 万美元，给州一级或地方性的政党候选人捐赠的数额更多。第二，许多有希望获胜的总统候选人，包括贝拉克·奥巴马，往往不再愿意从公共财政中获得资助——那样必须在政府规定的最大限度内行事——而是倾向于成立属于自己的基金会（现在很多通过网络途径实现），这样就没有什么限制了。第三，财力雄厚的竞选组织与候选人没有正式的联系（超级政治行动委员会打着“拯救美国委员会”这类不带恶意的旗号），在谴责候选人对手的“问题”上花费巨大。

很明显，当改革者或法律试图限制政治中的大钱时，政党和候选人总会联合起来予以反对。1907 年，作为对其前任总统麦金莱时期“金钱政治”的回应，罗斯福支持了第一次改革尝试——通过《蒂尔曼法案》，禁止大公司提供政治献金。这一法案看上去很好，但其实毫无作用，现在已被裁定为违宪。如果最高法院的裁决不受影响，对竞选捐款的任何法定限制现在都可能被裁定为对言论自由的限制。

有些批评者担心，金钱政治已经超出了人们的控制。拥护者说，这仅仅是多元主义民主在正常运转，并且这些钱与整个美国的财富相比算不了什么。对于利益集团以及金钱政治能做些什么呢？有的人建议，应该走欧洲模式，那里政党组织得很好，竞选时间不长，花钱相对较少。但美国的提名和选举系统与之相去甚远，并且欧洲的利益集团也同样给自己中意的候选人以大量的金钱（有些还是私下的）。

从公共财政中对所有候选人进行资助——总统提名人选至少能够得

到 5%，这是在联邦财政中获得认可的——费用将会非常昂贵。许多美国纳税人并不愿意把自己所纳的税款用于支持总统的竞选运动，即使这并不会给他们造成什么损失。在可以预期的将来，美国政治中大钱和候选人之间的联系还无法打破。

另一种选择更容易了解到谁在给谁捐赠，捐赠什么。目前，竞选活动必须报告竞选者的捐款来源，但这些报告很难及时提供给候选人的对手或通过媒体与公众分享。如果修改报告要求，捐款记录及时在网上向公众公布，那么如果候选人获得的大笔政治捐款来源不明，监督机构就可以进行公布。所谓"近朱者赤，近墨者黑"，就是这个道理。如果你不想与一个富有利益集团的想法扯上关系，那就不要拿他们的钱。超级政治行动委员会也可以建立类似的报告公开体系。

单一问题利益集团的出现

在利益集团的影响力中，也许第二大因素（仅次于金钱）就是它关注的问题的强烈程度。恰当的问题可以动员上百万的人，赋予利益集团凝聚力和责任感，并增加捐赠的数量。就像 2012 年的超级政治行动委员会一样，可以说服一个富人捐出 1 亿美元。美国的利益集团一直有追求这个或那个理想目标的传统，但是 20 世纪 70 年代出现的**单一问题利益集团**改变了美国政治。一般来说，利益集团对有关问题总是会关注好几个侧面，因为它们的利益是围绕几个项目或几个政府部门的。工会组织试图在社会保障、医疗保险、教育、进口和关税以及统计失业率的方法等一系列问题上说服政府。**劳联-产联**在华盛顿有长远的、广泛的利益要维护。对其他的一些商业利益集团来说，如**全国制造商协会**，情况也是一样。

单一问题利益集团
只关注一个问题的利益集团。

劳联-产联
美国劳工联合会-产业工人联合会，全美最大的民众组织。

全国制造商协会
工业企业的主要团体。

但是单一问题利益集团仅仅关注一个问题，而且程度非常深。一般而言，它们的问题都是道德方面而非利益方面的，因此很难折中妥协。最著名的单一问题利益集团是反堕胎或生命权运动。1973 年，最高法院判决，州不能专断地限制妇女堕胎的权利。许多罗马天主教教徒和新教原教旨主义者极为震惊，因为他们笃信生命开始于怀孕的那一刻，而流产无异于谋杀一个生命。"赞成生命"运动的成员反对将联邦或州的医疗资金用于堕胎，他们还希望修正宪法，宣布堕胎为违宪。反对他们的是"赞成选择"运动的成员，许多与妇女运动是相关联的。女权主义者认为，是否堕胎是妇女个人的私事而无关他人，这种选择的权利成为妇女掌握自己命运的一个组成部分，从而也是妇女从第二等级地位解放出来的一个重要部分。

反堕胎者使许多参议员和众议员的日子非常难过。他们对议员们在税收、工作、国防等方面的立场并不关心，唯一关注的仅仅是他们在堕胎问题上的态度。要知道，是赞成还是反对堕胎这种模棱两可的中立态度——议员们面对容易引起争议的问题时惯常采取的权宜之计——是不存在的。许多选举的结果取决于堕胎问题。同时，"赞成选择"运动的力量也组织起来，甚至发展成暴力运动，去抵消"赞成生命"运动的力量。在2005年特丽·夏沃案中，对于是否终止这个昏迷中的女人生命，也引起了"赞成生命"运动支持者的关注。

其他的单一问题利益集团也出现了，比如在公立学校中设立祈祷仪式的问题、同性恋者的权利问题。这和上面提到的堕胎问题都可以归结为"道德问题"。此外，在约翰·肯尼迪、罗伯特·肯尼迪和马丁·路德·金被暗杀的影响下，枪械控制也成为一个主要的关注领域。强大的全美步枪协会反对支持枪械控制的组织。上面的所有议题都使竞选者很难受，他们希望选民就自己更广泛的立场来进行判断，而不是局限在一两个难以折中的议题上。

案例研究

美国的工会有多大力量？

美国的工会并不强大，至少从比较的意义而言。从20世纪50年代开始，工会中工人的比例就大幅下降。下表的数据是各国组织起来的工人比例，其中大多数是在公共部门而不是在私营部门。美国的教师、警察、消防队员和公务员——其中许多人被禁止罢工——比工人更加工会化。美国工会看起来很强大，是因为它们针对大公司的罢工可以吸引很多关注，但是企业的影响力远远超过工会。

瑞典	78%	英国	28%
德国	20%	日本	19%
美国	12%	法国	8%

规模和成员

显然，组织规模和成员支持的程度可以给利益集团带来政治影响力。美国最大的、发展最迅速的利益集团是美国退休人员协会，其拥有3 700万成员（占美国人口的1/8），其中大多数人都受过教育、富有影响力并积极致力于维持和增进社会保障和医疗保健——两大政党都宣称要保留这两个庞大的项目。这个协会跺个脚，国会山也要抖三抖。

不过，规模并不是使利益集团拥有影响力的最重要因素。金钱以及集团活动的强度常常超过规模的力量。资金雄厚的美国-以色列公共事务委员会（AIPAC）不仅得到犹太人的支持，也得到许多福音派教会成员的支持，以保证国会对以色列的支持。全美步枪协会非常成功地与枪支管控法律做斗争。美国退休人员协会、美国-以色列公共事务委员会和全美步枪协会这三个利益集团被认为是华盛顿最有影响力的团体。如果所有因素都是等量的，一个大的利益集团当然会比小的利益集团有更大的政治影响力，可惜这些因素并不是等量的。

成员的**社会经济地位**赋予利益集团政治影响力。在自己的专业领域和社区群体内有影响的人物，多半是受过良好教育的高收入人士，他们所组成的利益集团得到社会更多的尊重。组成了美国医学联合会的医生们凭借其社会经济地位，提升在华盛顿的政治地位。同样，当日裔美国人在教育、职业和专业上的地位不断攀升后，他们的日裔美国公民联盟就获得了更多的影响力，并且由于二战期间发生在美国西海岸的对日本人的违宪拘禁行为，日裔美国人赢得了美国政府的道歉，他们还希望进一步得到赔偿。另外，全美有色人种促进会宣称自己代表上百万的美国黑人，但实际上它的影响力很小。代表满含怨恨的社会群体的利益集团的声音，可能是最少有人倾听的。

接近途径

如果政府不愿意听从利益集团的意见，那么金钱、规模以及关注的问题就都不那么重要了。利益集团多年精心培育与议员和政府公务人员的关系，目的就是保持沟通渠道的畅通。当一个利益集团与政府某部门建立起稳定和可接受的关系时，用约瑟夫·拉帕隆巴拉的话来说，就意味着它可以享用**结构性通道**（structured access）。国会中的希腊裔议员，很自然地会接受希腊在有关土耳其、塞浦路斯和希腊问题上的立场。来自密歇根州的议员也非常愿意讨论关于汽车工业的问题。阿拉伯裔美国人对犹太人享有众多接近国会山的途径极为不满，他们也组织了自己的利益集团，试图获得同样的通道。这些通道本身无可厚非，它们是有效运行民主体制的正常组成部分。

结构性通道
利益集团和官员们建立起来的长期的友好关系。

不过，当利益集团缺乏沟通的途径时，会发生什么呢？多元主义者认为，在民主社会中不可能发生这种事情，但事实却是明摆着的。黑人和印第安人就争辩说，没人倾听他们的声音，没人严肃对待他们的要求，只有当城市贫民区和印第安保留区的暴力行为发生时，美国政府才会关注他们。有钱有势的人拥有大量接触政府的途径，而穷人和没有组织的人们却没有这样的通道，可以说，有时正是这种状况导致了暴力的产生。

利益集团的策略

9.4 利益集团使用的一些策略

接近立法者

游说
利益集团与立法者的联系方式。

游说备受关注。那些为议员竞选提供竞选捐助和利益的大公司，使许多人相信是游说者收买了国会。实际上，如果主要的利益集团不希望通过某部法律，它们通常能够达到自己的目的。参议员约翰·麦凯恩作为金钱政治的批评者，非常无奈地说，“金钱购买了沟通的途径”。在审议 2003 年能源预算时，他力图实现“没有游说者在背后操控”。大的烟草公司，非常慷慨地资助共和党候选人，这样就可以常规性地否决或消除反烟草类的法案。大公司都希望能够在国会找到自己的代言人，这是使公司实现快速发展的必由之路。不过，那些普通的游说群体，由于缺乏足够的金钱，所起的作用也仅限于提供某些信息。

受到华盛顿的影响，许多游说者为了避免被称作说客，称自己为“战略顾问”。他们做说客做的事，但不披露客户信息或收费价格。据估计，这些未注册的顾问的数量与普通的游说者一样多。

接近政府

政府各部门也是利益集团施加压力和进行游说的目标，这取决于它们所关注的问题。当利益集团不希望或不需要产生一部新的法律，而只是希望对既存规则和限制进行重新解释时，它们就会与行政管理者联系。比如，反污染的利益集团寻求对空气标准更严格的限制，工业利益集团则寻求降低标准。利益集团总是把注意力放在与目标相关的政府部门上。农业利益集团与农业部打交道，公共服务公司与联邦能源委员会打交道，等等。作为一个惯例，政府的各个部门也特别留心本领域内利益集团的诉求和言论。事实上，许多政府官员总是被强大的利益集团“俘获”和“统治”。潮流也向相反的方向发展。大约 200 名前政府的高级官员一直待在华盛顿，比如著名的 K 大道上的办公室，成为高收入的“游说者”，有些人的开价是一小时 500 美元。

在与政府打交道的过程中，利益集团采取与它们对付立法者相同的方法，包括建立个人联系、提供研究基金以及帮助维护公共关系等，有些提供金钱。美国联邦官员通常来自政治任命，而不是职业的公务人员。利益集团的确能够左右最高层的官员任命，包括内阁大臣。在这时，利益集团总是谋求任命那些真正维护其利益的人。

接近司法机构

利益集团还可以利用法院来实现自己的目标，特别是在美国。因为美国的司法系统比其他国家拥有更多的权力，而其他一些国家的司法系统仅仅是行政机构的一个分支。当“法治”非常强大时，法院就成为利益集团角逐的场所。比如在德国，利益集团会向联邦宪法法院提出许多关于堕胎、工人权利的案件。

在美国，每年联邦和州的法院都会接手由利益集团支持或提起诉讼的大量案件，这些利益集团包括美国公民自由联盟、塞拉俱乐部等。近年来，美国最高法院处理了好几起由利益集团提起的关于社会性问题的案件，包括妇女权利、死刑、枪支和学校的祈祷问题等。利益集团一般采用两种法律方法来追求自己的目标。其一，根据自己所代表的群体或阶级的利益，直接提出案件（普遍指向**阶级行为**）。其二，当一个人向法院提起诉讼所寻求的目标刚好也是利益集团所寻求的时，它就会作为**法庭之友**为这个人提供支持。

阶级行为
为某一团体的利益而进行的诉讼。

法庭之友
以个人而不是政党的名义做出的法律声明。

由于充分意识到了美国司法体系的重要性，特别是最高法院，全美有色人种促进会把注意力集中于反对种族隔离的法律上。它从中获利良多。全美有色人种促进会的法律事务部，在瑟古德·马歇尔（后来成为最高法院大法官）的领导下，在 1954 年著名的布朗案辩论中，成功地取消了各州关于公立学校中实行种族隔离政策的法律。然后，它接着与公共交通、饭店、旅馆和其他地方的种族隔离法律进行斗争。美国关于人权的最大改变，不是通过立法机关而是通过司法机关取得的，因为国会在 20 世纪 60 年代中期之前是不会处理那些被南方人封锁的问题的。最高法院主导，国会才会追随。

诉诸公众

有组织的利益集团经常通过和平的——或是不那么和平的——方式

来寻求公众的支持。即便是强大的利益集团也意识到其公众形象的重要性，大量利益集团投资公共关系项目以及宣传活动，向大众解释它们对公众福利的贡献、它们的政策和项目为什么会对整个国家有好处。例如，铁路利益集团会利用电视来解释它们的“公平”政策诉求，借此，它们才能生存下去并与汽车运输业竞争。石油利益集团会向公众解释，为什么要反对建造新的净化设备的环保政策。

有的利益集团会保持一种“低调形象”，它们推进自己的目标和利益但并不宣传自身。它们或者依靠策划好的新闻故事来间接地达到目标，或者躲在幕后阻止那些它们认为会对自己不利的宣传。比如烟草企业会谨慎、秘密地资助一些研究，对那些认为吸烟有害健康的研究提出质疑。美国石油企业不寻求公开的新闻报道，但是它让自己的工作人员成为专业领域的“公正”的专家，以便超脱于政治冲突之外。

示威

一些特定的利益集团，比如美国癌症协会，享有免费的广告时段和频道，但是大多数利益集团没有这些途径，有的还缺乏宣传资金。它们会选择非暴力的示威行动来表达自己的观点。甘地使用这种策略将英国殖民者赶出印度。他的非暴力灵感来自一篇论文，即亨利·戴维·梭罗为抗议1846—1848年的美墨战争而写的文章《论公民的不服从》（*Civil Disobedience*）。这一思想又为美国的黑人领袖马丁·路德·金所采纳，用于推进20世纪五六十年代的美国黑人民权运动。

一些美国批评人士认为，直接抗议是他们唯一的选择，他们完全被投资银行的金融、政治资源压制。2011年，新闻媒体起初对“占领华尔街”运动关注甚少，但当媒体报道他们的行为时，他们就会获得支持者、捐赠者。其中有人举着的标语牌上写道——“我们是99%”——这件事迅速传播开来，影响了全国的政治辩论。

暴力抗议

当一个利益集团对传统的政治渠道和行为模式失去信心时，就会视暴力抗议为唯一的选择。很明显，美国对暴力抗议并不陌生，这需要一种心理上的建构，通常被贫困、歧视、挫折以及社会和个人的不公正感激发。一次偶然事件会点燃受挫人群心中积压的愤怒，而群体性行为又

经典论述

奥尔森的利益集团理论

美国经济学家曼瑟尔·奥尔森（Mancur Olson，1932—1998）以其 1965 年出版的《集体行动的逻辑》（*Logic of Collective Action*）闻名。他指出，规模小而组织良好的团体，尤其是富有的团体，往往会凌驾于更广泛的公共利益之上。原因是：前者可以从有利但狭隘的法律和裁决中获得很多好处，所以它们会积极游说。后者看不到任何好处，没有组织纪律，热情不高，很少进行游说。公众并不关心鞋带的价格是否会上涨，但是做鞋带的企业对此就非常关注。少数人在推动大多数人。

与此相关的是奥尔森所称的“免费综合征”：当能够免费乘车时，还有谁会去买票呢？当公众能够得到同样的结果时，他们不会多花更多的时间和金钱。当他们已经有了组织联系时，就不会再为其他组织提供金钱。既然你已经签订了工会合同，为什么还要交会费呢？当美国人为北约提供免费安全保障时，欧洲人为什么要对北约贡献这么多？

奥尔森在其 1982 年的著作《国家的兴衰》中，对利益集团过于强大所带来的后果提出了警告：它们阻碍着变革和增长，造成全国范围内的停滞。受一个或多个强势利益集团影响的政治家，不会再去考虑公众的普遍利益。一个简单的例子就是，在英国，由于高度组织化的利益集团的存在以及政治家与其结成的紧密联系，经济一直处于衰退状态。直到撒切尔夫人切断工会和企业所有者对公共政策的影响后，情况才有改观。

日本的利益集团在二战中被摧毁，战后就获得了数十年的经济增长。到了 20 世纪晚期，当这两个国家都为工会、企业和农场主联合会所掣肘时，经济增长就变缓了。在日本，经济性利益集团、政治家和官僚机构之间形成了一种“铁三角”关系，这会阻碍改革。一些奥尔森的支持者担心，这种“硬化”是所有国家的命运。美国是否已经陷入其中，还是能够暂时性地避免这种状态？

会急剧失控。在美国的城市中，对黑人的枪击和拘捕就引发过大规模的骚乱。多数参与者宣称，他们仅仅是反对自己平时所受到的暴力对待，这些暴力对待来自警察、各级政府和使他们失业、收入低下的经济体制。

但是，暴力抗议有效吗？也许关于“伟大社会”的立法在美国普遍发生城市暴动的时期获得通过并非巧合。当暴力使这些地区难以统治时，英国便从印度和巴勒斯坦撤出。南非的白人政府也只是在黑人的暴力行动愈演愈烈时才开始进行改革。在特定的情况下，暴力行为是有效的。正如激进的黑人领袖“饶舌”·布朗（H. “Rap” Brown）所言：“暴力跟樱桃派一样具有美国特色。”（他因为谋杀而入狱。）

利益集团：一种评价

9.5 利益集团过于强大的原因及其案例

利益集团是每个民主政体固有的一部分，但是，它们如何服务于公众的需要呢？利益集团或许代表立法过程中很普遍的利益，这是一件好事。但是许多小组织，既无财力也无人员可以进入讨论过程。除非联合起来，否则它们无法保护自己的利益不受强势集团的侵害。利益集团能够表达利益需求，但这并不意味着这些需求一定就会得到重视。在利益集团之间，资源分配是高度不均衡的。一些集团很富有且势力强大，拥有强大的影响力，而有些集团则为人所忽视。

还有一个更深层次的问题：那些没有组织起来的个人又怎样呢？谁会为他们说话？许多公民既不是利益集团的成员，也不是利益集团的受益者。他们投票给政治领导者，政治领导者通常更为关注利益集团，而非普通公民的需求。假如立法者和行政人员都转向利益集团，那么谁来考虑整个国家的利益呢？很多时候，似乎没有谁会来考虑这个问题。也许我们应该重视卢梭对“公共意志”超越社会中“特殊意志”的强调。

为此，1970 年建立的“‘公民’院外组织”——同道会，由自愿的赞助支撑，在总统选举中成功地赢得公共资助。这意味着结束了国会优先的体制，堵住了院外游说行为。为了同样的目的，拉尔夫·纳德（Ralph Nader）建立了数个与法律、核能、税收改革以及医疗等相关的公共利益院外集团。尽管这些集团做了大量杰出的工作，但它们仍然向我们提出了一个有趣的问题：像美国这样庞大和复杂的社会，是否有一个整体性的利益能够被代表？或者，我们看到的只是一些没有共同声音的“马赛克”式的利益拼凑？

另一个问题是，这些团体是为大多数成员说话还是为团体内少数人的利益服务呢？大多数利益集团由少数领导人主导，他们通常比自己声称代表的人有更强势的意见。犹太人组织比大多数美国犹太人更坚定地支持以色列。罗马天主教在避孕和堕胎问题上的立场与许多普通天主教徒不同。美国退休人员协会成员得知该组织曾游说通过《平价医疗法案》（批评者称为“奥巴马医改”）时，对此表示强烈不满。所以，不要混淆利益集团的言论和它们声称所代表的观点。

扭曲的政策

利益集团的付出可能会扭转政策，比如金融业，对两党和游说团体来说就是一个巨大的利益集团（在 2008 年的竞选中，奥巴马从华尔街得到了数百万美元的资助，麦凯恩获得的要少一些，但罗姆尼在 2012 年得到的更多）。从里根开始，国会开始逐渐成为金融业指定的传递机构，并且对于金融业指定的规则和安保措施很少监管。金融业成为“自我监管者”。这造成的恶果之一就是 2006 年的“**次贷**危机”引发了震动全球的 2008 年金融危机。贷款方逼迫不合格的借款人将他们支付不起的房屋进行抵押。这些毫无把握的贷款被打包，像骨头一样被拆分出售。它们被当作安全投资出售，但是随着房屋赎回被停止，成千上万的美元就这样凭空消失了。华盛顿疯狂地将纳税者的钱抽取到银行和房利美、房地美这样的联邦住宅抵押贷款公司中，因为如果它们坍塌了将会引起新的大萧条。

次贷
将高风险抵押贷款重新发放给不合格的借款人。

随后的重大金融制度的紧急救助产生了一个**丑闻**，但这并不是什么新鲜事，事实上，这样的事情每十年都会遇到一次。在 20 世纪 80 年代，存款和贷款使得国会收回限制，做一些愚蠢和不正当的贷款。后来整件事情失控，联邦政府不得不插手。在 2001 年，强大的安然（Enron），那个曾经掌控电力价格的公司，陷入了巨大的隐藏的债务之中。安然公司的管理者带着 10 亿多美元逃跑，然而那些雇员和投资者却失去了所有。安然还提供了 590 万美元的政治捐款，大部分给了共和党、小布什总统、71 名参议员和 23 名众议院能源委员会中的 19 人。几名安然管理者被判有罪。业内一流的会计公司安达信（Arthur Andersen，同样是小布什的重要支持者）被查出在审计中舞弊而被强制关闭。国会通过撤销对必要的安全措施的限制，承担起了更多责任。这样的丑闻在世界各地都有，大多数都可以归因于利益集团制定了于己有利的法律。

丑闻
政府造成的腐败。

政治权力的僵局

利益集团之间相互竞争，从而限制了单个集团在国会或政府中的影响力。利益集团也可能使政府行为陷入僵局。一些特定的问题成为“烫手的山芋”，无论政府采用何种措施，都会引起这个或那个利益集团的强烈反对。通常，这些议题一方面得到某个利益集团的坚定支持，而另一方面又受到另一个集团的强烈反对，并且二者都是拥有选举权力和影响力的势均力敌的对手，这就迫使政客们对这些问题含糊其词、模棱两可。在这种情形下，政府陷入僵局，被强大的利益集团困扰，无法把注意力移向更重要的问题。意大利就是由于这个原因而被称为“僵局社会”，美国也可能面临这个问题。

国会的共和党和民主党议员都认为，《美国联邦税法典》长达数千页，内容复杂，没有人能完全理解。然而，简化税法并增强其公平性的尝试，立即遭到更多利益集团的阻挠，这些利益集团与法律条款有利害关系。结果出现一个无法破解的僵局。正如曼瑟尔·奥尔森所观察到的，少数人在推动大多数人。有些人感到绝望，因为可怕的法典是无法修改的。不痛不痒的改革只会让改革时间更长、内容更复杂，让税务会计师和税务律师庆幸不已，因为这会给他们带来更多的业务。

在两党制下，由于候选人要尽可能地迎合更多的选民，因此其所讨论的问题往往趋于缓和。这样在个人的狭隘利益和竞选所做的一般性承诺之间，就出现了鸿沟，而利益集团则试图通过在特定议题上施压以获得坚定的政府支持，从而填补这个鸿沟。但是利益集团对普通公民的需要又服务得怎样呢？小商人、消息闭塞的公民、财力有限的少数派团体，迷失在政府和大利益集团推来拉去的互动中。成功的利益集团，也会由一个少数群体统治，他们是受过良好教育、来自中产阶级或上等阶层的政治活跃分子。在某些情况下，利益集团变得如此有效，以致政党黯然失色，同时又由于它们彼此冲突的要求，使政策的制定陷于瘫痪。迄今为止，还没有发现在所有人的利益和部分人的利益之间的一种精确平衡。

思考题

1. 没有利益集团，民主还能存在吗？
2. 在组织利益集团方面人人平等吗？
3. 政府是如何创造利益集团的？
4. 利益集团及其资金是否过于强大？
5. 什么是“政治行动委员会”和“软钱”？
6. 为什么法国人反对多元主义？
7. 游说国会比起游说政府部门，哪一个更有效？
8. 利益集团可以绕开民主制度行事吗？

关键术语

劳联-产联　　通产省　　社会经济地位

法庭之友　　全国制造商协会　　软钱

政治行动委员会	结构性通道	法团主义
公共财政	次贷	日本国会
丑闻	不可预知的后果	效能
游说	单一问题利益集团	阶级行为

参考文献

Abramoff, Jack. *Capitol Punishment: The Hard Truth About Washington Corruption from America's Most Notorious Lobbyist*. Washington, DC: WND Books, 2011.

Biersack, Robert, Paul S. Herrnson, and Clyde Wilcox, eds. *After the Revolution: PACs, Lobbies, and the Republican Congress*. Needham Heights, MA: Allyn & Bacon, 1999.

Browne, William P. *Groups, Interests, and U.S. Public Policy*. Washington, DC: Georgetown University Press, 1998.

Cigler, Allan J., Burdett A. Loomis, and Anthony J. Nownes, eds. *Interest Group Politics*, 9th ed. Washington, DC: CQ Press, 2016.

Graziano, Luigi. *Lobbying, Pluralism and Democracy*. New York: Palgrave, 2001.

Grossman, Gene M., and Elhanan Helpman. *Special Interest Politics*. Cambridge, MA: MIT Press, 2002.

Johnson, Haynes, and David S. Broder. *The System: The American Way of Politics at the Breaking Point*. Boston: Little, Brown, 1996.

Kaiser, Robert G. *So Damn Much Money: The Triumph of Lobbying and the Corrosion of American Government*. New York: Knopf, 2009.

Leibovich, Mark. *This Town: Two Parties and a Funeral—Plus Plenty of Valet Parking!—in America's Gilded Capital*. New York: Penguin, 2013.

Lessig, Lawrence. *Republic, Lost: How Money Corrupts Congress—and a Plan to Stop It*. New York: Twelve, 2011.

Lindsay, D. Michael. *Faith in the Halls of Power: How Evangelicals Joined the American Elite*. New York: Oxford University Press, 2007.

Rauch, Jonathan. *Government's End: Why Washington Stopped Working*. New York: PublicAffairs, 1999.

Smith, Bradley A. *Unfree Speech: The Folly of Campaign Finance Reform*. Princeton, NJ: Princeton University Press, 2001.

Thomas, Clive S., ed. *Political Parties and Interest Groups: Shaping Democratic Governance*. Boulder, CO: Lynne Rienner, 2001.

Tilly, Charles, and Sidney Tarrow. *Contentious Politics*. Boulder, CO: Paradigm, 2006.

Wilcox, Clyde, and Carin Larson. *Onward Christian Soldiers? The Religious Right in American Politics*. Boulder, CO: Westview, 2006.

第 10 章
政党

阅读与思考

10.1　政党作为“输入”机制所发挥的作用

10.2　美国政党与欧洲政党比较

10.3　政党意识形态的光谱式分类

10.4　若干政党制度及其案例

10.5　政党是如何成为品牌的?

在 20 世纪的大部分时间里，美国的**政党**都倾向于向中间派靠拢，因为它们认为中间派获得的选票最多。从 1980 年的里根（有些人说是 1964 年的戈德沃特）开始，美国政治和政党两极分化，形成两个日益敌对的阵营。众议院和参议院的投票变得狭隘，几乎没有交叉。意识形态发挥了更大的作用，清除了大多数自由派共和党人和一些保守派民主党人。许多政治学家对中间派的消失表示遗憾。具有讽刺意味的是，在 1950 年，美国政治学会谴责美国政党非常相似，没有给选民提供有意义的选择。美国选民现在有了一个选择，但这是在一个恶劣甚至可能危险的环境下做出的选择。要谨慎选择你心仪的投票对象。

政党
在一个特定标签下寻求竞争性政治职位的群体。

一些政治学家仍然认为，在美国两大主要政党的基本价值观和提议争论之下，大多数选民仍然是中间派，特别是与许多其他国家政党相比。极端分子可能在党内初选中表现出色，但在大选中却表现不佳。在选举中，候选人的个人品格、民众影响力和筹资通常比党派更重要。

党派政治鲜明并不新鲜。美国是第一个发展大众政党的国家，它出现于 1800 年的总统大选，先于欧洲政党数十年，但是欧洲的政党发展得更加完善。美国人似乎已经忘记，政党是民主政治的重要工具。正如 E. E. 沙特施耐德（1892—1971）所说："毫无疑问，政党的出现是现代政府的显著标志之一。政党创造民主政治，现代民主也不容置疑地与政党互栖共生。"

今天，几乎所有社会，不管它们民主与否，都通过政党将民众和政府联系起来。军事独裁政体——例如西班牙、智利、巴西——都试图与政党分离，指责它们对国家的政治弊病负有责任，但即使是这些国家的独裁者们，也为支持自己的统治建立了顺从的政党，并且这些国家在独裁者退位后立即出现自由性的政党。无论是爱是憎，任何国家似乎都离不开政党。

政党的功能

10.1　政党作为"输入"机制所发挥的作用

在民主体制和专政体制下，政党承担着许多重要的功能，以帮助整合政治体制并使其保持运转。

连接民众与政府的桥梁

政党是一个主要的“输入”（借用一个系统术语）机制，允许民众将其需要或愿望为政府所知。没有政党，个人就会孤立无援并被政府忽视。通过为某个政党工作或者投票给某个政党，公民就可以在某种程度上影响政治决策。

利益聚合

利益聚合
通过政党将分散的利益需求整合成大众的诉求。

如果利益集团是最高形式的政治组织，政府就会变得混乱并且不稳定。利益集团之间会互相争斗，试图左右政府官员。几乎没有全体公民都认同的价值观、目标或者意识形态（有些人担心美国已经落入这样的境地）。政党通过**利益聚合**来驾驭和平息利益集团之间的冲突，把它们的不同利益聚集在一个更大的组织中。之后利益集团会发现它们必须相互妥协、相互合作，为政党的利益而努力。作为回报，利益集团至少会达成一些自己的目标。

政党作为利益聚合的经典例子是罗斯福在 20 世纪 30 年代建立的使民主党五次当选的联盟。它由工人、农民、天主教徒、犹太人和黑人组成。例如，工会通过支持民主党，获得了自己无法争取到的劳动立法权。只要这个联盟团结一致，民主党就无往而不胜，但从那之后联盟就四分五裂了。20 世纪 80 年代，里根把经济的和非经济的保守团体整合到共和党内。2008 年和 2012 年，奥巴马联合了年轻人、妇女、非裔美国人、西班牙裔美国人以及亚裔美国人，并大获全胜。关键是，每个利益集团只有与其他利益集团合作，才能实现各自的目标，而其他利益集团需要在政党的庇护下才能得到回报。

整合进政治体系

政党会吸收那些曾经被排除在政治体系之外的集团。政党通常欢迎新的集团加入自己的阵营，给它们话语权和整合信息的平台。这就赋予利益集团实际的和心理上的利害关系以支持整个政治体系。集团的成员感到自己有了代言人，并产生了要为政治体系高效工作的动机和对政治体系的忠诚。例如英国工党和美国民主党，通过强调工会权利、平等就业机会、社会福利和教育机会来赢得工人的支持。渐渐地，潜在的激进工人运动学会了按民主规则行事并支持这个体系。现在，具有讽刺意味的是，英国和美国的工人被如此成功地整合进政治体系，以至于许多人把选票投给保守党或共和党。在美国，政党也会将一批批的移民和少数派（拉美裔）整合进美国的政治生活。在政党无法将工人整合进政治体系的国家，工人运动往往很激进，有时还带有革命性。

政治社会化

政党还教它们的成员如何玩政治游戏。政党将公民介绍给候选人或者当选的官员，并让他们学习如何公开演讲、组织会议和妥协，从而提升他们的参政能力，使他们在整个政治体系中合法化。政党也是领导人的训练场。历史上，一些欧洲政党曾尝试建立独特的亚文化——通过政党的青年组织、足球联盟、报刊、妇女组织等来进行。然而，这种努力却弄巧成拙，因为这些政党让成员通过参政而社会化后，这些成员便不再接受其政党的亚文化了。这种努力的残余痕迹，仍然可以在意大利的人民党（前身为天主教民主党）和左翼民主党（前身为共产党）身上找到。美国一些政党还提供社会服务。纽约的坦慕尼协会就帮助欧洲移民寻找工作和住所，同时也将他们纳入民主党的阵营。

政治学家注意到，这通常会产生**党派认同**或**政党身份**。政党身份不同于政党登记，它是一个人对政党的持久的心理依恋。它可以成为他们身份的一部分，就像他们的宗教信仰一样，一旦形成，就很难改变，但并非不可能。对某一政党的社会化认同往往在儿童时期就通过父母的影响开始了，他们把各种各样的价值观，包括政治价值观，传递给他们的孩子。如果没有党派认同，每个候选人或利益集团都需要去赢得新的支持者。当候选人或问题消失时，那些支持者无法自然地转移他们的支持。党派认同是连续性的；当里根或克林顿离任时，大多数支持者转向下一个共和党人（布什）或下一个民主党人（奥巴马）。

党派认同/政党身份
对政党的持久的心理依恋，通常来自童年的社会化。

选民动员

政党诞生于选举。在为自己的候选人竞选的过程中，政党**动员**选民——激发利益要求，广泛组织聚会。2008 年和 2012 年的美国大选就是例子。如果没有政党的宣传，许多公民会对大选置之不理。许多政治学家认为无力的美国政党与低投票率之间存在着因果关系。在瑞典，强

动员
激励公众参与政治。

民主

忽略选民的政党

民主政治中的政党能否忽略选民？根据民主政治理论，答案是不能，因为这样就会失去选举并且改变命运。但是根据**新制度主义理论**，它们太自私以致它们的行动几乎不考虑选民需要什么。一个有历史的、既存的政党有着强大的传统和领导体制，它可能会过分关注党内斗争，而忽略了党外选民的观点。除了努力赢得选举外，政党可以像体制一样自我运转。英国工党对于多数选民来说，过分固守自己的左翼信条，因此连续在四次大选中失败。最后，当工党变得理智并且中立的时候，它赢得了 1997 年、2001 年和 2005 年的大选。当其在 2010 年和 2015 年失去方向和凝聚力时，它又落选了。

1983 年，加拿大的进步保守党在布赖恩·马尔罗尼（Brian Mulroney）的领导下，赢得了众议院 295 个席位中的大多数。马尔罗尼和进步保守党采纳了撒切尔夫人的自由市场政策，在失业率攀升和人口下降的情况下继续执政。他们发起“新自由贸易协议”（NAFTA），并在 1988 年再次当选，但是当时支持者已经有所减少。持续恶化的经济、魁北克问题和对特定企业的照顾，使该党遭受公众指责。为什么它不改变呢？为什么马尔罗尼不辞职呢？最终他的确这样做了，但是在他的第二个五年任期的后期，他把权力交给了金·坎贝尔（Kim Campbell），加拿大的第一位女总理，后者成了短暂的牺牲品。在 1993 年的大选中，该党几乎消失了，只得到了两个席位。自由党接管了渥太华，进步保守党消失了，取而代之的是一个新的保守党，该党赢得了 2006 年和 2011 年的加拿大大选。同样在 2011 年，加拿大自由党（Canadian liberals）遭遇了领导危机，位列中左的新民主党（New Democrats）之后，居第三。

日本的自民党统治日本数十年，同样也忽略选民。从 1990 年开始，日本陷入长期的经济停滞。无能的自民党领导人讨论财政改革，但几乎没有付诸实施。自民党内的各个派别互相争斗。自民党领导人认为他们会继续当选，因为日本选民不喜欢变革。但是选民逐渐对自民党感到厌恶，这导致自民党在一系列选举中只赢得不到一半的席位。许多自民党政治家脱离该党并创建新的政党。2009 年，选民最终将自民党赶下台，转而支持民主党。2012 年底，新自民党取代民主党，但它同样未能实施经济改革。

一个政党失败之时，便是其重新评估之时。通常，争论的双方是意识形态纯粹主义者和温和派，前者声称信息不明确，而后者则声称纯粹主义者把选民吓跑了。在这场争夺政党控制权的战斗中，获胜者将掌握下一届选举的候选人和信息。在某些情况下，这场斗争的失败者会去组建另一个政党，比如在加拿大和日本发生的情况就是如此。

新制度主义理论
认为制度有其自己的发展规律，有时候与选民无关。

大的、组织良好的政党曾经创造了 90%的投票率（现在有所下降）。一些评论家反对说政党的选举宣传使政治变得无足轻重。这是对的，但是简化和澄清问题可以使投票者在复杂的选项中做出选择。事实上，对于那些对政治不感兴趣的人来说，他们可以根据候选人的党派来投票。公民是根据非常有限的信息进行投票好，还是完全不投票好？

组织政府

获胜的政党获得政府的职位和权力，并将政策按照自己的方式转变。在美国参众两院中拥有多数席位的政党，可以任命众议院议长和参议院各委员会主席。新总统可以在行政部门和机构任命大约 3 000 人，允许此政党左右政策至少 4 年。在英国，政党对政府的控制要比美国更紧，因为在英国的议会制下，获胜的政党可以同时控制立法机关和行政机关。首相想做的事通常可以做到，很少会有延误，因为政党的纪律是非常严格的。尽管如此，在任何一个体制下，政党都不可能完全控制政府，因为官僚机构也拥有相当大的权力。政党试图控制政府，但并不总是成功的。

民主政治中的政党

10.2　美国政党与欧洲政党比较

在民主政治中，政党组织中有三个因素是非常重要的：**集权**的程度、政党参与政策制定的程度以及政党如何筹措资金。

集权
由全国总部行使控制权。

集权

政党领导对其选出的人选控制的程度差别很大。以色列实行政党中心主义的候选人提名制度，每个政党向议会提交一份包括 120 名候选人的政党名单，由选民选择其中一份名单。在比例代表制下，只有在选票上领先的人才能拥有席位。政党首领会将有经验并且可靠的候选人放在名单的前面，而把新人放在后面。这样能确保集权的政党秩序。

英国政党集权程度相对较低。英国政党挑选候选人要在全国总部和地方选区组织间讨价还价。全国总部会挑选不属于那个地区的候选人——在英国这种情况经常出现——地方政党会考察这个候选人并决定是支持还是反对。地方政党也可能在否决全国总部的提名后提出自己的候选人。

德国与以色列相似，也用政党列名制，但它被划分为 16 个州，所以部分地削弱了全国性的政党控制。体制下不同程度的集权，可以保证政党的**凝聚性**、纪律性和意识形态的一致性。当你在以色列、英国或者

凝聚性
结合在一起成为一个理性的整体。

德国投票给一个政党时，你知道它的立场是什么，以及如果当选它将实施什么政策。一旦当选，议会的成员将不会各行其是，而是根据政党的决定来投票。

美国的政党秩序比较涣散，它的政党历史上就是非集权的。多数情况下，候选人只能依靠自己筹措的资金参加竞选。参众两院的候选人每次竞选时都要创建一个新的地方或者州立的政党组织。在两次选举之间，美国的政党进入休眠期。共和党和民主党的全国委员会并没有太多的资源来帮助其候选人。候选人通过电视和其他媒体直接面对选民。渐渐地，电视广告甚至不提候选人的政党从属关系，所以候选人会跟他们的政党说："我不欠你们什么，我获胜并没有得到你们什么帮助，所以我现在执政不需要顺从你们。"这就使得美国的政党权力分散，并常常缺乏连贯性。当选官员只对他们的良心、选民和政治行动委员会负责，而不是对政党负责。20世纪八九十年代，两党重新结盟，在意识形态上变得更加一致。之后，两党领导层利用自己的权力招募候选人，并分配资金，以建立更加一致的意识形态和纪律。到2012年，自诩为**茶党**的共和党分裂成了愿意妥协的实用主义者和不愿屈服的激进分子，再次分裂了共和党。虽然大多数政党都有小集团，并有可能受到分裂的威胁，但美国的选举制度为这些小集团在执政时削弱政党凝聚力提供了更多空间。

茶党
极其保守的共和党人。

制定政府政策

获胜的政党能够在多大程度上推行自己的立法计划呢？在这个问题上，美国政党制度面临最严厉的批评。在议会制下，当多数党不能再在议会中取得能执行其计划的投票时，这个党就必须辞职。美国的问题经常就在于无法确定多数在哪里。"蓝狗民主党人"——在保守派区域当选的人——在某些议题上会支持共和党，尽管这些支持者已经大大减少。有一些还改变了自己的党派，如佛蒙特州的吉姆·杰福兹（Jim Jeffords）参议员和宾夕法尼亚州的阿伦·斯佩克特（Arlen Specter）。总统竞选的政纲与此政党的国会成员没有太大关系。通常，总统所在的政党不是参众两院中的多数党。共和党的立法程序通常是由总统、众议院议长、参议院多数党领袖共同通过。然而，近年来，当议长约翰·博纳（John Boehner）向奥巴马及其民主党寻求妥协时，年轻的茶党成员介入阻止。2014年，多数党领袖埃里克·坎托（Eric Cantor）甚至因为一个名不见经传的茶党对手在初选中失势。

美国总统通常提出一项立法计划，必须得到 535 位参议员和众议员的通过，所有人最终都要对自己的投票负责，目的是让自己再次当选。那么，总统是不是该为没有兑现竞选时的承诺而受谴责呢？还是把错归咎于过于松散的政党纪律呢？沙特施耐德认为，因为美国的全国性政党太松散，以至于它们不会对强劲的全国性政纲感兴趣，结果使华盛顿成为“国内每一个特殊利益和地方利益的拳击袋”。但是，多数美国人希望参议员和众议员能根据自己的良心投票，而不是像欧洲那样听从政党的领导人。

政府中的政党参与

欧洲模式的议会制更易成为沙特施耐德所说的**负责任的政党政府**。由于美国制度的制衡体系，政党很难跨越权力的分离实施政治纲领。偶尔，当一位有权威的总统同时控制白宫和国会时，政党的纲领就会成为法律，约翰逊总统在 1965—1966 年通过**“伟大社会计划”**时就借助了民主党控制的国会。当政党控制出现分歧或纪律散乱、情况变糟时，选民们不知道该把谁赶下台。如果政党纪律严明，但在对总统、众议院或参议院的控制上却出现分歧，那么就什么也做不成，就像奥巴马执政期间发生的那样。

负责任的政党政府
选民在选举中对执政党政策进行奖励或惩罚。

伟大社会计划
约翰逊总统关于社会改革的雄心勃勃的计划。

在欧洲的议会制下，获胜的政党往往就是政府，或者更确切地说，政党的领导集体直接成为内阁。这种制度与美国的分散型政党制度相比，更能考虑到明确的责任和选民的选择。在这两种体制下，政党都是通过在部门和机构中向政党活跃分子提供职位来实现参政的。在英国，大约 100 名获胜政党的成员能够担任内阁和非正式顾问团的职位。而在美国，一位新总统上任后，大约有 3 000 人可以得到**政治任命**。

政治任命
给予非公务人员的政府职位，通常作为对其支持的回报。

政党的财政资助

政党必须为它们的活动寻找经费，这些费用越高，政党对富有的利益集团的依赖就越深。这种关系几乎没什么**透明性**。如果我们知道政党是如何融资的，我们可以学到很多东西，但它们很少说出全部真相。日本自民党因为从企业、银行、农场基金会甚至是“山口组”黑社会那里接受资金而臭名昭著。传统的欧洲政党规模不大，因为它们的资金不充足，所以政党会不顾一切地筹集资金。有些政党为此近乎不择手段。几

透明性
政治献金和交易对公众审查开放。

乎所有的民主国家关于政党募集资金都遭遇了丑闻：美国、英国、法国、德国和日本。这个问题也许是无法解决的，因为这关系到政治竞争，而这种竞争是民主的关键所在。1976 年，大约有 5 亿美元花在了美国的政治活动中。2012 年，65 亿美元用于总统、参议员和国会的竞选活动中，这还没算入那些从事“社会政策”的团体的“黑钱池”提供的经费。相比之下，2010 年英国大选的总费用只有 1.5 亿美元确实不算什么，但也增长得十分迅速。

理论

什么是相关性政党?

哥伦比亚大学政治科学家乔万尼·萨托利（Giovanni Sartori）曾质疑什么是一个政党。是否有最低标准呢？例如赢得特定比例的选票或者在议会中拥有一个席位——这样一个小团体也算政党吗？萨托利认为，那些让主要政党在竞争选票或组建联盟时不得不考虑的政党可以称为相关性政党。如果一个政党小到任何大党都无须担心它会争夺自己的追随者，那么它就不是相关性政党。同样，如果一个政党大到都没有必要组建执政联盟，那么它也不是相关性政党。英国的托洛茨基主义者和爱尔兰共产主义者被所有政党忽略，因此不能称之为相关性政党。瑞典的自由党和以色列的小宗教党派，虽然只占选票的一小部分，但却是必要的联盟成员，所以可被称为相关性政党。

用萨托利关于相关性政党的定义，我们是否可以总结一下美国各种各样的第三党？尽管民主党在 1948 年否定了州权党（南方民主党人）的重要性，在 1968 年否定了华莱士的美国独立党的重要性，但在两次大选中都将它们考虑在内。1968 年，民主党候选人休伯特·汉弗莱（Hubert Humphrey）访问了美国南部，强调民主党是一个“大家庭”，能容纳各种观点。这是一次无效的企图让南方白人选民忘记约翰逊执政期间的公民权利改革运动的尝试。

1980 年，独立候选人约翰·安德森（John Anderson）促使卡特总统重视他曾忽视的外交和生态政策。1992 年，罗斯·佩罗（Ross Perot）要求老布什和克林顿多关心联邦财政预算赤字。2004 年，约翰·克里关注拉尔夫·纳德，因为他在 2000 年选举中影响很大。通过这些事实，我们可以说美国存在相关性第三党。小型的代表共产主义者、社会主义工人和社会主义劳工的政党都不需要纳入考虑范围，因此，根据萨托利的定义，我们不应该把它们看作是相关性政党。如果共和党人开始担心自由意志主义候选人会获得他们的一些选票，自由意志主义者将成为相关性政党。

许多民主国家出台了法律限制或者规定政治献金。德国、西班牙、瑞典和芬兰根据每个政党的竞选实力按比例用政府资金进行补贴。这明显对新的政党不利。1974 年，美国国会通过了一项类似的计划（总统竞选基金），允许纳税人授权给国内税务局把其所缴纳的所得税中的 3 美元捐给这个基金，这个基金根据总统被提名者所得票数按比例进行补贴，前提是被提名者的票数至少要达到全国总票数的 5%。但是只有 1/4 的纳税人向总统竞选基金捐款，这远远不够支付竞选的费用。在之前的几次选举中，总统候选人已经放弃这笔钱，因为这笔支出额度是有限制的。政治行动委员会和超级政治行动委员会已经大大地填补了这个空白。

群众型政党
试图保持成员内在认同的政党，通常有着正式的身份标志。

干部型政党
由一些职业政治家操控的政党，只有间歇性的活跃期。

经典论述

迪韦尔热的三种政党模式

最早的政党模式归类是由法国政治学家莫里斯·迪韦尔热（Maurice Duverger）提出的。他发展出三种政党模式：群众型、干部型、信徒型。**群众型政党**组织化程度较高，有大量的、在意识形态上认同度高的成员，例如西欧的社会主义政党。它们依靠成员的缴费获得资金。相反，**干部型政党**，例如美国的民主党和共和党，组织化程度较低，依靠活跃的政治精英。**信徒型政党**，例如，在希特勒领导下的纳粹党，是由一个人来创建的政党。类似的是拉丁美洲的铁腕人物的人格型政党，例如阿根廷的庇隆、巴西的瓦格斯。另一个例子是伊拉克萨达姆的“阿拉伯复兴运动”。这些人格型政党，在其创建者去世后便很难维持下去。

信徒型政党
依赖单一人格的政党。

政党分类

10.3　政党意识形态的光谱式分类

对政党进行分类的最基本的方法是按照政党的意识形态，从左到右光谱式分类。左翼政党，例如共产党，提出通过将主要企业**国有化**来消除阶级分化。中左的政党，如西欧的社会主义政党，倾向于福利政策，但是不主张全国性的国有化。中间派政党，如瑞典和意大利的自由党，通常对社会问题持自由态度，但是在经济上（自由市场上）持保守态度。中右的政党，如德国基督教民主联盟，希望控制（而不是消除）福利国家以支持自由企业。右翼政党，如撒切尔时期的英国保守党，希望消除福利国家，削弱工会的权力，促进充满活力的资本增长。现在，几乎每个欧洲国家都有反移民、反欧盟党派，有人把他们归类为极右派。对此，瑞典有个相当完整的政治谱系（见图 10-1）。

国有化
把大企业置于政府的管制之下。

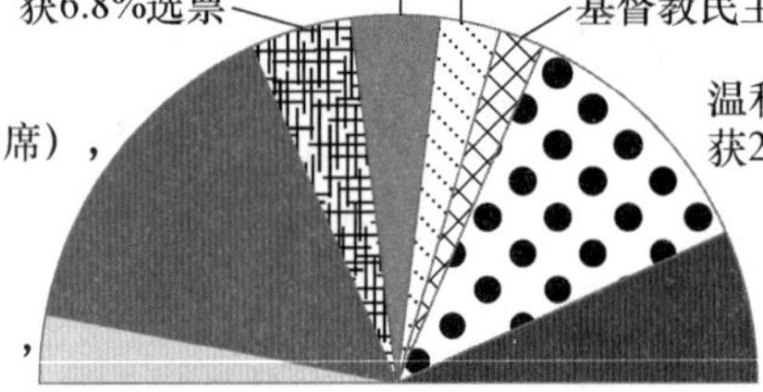

图10-1 瑞典政党的政治谱系（2014年大选）

注：瑞典的一院制议会中的政党表现出左右两派的意识形态。瑞典采用比例代表制。由于在瑞典议会中没有多数席位，社会民主党与绿党组成了一个少数派联盟，偶尔还会得到一些规模较小的中间派政党的支持。

世界观
德语的"世界观"，指试图兜售特定意识形态的政党。

兼容型
意识形态非常宽泛，欢迎所有人加入的政党。

经典论述

基希海默的兼容型政党

伴随着多数民主政体向两党体制的转变，分支庞大的、迎合各种选民的政党增加了。二战以前，许多欧洲政党观念狭隘，只争取特定的一部分选民的支持。社会主义政党在一定程度上仍然是马克思主义的，并且主要面向工人阶级。中间主义政党和保守主义政党则以中产阶级为目标，农民党以农民为目标，天主教党以天主教徒为目标，等等。这些政党被称为"**世界观型**"（Weltanschauung）政党，因为它们不仅为了当选，而且希望能够提高其世界观的影响力。

二战以后，欧洲发生了很大变化。随着发展的繁荣，人们开始排斥旧有的意识形态的狭隘性。在大部分西欧国家，庞大的、意识形态松散的政党争取或接纳或摒弃"世界观型"政党的各类选民。德国政治学家奥托·基希海默（Otto Kirchheimer）创造了"**兼容型**"（catchall）这个术语来描述这一新型政党。他的模型是德国基督教民主联盟，一个试图代表所有德国人——商人、工人、农民、天主教徒、新教徒、妇女等——的政党。这一术语现在可以描述几乎所有民主国家中的执政党。只有成为兼容型政党才能当选，这几乎是个公理。英国的保守党、西班牙和法国的社会党、日本的民主党都是兼容型政党。当然，最大、最古老的兼容型政党是美国的共和党和民主党。

大多数政治学家对远离狭隘和僵化表示欢迎，但是这也带来了另一个问题。因为兼容型政党包含许多观点，所以它们被派系争斗困扰。党内斗争取代了党派之间的斗争。学者们列举了意大利天主教民主党和日本自民党的几个派系，这两个政党，其领导人物之间对权力的划分都带有一定封建性。许多美国政治也发生在党内而不是在主要的政党之间。

政党制度

10.4　若干政党制度及其案例

“政党制度”和“政党”并不相同。政党是为了赢得选举的组织。**政党制度**是各党派之间的相互关系的总和。政党像树，而政党制度就像树林。政治制度是否健康，基本取决于政党制度是否稳定，取决于有多少政党是以“追求中心”（center-seeking）或“远离中心”（center-fleeing）的方式进行竞争的。不稳定的政党制度能够破坏一个很好的政治制度。稳定的、适度的政党制度使希特勒之后的联邦德国和佛朗哥之后的西班牙建立起了民主政治。

政党制度
表明政党如何相互作用的制度。

2010 年大选后，英国的政党系统导致了“悬浮议会”（hung parliament）和政府的不稳定。保守党（Tories）也缺乏足够的多数席位，所以小型自由民主党成了不可或缺的合作伙伴，尽管两党在很多问题上没有达成一致。英国曾在 2011 年举行全民公投，改革选举制度，让自由民主党获得更公平的席位，但公投失败。在 2015 年的选举中，保守党赢得了绝对多数席位，不再需要自由民主党的支持，因而后者的支持率大幅下滑。政党制度在某种程度上与选举制度有关，并在政治中发挥着重要作用。

民主

多党制更有意思

在多党制内，民众可以有很多选择。瑞典拥有若干相关性政党，人们可以找到更符合自己喜好的政党，而这一点在两党制的美国很难做到。在欧洲的大部分国家，人们关心环境问题，因此支持绿党。严肃的基督教徒支持基督教民主党，左派支持社会党，保守派支持保守党。

美国在选票上（取决于州）确实列出了十几个政党，从绿党到自由党到社会主义政党。但是如果给它们投票，你会觉得自己扔掉了选票。这就是“胜者全得”的选举制度的影响，因此在美国投票给第三党仅仅意味着抗议性。欧洲和以色列的许多选民并不会觉得是扔掉了选票，如果他们支持的政党获得超过规定的最低选票（德国是 5%，瑞典 4%），该党还是会在议会中拥有席位。欧洲有趣的选举解释了其较高的投票率。在美国，从主要政党中进行初选，以取代多党制的选择范围。例如，共和党人要在商业保守派、宗教保守派、茶党保守派、孤立主义者和干涉主义者之间做出选择。

政党制度的分类

最简单的将政党制度分类的方法就是数一数政党的数目：一党制、两党制以及多党制。在一个到两个政党之间，我们说其政党制度是“一党独大制”。在两个到多个政党之间，我们说其政党制度是“两大党制”。理论上说，可以存在没有政党的政治体系，但是正如我们前面所说的，即使是独裁者也喜欢顺从的政党来支持他。一些制度也许很混乱以至于我们称之为易变的或**不发达**的政党体系。

不发达
还没有形成完备体系。

一党制 许多非洲与亚洲的新兴国家都是一党制。它们都只有一个政党，这个政党控制着政府的所有层级，并且也是唯一合法的政党。这些政党的领导人宣称：他们是民主的，因为他们真正代表人民的利益。

一党独大制 与一党制相比，一党独大制中的反对党通过自由选举的方式竞争，但很少获胜。独大的政党组织良好，并提供了许多对支持者的激励，比如工作和报酬。最重要的是，它控制着电视宣传。一些民主国家是一党独大制，但它们不希望持续这种情况，因为公民对执政党的腐败和无能感到厌倦。印度长期以来受国大党统治，日本受自民党统治，墨西哥由革命制度党（PRI）统治。2000 年，墨西哥保守的国家行动党（PAN）的文森特·福克斯（Vicente Fox）当选总统，打破了革命制度党在总统职位上的垄断，使墨西哥从一党独大制转变为多党制（左翼是革命民主党）。2009 年，日本的自民党最终被民主党击败（但自民党在 2012 年卷土重来）。在普京所属的统一俄罗斯党（United Russia Party）领导下，俄罗斯现在的政党体系，是由一个大党占主导地位，但许多俄罗斯人希望看到实实在在的竞争。美国的许多国会选区实际上都是受占主导地位的政党体系的影响，实力较弱的政党在那里没什么机会。

两党制 我们最为熟悉的是两党制，可见于美国和英国。在两党制下，两个主要的政党有均等的执政机会。尽管第三党——如美国的自由党（U. S. Libertarians）和英国的独立党（Britain's Liberal Democrats）——很少获胜，但它们的存在提醒了两个主要政党去关心选民的不满。两大政党中的一个或两个会经常推出讨好不满选民的政策。通过这种方式，即使人微言轻的第三党也能有影响力。一些观察家认为，新的政治理念大多由第三党提出，大党在这方面很迟钝。

多党制　拥有几个竞争性政党。瑞典的政党制度展示了从左到右的光谱式排列。每个政党在议会拥有的席位与其选票的多少是成比例的。这个制度经常遭到批评，说其不稳定，但事实往往并非如此。荷兰、瑞典和挪威基本上建立了一个稳定的多党联盟以有效地执政。政党的数量不是内阁**不稳定**的唯一原因。内阁稳定与否更多地取决于政治文化、在基本问题上的认同程度以及组建、解散内阁的规定。学者们长期以来都在争论两党制好还是多党制好。这很难说，因为两种制度都可能陷入优柔寡断和**墨守成规**。同时，两种制度都趋于一个中间地带——两大党制。

不稳定
指内阁经常变动。

墨守成规
停留在一个主要的政治问题上。

两大党制
国家拥有两个大党和一个或者数个小党派。

两大党制　现代民主国家中有两个大党，还有一个或多个相关的小党。德国有基督教民主联盟和社会民主党两大政党，但是自由民主党、绿党和左翼党有足够的选票在政治上产生重要的影响力。奥地利长期以来受两个大党统治，但是现在有了第三党——高度民族主义和反对移民的自由党。英国通常被认为是两党制国家，但是它在很长时间里存在着重要的第三党。2015 年，苏格兰民族主义者基本上将长期占据苏格兰主导地位的工党赶下台。西班牙历史上是多党制，当前是**两大党制**：工人社会党和中右人民党，另外还有一些小党。严谨些来说，美国的政党制度也是两大党制，因为第三方政党仅是暂时性的存在。虽然茶党不是一个有组织的政党，但其他第三方政党，如 20 世纪 90 年代的改革党或 2000 年的绿党，可以说影响了美国大选以及后来的主要政党纲领。

易变的政党制度　新建立的和不稳定的民主政治中的政党制度通常非常易变且不发达，它们瞬息万变，与以上类型都不相符。“混乱”是唯一可以描述它们的词。在这样的国家中，政党的成立和消亡非常迅速，有时只存在于一次选举中，政党经常是使领导人赢得选举的**人格型**工具，这些政党没有具体的计划和意识形态。由于组织程度很差，很多政党很快就消亡了。信奉天主教的拉美政治家经常建立新政党，但是它们很少长久。1989 年共产党丧失执政权后，波兰、捷克斯洛伐克、匈牙利均实行自由选举，但不久就陷入混乱。俄罗斯的政党制度是易变的，普京总统在 1999 年大选之前成立了自己的统一党，2004 年合并后的统一俄罗斯党成为俄罗斯最大的政党，但这是人格型政党，只是普京执政的一个工具。日本政党制度从一党独大制破裂后，在 20 世纪 90 年

人格型
依赖领袖个人魅力。

代也陷入混乱，但目前已经巩固成为多党制了。若干年后，这些制度可能演变成两党制或多党制。

政党制度和选举制度

一个国家要建立它的政党制度是非常复杂的。它在很大程度上植根于历史发展。何时、在何种情况下选举权会得到扩展？许多国家有相似的政党制度：文化上四分五裂的印度创建了一党制（国大党），文化上高度同质的日本也是一党制（自民党）。单一因素的解释肯定是不充分的，但是政治学家们在**选举制度**的重要性上达成了普遍的共识。

选举制度
规定选举的法律。主要有两种模式：单一选区制和比例代表制。

对一个国家来说，最重要的制度选择是在单一选区制和比例代表制的选举制度之间做出选择。在单一选区下，例如美国的国会选区，简单的多数选票就能获胜，这种制度倾向于建立两党制或两大党制。原因很清楚：这种制度下弱小的第三党获胜的可能性很小，并且它经常放弃努力。这是美国和英国的情况，根源于最初的英国模式，英国人称之为“胜者全得”，就像赛马一样，只要马的鼻子先碰线就获胜。将政治力量联合起来组成一个获得大多数支持或者至少能获得多数支持的政党在单一选区里会有很好的回报。如果一个政党分裂了，那么这就意味着选举中获胜的一定是紧密团结的政党。1912年大选中威尔逊获胜，只是因为西奥多·罗斯福分裂了共和党。一个政党内的各个派系也许并不喜欢彼此，但是它们知道它们必须团结在一起才有未来。这个因素对解释为什么美国的两大政党尽管存在相当大的内部分歧也能保持完整有很大帮助。

比例代表制允许甚至鼓励政党分裂。它采用每个选区多个候选人，根据该选区选票的比例来分配议会席位。据此，将政党联合起来就不会有很大的回报。一个分裂的团体可能会决定让一个或两个人当选，不需要向其他观点妥协。以色列的比例代表制就选出了十几个政党进入议会。瑞典的公共关系系统选出了8个瑞典议会党派。选举法的修订会改变一个国家的政党制度，如德国从多党制变成了两大党制，法国从多党制变成了“两集团”制，波兰由极度分散的多党制变成了一个稳健的大党联盟。

理论

萨托利的政党竞争

萨托利不同意简单地根据政党的数目对政党制度进行分类。政党竞争的程度和方式也是很重要的。“多党制”这一术语并不能区分稳定的政党制度和不稳定的政党制度。萨托利用“适度多元主义”和“**极端多元主义**”区分政党制度。

在适度多元主义下，通常有五个或者少于五个的政党，它们以“**追求中心**”或向心的方式进行竞争。这就是说，它们的政纲和承诺以吸引“处于中间位置”的投票者为目标。左翼政党隐藏起激进主义，右翼政党淡化保守主义，因为它们都知道大部分公众处于中间位置。这样，适度多元主义下的政治生活倾向于平静而稳定，其强调意识形态的语调也不高。

萨托利发现，当政党的数目超过五个时，就会有极端多元主义的危险。在这种情况下，政党会以“**远离中心**”或离心的方式进行竞争。在意识形态上走向极端，致力于进行“政治上出价高于别人”的竞争。一些政党提出越来越激进的方案，无论是左翼还是右翼。有些政党还“反制度”或带有革命性。坚持中间路线的政党发觉自己受到左右两方的夹击。这种情况会导致政治不稳定，有时会引发国内战争，就像 20 世纪 30 年代的西班牙；还有可能发生军事夺权，就像 1973 年的智利。

政党的未来

10.5 政党是如何成为品牌的?

学者们对政党的未来看法不一。在许多民主政体中，政党的成员数量在下降，选民的忠诚度也在下降。20 世纪的意识形态鸿沟已经填平，许多主要政党变得中立且相似。大众传媒和利益集团取代了政党的一些功能。新的政策理念经常是由智囊团的专家提出的。如果竞选活动是由富人进行捐赠，或者利益集团绕过党派——甚至候选人——来让他们中意的候选人上台，那么政党又有什么用呢?

同样，在大多数地方政府甚至许多州，其支持率都是持续由同一个政党成员赢得的。一个地区的少数党如果一直无法获胜，它们就没有努力工作的动力。占主导地位的政党也变得软弱无力，因为它们不必努力保住自己的饭碗。因此，大众传媒或利益集团使国家级政党不那么重要，但在地方，政党的势弱可能是由于本身的不断失败。

另一方面，一些人认为现在的政党比过去几代人更有意义。美国的意识形态差异愈加显著。国会中的民主党人更倾向于自由主义，而共和

极端多元主义
政党变得非常极端的政治体系。

追求中心
政党变得温和，处于政治光谱的中间地带，以吸引大多数选民。

远离中心
政党变得极端，忽视处于中间地带的选民。

党人则更倾向于保守主义。很少有人越过边界投票给其他政党成员。公众的政党身份，特别是那些对政治十分感兴趣并参与其中的人，他们在意识形态上的差异越来越明显，与反对党成员共享的政治价值观越来越少。因此，党的凝聚力得以增强，不是因为与其他党员合作的动机增加，而是因为党内一致性有所增强。

政党有没有可能既强势又弱势？在提供资金和人力来帮助选举方面，政党组织可能不那么重要，而在政治社会化和聚集公众利益方面，政府内各政党的凝聚力及其相关性仍然存在。也许未来的政党只是一种品牌。如果是这样，我们可以想象美国选民在共和党和民主党两个品牌之间做出选择，就像他们在可口可乐和百事可乐之间做出选择一样。这些品牌本身就是积极分子、候选人和官员为塑造他们代表的品牌而斗争的结果。

思考题

1. 假如没有竞争性政党，民主是否存在？
2. 什么是“利益聚合”？政党是如何进行“利益聚合”的？
3. 个人如何社会化以认同一个政党？
4. 英国政党集中化的优点是什么？
5. 共和党与民主党有什么不同？
6. 在意识形态范畴中，怎么对政党进行分类？
7. 什么是兼容型政党？
8. 政党制度的模式有哪几种？
9. 竞争性政党制度如何应对腐败？

关键术语

不发达
不稳定
利益聚合
远离中心
追求中心
集权
新制度主义理论
选举制度
伟大社会计划
墨守成规
极端多元主义
世界观
政治任命
群众型政党
动员
国有化
信徒型政党
党派认同
政党制度
干部型政党
兼容型
人格型
政党
负责任的政党政府
凝聚性
茶党
透明性
两大党制

参考文献

Black, Earl, and Merle Black. *Divided America: The Ferocious Power Struggle in American Politics.* New York: Simon & Schuster, 2007.

Dalton, Russell J., and Martin P. Wattenberg, eds. *Parties without Partisans: Political Change in Advanced Industrial Democracies.* New York: Oxford University Press, 2001.

Edwards, Mickey. *The Parties versus the People: How to Turn Republicans and Democrats into Americans.* New Haven, CT: Yale University Press, 2012.

Eldersveld, Samuel J., and Hanes Walton Jr. *Political Parties in American Society,* 2nd ed. New York: Palgrave, 2000.

Fiorina, Morris P., Samuel J. Abrams, and Jeremy C. Pope. *Culture War? The Myth of a Polarized America,* 3rd ed. New York: Pearson, 2010.

Hershey, Marjorie Randon. *Party Politics in America,* 16th ed. Upper Saddle River, NJ: Pearson, 2014.

Hetherington, Marc J., and Thomas J. Rudolph. *Why Washington Won't Work: Polarization, Political Trust, and the Governing Crisis.* Chicago, IL: University of Chicago Press, 2015.

Kabaservice, Geoffrey. *Rule and Ruin: The Downfall of Moderation and the Destruction of the Republican Party: From Eisenhower to the Tea Party.* New York: Oxford University Press, 2012.

Karvonen, Lauri, and Stein Kuhnle, eds. *Party Systems and Voter Alignments Revisited.* New York: Routledge, 2001.

Lawson, Kay, and Peter H. Merkl, eds. *When Parties Prosper: The Uses of Electoral Success.* Boulder, CO: Lynne Rienner, 2007.

Luther, Kurt, and Ferdinand Müller-Rommel, eds. *Political Parties in the New Europe: Political and Analytical Challenges.* New York: Oxford University Press, 2005.

McCarty, Nolan, Keith T. Poole, and Howard Rosenthal. *Polarized America: The Dance of Ideology and Unequal Riches.* Cambridge, MA: MIT Press, 2008.

Mayhew, David R. *Partisan Balance: Why Political Parties Don't Kill the U.S. Constitutional System.* Princeton, NJ: Princeton University Press, 2011.

Rosenblum, Nancy. *On the Side of the Angels: An Appreciation of Parties and Partisanship.* Princeton, NJ: Princeton University Press, 2008.

Skocpol, Theda, and Vanessa Williamson. *The Tea Party and the Remaking of Republican Conservatism.* New York: Oxford University Press, 2011.

Ware, Alan. *Political Parties and Party Systems.* New York: Oxford University Press, 1996.

第 11 章
选举

阅读与思考

11.1 美国投票率低的原因

11.2 预测谁更倾向于投票的变量和投票的原因

11.3 影响投票人及其投票方式的变量

11.4 选举重组理论批判

11.5 赢得选举的策略

在这一章，我们要问三个有关选举的一般性问题，每个问题后面还有一个更加具体的关于美国选举的问题。首先，人们为什么要投票，人们不禁发问，为什么美国的投票率这么低？其次，投票人如何投票，这引发我们思考民众对美国政党的忠诚是否发生了转移。最后要问的是，靠什么赢得选举？这让我们了解一些美国选举中用到的策略。

人们为什么要投票？

11.1 美国投票率低的原因

2012 年，美国选举的投票率有了大幅提高。民主党人认为，提高他们的典型选民（包括年轻人、妇女、非裔美国人、西班牙裔美国人、历史上投票较少的人）的参与率将带来胜利。因此，民主党人将大量的金钱和精力花费在地方上，以争取让对他们有利的人进行登记和投票。共和党人在 2008 年和 2012 年的选举中都失败了，于是开始将兴趣从电视广告转向草根工作。一些共和党人指责民主党提高其选民的投票率是不公平的，但这正是有效竞选应该做的。

在 2012 年的美国选举中，59%的合法选民参与投票，低于 2008 年的 63%；相对于往年来说，投票人数有所提升。历史上，美国的投票率一直都不高；从历史上看，投票率最高是在 1960 年，达到了 63%。在瑞典、德国以及意大利等国家，投票率接近 80%。1994 年，南非黑人第一次被允许参加投票，投票率达到了 86%。从中可以看出他们很珍惜投票的权利。

在总统大选以外的选举中，美国投票率很难超过 40%。为什么会出现投票率如此低的情况呢？多数没有参加投票的选民表示，对于政治候选人来说，他们并不是受到关注和重视的人。他们中的许多人认为他们投票与否，其区别并不是很大，更何况这些政客并不像他们表现的那样好。另一个重要原因与美国的政党制度有关。在选举中的两个政党，没有哪一方能足够吸引选民的支持或者提出明确的政治方案，它们都倾向于中间立场。在大多数总统选举的过程中，两位候选人互相指责，但在最后，他们承诺的就业、医疗保健和打造强大美国的目标，听起来其实多少有些相似。电视广告中总是长时间地出现那些低级的、肮脏的政治观点宣传，这足以让人在选举时对他们感到厌恶。在 20 个美国人之中，只有一两个乐意参与政党活动，并打算出席政治会议、捐款甚至游说他们的邻居参与其中。然而，就这种形式的参与而言，美国比大多数其他民主国家更频繁。

2/5的美国人从不参与投票。美国人的不投票行为在政治学者中引发了一场大争论。一些学者认为低选举参与程度意味着许多美国人越来越远离政治，这会逐渐使政治失去其合法性。另一些学者则比较乐观，认为低投票率表明多数美国人对政治制度基本满意，或者对登记和投票还不是特别反感。那些投票率特别高的国家，可能会加剧党派政治从而引起某种政治狂热。美国在2012年经历了这种热度，（候选人的）个人魅力和（新的）选区划分带来了更多的选民。有人建议美国实行义务投票（如有些国家所为），但美国人讨厌对他们的自由横加干涉。

为什么欧洲和美国的投票率存在差异呢？一个明显的原因是，欧洲的选民登记是自动的，一个人年满18岁，当地政府就自动将其登记为选民，而美国人必须在选举和热闹的竞选运动前几个月亲自进行登记。美国的选举被安排在周二，而在欧洲，大部分国家安排在周日（2008年开始，许多州允许提前投票，这也许是投票率增加的一个原因）。在美国，选票上长长的地方、州和国家的候选人名单和公投事项，足以把选民搞糊涂。欧洲的选票则较为简单，通常只是选择政党，并且大多数国家都管控和限制电视的政治广告，有的则完全禁止。

谁来投票？

11.2　预测谁更倾向于投票的变量和投票的原因

在许多宣传民主的国家里，投票者大都为中年人群以及受过更好教育的白领，他们大多居住在城市或者郊区，而不是在乡下。他们对政党也有更高的认同感。相比之下，不投票者往往表现出这样一些共同的特点，比如年轻、缺乏好的教育、蓝领或者处于失业状态。经济收入、接受良好的教育、种族、年龄、性别以及居住地等，都能成为选民参与投票的关键因素。

收入和教育

收入高的人比收入低的人更易于参与政治投票，相对于高中辍学者

理论

唐斯的投票理论

谈及理性选择理论，安东尼·唐斯在 1957 年的代表作《民主的经济理论》（*An Economic Theory of Democracy*）中提出，人如果能获得超过成本的回馈，那么他们就愿意去投票，特别是当他们能在选举中投出决定性一票的时候。这就是说，如果他们觉得这个赌注很重要并且值得去搏一把，那么他们就愿意去冒这个险。财产拥有者会因为害怕增税而更有可能去参与投票，他们并不像那些佃户那样面对税收变化反应不大。政治信息成本、个人财力以及性格特质，也能对一个人是否乐意去投票起到很大的决定作用。总之，理解政治新闻或者参与政治会议是需要很大的精力和兴趣的。社会中贫困的或者文化程度较低的人们很少去参加投票（印度也许是一个例外）。

唐斯的理论鼓励我们去思考为什么大多数人要投票。如果投票成本大于收益，而且投决定性一票的机会很低，那么一般来说，很少有人会去投票，但事实上很多人会去投票。为什么？原因包括公民义务、参与民主进程所带来的个人满足感以及成为决定性一票的可能性。这比只问人们为什么不投票更能全面理解这一问题。

来说，受过良好教育的人更可能参加投票。这两点经常是合在一起的（好的教育往往能带来高收入），并且相互加强。高收入让人们与选举结果利益攸关，教育则提升选民的兴趣和成熟度。

在小镇工厂的工人眼中，政治选举的候选人之间的差别并不大。工人纳税、遵守规则，为谋生而工作着，对行政当局变化的感受并不是很大。相反，对于处于管理岗位的人员以及专业工作人员来说，他们往往会卷入其中，并能从他们所支持的候选人的胜利和今后他们自身处境二者中察觉到直接的变化。蓝领人员也许会在当局的变化中受到牵连，但是他们不太可能花时间和精力去弄清其中的原因。

投票者和不投票者之间的差异在于一种效能感，即一个人感到自己至少也有那么一点点权力。它的影响在工人之中比较小，而在专业工作人员中则比较强烈。经济情况较好和受过较好教育的人看到利益集团成功地改变了政策，而普通工人往往只被看成“沉默的大多数”。朋友、邻居和家庭都缺乏充裕的收入的人，不会主动组织起来给政府施加压力。

受过良好教育的人对政治选举往往有较大的兴趣，有时候甚至会超过其自身经济所能承受的范围。一个接受过大学教育的人，哪怕他并不富有，也会有足够的兴趣去关注时事政治，去发现更多的东西，并且更有可能参与到政治选举中。教育能够提升人的政治参与感，并且让人能从政治活动中获取自己感兴趣的信息，这反过来又加强了人们对时事的兴趣并使其乐在其中。许多研究显示，教育是最有力的决定性因素。但是这也导致这样一个困惑，即当美国选举投票处于低迷期的时候，却恰好是美国的教育水平得到逐步提升的阶段。美国人有许多受过大学教育的公民，他们应该积极参与投票。

对此现象，有好几个原因可用于解释，但似乎并没有哪一个能够真正说明问题。教育本身并不具有它过去所具有的意义。美国高校毕业生数量这样纯粹的数据，最多只能说明它冲淡了美国的精英统治地位。现在大学的学位证书，往往只是获取一份职业的工具罢了，和二战之前的高中毕业证差不多。很多专业都是职业性的或与就业相关的，并不是为了唤起学生对民族或世界的好奇心和求知欲。同样，选举也不具有它过去所具有的意义。甚至那些接受过良好教育的公民也找不到投票给他们不喜欢的政党以及候选人的价值所在。原本的投票者可能被消极的选举运动改变，并认为那些政客都是肮脏不堪的。一些人把投票率的降低归咎于电视中有关政治参与的话题有所减少。

后物质主义
认为现代文化已经变得强调所得和消费的理论。

后物质主义理论提出了另一种解释。这种文化理论认为，在所有的工业化国家，其经济来源会慢慢从制造业过渡到知识信息业，伴随着这种价值转移的出现，人们往往会远离社会而走向自我。在新时代，与自己相关的往往是人际关系、现代饮食、户外活动以及娱乐等。社会和政治问题不再是吸引大多数人眼球的关键事物。如果后物质主义的理论解释正确的话，那么教育就没有必要成为人们参与政治选举的关键因素了。

种族

尽管有联邦法律和黑人民权组织，非裔美国人的投票率还是比白人低很多，然而这种鸿沟在黑人的收入、受教育程度得到逐步提高以及奥巴马成功当选总统后慢慢弥合了。几项调查发现，2012 年非裔美国人的投票率实际上略高于白人。1965 年通过的《选举权法案》，使原本对黑人（尤其是南方黑人）注册投票形成障碍的制度得以消除。许多黑人的政治觉悟有所提高，并认识到政治活动和选举的价值，这种趋势在奥巴马成为美国总统候选人之后得以加速。先前的一些种族主义的白人政客认识到这种情况并对他们的黑人投票者变得尊重起来。拉美裔美国人现在的投票率最低，但最近参与投票的人数也有所增加。种族是影响美国大选投票率的一个因素。

方法

趋势陈述

证明一件事导致另一件事发生并不是一件容易的事情，尤其是在社会科学领域。我们对此能够做到的极致不过是发现二者之间的相关性或共变性。比如，我们注意到富裕的国家大都是民主国家，而穷国往往不是，但这只是大概正确。有许多例外以至于不能说“是”，只能说“倾向于”。更进一步来讲：是哪一个因素导致哪一个因素的变化？是富裕促进了民主，还是民主带来了富裕？

大部分的社会科学都在谨慎地关注构成原因的陈述，比如 X 导致 Y，或者说原因是间接的或者复杂的。X 因素可能先导致 Q 因素的变化，Q 的改变进而影响到 Z，Z 直接影响到 Y。在我们的案例中，财富产生大量的中产阶级，他们高度重视教育，并且善于表达自己的利益，从而削弱了当局的统治影响，这再简单不过了。

我们的许多研究都是**多重因果关系**的：P、Q 以及 R 共同作用并导致 Z。多种因素，比如人均 GDP、教育以及利益集团信息等，哪个对民主的建立最重要？这些因素都有影响以至于无法轻易地对它们进行区分，它们往往交织在一起。为避免做出简单的因果判断，我们应该学习做**假设陈述**。如果我们发现 X 变量，同时也发现 Y 变量，我们也知道从 X 到 Y 并不总是直接的，但是我们只要发现了 X，我们就有 2/3 的概率发现 Y，这就是**倾向性**陈述，即社会科学的进展标准。例如：“除了几个国家以外，大部分贫穷的国家都不倾向于发展民主政治。”但是请记住，个人往往有反对其集体的倾向。“大多非裔美国人有投票给民主党的强烈愿望，但是也有一部分人把票投给了共和党。”大多数因果关系是通过理论建立的，这就解释了为什么一件事会引起另一件事，然后由它们之间的相关性来支持。换句话说，数据不能单独用来解释关系；它必须有逻辑性的理论支持。

年龄

年轻人，尤其是 25 岁以下的年轻人，很少关注政治，并且很少进行政治投票，在 18～25 岁的美国公民中，大约一半的人没有进行投票登记和注册。经济收入低甚至贫困的年轻人觉得选举结果并没有使他们的经济收入有所好转。只有当他们为赋税烦恼时，他们才对政治活动感兴趣。就年轻人所关心的事情来看，很少有人愿意花时间和兴趣去了解这些政治问题，政治问题让人觉得有点抽象和遥远。

1971 年，美国通过的《〈宪法〉第二十六修正案》把投票者的年龄从 21 岁降至 18 岁，几乎与此同时，许多民主国家也做了类似的改

多重因果关系
有许多因素导致一些现象发生。

假设陈述
认为两个变量是有关联的：X 发生时 Y 也会发生。

倾向性
找到有关联性的两个变量，但往往并不非常紧密。

选举权
投票的权利。

变，并且产生了类似的结果：新获得**选举权**的年轻人并不像年龄大的人那样参加投票。投票大军仍然以中年人和老年人为主，也许是因为中年最有可能获得权力，而老年人更加关注的是社会保险和医疗保险等。如今的美国选举中，70 岁以上的人群投票率最高。

性别

在许多传统社会，男性投票的可能性远远高于女性。女性只是在相对近期才赢得投票权（瑞士在 1971 年才给予女性参与选举的权利）。直到 1920 年，女性的选举投票权才在美国得到确立，男性和女性之间的投票率差距才逐渐缩小并且逆转过来。如今在美国的选举中，女性投票率高于男性，这反映了美国女性拥有更高的受教育程度。

定居点

在世界上的许多地方，城市地区总是比乡村有更高的投票率，主要原因是城市地区总体上拥有更高的教育水平。投票站往往靠近城市。长期生活在一个固定地方的人比经常搬家的人和新来者更乐意去投票，因为长期生活在一个地区的人们对当地的公共事务有更加深刻的体会，也更容易加入社区团体以及出席其主办的活动。

在美国选举中，南部的投票率比北部、西部的投票率要低一点，这反映了乡村地区较低的生活水平和缺乏政党竞争的状况。美国南部及其政治已有所变化，如今的投票率已经接近其他地区了。其他国家也由于地区差异而在投票参与中表现出类似的特征。在法国，卢瓦尔河南部地区比北部地区的投票率要低。

投票人如何投票？

11.3　影响投票人及其投票方式的变量

选民给候选人投票的原因是多样的和复杂的，大部分因素能被区分为长期可变因素和短期可变因素。对某一个政治党派忠诚崇拜是一个长期的影响因素，它可能影响一个人一生的投票选择。短期的可变因素可能使某个人因为选举中的某个方面而投票，但是几年后他可能会因为其他原因而投票。精明的撒切尔要求英国在 1983 年提前举行大选，借英国在马尔维纳斯群岛上取得军事胜利的东风获胜，而后又在 1987 年经济进一步回暖以及当时工党内部混乱之际再次赢得大选。她所在的保守党两次选举均大获成功。无独有偶，在 1976 年的美国，吉米·卡特从水门事件丑闻所带来的“道德因素”中获益并赢得大选。经济状况至关重要，尤其是选举前几个月的经济增长。2008 年，金融危机使得共和党在大选中失利，但 2012 年经济的缓慢复苏对民主党人有利。然而，短期的变量因素并不意味着政党忠诚的永久转移。

政党认同

政党认同——政党的短期身份证——是长期对某一个政党形成的心理联系，有时候甚至是一生。有着强烈政党认同感的人总是习惯地把手中的选票投给自己认同的党派；相反，这种认同感弱的人则摇摆不定，可能会把票投给另一个政党。而没有党派认同的选民会坐观其变或者在每次选举中转移他们的选票。要记住的是，这种政党认同仅仅只是选民头脑中的感知，并不是哪一个政党所能驾驭的。在美国的一些州，人们在登记投票时会表明他们更喜欢哪个政党，这叫作政党登记。

政党认同受成长初期父母的影响非常大。许多人在还是小孩子的时候就宣称他们支持民主党或者共和党，并且不会改变这一从父母那里习得的政党认同感。这很像早期接受的宗教信仰，以后也很难改变。按照自己所认同政党的路线进行投票，这是很正常的，尤其是在面对复杂的美国投票制度时。政党认同在投票中起到了基础性的作用，强烈的政党认同感使选民对自己认同的党派的候选人产生好感并且对其他政党的候选人带有质疑。你可以把它想成是一种捷径，无须深入了解候选人和相关问题而降低投票成本（见知识框“唐斯的投票理论”）。

政党认同对选举的稳定性至关重要。忠实于某一政党的选民允许政治家们想其所想并付诸实施。政党认同感弱则带来投票的大波动，正如一些公民经常根据电视广告而轻易改变他们的选票。一些政治科学家担心，政党认同感弱将损害美国民主，但另一些人则认为，这让民主更有活力。20 世纪七八十年代美国的政党认同有所衰弱，但近年来有所回升。

在欧洲大部分国家（除了法国以外）和日本，同样存在政党认同，甚至比美国还要强烈，但是这种差异也在慢慢地变弱。英国、德国、瑞典、日本以及其他国家的认同感都是由于国内两大政党之间的政见长期

转投率
两次选举当中，选民改变支持对象的比例。

阶级性投票
某一社会阶层稳定地对一个政党的支持，认为这一政党代表了本阶层的利益。

相互分离而造成的。从一党转投另一党的**转投率**只有 1%～5%，大部分选民还是把票投给原来的政党，强烈的政党认同感使得选民紧紧地跟随着自己所认可的政党。随着**阶级性投票**的趋势减弱和后物质主义的兴起，政党认同的影响已逐步降低，不稳定性逐渐增加，这在美国选举中有时表现得非常明显。法国选民并没有美国选民那样的政党认同，法国的政党似乎总是在分化、组合以及重命名。这样的不稳定性不允许人们培养政党认同感，因此，法国的选民似乎总是散乱的，没有形成选民阵营。

政治学家能够概略地描述出哪一类人群倾向于在不同政党中形成对某一个政党的认同，但是没有哪一个社会群体会百分之百地把票投给某一个特定的政党；总有一些无视群体规范规则的人。如果某一社会群体中一半以上的选票投给了某一个政党，就形成了群体和政党之间的一种重要关系，如果得到 3/4 以上的选票，这种关系就算很牢固了。我们的表述只是说明群体和政党之间的关系存在这种趋势，而这种关系并非是绝对的（见知识框“趋势陈述”）。

投票集团
有着明显特征的投票群体。

老练的政治家和政治学家们把与某政党有着特殊认同关系的社会群体叫作**投票集团**。候选人的策略就是确保足够多的集团来保证选区的多元化，并为竞选运动造势，争取最有可能给他们投票的集团的支持。投票集团的概念其实特别简单，因为并没有牢固集团的存在。

阶级性投票

社会阶级对政党认同和选民的投票行为来说具有决定性的作用。在美国，阶级区别是很模糊的，工薪阶层倾向于把票投给民主党，特别是家庭经济支撑者是工会成员的那些家庭，更乐意把票投给民主党。在 2012 年的美国大选中，家庭年收入低于 5 万美元的绝大部分家庭把他们的选票投给了民主党的候选人奥巴马，然而，许多富有的人也把票投给奥巴马，这暗示着他获得了双丰收。在欧洲的许多国家，阶级投票是比较强烈的，因为工会是非常关注社会民主党或工党的。瑞典和德国的大工会，特别是瑞典工会联合会和德国工会联合会，劝说大部分成员投票给社会民主党，而英国、法国、德国和瑞典比较富裕的选民则很可能支持他们各自的保守党。

两件事情模糊了阶级性投票。一些工人阶级考虑到其自身是中产阶级，拥有家庭传统以及个人信念，他们会支持保守党。美国和英国的工人阶级有时候会把票相应地投给共和党和保守党。相反，一些中产阶级甚至上流社会的人是从工人阶级发展而来的，他们拥有家庭传统，或者在大学时养成了自由观念，偏向于把票投给比较激进的政党。这些人特别重要，他们为工人阶级党派提供受过良好教育的领导者。这样两类因素交织的情况——工人阶级比较偏向保守党派，而中产阶级则比较支持激进党派——冲淡了阶级性投票。阶级性投票在很多地区逐渐模糊，美国只是早些而已。

区域投票

一些地区对某特定政党比较认同。总是有一些地区在过去100多年里曾遭到攻打和征服，当地居民对于一些事情仍然耿耿于怀。在中世纪，巴黎国王曾以暴力把自己的势力范围扩展到卢瓦尔河南部，那里的大多数人转而支持社会党。苏格兰、威尔士和英格兰的“凯尔特边缘”的人则支持工党。苏格兰人还记得在1746年卡洛登战役中的失败，2015年支持苏格兰国家党获得几乎所有议席。美国内战使得南部成为民主党的稳固选区，因为可恶的北方佬是共和党的支持者。但是20世纪80年代，南部反而支持起共和党来，内战期间支持共和党的东北诸州现在反而更加支持民主党（见本章下面的“选举重组”）。

偏远地区远离首都，可能会对经济和文化规则不满，这就是所谓的“中心-外围紧张”。苏格兰和亚伯达并不想与伦敦和渥太华分享它们的石油收入。意大利南部对北部存有看法，北部对南部同样如此；在选举投票上，也会有较大的不同。在德国，民主德国人不满联邦德国人的统治。印度的多语言也反映在选举模式中：本地语言万岁！

种族和民族

在美国，种族和民族是投票的重要决定因素，尤其是对少数族裔而言。大多数黑人都是民主党的支持者；2012年，奥巴马获得了93%的选票。西班牙裔（被归为少数族裔）——白人或黑人——主要投票给民主党，特别是因为最近共和党在移民政策上的立场；2012年，奥巴马获得了71%的选票。白人倾向投给共和党，59%的人支持罗姆尼。由于白人的选票更加分散，政治学家经常需要仔细寻找才能识别白人的投票集体，如考量性别、宗教或婚姻状况。

非白人是一支日益壮大的选举力量。皮尤（Pew）研究中心的一项研究发现，2012年，少数族裔选民占选民总数的28%，高于2008年的26%。到目前为止，这种人口结构的转变对共和党不利。2012年，非裔美国人占全体选民的13%，西班牙裔占10%。这两个群体的增长速度都快于白人。根据美国人口普查预测，到2043年，将没有任何种族或民族群体占多数，非裔、西班牙裔和白人都将是少数族裔。如果共和党人找不到赢得非裔或西班牙裔选票的方法，民主党人将占据选举上风。不过，政党的适应能力强，至少会慢慢转变。

宗教团体

除了种族因素，宗教与世俗的对抗在美国的选举中具有很强的预测作用。在2012年的总统大选中，罗姆尼赢得了白人新教福音派的支持，奥巴马则赢得了“世俗”（非宗教）社会的支持。主流的新教徒对两党的支持率则是不相上下。在法国，虔诚的天主教大多支持保守派，普通的选民则倾向于支持左派。在意大利，受支持的人民党由罗马天主教会创立，至今仍与之有联系。相比投给社会民主党的新教地区，德国的天主教地区更倾向于投给中右翼的基督教民主联盟。

年龄群体

年轻人并非总比他们的父辈更为激进。相反，年长者更能追随属于他们年轻时的步伐，并一直坚持。在大萧条时代，经历过政治社会化的年轻人终其一生都倾向于支持民主党。1980年，年轻选民在选举中对里根的热情促使他们形成了对共和党的永久认同感。年轻群体的反应在一定程度上体现了当时的经济状况。在2008年和2012年的大选中，18～29岁的选民投票给奥巴马，很大程度上是因为他们在种族问题上比较开放，但却更关心金融危机下自己的就业问题。年纪稍大的选民对于种族问题相对保守一点，他们厌烦政府在经济上的举措。

性别差异

人们习惯于认为妇女比男人更为传统和保守，但是在美国和许多国家，这种想法已经被颠覆了。现在妇女对民主党的支持率比男人多出好几个百分点。女性比较赞同民主党关于福利措施和堕胎方面的政策，她们对共和党提倡的相反观点以及增加国防开支的观点感到厌烦。

婚姻差异

从 2000 年开始，许多观察者注意到“婚姻差异”这个问题（这个问题早已经存在，可是很多调查并没有涉及它）。支持民主党的人中，未婚的人比已婚的人多好几个百分点。养家糊口的责任使选民偏向于保守，而共和党比较强调“家庭价值”。罗姆尼获得已婚人士的支持，而奥巴马则赢得单身人士的选票。事实上，当你只比较已婚男性和已婚女性时，性别差距就会消失。共和党面临的一个问题是，成年美国人已婚人数只有一半。

性取向差异

2012 年，民调第一次询问选民的性取向。5%的人认为自己是同性恋，其中 3/4 的人把票投给了奥巴马。具有讽刺意味的是，在副总统拜登敦促奥巴马支持同性婚姻之前，奥巴马一直回避这个问题。除去同性恋选民的选票，奥巴马的选票与对手的基本持平，所以奥巴马的微弱优势可能来自同性恋选民。

城市投票

世界范围内大多数大城市倾向于把票投给自由派和左派政党。工人阶级往往集中在大城市，城市也是教育文化中心，人们的思想意识往往比较自由和激进。城郊和乡下的居民倾向于拥护保守主义，因而大多支持保守党。在英国，保守党具有压倒性优势，而在伦敦市情况却大不相同。德国的巴伐利亚是一个很保守的地区，但慕尼黑却不是。长期以来，意大利的基督教民主主义者占优势，但许多城市却不是这样，这些城市的市长由激进派人士担任。

美国的选举地图显示了大城市和郊区的分离。2012 年，城市地区强烈支持奥巴马，郊区支持奥巴马的却寥寥无几。麦凯恩和萨拉·佩林代表着农村价值——宗教、朴素的语言、反堕胎、反枪支控制、反赋税和亲军事，因此，他们赢得了乡村地区的支持。

选举人团
美国总统选举制度中，由各州议会选举出的选举人团产生总统。

选举重组

选举重组
主要的、长期的政党认同的转变。

11.4　选举重组理论批判

政治学家围绕**选举重组**理论已经争论了几十年。至今，有两种已经

案例研究

美国选举制度是否有问题？

没有一种选举制度可以保证用既简单又公平的方式把公共意志转移到政府管理上来。所有的选举制度都有问题，如果这个选举制度是公平的（比如实行比例代表制），那么这个制度不可能很简单；如果这个制度是简单的（多数获胜的单一选区），那么它不可能做到公平。在 2012 年的国会选举中，民主党以 140 万张选票的优势领先于共和党，但重新划分选区后，共和党又赢得了 33 个席位。

在 2000 年的美国总统大选中存在双重灾难，两个问题都具有可预见性：（1）一个落伍的**选举人团**最终将拒绝普选出的胜利者；（2）另一个是有缺陷的投票机制事关重大。戈尔夺得了不平凡的 50 万（0.51%）张选票，却在总统选举中败给了小布什，投票结果是 271∶266，类似的情况在 19 世纪出现过 3 次。

许多州和地方都采用了它们所期待的选举制度，包括那些存在不足的选举制度。一些地方还使用纸本选票，甚至还在使用 1892 年设计的手杆投票机和光扫描投票。一些地方因经费问题在升级电子和触屏投票系统上发展得很缓慢。最糟糕的选举发生在美国佛罗里达州棕榈滩县，他们使用延续了 40 年的简单便宜的技术：选民把一张张 IBM 卡片放进一个框架里，通过他们的选择打印出矩形卡片。多达 6%的纸片并没有完全打印出来，以至于机器以无效票来读取它们。人们早就知道这种投票技术存在缺陷，并在好几个州取消了这种技术。马萨诸塞州早已宣布使用这种技术不合法。

棕榈滩县的两页“蝴蝶选票”把事情变得更加糟糕并使选民感到困惑，他们中的许多人抛弃了戈尔并把选票投给了民粹主义的布坎南。这些人试图通过在选票上多打孔使之失效来修正错误。这个具有强烈民主党倾向的县丧失了大约 20 000 张投给戈尔的票，数倍于赢得佛罗里达州进而赢得大选所需的票数。

选举人团其实就是针对那些选民较少的小州而设计出来的，尤其是南部的许多州，那里的奴隶主强烈反对“一人一票”。每一个州都拥有与参议员和众议员比例相等的选举人数量，因此最小的州也会有 3 位选举人，他们作为一个整体，投给州内获得多数选票的人，即使只是多出一个百分点的零头。总统大选中，人口少的州所具有的影响力比人口多的州大，有时甚至是数倍。怀俄明州一票的价值几乎是加利福尼亚州一票的 4 倍。很多小的州，比如美国中部的州，倾向于支持共和党。拥有大城市的州，比如东北部和五大湖以及西海岸附近的州，倾向于支持民主党。以较大优势赢得一个州，并不比以几张选票取胜更有优势。

选举人团被广泛认为已经过时，它打破了民意和选举结果之间的联系，但却无法进行根本性改革，因为那些拥有 5 个或更少代表的 17 个小州愿意自己的代表人数超出比例。这些州可以阻止宪法的修改，因为宪法修改需要参众两院的 2/3 多数和州议会 3/4 的支持。

选举人团制度的支持者认为，一个完全意义上的普选并不一定是更好的选择。如果第三党候选人获得百分之几的选票，就像 1992 年罗斯·佩罗（Ross Perot）获得 19%的选票那样，那么候选人可能以少数选票获胜。比尔·克林顿只赢得了 43%的普选选票，但在选举人团中赢得了 69%的选票。

不是只有美国出现选举体制问题，2010 年英国大选中也产生了“悬浮议会”，即议会里没有哪一个党派拥有绝对优势的席位数。在美国，通过分权可以摆脱这种情况，但总统仍然有很大的支配权。在英国，拥有多数下院席位的党派选出人来出任首相，因此，保守党不得不与自由民主党组建联合政府。

确立的重组形式。总的来说，人们的政党认同会持续很长时间，但根据其中一种重组理论，在多次难分高下的总统选举中，许多选民对政党的忠诚度会发生转变。这种**关键选举**并不决定每次选举的走势，但是它却形成了一个新的讨论议题并使之成为热点。这给予政党的只是一种优势，绝非一种实在的控制。美国历史上的“关键选举”或“重组选举”大致有如下几次：

关键选举
一场带来重组的选举。

1800 年，出现了杰斐逊式的民主共和党；

1828 年，出现了杰克逊民粹主义的民主党；

1860 年，出现了林肯式的共和党；

1896 年，出现了商业共和主义（business republicanism）；

1932 年，出现了罗斯福新政下的民主党。

在这些关键选举外，政党认同是稳定的，许多选民据此进行投票。这被称作“常规投票”或者“维持性选举”。有时候，也会有足够多的选民选择较弱的政党而忽略自己的政党认同：1884 年和 1892 年获胜的民主党的克利夫兰，1912 年和 1916 年获胜的民主党人威尔逊，以及 1952 年和 1956 年获胜的艾森豪威尔。这些被称为“异常选举”，因为政党的转移是暂时的，之后，选民将返回来支持他们长期认同的政党。

另一种理论认为，诸如 1932 年那样的关键选举表明，政党认同的或突然或长久的转变属于例外，大多数这样的转变都是在几次选举过程中逐渐发生的**长期重组**。选民不会立即改变他们的政党认同，而是会根据新问题逐渐改变投票方式。这可能需要几年甚至几十年的时间，长期调整才会出现或变得明显。一些研究人员看到的是局部调整，而非全国范围内的调整。

长期重组
政党认同缓慢、渐进的转变。

例如，大约从 1948 年开始，南方转而支持共和党，支持民主党总统杜鲁门在军队废除种族歧视，之后，1964 年《民权法案》通过，戈德沃特继续奉行保守主义，共和党的力量随着 1980 年和 1984 年里根的大胜达到顶峰，最终，共和党于 1994 年接管国会。尽管南方人，主要是白人，投票支持共和党竞选总统候选人和其他政府职位，但直到 20 世纪 90 年代，多数人才认同共和党。

新的重组？

2008 年和 2012 年，民主党引起这样的争论：美国选民是否得到了他们心目中的重组？许多权威人士说，年轻人、妇女和少数族裔组成的联盟取得了胜利，这预示着一个新的自由集体的出现。许多政治学家表明，民主党和共和党都没有进行重组，所有变化只是选民对目前经济状况的反应。最近几年的选举情况表明，如果有重组发生，也需要几次选举才能说明，换句话说，是选举模式的持续转变。多数人认为这是不会发生的。

如果的确有过重组，要想准确指出是哪一次选举也是很困难的。在1968年尼克松赢得大选之后，凯文·菲利普斯（Kevin Phillips）推断，共和党人获得多数选票的情况将出现，但哪一个是关键选举呢？是1968年尼克松选举还是1980年里根的选举呢？或者都不是？如果是1968年大选，那么1976年卡特的胜利就是一种“异常选举”。事实是，卡特的胜利大部分归因于水门事件的丑闻。尼克松政府缺乏像里根时代那样的意识形态保守主义。也许有利于共和党重组的因素来源于1968年的选举，但是直到1980才完全结合在一起，直至2004年才被确认并得以加强。这种长期重组不是一次关键选举就可以的，它其实已经发生了许多年。

对于重组理论，仍然存在很多疑问。一些政治学家会全盘否定。很多人认为选举的重组理论仅仅适用于总统大选，而并不适用于议会议员选举。美国的选举有时候是在选出“分治政府”——美国的立法和行政可以由不同的政党把持——以防止权力过度集中并限制其可能带来的损害（法国选民同样如此）。克林顿在1992年和1996年的总统大选中的胜利和奥巴马在2008年大选中的胜利，基本上都源自经济问题。这似乎是在否定重组理论。如果选民对当前的经济状况和候选人个人魅力有较强的良好反应，政党认同的基础就会被重新认可。现在，政党认同也许并不像以前那么重要了。

解组
在政党认同方面主要的、长期的衰减。

有些学者认为，我们要考察的是**“解组”**而非“重组”。自20世纪60年代中期以来，对美国两大政党有认同感的选民人数并没有增加。1948年，只有不到1/5的选民宣称自己是独立选举者，但是到现在，这个比例增加到约1/3。无党派人士越来越年轻化并且受过高等教育。这些无党派人士大多出生于动荡年代。1964年，他们听见林登·约翰逊总统承诺不派他们去越南打仗；1974年，他们发现尼克松在丑闻中下台；2003年的战争后，他们发现伊拉克并不存在大规模杀伤性武器。他们对保守党的信任动摇了，两个主要政党都出现了不诚实的

民主

政党的极化

政治学者注意到美国大选中存在着逐步增长的“**极化**”(polarization)趋势。政党认同者变得越发激进，厌恶并反对另一方。尽管这只是一段时间的情况，但是在 20 世纪 90 年代，美国经济处于繁荣期，共和党人也对克林顿表示鄙视。在近年的选举中，共和党和民主党相互敌对，理性及连贯性在这里不再起作用。以下几个原因导致政党极化趋势的产生：

1. 里根政府时期（1981—1989 年）的共和党变得极为保守，在国会上温和的共和党人越来越少。反过来，民主党倾向于更加自由化。

2. 精英集团较之以往更为主动地推出意识形态化的政策议程。新的智囊团、期刊和网站，尤其是保守党那一边，采取如下立场，即它们认为总是寻求中间派支持的大党消失了。

3. 最高法院 1972 年确立的“一人一票”原则，要求各州按照人口比例均等划分国会选区。现在很多州在每次人口普查后都重新划分选区。计算机使选区重划变得更为精确，以至于现在的国会选区，集中了大量有相同党派倾向的选民，铁杆支持现任者连任。这些现任者知道自己不会失败，更愿意提出意识形态化的竞选纲领，而较少考虑中间选民（的利益）。

4. 流动着的美国人总是搬到适合他们自己的地方居住，这使得整个国家地域变得意识形态简单化，南部越来越保守，北部则越来越自由。媒体称两个政党形成了红（共和党地区）蓝（民主党地区）两个阵营，彼此针锋相对。研究政党或者市场的学者能够告诉你每一个美国邮区的政治取向。

5. 这一趋势反映了美国的“文化之战”。“文化之战”主要源于**宗教因素**。有强烈宗教信仰的美国人认同所谓的“道德价值”，因而拥护共和党。宗教意识较浅的美国人会因关注妇女和少数民族平等、税收公平和医疗卫生问题而拥护民主党。这两种文化感兴趣的问题不同，因此互相排斥，支持的党派也不一样。

一些历史学家和政治学家表示，美国政治一直如此，在美国大选中，地区和文化政治一直是人们关注的焦点。两极分化也不全是坏事。在 2008 年和 2012 年，投票率因两极分化显著提高。

举动——许多丑闻损害了政党人物的形象。如果出现一个可靠的第三个政党，有些人就会选择它。

一些政治学家指出，这样的解组——发生在经济繁荣和萧条之间——与以下三个趋势同步：（1）投票率的降低；（2）政党认同的降低；（3）对政府信任的降低。这三个趋势是否同时发生？谁促使谁的发生？信任的降低可能是主要原因。2008 年和 2012 年的投票率表明美国选民并没有对政治完全失望。的确，党派渐趋稳定，甚至有所增加。

一些研究者怀疑是否存在明显的选举解组和独立投票的倾向。许多投票者宣称他们是独立选举者，但事实上他们也倾向于某个政党或者其

极化
政治观点从中间向两端分散，形成两个敌对的阵营。

宗教因素
宗教成分的影响程度，与公开宣称的选择不同。

他的团体。因此，独立的第三类选民中只有 15%是真正的中立者，这只占参与投票者的 11%（因为真正的独立者很少去投票）。当论及逐渐弱化的政党认同时，这些研究者会说，美国的政党认同几乎没有变。

靠什么赢得选举？

11.5 赢得选举的策略

理论上，选举确保公民有了选择并指导政府的机会。但是在现代选举中，理性选择的成分被两个因素操控着，一个是候选人性格，另一个是大众媒体。参加选举的人们并没有意识到他们为谁选举、为什么要选举，这些对于社会民主进步来说不是好事。

超凡魅力
有很强的个人吸引力。

现代政党，尤其是发达工业国家的政党，喜欢展示其领导人的个人魅力，而意识形态等却很少被提及。广告和电视抬高了领导人的形象，有时候却忽略了领导人背后的政党。出席各种场合的领导人总是以有**超凡魅力**、遇事果断而又平和细心的形象出现。里根和奥巴马就是在个人魅力上成为赢家的最好例子，其他一些国家的领导人纷纷效仿。英国首相布莱尔赢得选举很大程度上借鉴了克林顿的风格。法国总统候选人经常展现富有爱心的一面，在政治竞争中显示父亲一般的形象，像无党派人士一样。德国总理候选人则展现出靠得住、值得依赖和积极向上的形象，但是却很少提及他们在政治上的策略。这样的模式遍及世界：保持大方和开心，不提政党，笑对一切。

在美国大选中，对美国抱有乐观态度的候选人通常会获胜，而担心事情变糟的悲观候选人往往会失败。2008 年的大选中，奥巴马显得比麦凯恩更加乐观。领导人的个人魅力总是被大众媒体尤其是电视售卖，这样，领导人的形象是被控制的，甚至言行举止都被改变。“拍照机会”取代了问答会，这就回避了新闻记者的尴尬追问。“拍照机会”总是记录候选人自然的举动，语言解释随后被加上。照片是无声的，候选人的“经纪人”担心他们的候选人有时候会说出一些愚蠢的话，这会破坏其小心努力构筑的形象，因此和新闻记者还是必须保持一定的距离。

世界各地都存在这样的事，一个英国的观察家说：“电视在很大程度上就是竞选本身。”2010 年，英国第一次直播了 3 个主要政党的电视辩论（美国的竞选电视辩论早在 1960 年就开始了）。3 个候选人的辩论吸引了许多英国人的关注并使电视取得了极高的收视率。在法国，新闻记者抱怨法国政治的“超媒体化”。这两种文化的兴趣关注点相互藐视并彼此反对。在电视上，每一件事情都被很好地控制着，包括设置、灯光、音乐、化妆以及台词等，就像一个完美的迷你剧一样，比许多定期的节目都精彩。电视广告发源于美国，盛行于欧洲。法国称之为“政治剪辑”。法国政治学家让-保罗·古雷维奇（Jean-Paul Gourevitch）把这看成三个类型：（1）“简单剪辑”，获取注意力的简单做法；（2）“意识形态剪辑”，将一些意识注入形象中；（3）“寓意剪辑”，把候选人描绘得像史诗巨著中的英雄人物一般。候选人通过阳光的个性特点和华丽的广告逐渐地赢得大选。这就意味着候选人必须把大把大把的钱投入昂贵的广告中。候选人为募集资金而头疼，有时候不得不将自己出卖给利益集团。政党最后演变成了资金募集组织。这不只是美国的问题，它起源于美国，如今已经蔓延到欧洲。

电视上展现出来的乐观而完美的候选人形象吸引了温和、摇摆不定的选民，而竞选活动经常利用恐惧来刺激他们最忠实的支持者——但不是在公众的视野中。邮件、谈话广播和社交媒体针对的是那些对政党忠诚度高、意识形态强的选民，竞选活动利用这些途径描绘出可怕的画面——另一方获胜会发生什么，以刺激可靠的支持者投票。比如 2012 年，奥巴马团队指责罗姆尼想要削减老年人的医疗保险福利，以刺激年长的民主党人投票。而共和党人常通过警告枪支拥有者，一旦民主党人获选将会收缴他们的枪支。

回顾性投票

大多数大选不会去仔细评估总统大选期间的一些问题，但是会对现任总统的工作表现进行总体评价。选民们能察觉到总统做的事是一件好事还是坏事，尤其是在经济方面。莫里斯·P. 菲奥里纳（Morris P. Fiorina）把选民对现任总统的一揽子看法称作“**回顾性投票**”，因为它可以回顾现任总统任职期间的表现。当选民们认为政府总体上表现得不错时，他们会支持现在的执政党，如 1964 年的约翰逊、1972 年的尼克松、1984 年的里根、1996 年的克林顿和 2004 年的小布什。当选民们觉得现任政府总体做得不好时，他们便不再支持现在的执政党，如 1968 年的汉弗莱、1976 年的福特、1980 年的卡特、1992 年的老布什和 2008 年的麦凯恩。选民们的信心指标——美国人安全感的标尺——预示着很

回顾性投票
选民根据在任者的整体表现进行投票。

多美国大选的走势。如果人们对现在的经济情况还算满意，他们往往会支持现在的执政党。当经济像2008年那样不景气时，他们毫不犹豫地转变方向，投票给奥巴马。

回顾性投票是丰富多彩的，一般包括政党认同、政党观点和候选人的个人魅力。对缺乏政党认同、具有独立倾向的人来说，对总体政绩的感知往往会成为决定投票的最有力的因素。强有力的、积极的回顾甚至能够转变成政党认同感。投票行为是复杂的，当人们说他们“喜欢”某一个候选人时，这可能意味着他们支持该候选人所属的政党，支持该候选人的观点、个人特点或者是执政时的经济表现等。弄清这些谜团是竞选策略的核心所在。

候选人策略和投票集团

竞选策略有两个目标：一个是守住大本营，不疏远长期的支持者；另外一个就是从未确定的选民和反对派的阵营中获取更多的支持。这就是为什么在竞选接近尾声时，大多数美国总统候选人的说法听起来像是中间派。最重要的是，竞选活动想要刺激那些通常支持他们但又不会投票的选民投票。民主党强调对潜在的支持者进行“微目标定位”，并采取社区投票行动，这让他们在2012年竞选中取得了胜利。

总统候选人大都关注拥有大量选民并且双方势均力敌的州，这往往集中在佛罗里达州、俄亥俄州和宾夕法尼亚州那样的“主战场”。有些州完全倒向一个政党，如加利福尼亚州（倒向民主党）和得克萨斯州（倒向共和党），这些州可以考虑不投入更多的时间和金钱。这种理性竞选运动在2012年达到了高潮，那一年的总统候选人只在10个摇摆州开展了竞选活动，而忽略了已明确政党认同的其他40个州。

选区
选举官员的民众或地区。

大部分竞选运动都被设计为符合**选区**选民的观点和需求，这经常为民意调查所决定。因此，竞选运动往往取决于公共民意调查。候选人应当意识到自己政党的优势和不足，认识到什么样的群体是其考虑的范围，哪一个地区有很低的投票率（这些地区应当少花一点时间），哪一个问题会使选民生气。明确了选民们意见的方向和强度，候选人就能够争取到足够多的“投票集团”并确保选举胜利。

几个小的投票集团结合成一个联盟往往会赢得选举的胜利。在国家范围内，民主党过去一直代表着劳动阶级、黑人、天主教徒、犹太教徒和城市居民的利益，而共和党则代表乡村地区或者偏远地区选民、其余

民主

改变立场

候选人总是机会主义者，总是修改他们的观点立场来迎合选民。许多人称这是“狡猾的”或者“没有原则的”，但这恰恰就是民主所在。在职的公务人员支持那些不可信和不受欢迎的政策使得选举落败，那些催促政客坚守自己立场做所谓“正确的事情”的人，总是会得到这样的回答：“假如我不能再次当选，所有好的和我们试着完成的事情都不会存在，所以我们不得不屈身面对这些问题。”

1994 年，共和党“和美国签订合同”，它包括打算取消十年的农业税补贴，一些共和党人还打算长期拥护这个主张。2002 年，共和党削减了大量的农业补贴。小布什说，这样做对于他 2004 年谋求再次当选来说无疑是“政治自杀”。民主党为了争取这些被削减农业补贴的州，承诺当选后支持农业补贴政策。

2008 年大选开始后，两个候选人对伊拉克问题看法相去甚远。麦凯恩表示乐意在伊拉克长期保持军事力量，奥巴马则表示要立即撤军。随着竞选运动的进行，两个候选人都修改了他们的观点立场并朝中间靠拢。麦凯恩（以及小布什）表示一旦时机成熟，即伊拉克稳定后的两三年就可以撤军。这时奥巴马则表示撤军不应该是仓促的，尽可能在 16 个月内完成。到 2008 年秋天，他们的政治主张差别已经不是很大了，都为了赢得选举而向中间转移（实际上，撤军的时间延长了 3 年，一直到 2011 年底）。这些动态意味着某些问题很少能影响到美国的政治运动：在选举日里，他们都调整自己的政策，主张朝中间靠拢。

在民主政体下，还有别的选择吗？像里克·桑托勒姆（Rick Santorum）在 2012 年共和党初选中那样坚持“一致性”或“原则”的政客输了。而像罗姆尼一样，其他改变观点的人经常遭到媒体和对手的嘲弄，但是这些改变和调整的确是为了赢得新的具有连续性的支持。当被问及何者决定着他的政策时，英国首相哈罗德·麦克米伦（Harold Macmillan，在位时间是 1957—1963 年）回应道：“大事件，亲爱的孩子，这可是大事件。”很多政治生活就是对事件的机会主义的回应。对一个政治家来说，既要有坚强的后盾，又要对人民的意愿做出回应，这是一种微妙的平衡。

新教徒选民以及没有加入工会的工人等的利益。到了 20 世纪 60 年代，尽管这些传统的投票集团已经开始破裂，但是两个政党都试图以一种长久的方式使其重新组合起来。需要指出的是，这些解散的投票集团和不断下降的投票率以及之前讨论的政党忠诚的衰微刚好同时出现。

许多美国人不再适合于地域、种族或宗教的集团分类。相反，宗教观点、自由企业、福利、爱国精神、民权以及其他方面的态度都打破了旧有的投票集团。“自由”和“保守”仅仅是狡猾的派别而已，因为人们往往对一些事情持自由态度，对另一些事情则持保守态度。竞选活动已经变得越来越复杂，候选人倾向于寻求潜在的支持者，并鼓励他们为自己的利益而不是根据群体身份、政党身份或意识形态倾向的普遍诉求进行投票。

每个政党都有庞大的选民数据库——2012 年，民主党的数据库更优——它记录了选民关心的问题、购物习惯和投票频率。这些文件用于查明摇摆州选民的担忧。之后，民主党在当地设立办事处，以联系和说服选民并提高政党认同者和摇摆者的投票率。2012 年，民主党大获成功，令共和党和主流权威人士都大吃一惊。

思考题

1. 为什么美国最近几年的投票率有所上升？
2. 2000 年美国的选举制度出现了什么问题？
3. 我们是否应该担心美国没人参加投票的情况？
4. 政党认同怎样助推选举结果？
5. 为什么美国选举中有性别差异？
6. 经济收入能预测投票行为吗？
7. 我们看到的是关键选举、选举重组和解组，还是三者都不是？
8. 经济如何影响选举？

关键术语

选举权
假设陈述
多重因果关系
转投率
倾向性
投票集团
回顾性投票
选举重组
选区
关键选举
解组
选举人团
超凡魅力
阶级性投票
极化
后物质主义
重组
宗教因素

参考文献

Abramowitz, Alan I. *The Polarized Public? Why American Government Is So Dysfunctional.* Upper Saddle River, NJ: Pearson, 2013.

Bishop, Bill, and Robert G. Cushing. *The Big Sort: Why the Clustering of Like-Minded America Is Tearing Us Apart.* Boston: Houghton Mifflin, 2008.

Cahn, Naomi, and June Carbone. *Red Families v. Blue Families: Legal Polarization and the Creation of Culture.* New York: Oxford University Press, 2010.

Caplan, Bryan. *The Myth of the Rational Voter.* Princeton, NJ: Princeton University Press, 2007.

Claggett, William J. M., and Byron E. Shafer. *The American Public Mind: The Issues Structure of Mass Politics in the Postwar United States.* New York: Cambridge University Press, 2010.

Edsall, Thomas Byrne. *The Age of Austerity: How*

Scarcity Will Remake American Politics. New York: Doubleday, 2012.

Flanigan, William H., Nancy H. Zingale, Elizabeth a. Theiss-Morse, and Michael W. Wagner. *Political Behavior of the American Electorate*, 13th ed. Washington, DC: CQ Press, 2015.

Gerken, Heather K. *The Democracy Index: Why Our Election System Is Failing and How to Fix It*. Princeton, NJ: Princeton University Press, 2009.

Halperin, Mark, and John Heilemann. *Double Down: Game Change 2012*. New York: Penguin, 2013.

Issenberg, Sasha. *The Victory Lab: The Secret Science of Winning Campaigns*. New York: Crown Publishers, 2012.

Johnson, Dennis W. *No Place for Amateurs: How Political Consultants Are Reshaping America*. New York: Routledge, 2007.

Kennedy, Randall. *The Persistence of the Color Line: Racial Politics and the Obama Presidency*. New York: Pantheon, 2011.

King, Desmond S., and Rogers M. Smith. *Still a House Divided: Race and Politics in Obama's America*. Princeton, NJ: Princeton University Press, 2011.

Nelson, Michael, ed. *The Elections of 2012*. Washington DC: CQ Press, 2014.

Paulson, Arthur. *Electoral Realignment and the Outlook for American Democracy*. Boston, MA: Northeastern University Press, 2006.

Polsby, Nelson W., Steven E. Schier, and David A. Hopkins. *Presidential Elections: Strategies and Structures of American Politics*, 13th ed. Lanham, MD: Rowman & Littlefield, 2011.

Reiter, Howard L. & Jeffrey M. Stonecash. *Counter Realignment: Political Change in the Northeastern United States*. New York: Cambridge University Press, 2011.

Sabato, Larry, ed. *Pendulum Swing*. New York: Longman, 2011.

Winters, Jeffrey A. *Oligarchy*. New York: Oxford University Press, 2011.

Wuthnow, Robert. *Red State Religion: Faith and Politics in America's Heartland*. Princeton, NJ: Princeton University Press, 2011.

第四篇

PART FOUR

政治制度

第 12 章 立法机关

总统制，如美国的那样，有一个独立于立法机关之外、由选举产生的行政首脑，而且不容易被罢黜，即权力的分立。另一方面，像英国那样的议会制，由国家立法机关按排名顺序选出首相，即权力的融合。议会可以通过不信任投票罢免首相，这通常发生在执政联盟瓦解的时候。联邦制需要一个上院，如美国的参议院，但单一制可以是一院制，尽管许多国家仍采用两院制。从理论上讲，立法机关制定法律，但在实践中，它们从行政机关获得信息为自己的选区谋利。对行政机关的监督和批评可能是它们现在最大的作用。遗憾的是，立法机关的重要性随着行政机关的逐渐加强而不断下降。

第 13 章 行政机关与官僚制

美国总统制经常遭遇僵局，而议会制总是墨守成规。这些问题对于民主国家是很普遍的，似乎只有威权体制才能消除行政-立法的难题，就像普京在俄罗斯所做的那样。首相们倾向于把自己当总统使用，以便攫取更多的权力。一些美国学者担心那些通过展示友好性格而占上风的过度强势的总统。在行政部门内，权力已流入官僚手中，因为只有他们理解复杂的情况和政策。日本的官僚是实际上的当家人。没有一种政治体制能够成功控制官僚。

第 14 章 司法机关

法律在美国制度中起着强有力的作用，这使得司法成为一个平等的权力分支，但在大多数国家并非如此。像美国这样的普通法系，具有“法官造法”的特点，并且随着时间推移而变化。像欧洲那样的法典法系，拥有相对固定的模式，其中一些可追溯至古罗马。同样，英美的抗辩制与欧洲的纠问制完全不同。很少有其他国家的最高法院和美国的一样重要或有趣，可以决定重构的相关事项，这是通过马伯里诉麦迪逊案为自己争取的权力。沃伦法院的政治影响尤其强大且具有争议性，它改变了公民权利、刑事审判和立法选区。

第 12 章
立法机关

阅读与思考

12.1　议会的起源

12.2　议会制和总统制

12.3　两院制立法机关的目的

12.4　立法已不再是立法机关的主要职能

12.5　立法机关相对于行政机关的弱点

有时候，美国国会两极分化已经严重到几乎无法通过一项预算，这让世界感到震惊。很多人都很疑惑——这就是美国作为“最伟大的民主国家”领导其他国家的样子吗？美国公众对国会的尊重已经降至历史最低。一家主要的金融评级机构下调了美国国债评级，不是出于经济方面的原因，而是担心国会缺乏必要的政治意愿无法采取虽痛苦但必要的措施。英国哲学家洛克认为，“立法”是政府最重要的分支。美国国会似乎决心要证明他是错的。

议会的起源

12.1 议会的起源

从理论上看，政治制度随着我们的世界越来越现代化、专业化和复杂化，差异也越来越大。原始的狩猎团体中，除了一个决定一切的首领外别无其他。部落中可能会增加长老会议来讨论重要问题并裁决争端。像雅典那样的城邦国家集立法、司法、行政各种角色于一身。罗马的贵族院结合了好几种角色，而且其权力也随着罗马由共和国过渡成帝国而被削弱。在中世纪，主流的封建制度是君主、贵族和主教之间权力的平衡，正是在**封建制度**中，我们第一次发现了“权力平衡”。

封建制度
在领主中间分配政治权力的制度体系。

政府权力有限的国家，通常有着封建主义的历史。这样的国家认为权力分散是好的，集中则是不好的。有着绝对主义传统的国家，在建立民主制方面存在很多困难。关于权力平衡的一个例子是中世纪阿拉贡（在西班牙北部）的贵族向新国王的宣誓：“和您一样优秀的我们，向并不比我们更优秀的您宣誓，如果您能遵守我们所有的法律，我们便接受您作为我们的国王，否则就不接受。”

野心勃勃的君主们经常发动战争，因此极需要增加财政收入。有些国王召集由贵族组成的会议去征税。为了回报他们“钱袋中的权力”，会议中的一些人被允许适当介入皇家政策。这就是英国**议会**的起源，它分成两院（贵族和主教组成上院，骑士和市民组成下院）；这也是瑞典议会的起源，它最初有四院（分别由贵族、教士、市民和农民组成）。法国的**三级会议**分成三院（教士、贵族和市民），从一开始权力就很小，并且在法国国王攫取了越来越多的权力后，逐步演变成为**专制主义**。

议会
国家的立法机关，最早出现于英国，特别是其下院居于重要位置。

三级会议
法国的国会，现在已经不复存在。

专制主义
封建制度晚期的君主集权。

在英国、瑞典及其他一些欧洲国家，立法机关的权力慢慢扩大并能够抵制君主无限制的要求。在 16 世纪的英国，由于离婚而与罗马发生冲突的亨利八世与议会结成了同盟，因为他需要议会的支持，以通过使英国脱离天主教会并将教会驱除出英国的法令。到了 17 世纪，议会已经认为自己和君主取得了同等地位，甚至在征税方面还拥有最后决定权。英国内战实际上是保皇派和议会派在谁拥有最高权力这个问题上的一场争端。1649 年，议会通过处死查理一世取得了最终决定权。

约翰·洛克，这位经历了这一重要时期的英国哲学家，极力称颂"立法权"是最基本和最重要的。在 18 世纪启蒙时期，政治学家孟德斯鸠和杰斐逊宣称，只有在政府被分成两个部分——立法和行政——且彼此都能给对方以制约与平衡时，自由才能得到保障。至少在理论上，立法机关通过制定法律而进行社会价值的分配，行政部门则执行立法机关通过的法律（司法机关具有同等地位的情况很少见，它主要是美国的一个创造）。不过，这些职责经常是重叠的，完全意义上的权力分割并不存在。

总统制和议会制

12.2　议会制和总统制

总统制最能体现行政机关和立法机关之间的权力分立。世界上采用总统制的国家不多，它拥有一个作为政府首脑而存在的**总统**。他（她）由人民直接选举产生（在美国，选举团在人民和实际选举之间斡旋），被赋予相当大的权力，不能被立法机关轻易罢免。在**议会制**中，国家元首（虚位君主或弱势总统）是与政府首脑（**首相**或总理）相独立的一个职位，后者才是重要人物。

议会制国家中，选民仅仅是选举立法机关（见图 12-1），他们不能将立法机关和行政机关分割开来，立法机关再从自己的成员中选出行政机关。如果选举制度是建立在比例代表制的基础上，那么议会里就可能有好几个政党同时存在。如果没有一个政党能占过半数席位，就必须由两个或两个以上政党组成**联盟**。不管是一党还是几党，国会中的多数必须支持内阁。否则，它就会"**倒台**"。通常君主（如西班牙和英国）或总统（如德国和以色列）"邀请"——实际上毫无选择余地——最大政党的领袖担任总理并"组织政府"。

总统制
总统独立于立法和司法机构，拥有实际的权力（而不是象征性的）。

总统
在美国，他是主要的政治领袖；在许多其他国家，他往往只是一位象征性的领袖。

议会制
只有议会是民选产生，政府首相或总理由议会产生。

首相
议会制下主要的政治领导人。

联盟
多方政治力量联合在一起组成政府。

倒台
在议会制中，内阁败选或辞职。

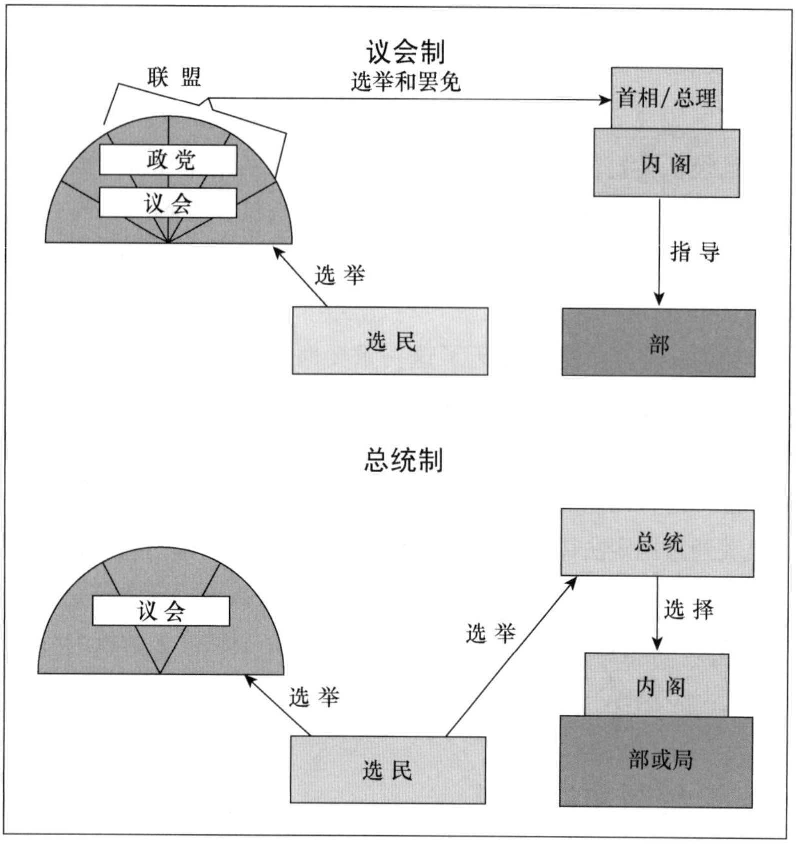

图 12－1　议会制与总统制

内阁
政府的最高机构，领导着政府各部。

政府
在欧洲，内阁就相当于美国的行政机关。

行政机关
由美国总统任命的执行团队，相当于欧洲的内阁。

“内阁”和**“政府”**这两个词可以互换，在美国则被称为**行政机关**，如习惯上称卡梅伦的政府、奥巴马的行政机关。然而，最近其他一些国家开始使用“行政机关”一词。首相在咨询那些愿意支持他（她）的政党后，会提出内阁成员名单，这些人本身也是议员。然后这些内阁成员或者领导政府各部，形成行政机关。首相和内阁向议会“负责”（responsible，其最初含义是“可回答的”）。（在 19 世纪实行民主制以前，大臣们只向国王负责。）

总统制下的总统并不向立法机关负责。行政部门和立法部门之间的紧密联系被打破。总统是单独被选举出来的，从立法机关外选择内阁大臣或各部部长。当然，在美国，最高行政长官和司法官员必须得到国会的认可。政府的两个分支彼此不能控制、罢免或解散对方，但这些可以在议会制中发生。这赋予总统制极大的稳定性。总统可能不受欢迎并面对一个含有敌意的国会，但他们仍然可以利用已经掌握的宪法和法律赋予的权力进行统治。

权力的分立和融合

美国人对其权力分立制度，即开国元勋们所坚持的“制约与平衡”原则感到自豪。由于刚刚从乔治三世及其行政独裁中独立出来，所以他们将政府的一个部门设计成对另一个部门权力的制约。这是一个极其聪明的安排，使美国免于暴政的危险。但这又是一个极为迟缓和令人厌烦的安排，政治学家科尔文（1878—1963）称其为行政机关和立法机关之间互相争斗的“挑战书”。两个部门都能够有效地杯葛对方。国会可以否决总统想要的东西，总统也可以否决国会想要的东西。一些学者认为，这种行政-立法的“僵局”是美国总统制必然导致的结果。

重要的事务，比如制定经济政策或改革税收，会在两个机构之间僵持不下数年。总统不能解散议会而举行新的选举，它是由选举日程决定的。国会也不能罢免总统，除非通过弹劾程序。只有两位总统，安德鲁·约翰逊和比尔·克林顿，曾经遭到弹劾，但参议院并未判定他们有罪。尼克松总统在众议院投票弹劾他之前就辞职了。奥巴马领导的行政部门和由共和党人主导的国会之间不断重复的斗争，在美国历史上是司空见惯的事。有些人偏好这种“分立的政府”是因为它能够控制开支和减少愚蠢的政策。即便当总统和大多数国会议员属于同一党派时，两者之间的紧张关系仍然存在，并会阻止任何一方得势。

西欧人认为，美国的体制是无效率和不明智的，他们在修订美国宪法之后形成了更现代的体制。他们的议会制度是一种**“权力融合”**，并不一定要求各部门之间相互对抗。实际上，很难完全区分开立法机关和行政机关，因为最高行政官员本身也是国会议员。在英国、德国、日本和荷兰，首相在成为政府首脑之前必须被选进议会，成为一名普通议员。作为最大政党的领袖，他们会在形式上（通常是被国王或虚位总统）邀请来组织政府。组成政府或内阁的官员，同时也在国会拥有席位，他们必须向国会报告工作情况。在任何时候，都有大约 100 名英国**议员**同时在各个层级的行政部门服务。议员同样也是行政官员。内阁就如同议会派去监督政府行政部门的一个委员会。

权力融合
行政机关是立法机关的主要产物。

在英国议会开会期间，内阁成员也出席会议并且必须回答议会所提出的问题。质询时间通常是在开会期间的下午。两大主要政党的议员隔着过道，面对面地坐在“政府席位”和“**反对派**席位”上。前者的前排

议员
英国议会的成员，主要指下院成员。

反对派
在议会中不支持政府的反对党。

后座议员
英国议会中没有领导权、不负行政责任的议员。

留给内阁大臣，后者的前排留给反对党的“影子内阁”（shadow cabinet）——一旦其政党在下次选举中获胜，这些议员就有可能成为大臣。没有行政职责的议员坐在内阁成员之后，被称为**“后座议员”**（backbenchers）。绝大多数向首相及其内阁提出的问题来自“反对席”——先是书面问题，紧接着是口头提问。内阁的答复经常遭到批评，反对党着眼于使政府陷入困境，为赢得下次选举做好准备。绝大多数议会制国家都与英国类似。

在美国的权力分立体制下，参议院或众议院的委员会可以召集内阁成员或其他行政官员举行听证会。不过，在一个委员会面前与在整个议会面前接受拷问是两回事。当然，总统由于与议会处于同等地位并与议会分立，所以不能被召来接受质询。

经典论述

美国体制源于何处？

美国关于权力分立和制衡的制度，源自法国贵族孟德斯鸠（1689—1755）。他游历了整个欧洲，收集《论法的精神》（*The Spirit of the Laws*）这一政治学经典所需的素材。在与法国国王发生矛盾后，他在英国住了一段时间并对英国的自由非常崇拜。在他看来，这是因为在国王（行政机关）和议会（立法机关）之间形成了持久的权力平衡。而法国的国民会议是无效的，国王拥有绝对的权力。

实际上，当孟德斯鸠对英国的权力分立和制衡进行考察时，它们已经发生了变化，议会已经超越了国王。孟德斯鸠以理想化的笔调来描述英国过时的“混合君主制”。然而，美国的开国元勋们阅读了他的著作，并试图按照他的分立和制衡的理论来进行构建。其他国家很少有这样做的。

议会制的优点

议会制有好几个方面的优点。经常在美国发生的行政-立法“僵局”不会在议会制国家中发生，这是因为行政机关和立法机关都由同一政党控制。如果英国保守党在下院中获得多数席位，其政党领袖就自动成为国家的首相。当保守党内阁起草一项新法律时，它就会被送往下院予以通过。通过几乎不存在困难，也不会被拖延，因为大多数保守党议员必然会遵循其领袖的意愿。

如果执政党议员与内阁领导的意见不一致，他们可以撤回对他的支持并投“不信任票”。这种情况很少出现。随后政府“倒台”而必须由一个能获得下院多数支持的新领导群体代替。如果新的选举使反对党在议会中获得数量上的优势，那么内阁只有辞职并由获胜政党来取代。任何一种方式下，立法和行政机关都不会形成长久的不一致，它们已经融合在一起了。

在议会制中，首相和内阁有可能迅速地遭到罢免。议会的任何一次重要投票都可能被指定成一次**信任投票**。如果首相失败——“不信任投票”——那么议会就会倒台。在尼克松和克林顿遭遇弹劾危险时，政府瘫痪了很长时间。这种情况在议会制国家不会发生，议会马上就会选出一个新首相。如果政府犯了一个重要的政策性错误，议会不会等到内阁任期结束就罢免他们。当美国人对总统的政策不满时，没有任何办法可以在任期结束前将他从白宫赶走。而议会制中的公民不会跟从一个不受欢迎的首相。

信任投票
议会举行的投票，以决定内阁的去留。

但是，议会制国家也存在问题。首先，由于议员——受“党派的**党鞭**”监督——一般都服从其党鞭的领导，所以议会投票结果能够被很准确地预料到。支持政府的政党对内阁起草的所有法案几乎都投赞成票。“会场演讲”和“走廊说服”不起任何影响。议员按其政党的指示进行投票。在这样的体制中，议员失去了独立性，议会也不过是内阁的橡皮图章而已。法案的通过当然是理性、迅速、富有效率的，但立法机关无力“反驳”行政机关或是发挥独立的影响。这使得欧洲的议会更沉闷，其重要性也低于华盛顿的**国会山**，在那里，即使是面对来自本党的总统，议员们也经常反对他。许多欧洲议员对美国参众两院富于勇气的自主性和独立的资源十分羡慕。

党鞭
在议会中指挥其党员何时、如何投票的议员。

国会山
美国国会所在地。

其次，由于依赖政党体制和选举体制，议会制民主国家中经常有许多政党，但没有哪一个政党能单独控制议会的多数席位。这意味着最大的政党为了在议会占有过半数议席，就必须和其他更小的政党组成联盟。在英国 2015 年大选中，保守党获得多数席位（650 席中占 330 席），因此，它不再需要更小的自由民主党组成联合政府。而 2010 年至 2015 年，自由民主党一直是保守党的政党联盟。

通常，形成**少数政府**的另外一个可能是需要小党的消极支持，但不会与他们组成政党联盟（例如在瑞典）。例如，如果少数党政府在一个重要议案上得不到支持，比如预算，它就可能在（对政府的）不信任投票中失利，并且不得不重新选举。这样的例子之前有过，在 20 世纪 70 年代，少数派的工党政府有赖于小型政党的支持。但在 1979 年，它们不再支持内阁，工党政府被不信任投票推翻。请注意，当没有政党控制

少数政府
在议会中不占稳定多数的内阁。

议会多数席位时，英国政府传奇式的执政稳定性是怎样减弱的。政党制度在很大程度上决定着统治的稳定性。

部长职位
指派到各部的部长或大臣。

在政党联盟中，最大党的领袖就成了总理（或首相），第二大党的领袖通常出任外交大臣，其他内阁席位或**部长职位**便通过谈判来指派。意大利是联合政府的典型，从中可以看出问题出在哪里：联盟的伙伴经常就政策问题发生争吵，然后一个或更多政党从联盟中撤出，从而使联盟少于在议会所必需的多数。政府于是在缺乏议会支持的情况下倒台，不论有没有正式的不信任投票。这导致了政治的不稳定、内阁的频繁更迭和行政权威的衰落。自二战结束以来，意大利经历了近 60 届政府。

但实际情况并不像听起来的那么糟糕——记住，“政府”仅仅意味着“内阁”——在经过谈判之后，同一联盟又可以重新恢复。麻烦之处在于，首相必须将精力集中在不让联盟分裂上，因此他们不敢贸然实施新的政策，以免得罪政党联盟的成员。问题不是变化太多而是变化太少：同样的政党组织同样的联盟，并且在同样的问题上僵持着。墨守成规使新的政策成为不可能，这是多党体制下议会制的主要危险。注意这和总统制下的僵局问题是如何对应的。

当然，不是所有议会制国家都存在墨守成规的问题。在英国，最大政党常常拥有多数席位，并可以独立操控。例如在瑞典，一些内阁联盟紧密结合，运作有效，因为它们的政党在大多数情况下保持一致。二战后，德国和英国因不信任投票而使内阁倒台的情况只有一次。一般来说，联盟中的政党越多，它的稳定性就越差。

两院制还是一院制？

12.3 两院制立法机关的目的

国民议会
法国议会中地位较低但更重要的议院。

联邦议院
德国议会中地位较低但更重要的议院。

两院制
拥有上院和下院两个部分的议会体制。

世界上大约有 2/3 的议会制国家是两院制，有一个上院（美国的参议院、英国的贵族院、法国的参议院、德国的联邦参议院）、一个下院（美国的众议院、英国的平民院、法国的**国民议会**、德国的**联邦议院**）。这叫作**两院制**立法体系。在实际中，上院的权力往往要小于下院的权力。尤其是当上院反对下院要求通过的法案时，下院可以不管上院的反对，仅凭简单多数即可通过。只有美国的两院是基本对等的，双方都赞成时才能通过一项法案。

也有一些议会制国家是**一院制**（仅一个议院），如瑞典议会、以色列议会。南斯拉夫还曾经有过 5 个议院的情况。南非存在过短期的 3 个议院，一个是白人议会，一个是多种族议会，一个是东印度人议会，但占人口绝大多数的黑人仍然没有包括进来。（1994 年后，南非有了黑人占绝大多数的两院。）

一院制
只有一个部分的议会体制。

实行两院制的原因很明显是联邦体制。上院代表地方，下院代表基于人口的组成部分。这是美国宪法中的妥协方案：参议院代表各州，众议院代表人民。联邦体制需要有上院的存在。比如，德国的上院代表着 16 个州，在宪法问题上与下院是对等的。不过有时候，它的权力也会被下院侵蚀。

在单一制国家中，上院的作用不是很清晰。英国的**贵族院**——1999 年实行了改革，保留**终身贵族**，废除了许多继承性席位——仍然是最古老的辩论场所，有时甚至因为通过法律太快而发生错误，然后再被下院修正。同时，下院也因简单多数原则而能够推翻贵族院的决定。法国的参议院也是如此，它不是通过直选产生，代表的是大农场主的利益。新西兰、丹麦和瑞典——都是单一制国家——认为上院没什么作用，干脆在最近几十年里相继取消了上院。

贵族院
英国议会中的上院，重要性不如下院。

终身贵族
保留贵族院议员身份的贵族，但不再世袭。

立法机关做什么?

12.4 立法已不再是立法机关的主要职能

现在我们来讨论一个高中公民课的老问题：一项提案如何成为法律？他们或许告诉你是由于个人提出申请，但这些申请通常是一些小的问题，如关于税收。更为重要的提案源自政府和行政部门，特别是某一行政机构提出一个理念，内阁将其编成提案申请，执政党将其提交立法机关，最后由立法机关进行讨论并修订。

委员会制度

现代立法机关的多数权力存在于各个委员会，它们可以通过或者推翻议案。民主议会经常召开公众听证会听取专家证言和利益团体的意见。如果该法案顺利通过委员会这一关，下一步便可将它交给全体议会成员，它需要一个多数表决才能通过。

实际上每个立法机关都有一些常设或永久的委员会，而且还会不时成立一些研究紧急事务的特殊委员会。英国下院有5个常设委员会、数个专门委员会。这些委员会较之美国相对应的机构，其重要性要低一些，这是因为英国体制中存在权力的融合，意味着不支持议会提出的批评或反对内阁的法案，它通常只做一些修订工作。伴随着权力的分立，美国国会得到了充分发展。众议院有21个常设委员会——参议院有20个，它还常常创立新的委员会。有一些著名的委员会，如众议院筹款委员会和众议院武装部队委员会，倘若能在这些机构中任职，对自己未来的政治生涯非常有利，因为可以得到广泛的媒体曝光。

美国的国会委员会在每次开会期间，要审议数以千计的提案，然后挑选出少数值得认真研究与考虑的。议会系统中的政府提案自然是重要的，“个人提案”或许会很快就被剔除出去。另外，立法机关规模太大，提案不可能由所有成员起草；为了在精确表述和覆盖范围这两方面达成一致，提案必须交给委员会。大量的立法工作不是在参议院或众议院的大厅里进行，而是在委员会的房间里完成的。

美国国会的常设委员会处于一种平衡状态，以使它们在委员会的专门领域，能够同时最大限度地代表政党和州或地区的利益。内布拉斯加州议员通常是农业委员会的成员，而纽约州议员通常是教育与劳动力委员会的成员。每个常设委员会都具有两党性，由民主党与共和党按各自占国会席位的比例组成。政党分配工作时，通常会考虑委员的兴趣和专长。政治因素也在考量之中。很少有领导人会任用那些无法证明能在重要委员会获得连任的新成员，因为这需要相当的专业能力［尽管众议院议长纽特·金里奇（Newt Gingrich）在20世纪90年代曾经做到，他帮助新共和党人筹集利益集团捐款并获得连任］。党派领导人有时会给忠诚的党员分配美差作为奖励。

20世纪70年代的改革也取消了两大政党任命参议院和众议院资深领袖的权力。委员会的职位一般是以资历为基础的。现在，在国会会期开始时，其成员通过秘密投票的方式选举委员会主席，有效地打破了资历体系。一份表决请愿书可以迫使委员会违背主席的意愿而通过议案。小组委员会更容易建立，并有权任命自己的委员。

委员会主席的权力比以前更小了，但权力没有消失，只是转移了。一些人担心，小组委员会下放的权力过多。另一些人担心，委员会权力的削弱会导致权力过于集中在党的领导人手中。不过，这不是问题。只有在他们的政党团结起来的时候——换句话说，当最不需要一个强有力的领导人的时候，国会领导人才能获得权力。

纵向研究
对于事物如何随时间而改变的研究。

方法

纵向研究

一个很好的研究方法是考察一个问题如何随着时间而改变，这就是**纵向研究**。例如，如果你掌握了华盛顿的利益集团在数量上的变化，你可以获得关于利益集团研究的可靠的基础资料［也许能获得“公共事业组织”（Common Cause）的资料］。你还可以查清多年来电话本上有着“国家”和“协会”名称的集团数量。然后你可以列出数字（下表仅用于举例说明），第一行是最新数据，如下表所示：

2015 年	1 937
2010 年	1 879
2000 年	1 754
1990 年	1 628
1980 年	1 607
1970 年	1 592

在长时段的研究中，你可以在几个或一个世纪中选取 5 年、10 年的时段。另一种纵向研究的方式是考察一个或几个利益集团的行为、竞选费用、向国会提出的法案数量或是各州的总统选举。还可以将这些数据绘成图表，这样更为直观。

并不是所有的纵向研究都需要进行量化。有些是无法用数字表达的。比如，关于参议员威廉·富布赖特（J. William Fulbright）的研究，就可以引用他的演讲和著作，显示出他的立场和观点的变化，来考察越战期间外交事务委员会是如何反对这场战争的。

关于立法机关的近距离观察

在理论上，立法机关的主要目的是制定法律，但在实际的政治生活中，不同的政治体系差别很大，并且总体上是处于衰落状态的。在理想状态中，立法机关应该审查法律，提出制度性的修正案，批准条约，控制税收余额，监督政府行为。不过在独裁体制中，立法机关有名无实。

立法 虽然立法机关“通过”法律，但极少能“创制”法律——这就是为什么我们会在“规则创制功能”上打上引号。正如我们提到的，许多法案都来自政府部门和机构。在议会体制下，特别是一党占据议会多数时，内阁能得到它所要的一切。政党纪律确保其成员自动按其领袖所要求的方式去投票。在这样的立法机关里，投票根据政党阵线具有高度的可预测性。一些观察家认为，这样的议会已变成行政部门的橡皮图章。

在美国国会中，政党纪律非常松散，有些议员有时会不遵从本党的决议。但即便如此，许多立法机关的日程都是由白宫决定的：经济政策改革、向海外派兵、扩大或缩减国内项目。即使是预算权——立法机关最重要的原初性财政权力——现在也成为对白宫预算办公室所提预算的年度反应。典型做法是，国会会考量总统的预算，再衡量并加上自己的政治分肥，然后通过它。正因为如此，“制定法律”不是立法机关唯一的也不可能是最重要的事。

选区工作 立法委员会花费大量时间来帮助选民。大多数选区都有专职工作人员回复来信，确保人们得到政府的回应，通常要表现出议员确实在关注这些问题。通常情况下，“立法者”们忙的是**选民服务**，对制定法律很少关注。事实上，当选的议员已将自己部分变成国会中的**监察专员**，即代表有怨言的民众与政府进行交涉的专家（标准的抱怨是：“我们的利益在哪里？”）。这有什么不对吗？对于议员而言，这种角色不是完全合法且必要的吗？答案是肯定的，但同时也有一些东西失去了：人民的代表应该是关注整个国家的整体利益。一个介入选区工作的议员，没有时间或兴趣来处理更重要的问题，以至于越来越多的法案创制权转移到了行政部门。民主因此而被削弱。

选民服务
议员们关注本选区公众的意见和建议。

监察专员
瑞典语中指督察官员，由议会雇用的律师，目的是纠正政府的错误。

选民服务是议员谋求连任的一个重要途径。在职者处在施惠的位置上。他们频繁地造访选区，听取地方性问题并且安排政府援助，这是其在野的对手无法做到的。于是在不同制度下，如美国和日本，议员都可以保持自己的权力。

对政府的监督与批评 现代立法机关一个更重要的潜在角色是对行政机构保持严厉的批评态度。即使它们不创制任何法律，议会也可以强有力地影响政府工作，如审查其是否维护国家利益、是否廉洁、是否有效率等。

在英国，**质询时间**允许议员“盘问”首相，这有时会导致毁灭性的后果。即使内阁知道自己几乎可以完全免于不信任投票，因为它控制着下院里最大的政党，其成员在回答这些问题时也必须十分小心。不妥当的、没有说服力的回答或撒谎，都会妨害下一次执政党选举。

质询时间
允许反对党议员对内阁提出质询的时间。

实际生活中，每一届美国政府都必须修订自己的政策，因为国会会提出很多难以回答、有时甚至是令人窘迫的问题，虽然在这些问题上它们几乎没有通过任何法案。美国国会的两党议员批评奥巴马政府为救助金融机构和一个复杂的医疗改革支出得太多。由于国会的批评，奥巴马政府不得不改变许多政策。立法机关能做的最好的事情之一，就是保持政府的活力，即使它没通过几部法律。

教育　立法机关还具有在政府事务方面教育和指导民众的功能。它使民众高度关注某些问题。在 20 世纪 60 年代中期，参议院对外关系委员会主席富布赖特（来自阿肯色州的民主党人），通过让电视转播其委员会的听证会，而使受过教育的美国人了解越南战争。民主党控制国会之后允许国会举行关于伊拉克战争的重要听证会。所有的民主国家都对议会辩论给予大量报道，更是在电视上予以直播。

代表　立法机关最为基本的功能是代表人民，至少是让他们觉得他们的意志得到了代表。尽管议员比其所代表的人民更具精英色彩，大多数民主政体里的议员考虑关注选民的利益，这有助于他们再次当选。代表在很大程度上是一种心理感觉，民众需要感到自己“被代表”了。当这一感觉不存在时，他们就会敌视政府权力，政府就失去了合法性。“没有代表就没有税收”，原北美殖民地的人们反复强调这句话。茶党的支持者感觉疏远华盛顿，发誓要“夺回”政府。在南非，由白人议会通过的**种族隔离**法律，就招致了黑人的广泛反抗。正因为如此，种族隔离制度最终无法存续下去。

种族隔离
南非采取的严格的种族分离政策。

以上是由立法机关扮演的部分角色。注意，它们之中只有一个立法，而其通常只是由官僚和行政机关发起的想法的后续跟踪。不过，立法机关还执行其他提到的功能，它们还是有很多事可做的。

立法机关的衰落

12.5　立法机关相对于行政机关的弱点

在 19 世纪末，研究者已经注意到，议会并不能以人们所预料的方式运行。和洛克的预期相反，立法机关失去了对行政机关的制约权。大多数政治学家都认为这一趋势仍在继续并逐步加强。不过也有些学者坚信洛克的理论，认为议会即便不能创制法律，也必须对行政机关实施必要的制约。国会（除己方国会议员）受到的公众尊重最少，通常是个位数。

结构性缺陷

在议会体制下，政党纪律很严，议员必须遵循政党的意愿。在欧洲

政治分肥
旨在使议员选区受益的政府项目，或称专项拨款。

相互捧场
为使政治分肥性质的项目得以通过，议员们相互提供支持。

的议会里，我们可以在一次或两次投票中便预知议题的结果：大部分是有利于政府，因为政府（内阁）掌握大多数席位。在这样的制度下，个人不起什么作用，舆论和大众对议会事务也并无特别的兴奋点。仅仅当联盟破裂或一个政党的成员投向另一个政党时，事情才会难以预测，变得有意思起来。欧洲的议会确实比美国国会更理性、更有效率，但它们的权力更少、更缺乏趣味性。效率导致了萎缩。

民主

政治分肥

各处的立法机关成员为了确保再次当选都要关注自己的选区。为自己的选区争取更多的福利和资金，这种现象被称为“**政治分肥**”（pork barrel），就像种植园主把一桶腌制的猪肉恩赐给他们的奴隶一样。现代“政治分肥”的内容包括高速公路、桥梁、水利设施、武器订单及农业补贴。美国的“政治分肥”在程度上或许仅次于日本，日本的立法者因给自己的选区争取大量的（有时是不必要的）政治项目而著名，这在一定意义上使当地农民不能适应市场的竞争。

2010年，美国国会禁止“专项拨款”，“政治分肥”因而减少98%。有些分肥是通过非正式手段或是地区议员以外的人采用的“软标记”暗地实现的。立法者之间相互支持各自的“分肥”项目，为的是取得别人对自己项目的支持，这一过程被称为“**相互捧场**”（log rolling）：“你帮我，我帮你。”共和党在赢得国会控制权之前，一直指责民主党在从事“政治分肥”。为再次当选，立法者竭尽所能，这通常都意味着“分肥”项目。如果美国和日本试图削减这些“政治分肥”，它们将不得不打破民选代表和选区之间的紧密联系。但这种联系正是这些民主国家所珍惜的。难道你想要让国会议员们对他们的选区漠不关心？

如果有“政治分肥”做挡箭牌，许多有益、重要的立法都将无法通过，这也是国会陷入僵局的原因之一。“专项拨款”被比喻为让立法者支持白宫预算和法案的小贿赂。就连共和党人也会利用“政治分肥”。“专项拨款”只占美国联邦预算的0.5%左右，因此取消“专项拨款”并没有节省多少资金。不必为这样的现实感到生气；相反，应该分析它。它为什么存在？它有什么功能？你可能会发现它是体制固有的特性，而且无法修正，甚至有人建议恢复“政治分肥”。

美国国会不存在类似问题。在松散的政党纪律下，近乎敌意的权力分散以及与行政部门形成僵局的趋势，使它缺乏效率。不过这些缺陷使国会保持了活力和重要性。很少有哪个国家的国会会作为一个整体来对抗行政机关，甚至是推翻总统的否决。议员如果反对政党的决定，就会转投其他政党，不管怎么说，即使是在美国，权力也逐渐向行政机关倾斜。总统只有一个声音，而国会则有多个声音。国会被分成许多委员会和小组委员会——其主席都在力图争取传媒的注意力，这会拖延并阻止形成一致的意见。国会期望甚至要求总统的领导，常常在争议和讨论后给予总统所想要的东西。

当参议院习惯于对重要议案以最低 60 票通过时，就会出现另一个结构性缺陷。参议院的规则允许一名议员宣布“反对”（甚至无须发言）来阻止立法，只有以参议院 3/5 的票数通过才能“终结”（立法），但现在参议院有 60 名成员——在两党如此两极化的情况下很难达到这个数字。每年反对议事的平均次数从 20 世纪 50 年代的 3.2 上升到 1981 年到 2004 年的 16.5，到现在已经超过 100 次。只要有 41 位参议员不赞同，就可以阻止任何议案。开国元勋们希望法律议案的通过由简单多数票决定（现在是 51 票，副总统可能是 50 票），但现在通常需要 60 票。这严重违背宪法，使国会陷入瘫痪，美国变成了“否决民主政治”，少数党派阻碍了多数人的统治。但另一方面，有人认为，反对议事保护了少数人的权利，阻止了多数人支持的草率决定。

国会的超支

国会的超支趋势逐步增强，与议员的处境有关。从理论上说，他们都会寻求预算的平衡，但是一旦涉及具体事务——通常是有关能否再次当选的事务——他们就会乐于过度开支。新建的桥梁和高速公路项目、军事硬件设施、农业补贴等，都会使其选民直接受益（见知识框“政治分肥”）。卫生部开列的处方药清单就清楚地显示出，他们注意到了老年人的诉求。个人利益驱动着整个系统，使其逐步走向超支，这或许是所有人都不想看到的。对于个人有利的，并不必然对**整体**有利。

整体
指被作为一个全体来考虑的事情或人群。

在很多时候，国会也试图约束自己。1985 年，它试图限制对政府机关下拨经费的权力。最高法院以违宪为由予以否决。在 1996 年所谓的“单向选举”中，即国会权力向行政权的转移，国会又试图限制白宫的权力，最高法院同样予以否决。这就好比国会自己承认：“我们放弃了。我们过于分散。所以总统先生，你把国会的责任都拿走吧。”令人不解的是，美国国会如同“最后的莫希干人”那样，希望把权力拱手让给行政机关。

1994 年，共和党在参众两院中都取得多数席位，希望通过推行“开支封顶”来结束赤字局面。这一计划随即遭到各种形式的规避。在世纪之交的“千禧年”，经济上的繁荣带来了税收和预算盈余。共和党和民主党都提出了它们倾向的开支计划，于是它们很快就忘记了这一限制。随着经济繁荣的结束、2001 年的减税、随后的两次战争以及 2008—2009 年的巨额金融救助，财政收入减少，赤字飙升。随着婴儿潮的衰退，消费只会增加。在两院的控制下，共和党人承诺限制开支，但也要求大幅增加国防开支。

难以理解的立法

法律越来越冗长，也愈发难以理解。1948 年通过的美国法律文本平均只有两页半，而现在平均 20 页。2010 年通过的《平价医疗法案》有 2 400 页，还附加额外解释和规定。2001 年，布什总统通过的教育法案《不让一个孩子掉队法案》长达 1 000 多页。无论是国会还是国税局，都不能完全理解厚达几英尺的税法。每次国会“改革”税法时，税务会计师都会大笑，笑他们只会让事情变得更糟，为税务会计师创造更多的业务。

很少有国会议员读这些议案，他们没时间这么做。相反，他们根据简短的党派报告来决定应该如何投票。许多人对他们的投票结果感到惊讶。市民们更是困惑；许多人对整个立法过程感到厌恶，这也是国会名声不佳的一个原因。美国国会并不是唯一的罪魁祸首，世界上许多法律都过于复杂。

现代社会、经济、医疗都很复杂，立法也不例外，无法做到简短。但过于复杂实际上意味着没人能理解它。发生这种情况主要是因为，立法者和游说者为了获得报酬将一些通常不相关的条款纳入代表捐赠者和客户的法案。正如 19 世纪德国首相俾斯麦所讽刺的那样，你不会想知道法律和香肠的制造过程。

专业知识的缺乏

议员中很少有技术、军事、经济或社会问题的专家。在美国 535 名众议员和参议员中，近半数是律师（托克维尔早在 19 世纪 30 年代就指出了美国的政治家将是律师的趋势）。在欧洲的议会里，律师要少一些，更多的是学校教师、记者和专职的政党工作人员。但是同样很少有技术专家被选进国会，很少有议员具备专业知识来处理诸如智力评估、医疗事务、国际货币流通波动及环境污染等技术性事务。因此，议员必须依赖由行政部门派来的专家。许多立法源于这些专家，他们也常常出席各委员会的听证会。如此产生的法律，赋予了这些专家在执行法律时相当大的自由裁量权。

大部分议会几乎没有独立研究机构的支持，它们的数据来自政府或利益集团。只有美国国会——基于权力分立的观念——可以自己收集数据。美国政府问责署（GAO，前总审计署）、国会研究服务局（CRS）、国会预算办公室（CBO）等都是国会的分支机构。它们提供独立的评估和信息，以减轻国会对行政机关的依赖。世界上没有其他立法机关具备美国国会如此的研究能力，但它仍无法应对那些有利于行政机关的庞大信息。

心理上的劣势

任何国家的公民，对总统或首相的印象要深于议会。人类也许存在着拥戴单个领袖的心理需要。总统可以拥有超凡的个人魅力，但立法机关无法做到。在社会化的过程中，美国儿童学会了尊敬总统，却蔑视国会成员。即使在议会选举中，选民也更多地受总统候选人人格的影响。电视给行政首脑的时间要多于任何其他政治人物，更加重了这一趋势。人们把总统或首相视为慈父般的人物，他冷静地治理国家，而愚蠢的议员只会相互争吵。这导致了一些政治学家所担忧的“总统崇拜”。相比之下，国会内部存在分歧，一方会指出另一方的缺陷。在两党互相诋毁的情况下，公众谁都不支持的局面也就不足为奇了。党派内部的分歧通常不会公之于众。

缺席问题

如果在开会期间你去参观议会，可能会感到非常失望，议席常常是空的。大部分时间里，议员并不需要出席会议。他们有许多其他的事情要做，帮助和访问选民、与利益集团商谈、出席委员会会议等。为什么一定要在议院听演讲呢？这些演讲并不能改变任何人的看法，所有人也都清楚演讲的内容。它们是为大众传媒准备的。

由于大多数时间处于缺席状态，议员实际只需要进行投票，有时甚至连投票都不参加。英国的政党纪律可以保证在重要事项表决中的高投票率。在瑞典，电子系统会在演讲结束后召集所有议员，他们按照政党的意愿摁下表决按钮，瞟一眼电子计票屏幕（结果是毫无悬念的），然后就离开。这一过程只需要不到 10 分钟。

大多数议会都有假如议员不在场时记录其表决结果的方法。当法国议会进行投票时，在场的议员会走到本党缺席议员的座位上，按照政党的决定将其表决开关拨到“赞成”或“反对”位置。媒体然后就报道说，某一提案以大约 300 对 200 的票数通过。但这个数字是假的，因为一般只有 30 多名议员参加表决。从理论上说，只要每个政党有 1 名成员出席，法国议会就可以正常运转。

美国的参众两院要求所有成员都参加表决。不过缺席的议员可以和另一个与自己意见相左的缺席者事先约定好，都不参加投票。赞成票与反对票相抵消后，议案的通过不会受到影响，该议员仍然可以声称自己投了赞成或反对票。

缺席问题会带来什么影响？缺席或许表示议员们正忙于其他重要事务，也可以认为仅仅是因为懒惰。同时，这也表明议员不再将立法视为主要职责。他们通过缺席来承认自己并不重要，至少不像最初设想的那样重要。有什么办法来解决这个问题？唯一的办法就是削弱政党纪律，改变议员按政党意志投票的方式，这样谁都无法预测投票的结果。如果投票表决充满竞争性，那么激动人心的演说和紧张的气氛就会回到议会辩论中，议员们就会有兴趣和动力出席讨论。但这样一来，法案的通过过程就会更加混乱，难以预测。

缺乏轮换

在民主国家的议会中，议员很容易成为职业的、终身的议员。一旦当选，通常都会再次当选，直到自己不愿意再干为止。这意味着议会里很难有新鲜血液的补充，也难有新的观念和主张。议员的平均年龄一般在 50 岁左右。在美国众议院的竞选中，90%的议员都能再次当选。任职可以带来很多好处：选区的重新划分、知名度、给选民的恩惠、媒体的报道、政治行动委员会及利益集团提供的大量竞选资金。只要议员不卷入丑闻，他们就不会失去既得的利益。由于挑战者所受的阻碍太多，所以许多在职议员通常是在没有对手的情况下赢得选举。对那些竞争者来说，挑战仅仅是一种象征。为什么要浪费时间和金钱来参加一场毫无胜算的竞争呢？

如果选出的代表除非去世或退休否则就不会被取代，这对民主制来说意味着什么？它失去了创新和对公众意见做出回应的能力，变得十分乏味。开国元勋们的精心设计使众议院任期很短，仅仅两年时间，为的是让新观念自由地涌入议院。亚历山大·汉密尔顿如此描述过众议院频繁的选举：“在这里，先生们，人民在统治。他们通过与其最接近的代表来行动。”他也许很难相信，轮换频率在参议院反而更高些，后者却是被设计用来与大众意见相平衡的。所有这些，都使得对议员任期的限制变得突出。不过倡议者很多，落实者很少。一旦拥有权力，他们就觉得只有自己能够服务大众。

议会体制也存在类似的问题。很少有议员通过选举被取代，大多数人将其在议会的成员资格视为一种职业。如果实行比例代表制，资历越深的人在选举名单中的地位就越高，也更容易确保再次当选。年轻的新人可能处于政党名单的底层，很少有获胜的机会。不过比例代表制确实有利于新的小政党进入国会，从而带来新面孔和新观念。20 世纪 80 年代，绿党（生态保护类政党）进入好几个西欧国家的议会，这使得原有的大的政党开始注意环保问题。

议会的两难困境

俄罗斯的情况显示了议会的两难困境。20 世纪 90 年代，叶利钦总统和国家杜马总是陷入僵局。为了办事，权力必须集中于强有力的行政机关。为了民主，权力又必须分散，在立法机关和行政机关之间进行分割。俄罗斯迫切需要大的变革——当时经济正处于崩溃的边缘——但是由共产党人和民族主义者支配的国家杜马反对叶利钦，谴责和阻挠改革。普京通过建立自己的政党来解决这一难题，使该政党控制了国家杜马 2/3 的席位。普京战胜了国家杜马。

即便是在美国，只有当国会被与总统不同的政党支配时，“政府的分立”才可以成立。洛克是正确的：议会制是民主的基石。但是从全世界范围来看，议会的功能受到限制，权力正逐步流向行政部门。

思考题

1. 议会是如何产生的？
2. 总统制和议会制的区别是什么？
3. 为什么美国国会经常超支？
4. 什么是行政权与立法权之间的僵局？
5. 单一制国家采用两院立法机构有什么好处？
6. 立法机关通过的法律是它们创制的吗？
7. 美国的“政治分肥”为体制运行所必需吗？
8. 立法机关的重要性是否减少？为什么？

关键术语

专制主义　　种族隔离　　联邦议院

行政机关	后座议员	整体
两院制	内阁	国会山
纵向研究	部长职位	联盟
贵族院	总统	选民服务
少数政府	总统制	三级会议
议员	首相	倒台
国民议会	质询时间	封建制度
监察专员	权力融合	反对派
一院制	政府	信任投票
终身贵族	党鞭	相互捧场
政治分肥	议会	

参考文献

Brady, W. David, and Craig Volden. *Revolving Gridlock: Politics and Policy from Jimmy Carter to George W. Bush*, 2nd ed. Boulder, CO: Westview, 2005.

Copeland, Gary W., and Samuel C. Patterson, eds. *Parliaments in the Modern World: Changing Institutions*. Ann Arbor, MI: University of Michigan Press, 1994.

Deering, Christopher J., and Steven S. Smith. *Committees in Congress*, 3rd ed. Washington, DC: CQ Press, 1997.

Dodd, Lawrence C., and Bruce I. Oppenheimer, eds. *Congress Reconsidered*, 10th ed. Washington, DC: CQ Press, 2012.

Draper, Robert. *Do Not Ask What Good We Do: Inside the U.S. House of Representatives*. New York: Free Press, 2012.

Hayes, Michael T., and Lou Frey Jr., eds. *Inside the House: Former Members Reveal How Congress Really Works*. Lanham, MD: University Press of America, 2001.

King, Anthony. *Running Scared: Why America's Politicians Campaign Too Much and Govern Too Little*. New York: Free Press, 1997.

Laver, Michael, and Norman Schofield. *Multiparty Government: The Politics of Coalition in Europe*. New York: Oxford University Press, 1990.

Lijphart, Arend, ed. *Parliamentary versus Presidential Government*. New York: Oxford University Press, 1992.

Mann, Thomas E., and Norman J. Orenstein. *It's Even Worse Than It Looks: How the American Constitutional System Collided with the New Politics of Extremism*. New York: Basic Books, 2012.

Mayhew, David R. *Congress: The Electoral Connection*, 2nd ed. New Haven, CT: Yale University Press, 2004.

Miller, Kristina C. *Constituency Representation in Congress: The View from Capitol Hill*. New York: Cambridge University Press, 2010.

Polsby, Nelson W. *How Congress Evolves: Social Bases of Institutional Change*. New York: Oxford University Press, 2005.

Rawls, W. Lee. *In Praise of Deadlock: How Partisan Struggle Makes Better Laws*. Baltimore, MD: Johns Hopkins University Press, 2009.

Shapiro, Ira. *The Last Great Senate: Courage and Statesmanship in Times of Crisis*. New York: PublicAffairs, 2012.

Wolfensberger, Donald R. *Congress and the People: Deliberative Democracy on Trial*. Baltimore, MD: Johns Hopkins University Press, 2000.

第 13 章
行政机关与官僚制

阅读与思考

13.1 总统与首相的异同

13.2 美国总统的权力是否过大?

13.3 议会制度下的内阁大臣和美国制度下的行政部长

13.4 官僚化是否不可避免?

13.5 官僚主义如何发展成病态?

在每一个节点，奥巴马总统都会被讨厌他的国会共和党人阻挠，于是他利用两党历任总统所使用的技巧，即利用现有法律和权力绕过国会。共和党人指责奥巴马越过了宪法对总统权力的约束，但尼克松、里根和布什总统都在共和党人的支持下做了同样的事情。这种指责很少起作用，因为数百条法律都允许总统发布“行政命令”、例外处理，并逐步实施。

这是个老问题了——也是1776年美国革命的核心问题——如何阻止行政人员积聚掌握过多权力而无须立法就能统治国家。共和党理应担心总统权力过大的问题，但不太可能出现大反转。面对经济和安全威胁，各任总统都会拒绝被杜鲁门总统首称的“无所作为的国会”麻痹。在如此庞大的国家，随着经济和技术的发展，我们不可能继续保持美国国父们创建的小规模政府，那时仅仅只有13个州。国父们创建了那个时代最完善的方案：设置了立法机关以制衡行政机关滥用权力。但是，行政机关的权力逐渐膨胀，超越了立法机关。而且，一些政治学家开始担忧另一种趋势：在行政机关内部，权力正在由民选官员转向常任官僚。这两种趋势都难以扭转。

行政机关的出现远早于立法机关。在人类文明之初，就出现了国王和皇帝，而到近代才出现了制约他们的立法机关。在很多地方，“政府”这个词所指的就是行政机关。在欧洲，“政府”等同于“内阁”，“卡梅伦政府”也就是指英国首相卡梅伦的内阁及其辅助性机构。在美国（以及越来越多的其他国家），该组织被称为“行政机关”。美国人所说的“政府”，包括所有的官僚机构和从业人员，这在其他地方被称为“**国家**”。

国家
在欧洲指政治系统中的所有分支，在美国则被称为“政府”。

总统与首相

13.1 总统与首相的异同

总统和首相这两个术语听起来几乎一样，常常使学生们感到困惑。国家元首理论上是最高领导人，但通常只有象征性的职责，如英国女王或瑞典国王。这些君主通过接待外国大使和在爱国场合发表持中立态度的演讲代表他们的国家。在共和政体中，与他们相似的是总统，其中一些也只不过是有名无实的首脑。例如，德国、意大利和以色列等共和国都有总统作为国家元首，但他们在实际政治方面做得很少（他们也不是很出名，想一想你能说出几个人的名字）。

“政府首脑”是真正的执行者，叫作总理、首相或大臣。他们通常也领导自己的政党，进行竞选活动，指导政府。英国有首相戴维·卡梅伦，德国则是总理安格拉·默克尔。美国是两个职位的结合——总统既是国家元首又是政府首脑。

在议会制中，国家立法机关间接选举其成员中的一位担任行政首脑，也就是首相（原意为“第一大臣”）。这些国家的议会承担着立法及选举职能。议会可以通过不信任投票罢免首相和内阁，虽然这种情况很少发生。首相需要对议会负责。如果首相代表着占据议会多数席位的政党，其地位就比较稳固，可以迅速通过一项法案而不会招致太多反对。英国首相在下院拥有纪律性很强的多数派支持，其所掌握的权力会让美国总统艳羡。

如果没有一个政党获得议会多数席位，政府就将由政党联盟组成，各政党按席位多少分配部长职位。有时，联盟内部会遇到政策上的分歧，甚至以分裂相互威胁。这就削弱了首相的权力，因为其清楚任何重大政策变革都将导致新的分歧。首相弱于总统并不是绝对的，这要取决于首相在议会中是否有稳定的多数派支持。

总统制避免了这个问题，其强而有力的总统并不依赖于议会或向议会负责，而是通过直接选举产生的，有明确的任期。美国国会可能会不喜欢总统的政策，也可以否决总统的提案，但是不能投票罢免总统。总统与国会是并列的，有时也会怒目相向，但彼此也奈何不了对方。有时总统的权力被认为要强于首相，就一个固定的任期内主持行政机关这一点来说，确实如此。但是没有立法机关，总统就无法通过重要的法律和预算案。这种“民主的**僵局**”是美国政治体制的符咒，与议会制的墨守成规一样。两种体制都反对立法机构和行政机构之间的合作。一旦实现合作，就可能导致政治独裁的出现。

僵局
指在总统制国家中，行政机构与立法机构之间的相互否决。

英国的“组阁”

英国是议会制的典范，从中我们仍然可以发现这一制度的历史根源。英国女王伊丽莎白二世，通过邀请下院最大政党的领袖出任首相并“组阁”，来创建一届新政府。首相任命 24 位**大臣**及为数众多的其他官员。任命的官员全都是议员，且大部分都来自首相所在的政党，

大臣（minister）
政府部门的首长，相当于美国的部长。

通常都是党内重要组织的负责人。理论上，首相是指内阁中“平等个人里的第一个”，领导内阁达成一致。但是首相更像是一位“老板”，可以解除内阁成员的职务。那些反对政府政策的意见不会公开化，持反对意见的人只能辞职，然后继续担任议员。近来，英国首相在做出重大决策前，只与少数亲密的顾问进行协商，与美国的情况开始相似了。

德国的“建设性不信任”

总理（chancellor）
德国的行政首脑。

德国**总理**拥有与英国首相差不多的权力。德国总理也是下院最大政党的领袖。只有在下院选出了新的内阁，总理才会被免职。这就是所谓的“建设性不信任”，它促进了德国政府的稳定性。组建新的内阁取代原内阁的难度远远大于仅仅解散原内阁，所以，“建设性不信任”只在1982年成功过一次，那次是因为当时较小的自由民主党脱离了社会民主党领导的联盟，转而加入了反对阵营基督教民主联盟。“建设性不信任”制度下的总理权力远大于其他国家的政府首脑，意大利内阁与德国内阁的平均任期就是鲜明对比（前者是几个月，后者是几年）。

法国的“共处”

总理（premier）
法国和意大利的总理。

法国总统戴高乐（1958—1969）开创了一种奇怪的制度，同时拥有一位实权的总统和一位实权的总理。总统由选民直接选举产生，任期7年（现已减少至5年），议会成员任期5年。如果二者被同一政党控制，则相安无事。总统任命一位政治主张与自己差不多的**总理**作为与国会之间的桥梁。1993年的俄罗斯《宪法》采用了总统和总理同时任职的法国体制，导致行政和立法之间产生僵局。但在普京的领导下不再如此，因为普京同时控制着行政机构和国家杜马。

在1986年和1993年，社会党总统密特朗在任期还剩两年的时候，不得不面对由保守党主导的议会。宪法对此没有明确规定。为了解决这个问题，密特朗任命戴高乐主义者为总理，并取消了社会党的一些议案，只为自己保留了外交决策权。法国人称这种安排为“共处”，就像是男女同居在一起但并没有事实上的婚姻。1997年，类似的情况再次发生。戴高乐主义者雅克·希拉克总统提前举行议会大选，却在选举中失败了，不得不面对由社会党主导的议会。于是再次使用“共处”方案进行解决：希拉克任命社会党领袖莱昂内尔·若斯潘（Lionel Jospin）担任总理。法国人已经接受了“共处”体制，解决了这种在美国很常见的“僵局”难题。

民主

以色列直选总理

1996 年，以色列通过一部新的法律，该法律规定分别直接选举议会和总理，这在世界上还是第一次。每一位以色列选民都有两张选票，一张选出议会中的多数党，一张选出总理。通常，总理是由议会间接选举产生，最大政党的领袖成为总理，而总统制下，总统由选民直接选举产生。以色列把二者混合起来，效果并不明显。**议会**同样可以通过提出不信任案来罢免总理，内阁联盟仍像以前那样不稳固。

更糟糕的是，以色列的选民在一批政治家中选出总理，在一批小党中选出执政党，使议会更加分散和混乱。在经历了两次不成功的组阁后，议会终于在 2001 年走向解体。这一经验表明，把议会制和总统制嫁接在一起是不可行的，要想保持稳定，还是总统制好一些。

议会
以色列拥有 120 名成员的单一制议会。

首相的“总统化”

议会制有将其自身“总统化”的趋势。在稳定的多数派支持下，首相开始像总统一样运作。他们知道自己不会被一次不信任投票罢免，唯一担心的事情只有下一届大选，就像总统一样。这种趋势在英国和德国都非常明显。（日本政党派系林立，选出的首相大多软弱无能，任期也很短，没有“总统化”倾向。）

慢慢地，议会制国家的选举也越来越像总统制国家的选举。在技术层面，议会选举中并不存在明确的“首相候选人”。选民投票选举执政党和议员，而不是首相。但是所有人都知道下任首相将由最大党的领袖担任，所以他们实际上是在间接选举首相。因此，所有欧洲国家的选举都是以政党领袖为海报和电视转播的焦点。与美国大选一样，领袖个人魅力超越于政党、政策和意识形态之上。

行政首脑的任期

总统都有固定的任期，在美国、巴西和哥伦比亚是 4 年（可以连任一届），而墨西哥总统任期是 6 年，不能连任。法国对总统连任的次数没有限制。普京将俄罗斯的两届 4 年任期改为两届 6 年任期，且卸任一段时间后还可以再任。

议会制国家对首相的任期是没有限制的，只要其所在的政党能够在大选中获胜。当选举的胜利越来越依赖政党领袖的个人魅力时，他们就更像总统候选人了。1987年，撒切尔夫人第三次当选，到1990年，逐年积压的政治问题迫使她不得不结束自己为期11年的首相生涯。德国总理赫尔穆特·科尔连续四次赢得选举，执政时间长达16年（1982—1998）。大部分首相都有权**解散**议会，当他们相信可以在大选中赢得更多选票时，就可能这么做。良好的经济状况、阳光明媚的天气和较高的支持率都会促使首相们提前一两年启动大选。这项权力可能会让美国总统非常嫉妒。

解散
重新举行议会选举。

克格勃
苏联的国家安全委员会，是权力极大的警察和安全机关。

民主

普京的威权主义

普京（2000年至2008年担任总统，2012年再次出任总统，2008年至2012年担任总理）巩固了威权主义的权力。俄罗斯新宪法引进了法国的半总统制，给予总统很大的权限。普京则在这一基础上谋求了更多的权力。作为苏联**克格勃**（KGB）的首脑，他重新改组了联邦安全局。叶利钦使其从幕后走到台前，任命他为17个月内的第五位总理。

有些人认为普京也会是一位“走马灯”似的总理，但他利用手中的警察资源——他知道大家的底细——保持并扩大自己的权力。当俄罗斯处于持续衰败过程时，1999年，叶利钦把权力移交给普京。他在2000年大选中轻松获胜，2004年和2012年又再次当选。他建立起自己的统一俄罗斯党，使其控制了国家杜马。

在低迷和观望的气氛中，普京很快变得备受公众支持。俄罗斯需要一个强有力的领袖，他的出现恰逢其时。他与车臣分裂主义者展开战争，严厉打击腐败行为、不合作的地区领导人和“寡头”——那些通过内部私有化交易迅速致富的人。

普京称之为“控制下的民主”，使用传统的克格勃式手段——“西罗维基”，即“强人”。他对国家杜马毫不在意，因为这里没有反对他的声音。一些批评人士遭到逮捕或暗杀，石油和天然气带来的收入使俄罗斯经济状况表现得不错，这种情况下很少有人关注对普京的批评。

2008年，普京的角色发生了转变。在他的支持下梅德韦杰夫当选总统，而他自己出任总理。普京给自己降了职，却仍然掌握着决策大权，并为4年后重返总统宝座做好准备。普京利用俄罗斯的民族主义，让自己变得更强大、更受欢迎。

另一方面，如果英国首相失去了大多数议员的支持，就会立刻被解职。1979年，当工党首相詹姆斯·卡拉汉（James Callaghan）失去11

位苏格兰民族主义党议员的支持时，也就失去了下院多数党的地位，并被**托利党**领袖撒切尔夫人取代。意大利的一些总理短暂执政后政党联盟就瓦解了。日本首相作为两大政党内势力强大的派系的玩物，平均执政时间只有一年左右。理论上，首相、总理的执政时间可以更长；实际上，他们的任期取决于选举、联盟瓦解、丑闻等政治情境的变化。议会制下的首相、总理“来也匆匆，去也匆匆”，这是美国的总统所不喜欢的。总统制下的总统并不完全随政治的波动而沉浮。例如，在奥巴马总统第二届任期内，他的支持率有所下降，但国会没有办法罢免他。

托利党
英国保守党的别称。

美国总统也可能面临**弹劾**，但是弹劾的程序冗长且成功率低，历史上仅仅发生过 3 次。1868 年，约翰逊总统遭到众议院弹劾，但是弹劾案被参议院否决了。尼克松总统在众议院实施弹劾投票前，选择了辞职。克林顿总统也遭到了弹劾，但是没有通过。如果行政首脑面临此类问题，议会制相对于美国的总统制是有优势的，一次简单的不信任投票就能罢免不受信任的首相。这就解释了尽管议会制国家也有很多丑闻事件，但不会像水门事件那样造成严重的后果。

弹劾
由国会提出的要求总统下台的议案。

经典论述

拉斯韦尔的权力心理学

耶鲁大学哈罗德·拉斯韦尔教授将弗洛伊德的心理学理论引入政治学。在拉斯韦尔 1936 年发表的代表作《政治学：谁得到什么》及一些其他的著作中，他认为，政客们之所以投身政治，是由于心理上的不平衡以及与众不同的权力欲和控制欲。普通人会觉得政治无趣。如果拉斯韦尔是对的，一些官僚会被逐出办公室，只有那些不想要这份工作的人才会当选。这种分析有吸引力，却没有用，显然不会被实践领域采纳。

柏拉图曾首次指出，即使是一个理智的人，一旦大权在握，也会变得疯狂。他们确实变成了这个样子，因为他们不信任任何人。在他们的想象里（也可能实际存在），周围有很多的敌人，他们积聚着越来越大的权力以图击垮这种或真或假的敌人，从而树敌更多。希特勒就是典型的例子。根据柏拉图的说法，暴君一旦上位就会变得疯狂，根本不存在理智的暴君。这不是个体心理学的问题，而是大权在握的政客之本性。如果柏拉图的观点是正确的（人们也这样认为），解决办法就是限制权力，同时设立一种机制来罢免滥用权力的执政者。在美国的体制里，人们利用选举和弹劾制度来保持总统制的正常运行。

行政领导模式

13.2 美国总统的权力是否过大?

经过一任接一任的总统，美国逐渐形成了两种明显的领导模式。卡特总统（1977—1981）是一个事必躬亲、注重细节的人，力图监控所有行政部门的运作。他的能力和精力都很充沛，工作时间很长，也能记住大量的数据，包括管理顾问在内的很多人对他提出批评，认为这种领导方式是不对的。事无巨细的作风只会导致精力的分散，并且使自己筋疲力尽。

里根总统（1981—1989）则是一位比较超脱的领导，他很少直接监控，将大部分事情委托给信任的下属。他坚持每天下午小睡片刻，从不耽误休假。批评人士认为，在出现严重后果之前，里根对很多重大事情完全就是撒手不管。伊朗门事件就充分显示出了只给下属抽象的指导意见而任其行事的严重后果。国家安全委员会违法向伊朗出售武器，并将利润非法转移给尼加拉瓜反政府武装，他们认为自己的所作所为符合总统意愿。

在控制与放任之间是否存在折中的可能？有人认为艾森豪威尔总统（1953—1961）做到了这一点，而他表面上看起来像是里根的风格。普林斯顿大学的政治学家弗雷德・格林斯坦（Fred Greenstein）对艾森豪威尔的日程安排进行了研究，发现他是一位非常活跃的总统，低调地对重要而复杂的事项进行决策，却将成绩归功于他人（有时是责备）。格林斯坦称其为“幕后控制型总统”（hidden-hand presidency）。例如，在 1954 年，面对是否出兵援助法国在越南的战争这个问题，艾森豪威尔将参议院领导人召集到白宫。他知道他们会非常谨慎，因为当时美国刚刚结束了不受欢迎的朝鲜战争。参议员们反对美国出兵，艾森豪威尔采纳了他们的意见。实际上，他根本就不想出兵，但看起来却像是参议员们做出的决策。

罗斯福总统（1933—1945）的执政风格被称为“审慎的混乱”（deliberate chaos）。他成立了大量机构和咨询机关，其中一些的职能存在交叉。罗斯福总统让它们相互争执，困难的、重要的决策由自己拍板，其他的事情则任由下属们处理。这也是一种介于控制与放任之间的折中风格。克林顿借鉴了这种自然而又颇具创造性的风格，但在做出政策决定时，他更愿意使用控制性的方式。奥巴马不仅以敏锐的智慧和平衡的决策而闻名，他的决策时间过长、和稀泥爱妥协、管理松散且不协调也是出了名的。

拨款
通过立法机关表决的政府经费。

民主

帝王式的总统？

“将所有权力，立法、司法、行政都集中在同一个人手中，”詹姆斯·麦迪逊在《联邦党人文集》中写道，“必定会带来独裁统治。”约翰·亚当斯宣称，制约与平衡就如同“让一个小偷去抓另一个小偷”。不过近年来，许多政治学家担心，当代的总统拥有了太多的权力，破坏了制约与平衡机制。

国会和总统之间已经无法实现平衡（或许这种平衡从来就没有实现过）。塞缪尔·亨廷顿指出，1882 年到 1909 年，国会负责创制的法律占 55%；1910 年到 1932 年，这一比例降到 46%；1933 年到 1940 年，国会负责创制的重要法律仅占 8%。他认为：“很明显，立法职能已经转移到行政部门。”

当越战结束而水门事件被炒得沸沸扬扬的时候，历史学家小阿瑟·施莱辛格（Arthur Schlesinger, Jr.）在他的《帝王式总统》（*The Imperial Presidency*）一书中表达了这一担忧。约翰逊总统在未经国会宣战的情况下将国家带入战争。尼克松总统将战争扩大到老挝和柬埔寨，依然没有经过国会。尼克松还“扣押”了由国会决定的**拨款**。他拒绝将资金用于某些项目，这实际上是在行使否决权。总统越过宪法的边界了吗？我们正在走向一个帝王式的总统制，重蹈古罗马的覆辙，由共和走向独裁吗？

国会也试图重建自己的权威，于 1973 年通过了《战争权力法案》，并在次年准备弹劾尼克松。这似乎开启了一个新的时代，总统与国会又一次处于平衡状态。但这种状况实际上并没有发生，因为美国需要一个强有力的总统以保证其正常运行。

当吉米·卡特于 1977 年开始任职时，他试图缓和总统的这种帝王化趋势。但是他的努力仅仅导致了一个无效率的白宫。作为一个外来者，卡特忽略了华盛顿的惯例，并很快被本党控制的国会疏远。他的重要提案在国会被拖延，为修正案所淡化，特别是他那个极为重要的能源提案。到 1980 年总统大选时，许多美国选民、议员都希望有一个更强有力、更有经验的行政首脑。

国会在 20 世纪 70 年代寻求独立权威的努力被证明是短暂的。1981 年里根入主白宫后，总统又一次获得了凌驾于国会之上的军事指挥权。1986 年，总统主持的国家安全委员会完全绕过国会，非法将武器卖给伊朗，并用所得款项资助尼加拉瓜的反政府武装。在国会中，即便是里根的支持者也被激怒了，他们迫使总统任命的官员在听证会上回答质询。国会对滥用权力的政府感到失望，再一次试图对行政机关施加监督。

到 2001 年恐怖袭击发生时，国会又一次赋予行政部门更大的权力。小布什的支持者们主张一种“统一行政理论”，在保卫国家安全方面赋予总统无限的权力，包括未经授权的窃听、监禁和秘密审判，甚至包括残酷的审讯措施。小布什在签署新法律时，发表了 800 多份“签署声明”，告诉国会他将在他认为合适的时候执行这项法律。批评人士担心，“统一行政理论”是迈向帝王式统治的一步。

方法

制图

有了计算机，制作彩色的图示就变得很容易，尽管有时也会把人搞糊涂。拥有一组数据并不必然意味着能够制成好的简图。数据要按类型进行分类。如果是逐步递增的，可以显示出其上升的趋势。如果是上、下交替的，可以显示出一条曲线。之前我们对华盛顿的利益集团的数量进行过以 30 年为时间段的纵向分析，现在把时间段限定在 1970 年到 2010 年，我们的假设是，它们会随着时间段而递增。

我们既可以用计算机来绘图，也可以用铅笔和尺子来制作简图。首先，画出一个“L”形图。向上的是 **Y 轴**，你可以在上面标出刻度，通常是从 0 开始递增到比最大量多一点，比如说最大量是 2 937，可以将刻度增加一点标到 3 000。按 100 为单位对刻度进行划分，也可以 5% 或是人均 GDP 的 5 000 美元为单位。米尺让刻度划分更精确。现在对 **X 轴**进行划分，从 1970 年到 2015 年。沿着 Y 轴向右，在 X 轴上用点标记年份上面的利益集团的数量，把相应的数字标在合适的位置。为了便于阅读，可以把这些点连起来（也可以通过计算机完成），就完成了一个线状图。

如果线条是上升的（通常是上下交替），你就可以证明上述假设，华盛顿的利益集团呈逐步增多趋势。如果线条是下降的，你就必须对假设做出修订，华盛顿的利益集团的数量是逐年下降的（当然不可能）。如果线条是弓形的，你也必须改变假设来匹配你的发现。

如果你想比较两个或两个以上随时间变化的事物，可以使用不同颜色的线条，比如蓝色代表阿尔图纳市（Altoona）民主党的得票数，红色代表该市铁路工人的数量，这就可以显示二者之间的相关度（工会成员通常会投民主党的票）。饼状图只在显示各个变量所占的比例时才会使用。

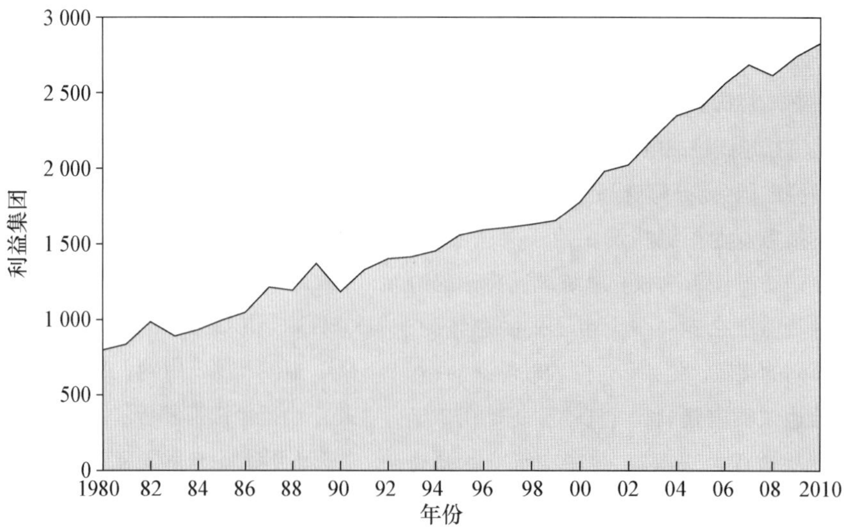

并非所有的简图都是线状图。"之"字形的线状图可以显示出历时性的变化，但是无法进行同时段不同变量的比较。要完成后一项任务，就要使用**柱状图**。在折线图中，一个数据点是以上一个数据点为基础的，柱状图则不然。比如，要显示一个国家近几年的人均 GDP 情况，可以使用线状图；要显示不同变量之间的差异，如不同国家的人均 GDP，就要使用柱状图。

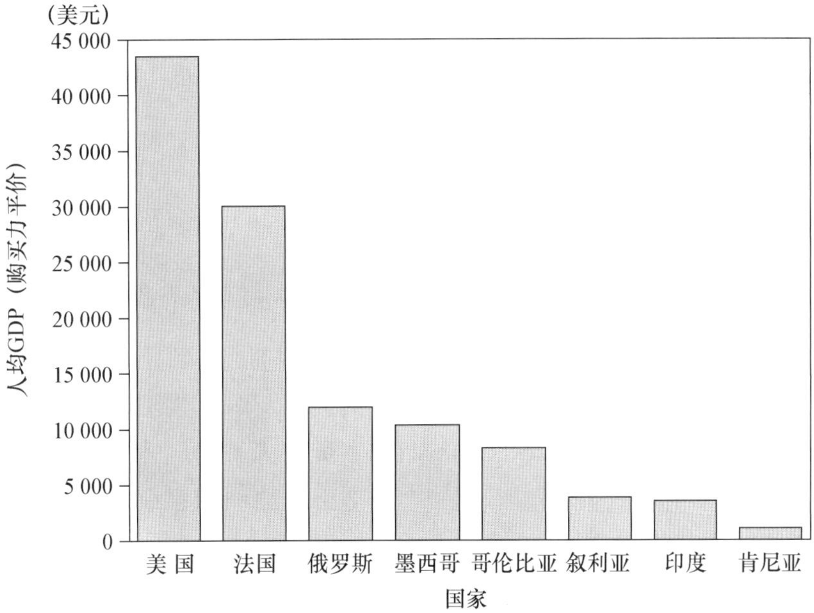

期望过高的危险

不管是总统制还是议会制，焦点都集中在行政首脑身上。人们希望总统或总理能在低失业率和低通货膨胀的情况下实现经济增长，要求政府首脑保持低税率，同时又要维持高福利。他们要对任何错误负责，却又被要求以放权的方式进行管理，尽可能将事务委派给下属。问题越多，压力越大，他们就不得不更多地进行委托。

他们怎样才能达到所有目标？他们怎么可能同时管理好政府、经济、下属及实施政策？显然他们做不到，也越来越难以做到。聪明的领导人试图营造一种安静、进步、感觉良好的氛围来取悦大部分民众。里根总统深谙此道。管理的具体细节并不重要，这些细节由顾问和职业文官负责，很少有公众关心。对总统来说，最重要的是能够再次当选。在这一点上，个人的人格魅力比政策重要，象征比政绩重要。

从世界范围来看，权力一直在向行政机关倾斜，立法机关则逐步衰落。美国国会已经出台了一些应对措施，但也已经处于逐渐后退的状态。一些观察者指出，这些努力都无济于事，很多因素使得这种权力转移变得不可避免。果真如此，我们该如何捍卫民主？民主制仍然拥有一招撒手锏：选举。许多人认为这已经足够了。自有行政首脑以来，不管是总统还是首相，都要面对周期性的选举，民主因此得以捍卫。弗里德里希（Friedrich）提出的“预期反应法则”将使他们保持一种紧张状态。制约与平衡只能是18世纪的一个伟大理想，而不适合21世纪。或许我们不得不生活在行政权的主导之下了。

内阁

13.3　议会制度下的内阁大臣和美国制度下的行政部长

行政首脑依赖内阁的协助。一位内阁成员领导一个重要的行政部门，美国称为“部”（department），其负责人称为“部长”（secretary）；大多数国家称为“部”（ministry），负责人称为“大臣”（minister）。美国内阁较为精简，只有15个部门，欧洲国家一般都有20个甚至更多部门。

美国内阁各部的规模扩张很缓慢，总是伴随着很多争论，因为必须得到国会的批准和必要的预算。在美国历史上，大部分时候内阁部门不到10个。卫生与公众服务部、住房与城市发展部、运输部、教育部、退伍军人事务部和国土安全部都是在20世纪60年代增设的。在欧洲，行政首脑可以随意增加、精简、整合或重新命名内阁部门，议会也习惯性地视其为一种行政权力。比如在20世纪80年代，大部分西欧国家增设了环境部。美国的环境保护署则比内阁各部要低一个层次，环保职责分属该机构和其他几个部门。

内阁的恰当规模是什么？这取决于体制的构建方式和公众的期望。美国奉行“小政府”和“让市场做决定”的原则。当这种状况导致失衡现象时如农场主破产、工人失业及商业萎缩，美国政府增设了农业部、劳工部和商务部。20世纪70年代能源危机后，增设了能源部。慢慢地，美国内阁的规模已接近欧洲国家的规模。

谁在内阁中任职？

在英国、德国这样的议会制国家，大臣来自议会并且保留议员身份。他们既是立法者也是行政官员，拥有多年赢得选举和在议会委员会任职的政治经历。比如，德国议会的国防委员会主席，可能就是国防部长最合适的人选。在美国、巴西这样的总统制国家，部长通常并不是职业政治家，而是商人、律师或学者。他们可能拥有主管部门的技术和知识背景，但几乎没有参加过竞选。老布什总统任命了 4 名议员进入内阁，克林顿和奥巴马各任命了 3 位。这让美国内阁看起来与欧洲有些相似，但是在美国他们需要先辞去议员职务。

由职业政治家还是由政府之外的人担任内阁部长？哪种制度更好？欧洲内阁中的大臣拥有丰富的政治经验及专业知识，他们与议员们工作在一起，彼此非常熟悉。大臣和议员之间不会像敌人一样相互猜疑。大臣们也会受到议会中反对派的批评，本党议员一般都会支持他们。

吸纳政府外部人士进入内阁是美国的传统风格，会给内阁带来新的思路，但是他们在政治事务上显得稚嫩，可能会发表鲁莽的言论，推行不切实际的项目。这会使他们在国会中遇到麻烦，即使本党的议员也不一定会支持他们。他们缺乏在首都的政治经验，这会带来其他的问题。

经典论述

美国的妄想症

1964 年，历史学家理查德·霍夫施塔特（Richard Hofstadter）发表了著名的论文《美国政治中的妄想狂式风格》（The Paranoid Style in American Politics），对右翼群体复兴共和主义及鹰派候选人戈德沃特进行了评述。一般而言，这篇文章指出了美国政治中的固有倾向：过分夸张、相互猜疑以及阴谋论。由此产生了一个有关邪恶帝国的观念：绝对的好与绝对的恶之间的矛盾。

妄想狂的下一个攻击目标是“全面胜利”，尽管有可能代价惨重。霍夫施塔特写道，在追逐不切实际的目标的过程中，失败使他们越来越郁闷，因此而变本加厉。只有叛徒和懦弱者对此进行批评，这些人应该受到谴责和忽略。媒体是典型的懦弱者和失败者。一些批评人士认为小布什政府出现了妄想狂倾向。实际上，妄想症是所有政权里一直存在的危险因素，尤其是希特勒和萨达姆等人当权的政府。

美国内阁的作用已经越来越弱。内阁会议的作用很小，举行得越来越少。没有几个美国人能说出三个以上内阁部长的名字。内阁为什么会遭受这样的忽视呢？部分原因在于，大部分内阁部长都不是知名政治人物。他们的工作是程式化的：努力从国会得到更多的预算以投入本部门的项目中。部长们在既定的预算范围内完成既定的项目，正如柯立芝政府时期的副总统查尔斯·道斯（Charles G. Dawes）所言，他们是“只管花钱的副总统”。总统通常依靠顾问来做出政治和政策决定，而非内阁部长；因而内阁部长经常成为官僚机构的拥护者，去游说总统和他身边的人。因此，他们不适合接受很多的咨询。他们的角色主要是执行者而不是决策者。

官僚制

13.4 官僚化是否不可避免?

官僚制
职业的文官系统，负责政府行政机构的正常运转。

官僚制一词带有否定性含义：缺乏效率，拖延着民众与政府之间的事务。研究官僚制的德国社会学家马克斯·韦伯认为，尽管我们不喜欢却没有办法避免它。官僚制是那些由任命的官员执行法律和政策的庞大组织的统称。在理想状态中，它遵循规则与程序，有一条清晰的管理链或权威等级。它使政府的运作具备理性、统一、可预测性和可监测性。正如斯坦福大学政治学家福山所言，早期的有效官僚制能建成强大、繁荣的国家，但长期而言，腐败的官僚制却会阻碍国家的发展。

官吏
受儒家教育的中国古代官员。

官员最初只是国王和贵族的亲戚，这样持续了几个世纪。中国古代社会开创了第一个全国范围内的绩效制官僚体系，在这种体系中，**官吏**通过严格的竞争考试得以选拔，考试内容为孔子学说和其他经典著作。与现代公务员制度一样，官吏也按等级排列，通常分为九品。一些人认为，孔子提出善治努力实现稳定和繁荣这一概念的时间比欧洲思想家早了几个世纪。

职业文官
非政治任命的、职业的公务人员。

另一种关于官僚制的定义是——更准确的说法是“文官系统”——它是永久的政府。直到现在，我们已研究过的政府都可称为“临时性政府”，由那些不断更替的、选举产生的官员组成。**职业文官**则终生在一个政府机构里工作。他们或许会听命于民选官员，但更多的是遵从法律并按条文行事。在具体业务领域，他们比那些被新任命、位于自己之上的民选官员了解得更多，而后者总是试图以大胆、全新的方式来重构官僚体系。文官们则非常清楚这些大胆创意的后果，因此一贯小心谨慎地行事。官僚制一旦建立了起来，便拥有一种内在的保守性，改变它是政治家们最为困难的任务之一。

几乎所有的大型组织都具备官僚制特征。在中世纪，欧洲由一系列封建的联盟组成，罗马教廷则拥有复杂、高效的行政管理体制。一系列训导，使人们活在教堂里的等级制度中，权威由教皇自上而下传递到教区牧师。直到文艺复兴时期，世俗的君主们才建立起自己的行政管理机构。在这之前，君主们高度依赖牧师，牧师是当时为数不多的能写字、会阅读的人。军队也拥有官僚制结构，建立在命令链和等级制度之上。

经典论述

韦伯对官僚制的定义

马克斯·韦伯（1864—1920）是分析官僚制的首位学者。他认为界定官僚制的标准包括：

1. 行政机构按等级制进行组织；
2. 每个职位有自己的权责范围；
3. 文官非由选举产生，以文凭或考试认定的技术资历为准；
4. 文官根据职务等级获得固定薪水；
5. 行政工作是文官的职业，也是其唯一的工作；
6. 官员与职位分离；
7. 官员必须服从管理和纪律；
8. 文官的晋升取决于上司的判断。

韦伯认为他所研究的是比较新的现象。但是一些特征可以在中国古代找到，但不是全部。和民族国家一样，官僚制在西欧大致开始于 16 世纪，直到 20 世纪才获得充分权力——这正是韦伯所担心的。

美国

在美国，只有不到 15%的公务人员属于联邦政府。在 2 150 万名公务人员中，有 1 500 万人受雇于地方政府，400 万人受雇于州政府，280 万人（不包括军队）受雇于联邦政府。请注意，绝大多数公共服务（学校、警察和消防）是由地方政府提供的。

美国在建立绩效制公务员制度方面比欧洲晚。美国政客利用任命制来奖励政治支持者。福山认为，当民主比建立一个理性的绩效制官僚制开始得更早时，就会发生这种情况。只有 1883 年的《彭德尔顿公务员制度改革法案》（Pendelton Civil Service Reform Act）要求通过竞争性考试获得联邦工作。作为政治机制基础的国家和地方任命制工作一直延续到 20 世纪。

美国内阁现有的 15 个部（乔治·华盛顿总统建国时只有 4 个部）

雇用了 85%～90%的联邦公务人员。各部有着共同的结构。每个部的经费都由国会拨款，由一位经过总统任命（同时经过参议院同意）的部长领导。副部长和部长助理也来自政治性的任命，因此，根据韦伯的定义并不属于官僚。这与其他大多数国家副部长以下的官员都是常任文官的情形不同。

在创新法律方面，官僚机构可能比公众或国会更重要。一个突出的例子是反对在香烟包装和广告中放置健康警告。由于烟草业对候选人慷慨大方，国会绝不会想反对他们。变化发生在官僚机构的一个分支——公共卫生专家和配备了计算机模型的统计人员。1965 年，吸烟与健康咨询委员会（Advisory Committee on Smoking and Health，ACSH）和卫生局局长（美国首席公共卫生官）提供的确凿的数据表明，吸烟会增加肺癌发病率并缩短寿命。该报告向国会施加了公众压力。1966 年，国会要求香烟制造商在所有烟盒上印制警告。1969 年，联邦通信委员会禁止电台和电视播放香烟广告。

内阁各部负责法律与行政政策的具体执行，不过这些指令通常是模糊的。大部分法律都是一些泛泛的条款，各部必须制定相应的实施细则，于是也就可以对政策做一些调整。官僚们都拥有丰富的知识，而知识就是力量。里根政府曾计划取消能源部。本书的一位作者曾向一个在能源部工作的朋友询问："为什么你不担心？""他们取消不了我们，"这位朋友很有把握地断言，"他们不能。能源部负责原子弹制造，政府需要通过能源部的预算来掩饰庞大的原子弹项目预算。"里根最终没有取消能源部。美国的官僚机构与其他国家相比较为轻巧。欧洲和拉丁美洲国家有着深厚的中央集权传统，官僚制色彩要比美国浓得多。

共产主义国家

五年计划
斯大林为使苏联实现迅速的、集中管理的工业增长而制定的计划。

权贵阶层
苏联政府的高级职位及其占有者，即苏联精英阶层。

苏联是世界上官僚化最严重的国家之一，这也是它解体的原因之一。党政高度融合，官僚机构中充斥着低效和僵化。按照马克思主义的理论，无产阶级专政不需要西方式的官僚机构。但在 1917 年革命之后，苏俄迅速建立起严格的官僚管理体制，并在 20 世纪 30 年代斯大林推行的**五年计划**中得到进一步强化。

苏联官僚层级的顶部，其**权贵阶层**，是一个特权精英阶层，基本都是一些精力充沛、富有效率的人。他们拥有漂亮的住宅、特别商店和乡间别墅。每个部由一个部长领导，他是部长委员会（大致相当于西方的内阁）的成员。部长委员会是苏联政府里的最高行政权威，由党的高级官员组成，其中一些人同时也是政治局委员。忠诚的党员被有意识地安置到各个下属职位，以确保党的政策能顺利执行。苏联的官僚机构极为保守，这是其领导人难以克服的障碍。

法国

在 17 世纪和 18 世纪，法国主宰着欧洲，大部分欧洲国家都按照法国模式建立起官僚体制。法国大革命摧毁君主制后，拿破仑恢复了中央对官僚机构的控制，并使其更理性化、更有效率。拿破仑以黎塞留建立的行政体系为蓝本，设立了执行中央政策的行政系统。

法国的高级文官，大多是那些“大学校”的毕业生，如巴黎综合工艺学校、工程学院或二战以后成立的专门培养政府官员的国家行政学院。第三共和国（1871—1940 年）和第四共和国（1947—1958 年）期间，政治的不稳定扩大了官僚机构的权力，因为它们必须在缺乏立法和行政规则的情况下维持政府的日常运转。法国的官僚制色彩仍然很浓厚，经常还存在着极端的中央集权。

德国

普鲁士及其统治阶层——**容克**，对德国的行政管理体制产生了深刻影响。顺从、高效和勤奋工作，是容克贵族们刻意培养的品质，他们听命于柏林，占据了全部高级文官职位。普鲁士的腓特烈二世于 1740 年至 1786 年在位，他强烈偏好高效的行政管理，建立起专门培训文官的学校。1871 年德国统一后，普鲁士忠于国家和君主的文化渗透到新国家中。短命的魏玛共和国（1919—1933 年）失败的原因之一，就是文官阶层轻视民主。第三帝国出现后，他们马上转而效忠于希特勒。

容克
普鲁士的地方贵族。

当代德国政府是典型的联邦制，大部分行政管理职能都集中在州一级。今天的德国文官致力于民主。比如，柏林内务部的一个机构负责与各州协调，推行旨在反对极权主义的教育项目。一般法律教育（在欧洲各国，法学都属于本科教育）使文官们继承了罗马法的精神，推崇固定的法典法而不是更具弹性的英美普通法。

英国

与法国不同，英国具有地方自治和权力分立的悠久传统。这种行政管理模式源于英美人对代议制政府的强调，在这种体制下行政机构受到立法机构的控制。在19世纪，地方政府的壮大促进了行政权力的分散，直到20世纪，中央政府才开始介入地方事务。在1854年的诺斯科特-屈维廉改革之前，英国官僚体系中充斥着腐败与裙带关系。官僚机构（如国防委员会）中的职位被公开买卖。到1870年，建立在竞争性考试基础上的**功绩制文官制度**最终确立。

功绩制文官制度
建立在竞争性考试基础上，而不是世袭的继承。

英国大臣对议会负责，不过权力实际掌握在较低层次的“常任秘书”和部门次官、秘书及助理手中。这样一来，尽管英国和美国具有同样的分权传统，但英国对官僚机构的控制较美国更强。英国文官以其**非政治化**而感到自豪，他们忠诚地执行任何一个政党当权时的政策。

非政治化
不参与政治生活（主要指党派竞争）。

日本

日本是一个典型的官僚制国家。在19世纪70年代，明治天皇通过现代化运动引入了法国的行政管理模式，东京的中央政府非常强大。二战前后，官僚机构负责日本政府的运作，以资本管制而非自由市场的方式实现经济的快速发展。在日本官员的心目中，民选的领导人如同小丑一样不受重视。

东京政府的核心是关于财政、国际贸易与工业、农业以及建设部门。由于拥有安排贷款和补贴、分派政府合约的权力，它们是备受尊重的经济类部门。日本的高级官员大多毕业于东京大学，是经过精心挑选的精英群体。许多文官年纪很轻就从政府退休，然后在其以前监管的企业中谋得一份不错的工作，这些人被称为“空降兵”。

日本的各部自成体系，相互之间没有什么合作，也不必为政府的整体利益负责。有人认为，日本处于“无人负责”的境地。政府对其特定的经济部门进行监管，后者必须听命于它。大臣来自政治任命，通常也是议员；**次官**是职业文官，负责具体事务，很像英国的“常任秘书长”。

次官
日本各部中最高的职业文官。

通产省
日本负责经济、贸易和工业发展的内阁部门。

最为有名的部门是**通产省**，这是日本产品输出狂潮的中心。日本在二战后创下了经济增长的纪录，并认为日本的资本主义制度是其他国家的榜样。然而，自20世纪90年代以来，日本经济一直停滞不前。由于工业过度扩张、投资亏损、银行破产及消费价格达世界最高，官僚监管被指责为其罪魁祸首。新一代的日本政治家正尝试改革官僚体制，将其置于民主体制之下。

官僚制的困境

13.5 官僚主义如何发展成病态?

官僚制并不受欢迎。这个词本身包含有贬义的色彩。在法国和意大利，对办公桌或柜台另一侧的办事员的憎恶，已成为政治文化的一部分。美国人乐于听到候选人对官僚制的抨击——据说是爱管闲事、薪水过高（尤其是在养老金方面）且不受欢迎——但是从来没有人能解决这个问题，因为一些基本的规则是必不可少的，而且必须有人来管理政府的日常运作。政客们没有这样做的动机或倾向。即将就职的官僚们，尤其是共和党人，常常发誓要将商业管理的效率带到行政管理中来。结果，却没有人制止华尔街不负责任的借贷和投资。效率、利润和**生产率**这些概念很难引入公共事务之中。官僚机构有可能认为，社会安全或医疗等项目根本不可能达成这些目标。

生产率
货物或服务的生产效率。

在最坏的情况下，官僚制会出现“艾希曼主义”(eichmannism)，这一名称取自一位纳粹官员。这位纳粹官员组织过对犹太人的屠杀行动，但后来却冷静地向以色列法官陈述，说他只是在完成自己的工作。纳粹官僚制将人和物等同起来，这并不仅仅限于德国。用一种幽默的说法，官僚制类似于帕金森定律：工作会扩张到占据所有可能的时间。帕金森从来都不认为自己是幽默家，而那些在环境舒适、工作毫无意义、推诿公文的机关中工作过的人，认为他的说法是正确的。

官僚制总是与腐败交织在一起。无论在哪里，只要由官僚负责执行规则，他就会采取有利于朋友或恩人的行动。管制越多，官僚越多，腐败行为也就越多。只有少数具有强烈公共服务精神的国家——比如芬兰、新加坡——能够在行政管理中保持廉洁。绝大多数国家都存在腐败现象，只是程度或轻或重而已。智利是拉美国家中最廉洁的，它的做法是削减公共部门和官僚的数量。由于私营领域的专家只会管理工商业，商业机构有时也就“控制”或者是“同化”了公共机构。金融领域的巨头们操控着美国证券交易委员会。他们的操纵是引发 2008 年国际金融危机的直接原因。值得注意的是，做出这些危险决策的是政治任命的官员而不是常任职业文官。

官僚政治
职业文官系统内部的权力运作，目的是制定政策。

早期官僚理论认为，职业官僚并不负责公共政策的制定，只负责政策的执行。行政官员的政治中立是其忠诚于服务公众的原始保障，但在大多数国家，负责制定公共政策的行政机构却不对公众负责。日本是最典型的代表。让官僚制更具弹性、创造性和责任性是 21 世纪的伟大使命。

理论

官僚政治

一些政治学者认为，官僚机构之间或内部发生的争斗，直接决定着政策的制定过程。官僚们提供的信息是高层官员在决策时所必需的。掌握信息的人控制决策，也就是这个道理。美国的官僚机构以种种方式来收集、分析和传播信息，经常争吵不休。

哈佛大学学者格雷厄姆·艾利森（Graham Allison）发现，对 1962 年古巴导弹危机的处理有可能被延误，因为当时空军和中情局一直在为谁有权派出 U2 侦察飞机而争执不下，白宫差一点就不能得到准确的航拍照片。不同部门之间的竞争和“标准化的危机处理程序”，是肯尼迪及其顾问做出决策时必须面对的。在 1969 年的文章中，艾利森提出**官僚政治**的模型，得到了政治学界的广泛认同。

对于信息的控制成为关键问题，在“9·11 事件”和 2003 年的伊拉克战争中都是如此。“9·11 事件”之前，联邦调查局和中情局没有分享情报，这在一定程度上是由于法律的约束。2002 年成立的国土安全部合并了 22 个现有机构，但并没有解决这一难题，联邦调查局和中情局与它没有隶属关系。在伊拉克战争中，国防部宣称掌握了伊拉克拥有大规模杀伤性武器的证据，这些武器还被用于恐怖袭击。国务院和中情局的官员对此表示怀疑，觉得这些证据还不够确凿。国防部坚持自己的观点，并发动了战争。结果，战后并没有发现什么大规模杀伤性武器。国防部对国务院及其计划反应冷淡。结果就是，占领区一片混乱，而国务院对这种局面深感愤怒。

官僚政治模型还不够完善，因为还要充分考虑到总统的作用。他经常拥有强烈的个人偏好，还可以决定由哪一个部门来执行决策。2003 年，小布什总统一直仇视伊拉克，正好国防部告诉他伊拉克是有罪的。后者还为此成立了一个专门机构，确保对伊拉克发起攻击。它把证据扭曲了，走向了事情的反面。白宫创造了一个带有自身偏好的信息系统。华盛顿的官僚机构因“9·11 事件”和伊拉克战争而备受指责，好几位中情局高官被迫辞职，但如何发挥好这些机构的作用仍然是一个难题。大部分时候，官僚们只知道服从。

思考题

1. 权力是否先移交给行政机关然后再移交给官僚？
2. 为什么首相变得越来越像总统了？
3. 美国总统的权力是否过大？

4. 总统制有哪些不同的模式？目前最普遍的是哪一种模式？
5. 简述拉斯韦尔关于政治权力的心理学分析。
6. 内阁还像以前那么重要吗？
7. 所有大型组织都一定是官僚制的吗？
8. 马克斯・韦伯是如何描述官僚制的？
9. 为什么政府难以控制官僚？

关键术语

非政治化
拨款
弹劾
容克
生产率
托利党
次官
大臣
解散
五年计划
权贵阶层
官僚政治
国家
总理
僵局
议会
通产省
官僚制
克格勃
职业文官
官吏
功绩制文官制度

参考文献

Ackerman, Bruce. *The Failure of the Founding Fathers: Jefferson, Marshall, and the Rise of Presidential Democracy*. Cambridge, MA: Harvard University Press, 2005.

Baker, Peter. *Days of Fire: Bush and Cheney in the White House*. New York: Doubleday, 2013.

Burke, John P. *The Institutional Presidency: Organizing and Managing the White House from FDR to Clinton*, 2nd ed. Baltimore, MD: Johns Hopkins University Press, 2000.

Cheibub, José Antonio. *Presidentialism, Parliamentarianism, and Democracy*. New York: Cambridge University Press, 2007.

Ghaemi, Nassir. *A First-Rate Madness: Uncovering the Links Between Leadership and Mental Illness*. New York: Penguin, 2011

Greenstein, Fred. *Inventing the Job of President: Leadership Style from George Washington to Andrew Jackson*. Princeton, NJ: Princeton University Press, 2009.

Helms, Ludger. *Presidents, Prime Ministers and Chancellors: Executive Leadership in Western Democracies*. New York: Palgrave, 2005.

Jones, Charles O. *The American Presidency*. New York: Sterling, 2009.

Jreisat, Jamil E. *Comparative Public Administration and Policy*. Boulder, CO: Westview, 2002.

Kerwin, Cornelius M., and Scott R. Furlong. *Rulemaking: How Government Agencies Write Law and Make Policy*, 4th ed. Washington, DC: CQ Press, 2010.

Lindblom, Charles E. *The Policy-Making Process*, 3rd ed. Englewood Cliffs, NJ: Prentice Hall, 1992.

Maraniss, David. *Barack Obama: The Story*. New York: Simon & Schuster, 2012.

Maranto, Robert, Tom Lansford, and Jeremy Johnson, eds. *Judging Bush*. Stanford, CA: Stanford University Press, 2009.

Miklis, Sidney M., and Michael Nelson. *The*

American Presidency: Origins and Development, 7th ed. Washington, DC: CQ Press, 2015.

Morris, Irwin L. *The American Presidency*. New York: Cambridge University Press, 2010.

Neustadt, Richard E. *Presidential Power and the Modern Presidents: The Politics of Leadership from Roosevelt to Reagan*. New York: Free Press, 1991.

Nye, Joseph. *Presidential Leadership and the Creation of the American Era*. Princeton, NJ: Princeton University Press, 2013.

Peters, Guy. *Politics of Bureaucracy: An Introduction to Comparative Public Administration*, 6th ed. New York: Routledge, 2009.

Pika, Joseph A., and John Anthony Maltese. *The Politics of the Presidency*. 8th ed. Washington, DC: CQ Press, 2013.

Poguntke, Thomas, and Paul Webb, eds. *The Presidentialization of Politics: A Comparative Study of Modern Democracies*. New York: Oxford University Press, 2005.

Rudalevige, Andrew. *The New Imperial Presidency*. Ann Arbor, MI: University of Michigan Press, 2005.

Savage, Charlie. *Takeover: The Return of the Imperial Presidency and the Subversion of American Democracy*. New York: Little, Brown, 2007.

Wills, Gary. *Bomb Power: The Modern Presidency and the National Security State*. New York: Penguin, 2010.

Wilson, James Q. *Bureaucracy: What Government Agencies Do and Why They Do It*. New York: Basic Books, 1990.

第 14 章 司法机关

阅读与思考

14.1 区分几种法律模式

14.2 普通法和法典法的异同

14.3 英美和欧洲法院审判制度比较

14.4 司法审查及其起源于美国的原因

14.5 沃伦法院带来的变化

当美国陷入有争议的问题——通常是分裂的国会无法解决的事情——时，就会诉诸法院。2010 年，国会通过了《平价医疗法案》，该法案被批评家称为“奥巴马医改”。共和党人称其违反宪法，因为它要求公民购买健康保险。（和罗姆尼的 2006 年马萨诸塞州医疗保健法要求相同。）2012 年，最高法院以 5∶4 的结果裁定，“奥巴马医改”购买医保的要求合宪（根据征税权）。大多共和党人都为此大怒，但并没有表示要否定法院的裁决。

法律
必须遵守、违者受惩的规则。

美国以其“法治”为荣。其中一个因素是美国律师的数量——每 100 000 个人中有 281 个律师，相比之下，在英国有 94 个，法国有 33 个，而日本只有 7 个。在这些国家的政治体系中，**法律**扮演着非常不同的角色。在美国，律师们弘扬的是自由、竞争性个人主义的精神。许多美国人抱怨美国的法律案件过多，但是他们又不希望生活在日本那样的法律体系下，要求个人完全屈从于政府和公司的制度安排。缺少律师的法律意味着法律受控于官僚。在美国，如果你想获得法律下的自由，那么你必须拥有许多律师。

法律的类型

14.1　区分几种法律模式

制定法
由人们编写并能久经考验，与自然法相对。

我们来谈制定法，它经过人们几个世纪的编写和汇集而成。与自然法不同，**制定法**运用法律文本来做出决定。我们复杂的社会要求各种各样的法律，其主要有五大分支。

刑法

原告
在一个法律案件中的控告方。

美国监狱中有 230 万人（占所有成年人的 0.7%）。刑法是法律体系中我们最常听说的一种。现代刑法在很大程度上是成文法，它涵盖特定类别的错误行为，这些行为被认为会给社会带来威胁。因此，公诉人或者**原告**是国家而非受害者本人。犯罪行为通常分为三种类型：过失犯罪，例如交通违规，通常处以罚款；轻罪，诸如赌博和卖淫之类的严重但不是主要的犯罪，处以较大金额罚款或短期监禁；重大的犯罪即重罪，例如强奸、谋杀、抢劫和敲诈，则被判入狱。在美国，一些诸如绑架和州际盗车的犯罪行为，由国家管理；其他像谋杀和抢劫主要由州管理；还有一些类似于银行抢劫、贩卖毒品的行为由国家和州共同管理。

民法

许多法规管理民事而非刑事案件。大多数英语国家用**普通法**来解决民事案件。结婚和离婚、继承、合同和破产等均是民事问题。**民法**向那些能够证明自己受到损失的私人原告提供补救。这些判决只涉金钱，无关牢狱。民法大部分适用于个人而非国家。一些案件既可以作为刑事案件也可以作为民事案件，比如，联邦政府指控那些有不法行为的投资公司，赔了钱的投资者们又起诉这些投资公司。

普通法
“法官制定的法律”，几个世纪积累起来的古老判例。

民法
适用于个人间的非刑事纠纷。

宪法

成文宪法通常是综合性的文件。其他法律和法院的司法解释都必须符合宪法的规定。在司法审查体系下，美国法院的一个重要作用是确保法典及管理方法不违反宪法。司法审查是美国对治理的巨大贡献，第二次世界大战后，许多民主国家增加了某种类型的司法审查。

在美国，宪法的最终解释权归美国最高法院，也就意味着法律随着时代的变化而变化：最高法院决定宪法的内容。例如，1896 年，法院在普莱西诉弗格森案的判决中认为，只要提供给白人和非裔美国人的交通设施在形式上是平等的，那么州法律要求的公共交通中的种族隔离就没有违背《〈宪法〉第十四修正案》对平等权的保护。在 1954 年布朗诉托皮卡教育局案中，法院做出了自我修正，判定针对白人和非裔美国人的隔离公立学校本质上是不平等的，即使形式上差不多。宪法没有改变，但是关于人权的社会概念发生了变化。**宪法**（事实上，法律本身）不是静止的，而是一个活跃的、成长的制度。

宪法
“母法”。

行政法

作为一项相对较新的发展，行政法涵盖了政府机构的监管命令。当政府机构必须解释法规时，它就发展起来了。例如，联邦法律禁止商业中的“不公平或欺骗行为”。但是哪些商业行为是“不公平的”呢？联邦贸易委员会必须做出决定。当这些机构解释国会法律的含义时，它们开始建立一套规章制度和判例法来指导委员会未来的决定。这些裁决可以向联邦法院提出上诉。联邦政府目前正在编纂卷帙浩繁的行政法规。

国际法

互惠原则
法律标准的相互应用。

一致原则
前后一致，在所有法律中标准统一。

高级法
号称是来自上帝的命令。

自然法
来自自然的法令，通过理性来获得。

国际法由大多数国家认可的条约和已有的惯例构成。它之所以特殊，是因为它不能按照国内法的方式实施：它也有法官和法院，但服从主要靠自愿。国际法一般都会得到遵守，因为它符合大多数国家的利益。国际法的关键机制是**互惠原则**和**一致原则**。每一个国家都希望得到公正对待，因此会相互尊重；它们也不希望在不同国家之间适用不同的标准，因此必须保持标准的持久性。有些国际法由国内法院来负责维系。美国最高法院授予各州签订国际性商贸协定的权力。当一名美国商人在海外受到伤害时，他可以在美国法院对该国被告提起诉讼。我们所学习的大多是国际公法，但国际私法是一个迅速发展的领域，因为越来越多的商人开始拓展海外业务。

经典论述

法律的根源

高级法是一个古老的概念，源自基督教融合希腊哲学和犹太基督教的思想。它被认为是上帝或造物主的杰作，因此高于人类制定的法律。它背后的理念是，人们“被造物主赋予了”生存权、自由权、追求幸福的权利，以及拥有财产和享受劳动果实的权利——任何公正的政府都不能剥夺这些权利。许多人认为高级法优先于人类制定的法律，一些人引用它来为他们蔑视普通法律辩护。印度的圣雄甘地和美国的马丁·路德·金声称，他们违反人类制定的法律的行为是道德的，因为他们遵守了高级法。

自然法源于中世纪的天主教学说，它认为遵从自然是上帝的意愿。上帝创造了生命，所以结束生命显然是错误的。你不需要任何法律书籍来告诉你大屠杀是错误的。1961年，以色列司法部长起诉纳粹官员阿道夫·艾希曼时说，从自然法来讲艾希曼应当知道大屠杀是错误的。2012年，里克·桑托勒姆参与共和党提名竞选，他用自然法证明，婚姻是为了生育孩子，堕胎属于反自然，因此属于非法行为。

早期的法律体系是口头的，同时包括习俗和信仰。现代法律体系以书面形式为主，通过大量的系统整理编纂而成，更加精确统一。法典始于远古时期，是文明发展的一大特征。“十诫”和《汉谟拉比法典》是早期的法典，但古代伟大的法典是罗马法。它的细节基于“理性”，涵盖了社会生活的方方面面，具有普遍性、灵活性和逻辑性，今天仍被许多国家所使用。罗马法曾被天主教纳入其教会教规，并于公元533年被东部的拜占庭皇帝查士丁尼纳入《查士丁尼法典》，这部法典是大多数欧洲现代法律体系的基础。现代欧洲法律融合了罗马法、封建法和教会法规。

法院、法官和律师

14.2　普通法和法典法的异同

司法制度随着法律制度的发展而发展，它对法律进行日常管理。司法系统总是分级的，不同的法院有特定的管辖权；也就是说，它们审理不同的案件或在特定的地理区域拥有权威。

美国法院系统

美国的法院系统独一无二，包含 51 个司法机构：国家系统（包括联邦法院）和 50 个州系统。联邦系统和州系统有所重叠。在联邦法院的许多案件里，案件本身属于州法律范围，但是当事人来自不同的州，这就是所谓的“多元管辖权”。当然，它们要审理与联邦法律有关的案件。相反，联邦法律（宪法或法令）案件也许会先出现在州法庭。美国最高法院可以复审州法院对联邦问题的判决。

国家法院结构　94 个联邦地区法院组成了美国国家法院体系。联邦地区法院共有 677 个法官，作为初审法庭受理联邦法律民事诉讼、审判涉及联邦冲突的刑事案件和履行多元管辖权。不过，多数刑事案件，即使涉及联邦法律，也都在州法院进行审判。

联邦区域法院的决定可以**上诉**到美国法院。美国有 13 个上诉法院，由 179 名法官主持，有权审查行政部门——如联邦贸易委员会、航空航天局、食品和药品管理局——的行政裁定。每一个上诉法院根据需要设立 3 个或以上的法官。大多数情况下，上诉法院不查证事实，只考虑法律应用和解释是否有误。它主要根据当事双方律师提交的**辩护状**对上诉做出裁定，口头辩论十分有限。

上诉
把案件提交给上级法院处理。

辩护状
诉讼一方呈交的包括相关事实、法律和判决先例的书面摘要。

联邦法院系统的最高级别是美国最高法院，包括一个首席法官和 8 个助理法官。它只负责较低级的联邦法院或州最高法院的申诉案件。如果一个州的最高法院宣布某一部联邦法律违宪，则该案件必定会提交到联邦最高法院。与上诉法院不同，联邦最高法院不必审理提交的每一个案件，只审理其中的一小部分。只有涉及基本的宪法问题、条约或重大

判决先例
建立在先前裁决基础上的司法裁决。

教会法
罗马天主教会的法律，基于罗马法。

罗马法
基于古罗马法典的法律系统。

的联邦问题时，联邦最高法院才会审理案件。由于美国的法律制度建立在判例法基础上，所以最高法院的裁决就是全国性的法律。

州法院系统 50个州都有其自己的法院系统，它们处理全国90%的法律业务。它们处理的大多是民事案件，而不是刑事案件。一般说来，州初审法院属于县级机构，对所有民事和刑事案件有最初的审判权。在农村，治安法官处理小事件。在城市，裁判官或警察法院也一样。这些当地法院没有陪审团（严重案件去州法院），刑罚以罚款或短期监禁为主。

案例研究

普通法与法典法

英国的普通法始于对盎格鲁人和撒克逊人（3世纪至5世纪占领英格兰）的日耳曼部落法的习惯用法。该法强调自由权和平等，基于早期审判的**判决先例**，因此被称为“判决先例法”。1066年征服英格兰的诺曼人认为当地法律的分散阻碍了国家治理的统一性，于是建立了中央法院使当地的法律系统化，并在英格兰各地产生了“普通”法。他们还增加了新功能，如陪审团的审判。

为进行有效的审判，英国的法官和法庭必须做到即席发挥。大多数法官受过教会教育，非常熟悉**教会法**。因此，当皇家法律不足以审判案件时，法官会运用教会法来进行审判。如果还是不能断案，法官就会根据自己的常识和英国人的普遍实践来做出判断。经过几个世纪的发展，普通法成为罗马法、教会法和英国传统习俗的混合物。

普通法有三个明显特征。第一，它是案例法。也就是说它是个人法律决定而不是完整的法规法典。第二，普通法由司法判决形成，有极大灵活性。法官可以重新解释或修改以前的规定和原则，以适应新的情况。第三，普通法很大程度上依赖遵循先例（“让决定成立”）或判决先例原则。因为没有两个案例完全相同，法官可以指出不同之处，打破先例。通过这种方式，普通法保留了巨大的灵活性。随着议会的崛起，议会作为英格兰17世纪的主导机构，法令法规补充并取代了普通法。现在，当这两者发生冲突时，前者总是优先于后者。

虽然普通法的重要性有所下降，但是在英国（除去苏格兰）以及美国（除去路易斯安那）、加拿大、澳大利亚、新西兰和许多原英国殖民地仍有一定的影响力。许多法令是旧普通法的正式条例。普通法塑造了英国社会和政治的发展，并将独特的政治习惯传播到美国。

欧洲大陆（尤其是法国）的法律体系的发展很有特色。就像法国国王推翻封建专制主义，法律学者复兴**罗马法**，强调中央政府，鼓励商业。法国法学家看到了罗马法的价值：它具有普遍性，属于书面法律，在古代世界行之有效，并已通过教会法规为众人所知。

编纂法律是拿破仑对法国司法影响最为深远的一个贡献，且最终影响了世界的大部分地区。他在 1804 年编写的《拿破仑法典》是欧洲法律的第一部现代法典，剔除了封建法律和宗教对民法的影响。它保留了许多法国革命的成果，例如，取消拷打、任意逮捕和监禁，实现公民自由和公民平等。拿破仑征服了欧洲的大部分，带来了《拿破仑法典》；欧洲的法律体系仍然以此为基础。它也被用在北美洲的路易斯安那以及亚洲、非洲和拉丁美洲。

直到今天，法国的中央集权仍然反映了其基本哲学。今天，世界上的许多国家仍在使用《拿破仑法典》。大部分**法典法**详细、精确、全面，外行也能理解。法官并不希望“制定”法律，而只希望运用它。先例的分量更少。如美国体系一样，司法不能脱离行政。因此，司法审查的力量是有限的——无论是与立法分享权力还是分配到大多数欧洲国家都有的特殊宪法法院。这是一个相对新的特征。

普通法系和罗马法系区别明显。前者具普适性，法官的判决非常重要，依靠判例和习惯法。后者针对特殊事件，主要是立法机构的产物。这两个系统的发展都为满足现代化和君主集权（英国的亨利一世和二世，法国的路易十三世和拿破仑）的需求服务。然而，这两个系统越来越相似。在英语语系国家，成文法的数量逐步增加，普通法的重要性和意义在降低。在两大法律体系中，越来越多的立法法案由行政机构提出，后者的管理法规已成为法律体系的一部分。

法官

联邦法官 联邦法院的法官由总统提名，必须取得参议院的同意。只要“行为良好”就可以保留职位，也就是说，除非遭到弹劾，不然就是终身任职。这使法官从行政或政治事务中独立出来。的确有一些联邦法官是因政治原因得到职位，不过他们都精通法律。当联邦法官出现空缺时，司法部长会列出一个具备资格的候选人名单，由总统从名单上挑选几个人。总统一般会就候选人在法律界的声望咨询美国律师协会（American Bar Association，ABA）。不过小布什总统取消了这一惯例做法，他认为 ABA 过于自由主义，但奥巴马又重拾了惯例。参议院的审查以前只是履行程序，现在则高度政治化。还有一种传统叫作参议员礼遇，即在议员所在州设立司法管辖区时，总统需遵从该议员所属党派的意见。反对者指责总统试图用不称职的党派人士填补联邦法官的**席位**，并阻拦确认。在克林顿和奥巴马执政期间，很多联邦法官的提名未获通过，就是因为参议院中的共和党议员提出了反对意见，认为他们太具自由化倾向。作为回应，参议院的民主党议员也同样指责布什提名的人员太过保守。

法典法
编纂成书的法律，是对罗马法的更新。

席位
拥有法官职权的职位。

有的总统希望联邦法官是无党派的，或至少处于两党中间。例如，艾森豪威尔任命一些民主党人士加入联邦法官的队伍（包括最高法院法官小威廉·布伦南），力求取得平衡。不过大多数总统都会任命属于自己党派、符合自己的法律哲学的法官。比如，约翰逊总统任命瑟古德·马歇尔为最高法院大法官，后者是一个自由主义者，相信法院在推动社会公正方面能起积极作用。尼克松总统任命的 4 位保守的法官都认为 20 世纪五六十年代的沃伦法院在保护个人权利方面有些过头，损害了法律的效力；里根总统任命了保守的女法官桑德拉·奥康纳，她是第一位女性联邦法官（后来成为法院的温和派关键投票人）。这 5 位保守的法官的确起了很大作用。2000 年，在裁决佛罗里达州的大选争议时，最高法院最终以 5∶4 的结果做出裁决，使小布什获得了总统职位。后者很明显还要任命保守派人士为联邦法官。这样，他的保守主义政策在任期结束后还可以延续下去。奥巴马总统任命了两名自由主义的女法官，试图借此抵消这个领域的保守倾向。就这样，甚至司法部门也因此出现了党派两极分化的现象。

州法官 州法官的确立有两种方式——民选和任命，任期为 14 年。两党经常会提名同一个候选人，这样一来，法官选举中的党派之争就会减少。加利福尼亚州的法官都是任命入职，但后来不得不由选民通过选举确立。在佛罗里达州，州长从两党提名委员会的名单中任命法官；任职数年后，他们必须参与保留选举。有些人认为，民众选举出来的法官政治性太强，缺乏专业技能。反对者则认为，任命的法官才带有强烈的政治色彩。佛罗里达州的司法体系想尽办法平衡资格选择制和对大众的回应。

法院的比较

14.3 英美和欧洲法院审判制度比较

法官应扮演什么样的角色？是作为仲裁者被动地观察法律事件的发展，只对程序中有争议的地方做出裁决，还是积极地引导审判过程、询问证人、查明证据、控制整个审判？后一模式使美国人感到怪异而危险，因为我们生活在普通法的传统中，法官都是被动的。不过在法典法系国家，法官的确扮演着积极的角色。

英美抗辩和诉讼程序

英国和美国的法院非常被动，不会主动纠正不公正行为或逮捕违法者。相反，他们等待着，直到有人违反法律或被告人被带到他们面前。这个系统的运行基于**抗辩**和**诉讼**。双方当事人（原告和被告）均力争从客观公正的法院中得到对自己有利的裁决。法院不会受理那些没有涉及真正利益冲突的案件，原告必须表明被告如何在哪些方面造成他的损失。在审判中，法官如同帝王一般，双方当事人均要出示证据，传唤并互相询问证人，力图驳斥另一方的观点。法官只负责审查证据和证言的真实性，监督法律程序使其正常进行，对有争议的程序进行裁决。在所有当事人都出示他们的材料后，法官以事实和相关的法律为依据做出裁决。如果有陪审团参加，法官会指导陪审团成员考虑证据的分量，告诉他们相关的法律，然后基本上接受陪审团的裁定。

抗辩
建立在对立双方辩论基础上的制度。

诉讼
类似抗辩制，但要有一个起诉人控告犯罪的被告。

在刑事案件中，警察负责调查案情并报告给公诉人——通常是地区检察官，由公诉人决定是否提出起诉。审判过程也很像民事审判，只不过政府作为原告起诉被告。除非没有陪审团，才会由法官根据有关法律和事实认定被告是否有罪。这种起诉体系有一个缺点（尤其是在落后的发展中国家）——裁决经常会偏向于能够请最好的律师的一方。这样，金钱可以影响司法判决。美国也存在同样的情况。即使《〈宪法〉第六修正案》规定被告有权自己请律师，法院任命的公设辩护人往往还是会出现过度劳累和准备不足的情况。

英国法院

英国法院系统由 1873 年的《司法法案》建立，很大程度上延续了普通法的传统，有民事和刑事两个分支。

法官的选举和任期 英国法官名义上由国王任命，但是选择权在首相手中，主要根据主持上院事务的上院大法官（通常也是内阁成员）的推荐做出决定。英国法官也实行终身制，并超越政治。英国以前没有司法审查，但从 2000 年采用《欧洲人权公约》以来，最终拥有一些司法审查。现在英国法官可以用与美国《权利法案》相似的欧洲公约审查法规和警察的行为，这是一个巨大进步。英国的司法机构与大多数国家一样，也是行政的一部分——只不过不是政府的一个部门。

法官的角色 尽管美国和英国有共同的法律传统，但差别也很大。在英国，国王（也就是政府）聘用律师对犯罪提起公诉，没有美国的地方检察官那样的专业起诉人。无论在法庭内外，美国律师可以从事任何法律工作。在英国，只有大律师才可以出庭辩护，初级律师只能处理其他的法律事务。

欧洲法院体系

欧洲的法院体系主要建立在法国模式之上，这是因为《拿破仑法典》广为流传。不同于英国法院，欧洲法院不区分刑事庭和民事庭。不过，大多数欧洲国家都有独立的行政法院。欧洲法官成立专门小组就法律和程序问题做出裁决，在宣判阶段，他们与陪审员共同来做出量刑和裁定。当然，外行的陪审员通常都遵循法官的权威——至少是在专业知识和智慧上。在一些国家（如德国），法官坐在两名外行陪审员中间一起进行宣判。

欧洲审讯程序　在法典法国家中，法官比在普通法国家中扮演更为活跃的角色。检察官（法国叫 procureur，德国叫 Staatsanwalt）是公务员，他们向**调查官**提供证据。调查官是司法部的代表，他进行深入调查，搜集证据和陈述。这跟英美法系不同，欧洲法官在将案件交付审判前首先会对是否有罪做一个初步的裁定。实际上，美国地方检察官在决定是否交付审判时也是大致一样的做法。法国和意大利的调查官通过与腐败官员的斗争成为英雄。欧洲的刑事程序**起诉**的裁决不是由地方检察官提出，而是由法官提出，并且证据的重要性并不受对方（原告和被告）控制，而是受控于法院，这样可以主动获取必要的证据。

调查官
欧洲法律体系中，同时承担搜集证据和起诉职能的司法人员。

起诉
提出声明，正式指控某人犯罪。

在美国，被告在证明有罪之前都是无罪；而在欧洲，假设几乎是相反的。在美国或英国法院，原告负责举证，被告在他或她的辩护中不需要说一个字；检察官必须证明罪行“超出合理的猜想”。在法典法国家，被告必须证明调查官是错误的。

律师的角色　与英国或美国的辩护律师不同，法国或德国的律师不会向目击者提问，而是由全体法官提问。相反，律师会努力发现对方的言论或案件中的逻辑或事实错误，动摇陪审团的总结陈词。大多数情况下，欧洲的律师并不像美国的律师那么必不可少和有创造力，因为法院会主动查找案件的真相。

俄罗斯法院

俄罗斯的后共产主义法律制度延续了许多苏联法律结构，因为大部分人都接受过共产党领导下的培训。现在，俄罗斯要建立“法治”，包括诸如财产法和民权的“中产阶级”的概念。1991 年，宪法法院成立，15 个法官被任命。这是俄罗斯历史上第一个独立的审判团。理论上，它可以对总统和国家杜马的活动的合宪性做出裁决。实际上，俄罗斯总统拥有非常大的权力——包括选举法官的权力——法院没有制衡行政。

经典论述

马伯里诉麦迪逊案

联邦党人约翰·亚当斯总统即将离任时，提名马伯里为华盛顿特区的法官。但不知什么原因，国务卿马歇尔没有将委任状交给马伯里。马歇尔的继任者共和党人麦迪逊拒绝发放委任状。马伯里直接向最高法院提出诉讼，要求最高法院发出司法命令，强制麦迪逊将委任状交给他。

这让法院左右为难。如果大法官马歇尔和最高法院签署司法命令而麦迪逊拒绝执行，法院的声望和权威将急剧下降，但如果不签发命令，会使人对亚当斯在任期结束之际匆忙任命联邦党人为法官的合法性产生质疑。

马歇尔的解决办法很聪明。他不仅批评了麦迪逊和杰斐逊，而且明确建立了司法审查原则。一方面，马歇尔裁定马伯里有权得到任命，麦迪逊应将委任状交给他。另一方面，他又宣布最高法院无权签署司法命令，因为它对案件没有初审管辖权，所以，按照美国国会制定的 1789 年《司法法案》规定，与宪法相抵触的行为无效。这个裁决使杰斐逊总统十分生气，因为他知道马歇尔如何聪明地摆脱了陷阱而且宣示了法院的权威。他意识到，这一“精英和非民主的”的司法审查制度已经确立。

法院的作用

14.4　司法审查及其起源于美国的原因

与其他国家相比，司法审查在美国发展更为迅速，美国人希望他们有更多的法院。没有哪个国家像美国这样，“法庭上的戏剧”成为电视转播的焦点，没有哪个国家的法庭会像美国这样充满戏剧性。

西方民主国家也有与美国相似的法院体系，不过作用没这么大。在瑞士，案件从州法院提交到联邦法庭时，后者可以裁决州法律是否违反联邦宪法。但是，该法庭不能对瑞士议会通过的法律是否合宪发表意见。德国宪法法院审查成文法，以确保它们遵守《基本法》（德国宪法）。位于卡尔斯鲁厄的宪法法院之所以能够建立，部分原因是二战后美国的坚持，这在欧洲是个新概念。德国宪法法院由 16 名法官组成，议会两院各选出 8 名，连任 12 年。该法院审理各州之间的案件，保护公民自由，有权宣布危险的政治团体非法。它的裁决很重要。在 20 世

散点图
通过图示来显示在两坐标轴上指标的分布情况。

异常值
指标从预期位置偏离。

纪 50 年代，它发现新纳粹想推翻宪政，于是宣布它们非法。它裁决 1974 年的流产法与《基本法》中规定的生命权相冲突，宣布其违宪。德国宪法法院运用的是更为严格的罗马法，因此，它的裁决影响力不如美国的最高法院。在普通法国家，最高法院的裁定确实是制定法律的土壤。

方法

构造散点图

将你的数字用一种形式表现出来，不用交叉表，而是建立一个**散点图**，将指标以点的形式标在图中，可以使你的论述更加明确。如果你发现了一些有价值的东西，这些点可以以一种并不完美的形式表达两个变量之间的关系，比交叉表能更为清楚。另一方面，如果这些点随机分布在图中，则表明它们没有任何形式或关系。

一个柏林的研究小组“透明国际”发布的廉洁指数（CPI）来自对国际商务人士遭遇的腐败程度的调查。它带有主观，且不完善，但是客观的测量是不可能的，没有哪个官员会承认自己受贿。透明国际把国家从 100（非常廉洁的）到 1（完全腐败的）进行排序。下面这个带数字的散点图 X 轴（横轴）表示人均 GDP，Y 轴（纵轴）表示 CPI。

计算机可以画一条“最佳拟合线”（有时是曲线）。这里是从海地到加拿大。大多数点离最佳拟合线不远，这表明，通常情况下，越是富裕的国家腐败越少。可是，也有一些**异常值**，这些国家离线较远。智利的人均 GDP 只有富国的 1/3，却异常廉洁。意大利、日本和法国却丑闻不断，腐败程度更甚于它们的财富水平。最大的异值应该是美国。为了解释这些异常值，应当研究它们的历史、机构和政治文化。例如，美国基层政府（像县和学校董事会）是怎么产生腐败的？异常值总会展现一些最有意思的故事。

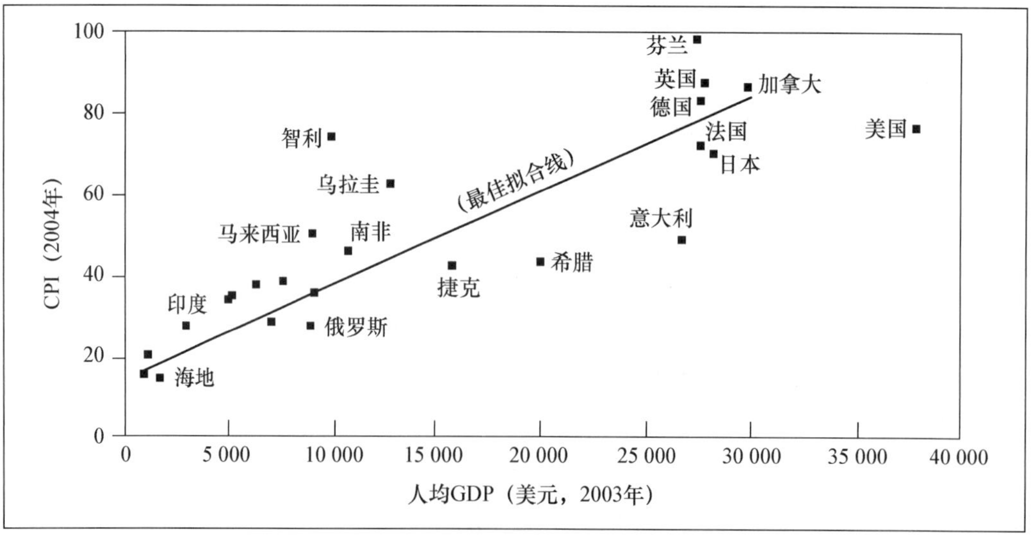

美国最高法院

美国最高法院的职责是审查联邦立法法案是否合宪，这一权力在宪法中并没有特别规定，因此一直受到质疑。司法审查问题在 1787 年的制宪会议上曾引起激烈辩论。代表们认为，有疑问时，立法者可能会要求法官对所提出的法律的合宪性给出意见。詹姆斯·麦迪逊指出："法律违反了人们自己建立起来的宪法，法官会认为无效。"然而，那些担心这样会使法院拥有双重检查权并丧失中立性的人反对这种观点。其他人认为这会影响权力划分。埃尔布里奇·格里（Elbridge Gerry，1812 年发明了不公正划分选区）预言也许会出现"政治家法官"。在传统中，司法审查尚未明确规定。

然而，亚历山大·汉密尔顿在《自由主义》第 87 期中提出只有法院可以限制法律权威。约翰·马歇尔在 1801 年到 1835 年期间担任最高法院首席法官一职，他同意这种观点；事实上，在马伯里诉麦迪逊案（1803）通过 15 年前，他公开支持了这种观点，这种里程碑式的决定建立了司法审查。但是这个原则从来没有受到普遍欢迎，那些强硬的总统总在试图抵制法院的权威。托马斯·杰弗逊、安德鲁·杰克逊、亚布拉罕·林肯和富兰克林·罗斯福与意志同样坚定的法官们明显不同。奥巴马明确表示，他并不支持最高法院做出的某些判决。

从 1803 年到 1857 年，最高法院并没有否定国会任何法案的有效性。1857 年，它推翻了 1820 年密苏里妥协案的判决，该判决禁止北部各州拥有奴隶。这引发了一场政治风波，使亚布拉罕·林肯成为总统。在 20 世纪，许多法律被推翻。然而法院本身也因此分离。由雨果·布莱克、威廉·道格拉斯和厄尔·沃伦领导的司法活动声称"最高法院必须提高警惕，保护《权利法案》"。诸如奥利弗·温德尔·霍姆斯、费利克斯·弗兰克福特和沃伦·伯格的司法"约束"的鼓吹者认为只有议会能指定公共政策，且立法法案只要没有违反宪法即可成立。以大法官名字命名的沃伦法院（1953—1969）明显奉行司法能动主义，它在消除种族隔离、进行社会再分配、维护被告权利等方面的判决对美国社会产生了重大影响。之后的法院要谨慎一些，因为它由保守的共和党人组成。近几年，保守主义司法大多倾向于谨慎，但也不全是这样。

最高法院的政治角色

14.5 沃伦法院带来的变化

在美国，最高法院的裁决经常变成政治性问题，这在其他国家一般不会发生。在罗斯福执政时期，因最高法院裁决他的新政法案违宪，总统将他们轻蔑地称为“九个令人厌烦的老人”。尼克松在 1968 年的选举中称，沃伦法院的自由化裁决增加了犯罪问题，威胁到了社会的安全。美国最高法院在政治生活中的确有着重要作用，任命一位新的大法官可以产生巨大的差别（因为最高法院经常出现 4∶5 的状况）。法官在裁决时会受个人观念和意识形态影响，这就引起了一个问题：最高法院能否做出公正的判决？

法官的观点

英裔白人新教徒 祖先是盎格鲁-撒克逊新教徒的美国白人。

很明显，法官的个人信仰影响着他们的决定。历史上，最高法院法官的祖先一般是**英裔白人新教徒**中的上层或中上层男性。激进的批评家声称，这些法官不能眷顾那些贫困或受压迫阶级。这种情况发生了巨大变化。1981 年第一个女法官产生，到现在已经有了三任女法官。现在法院有 6 个天主教徒和 3 个犹太教徒（一些动摇者建议制定一些法律能代表白人新教徒）。最近，黑人和妇女登上了法官席，这不一定就表明已经推翻了保守的倾向，因为这些法官可以在自己的权力上保守。克拉伦斯·托马斯法官，法院的第二个黑人法官，宣称自己属于保守派人士。

其他因素也影响着法官的判决。他们年纪较大，平均在 70 岁左右。南方的法学家在种族问题上往往更加保守，尽管一个最强烈的公民权倡导者是亚拉巴马州的雨果·布莱克，他年轻的时候曾经是三 K 党的成员。以前做过公司律师的法官可能更关注商业问题。一些法官，如路易斯·布兰代斯（6 名犹太教法官中的一位）和瑟古德·马歇尔（第一位黑人法官），在改革和民权问题上很积极，体现了他们的自由主义信念。还有一些在州法院任过职的法官主张，州法院的权力应该得到加强。

但是影响法官表决最重要的两个因素，似乎是法官与政党的关系和法官关于司法角色的认识。民主党法官比共和党法官更倾向于支持自由主义的立场。前者更认同“司法能动主义”，把最高法院看作是被压迫的少数族裔和穷人的保护者。他们对州政府的权力持怀疑态度，赞成增强联邦的权威，依据《〈宪法〉第十四修正案》寻求对个人权利的保护。共和党法官则主张“司法克制”，倾向于在联邦体制内保持州的权力，不太将《权利法案》作为保护工具。当然也有例外情况。1953 年，艾森豪威尔总统任命加利福尼亚州州长沃伦为最高法院大法官，他认为自己挑选了一个走“中间路线”的共和党人。后来艾森豪威尔称“这是我犯过的最愚蠢的错误”。

许多法官认为，法院即便面对公众舆论也要坚定宪法的原则。杰克逊法官这样说道：“生命、自由和财产权、言论自由、新闻自由、信仰自由和集会自由，以及其他一些基本权利不需要进行表决；他们并不依赖于选举的结果。”

但是实际上，最高法院大法官会受到公众态度的影响。1936 年，当法院通过了几个旨在遏止经济萧条的重要法律之后，罗斯福总统被赋予这个国家历史上最大的权力。他提交立法以扩充最高法院人数至 15 人，鼓励 70 岁以上法官退休。这个计划失败了，因为人们认为罗斯福偏离了宪法规定的司法独立原则，但它的确使法院开始审视自身的狭窄世界，并接受了变革。1936 年大选和关于“法院大换班”的争论直接导致了最高法院处理新政法案时态度更加谨慎。就像一个爱开玩笑的人所说的：“小洞不补，大洞吃苦。”

另一个影响因素是同事的观点。首席大法官约翰・马歇尔、厄尔・沃伦和约翰・罗伯茨都通过自己的个性和司法推理，让同事接受自己的法律哲学。许多因素（并非所有都已被认识到）影响着裁决。最高法院大法官的终身制也许是最重要的因素。他们独立并相对超脱于国会、白宫、私人利益集团。这些因素潜在地改变着他们。自由主义者可能变成保守主义者，司法能动主义者可能变成司法克制主义者，反之亦然。法官位置的重要性以及知道自己的决定可能改变美国社会，让法官们深入思考，有时还会改变观点。部分工作人员由自己决定。

最高法院的政治影响

美国的法律体系存在一个基本矛盾。我们希望法官公正，但是法院的重要性又给了他们政治权力。在 20 世纪，这种权力得到增强。**沃伦法院**在三个关键领域很活跃并且有争议——公民权、刑事程序和立法机

沃伦法院
1953—1969 年期间，厄尔・沃伦担任首席大法官的自由的、激进的美国最高法院。

构中的席位分配，它重写了这几个领域的宪法。就如国会中 96 个南部成员的一些人所言，法院推翻了“已经建立起来的最高法律”，实施了它的“个人政治和社会哲学”。

公民权 1954 年，最高法院对布朗诉托皮克教育局案进行裁决，在美国种族关系中引发了革命性的变革，这是国会不愿涉足的领域。法院接受了瑟古德·马歇尔（后来成为全美有色人种促进会的律师）的社会学观点，一致裁决在公共学校实行种族隔离“从根本上不平等”，因为它们歧视黑人孩子，剥夺了《〈宪法〉第十四修正案》赋予他们的受平等保护的权利。一年以后，在布朗第二案（1955）中，废除种族歧视的政策被要求以“谨慎的速度”推行。而南方白人则发誓要进行广泛的抵抗。

美国黑人在这个判决的支持下，力图在其他领域也争得平等待遇。到 1963 年，黑人参与对抗白人优越主义。在隆巴德诉路易斯安那州案（1963）中，沃伦法院支持**占座抗议**，判定实行种族隔离政策的州政府不能起诉拒绝离开隔离餐桌的黑人。法院认为，依据《〈宪法〉第十四修正案》，没有哪个州有权拒绝任何人平等地受法律保护的权利。静坐示威成为民权斗争的一个主要武器。1964 年，国会也追随法院通过了《民权法案》，禁止在宾馆、汽车旅馆、饭店和影剧院等公共场所实行种族隔离。

占座抗议
借审慎的违反使地方法律失效的策略，比如在实行种族隔离的快餐馆里静坐示威。

刑事程序 沃伦法院在刑事审判方面的裁决给美国人带来了更多的麻烦。在马普诉俄亥俄州案（1961）中法院裁决，除非紧急情况，否则州法院不采信警察在没有搜查证的情况下获取的证据。1963 年，在吉迪恩诉温赖特案中法院裁决，必须为贫穷的被告提供辩护律师。在埃斯科比多诉伊利诺伊州案（1964）中，法院以 5∶4 的比例裁决，嫌犯在警察询问时有权要求律师在场，否则供状不能在法院使用。法院最有争议的裁决是 1966 年的米兰达诉亚利桑那州案，法院也是以 5∶4 的比例裁决，嫌犯一被警察抓获，便应被告知他有权保持沉默，并要求接受询问时有律师在场。

立法机构中的席位分配 同样重要的是最高法院坚持选举中“一人一票”的原则。直到 1962 年，在许多州的选区划分中，农村代表过多而城市代表不足。1962—1964 年的一系列裁决中，沃伦法院发现，不平等的代表权否定了《〈宪法〉第十四修正案》中对公民的平等保护权。最高法院命令州立法机构运用“一人一票”的原则，按人口重新划分选区。

并非所有人都支持这些决议。有些人觉得很受伤，包括不愿与黑人分享学校或宿舍的种族隔离主义者、对嫌疑人的处理感到棘手的警察和希望拥有更加平等的选举的农村人。人们手举写着“弹劾沃伦”字样的广告牌高声抗议。1968 年，尼克松对最高法院提出异议，就像反对休伯特·汉弗莱。沃伦法院废除了**种族隔离法**，重写形式程序规则，并重新划分立法版图。除了马歇尔法院，沃伦法院是美国历史上最积极、最具开创性的法院。

种族隔离法
美国南部的种族隔离法律体系。

后沃伦法院 伯格法院（Burger Court，1969—1986）和伦奎斯特法院（Rehnquist Court，1986—2005）总体上呈保守主义特征，试图纠正一些沃伦法院的裁决，但是表现得并不明显。总的来说，有一种保守的倾向，但也是不可预测的。本世纪最具争议的裁决是罗伊诉韦德案，该裁决来自“保守的”博格法院（首席大法官同意），宣布堕胎受隐私权保护。在 1978 年的贝克案中，伯格法院裁定，为黑人申请者保留医学院的名额违反了宪法对白人的平等保护。但第二年，在韦伯案中，它又裁决帮助黑人工人获得技术职业的配额合宪。在刑法上，伯格法院做出了一些强硬的裁决。1984 年，它在“马普原则”（拒绝非法取得的证据）的基础上增加了“善意例外”原则，排除了用不正当手段获取的证据。如果一名警察持搜查证进行搜查时，无意发现了另一个证据，那么该证据可以被采信。这一修正并没有推翻“马普原则”。1976 年，法院裁决，如果执行死刑是公平的，那么它也并非“残酷而罕见”。

伦奎斯特法院既会取悦也会警告保守主义者。1988 年，在一次震惊里根政府的裁决中，法院认为独立检察官制度合宪，而白宫认为这干预了行政权力。法院还裁决，焚烧美国国旗合法，因为它是言论自由的一种体现。这一裁决引起了广泛的抗议，于是又通过一项新的联邦法律宣布焚烧国旗非法。2003 年，法院支持对竞选资金进行改革，支持大学申请中的“积极性行为”（如为少数族裔学生预留名额）以促进多样性，以及其他自由主义政策。总之，后沃伦法院是在修正而不是否定沃伦法院。

罗伯茨法院开始于 2005 年，保守主义倾向明显，但并不总是如此。小布什任命约翰·罗伯茨为首席大法官，萨缪尔·阿里托为助理法官，最高法院的 5 位天主教徒成了空前的多数派，他们都是保守派人士。2013 年，法院取消了 1965 年《投票权法案》给南部各州设定的特殊限制，这些限制曾经阻碍黑人登记投票。2008 年，罗伯茨法院以 5：4 的结果裁定，在家持枪是个人权利。可是，法院要求五角大楼保证恐怖嫌疑人拥有一定的权利，包括人身保护令，许多人称其为“自由的”决定。让保守主义者失望的是，罗伯茨法院勉强承认了《平价医疗法案》的合宪性。

2003 年获得法院批准的 2002 年《麦凯恩-范戈尔德竞选改革法案》试图通过限制竞选活动的捐款来遏制巨额资金对选举的影响。但在最近最重要的案件之一——2010 年公民联合会案中，法院裁决，金钱也是表达言论的一种形式，且政治行动委员会提供了信息和教育，所以个人、公司和工会可以无限制资助所谓的“超级政治行动委员会”。很快，《麦凯恩-范戈尔德竞选改革法案》变得无人理会，亿万富翁们为超级政治行动委员会捐助了数百万美元。在 2012 年选举中，该委员会在电视广告中起了主要作用（大部分是负面的）。最初，共和党人为公民联合会欢呼庆祝，但后来吃了败仗，因为超级政治行动委员会导致总统初选耗时巨长、苦不堪言，且共和党并未在大选中获胜。

也许罗伯茨法院最保守的改变是它处理的案件相比以前少了，这与将法院作为后备立法机关的自由主义倾向相反。困难之一在于对保守主义的定义。这个词可以用于裁决的具体内容（如给予少数民族特殊的待遇），也可以指维持现存制度的态度。这两者经常重合在一起，比如法院裁决州可以通过法律限制堕胎，这在具体内容和对州的权力的认定上都表现出保守主义倾向。但有时这二者是分离的，就像罗伯茨法院支持对恐怖分子嫌疑人的人身保护权。有些人可能认为这一裁定是“自由主义”的，但它的确只是重申了《〈宪法〉第一修正案》主张的新闻自由的权利。媒体和公众所称的“保守主义”与法院无关，它只是在维护宪法。像大法官安东宁·斯卡利亚，尽管被贴上保守主义的标签，但其实属于自由主义阵营。“自由主义”和“保守主义”只是媒体和政客们简单化的标签，并不适用于最高法院。

联邦法院是政府决策机构中不可分割的一部分，它不是在机械地解释法律。法官的裁决的确能够影响政治，反之亦然。那些把利益寄托在法官裁决上的人，试图说服法官接受他们的观点；那些在总统和国会那里没有如愿的人，希望能在法院这里达到目的。一些人把美国的司法体系叫作“后备立法机关”或“终极审判的国会”，因为它可以处理其他部门害怕的问题。没有最高法院的干预，国会不会通过《民权法案》，总统也不会采取行动反对种族隔离政策。

思考题

1. 为什么美国的政治体系如此依赖法院？
2. 自然法和制定法的区别是什么？
3. 普通法和法典法的区别是什么？
4. 你可否描述美国的法院体系？
5. 欧洲的法律与我们的法律有什么不同？
6. 在德国，与美国最高法院对等的机构是什么？
7. 1830 年的案例如何赋予最高法院巨大权力？
8. 沃伦法院基于什么重大案件制定了新法律？
9. 后来的法院是否修改了沃伦法院的决定？

关键术语

诉讼	宪法	原告
抗辩	高级法	制定法
上诉	起诉	判决先例
席位	互惠原则	检察官
罗马法	教会法	种族隔离法
散点图	民法	法律
占座抗议	法典法	自然法
沃伦法院	普通法	异常值
英裔白人新教徒	一致原则	

参考文献

Bach, Amy. *Ordinary Justice: How America Holds Court*. New York: Holt, 2010.

Barber, Sotirios A., and James E. Fleming. *Constitutional Interpretation: The Basic Questions*. New York: Oxford University Press, 2007.

Baum, Lawrence. *Judges and their Audiences*. Princeton, NJ: Princeton University Press, 2008.

Belsky, Martin H., ed. *The Rehnquist Court: A Retrospective*. New York: Oxford University Press, 2002.

Bingham, Tom. *The Rule of Law*. London: Allen Lane, 2010.

Breyer, Stephen. *Active Liberty: Interpreting Our Democratic Constitution*. New York: Knopf, 2005.

Calvi, James V., and Susan Coleman. *American Law and Legal Systems*, 7th ed. New York: Longman, 2011.

Carp, Robert A., Ronald Stidham, and Kenneth Manning. *Judicial Process in America*, 9th ed. Washington, DC: CQ Press, 2013.

Carter, Lief H., and Thomas F. Burke. *Reason in Law*, 9th ed. New York: Longman, 2012.

Dworkin, Ronald. *The Supreme Court Phalanx: The Court's New Right-Wing Bloc*. New York: New York Review of Books, 2008.

Feldman, Noah. *Scorpions: The Battles and Triumphs of FDR's Great Supreme Court Justices*. New York: Twelve Books, 2010.

Greenhouse, Linda, and Reva Siegel. *Before Roe v. Wade: Voices that Shaped the Abortion Debate Before the Supreme Court's Ruling*. New York: Kaplan, 2010.

Howard, Philip K. *Life Without Lawyers: Liberating Americans from Too Much Law*. New York: Norton, 2009.

Jenkins, John. *The Partisan: The Life of William Rehnquist*. New York: PublicAffairs, 2012.

Murphy, Bruce Allen. *Scalia: A Court of One*. New York: Simon and Schuster, 2915.

Shesol, Jeff. *Supreme Power: Franklin Roosevelt vs. the Supreme Court*. New York: Norton, 2011.

Sunstein, Cass R. *A Constitution of Many Minds: Why the Founding Document Doesn't Mean What It Meant Before*. Princeton, NJ: Princeton University Press, 2009.

Sweet, Martin J. *Merely Judgment: Ignoring, Evading, and Trumping the Supreme Court*. Charlottesville, VA: University of Virginia Press, 2010.

Tribe, Laurence, and Joshua Matz. *Uncertain Justice: The Roberts Court and the Constitution*. New York: Holt, 2014

Tushnet, Mark. *In the Balance: Law and Politics on the Roberts Court*. New York: Norton, 2014.

第五篇

PART FIVE

政治体系做什么？

第 15 章 政治经济学

政治经济学是一个广义的术语，涵盖了经济和政府之间的相互影响。即使是保守派也要求政府稳定经济。有些政府会通过凯恩斯主义的反周期性支出稳定经济，而有些则主张通过利率提高或降低货币供应量。美国经常遇到通货膨胀、税收增加或预算削减、贸易赤字、石油危机和突然性经济泡沫等问题。由于从未有足够的资金应对这一切，美国必须不断地重新考虑其庞大的全民福利项目（社会保障和医疗保险），而这被认为是与针对穷人的福利（食品券和医疗补助）相对立的。

第 16 章 暴力与革命

暴力是系统失灵的征兆，几乎每个国家都会经历。暴力可分为原生型、分裂型、革命型、政变型和问题型。恐怖主义使用暴力削弱其痛恨的政治权威。变革和不断上升的期望可能助长暴力。越南的变革是“革命性的政治战”而非“游击战”。革命扫除了旧精英，然后遵循克兰·布林顿早就指出的循环——政权衰败，由温和派接管，再被极端恐怖统治所取代，最终导致政变或镇压。伊朗恰好是这种情况。革命往往以失败告终但这很难阻止，因为统治阶级不肯放弃他们的财富和权力。

第 17 章 国际关系

国际关系因其无政府状态，与国内政治不同且更广泛。主权国家努力维持秩序。相反，权力和国家利益很大程度上决定了国际关系。往往多年后还说很难说明国家利益。关于战争的原因，可分为微观和宏观理论、错觉以及权力平衡（失衡）。有些人极力要求制定制止战争的各种计划，从世界政府到扩大集体安全。功能主义建议各国首先在小的、实际的问题上进行合作。外交有时可以通过第三方协助和维和行动平息冲突。有人认为主权概念可以变动，以便超国家机构进行干预，如联合国或北约。现在，经济因素日益凸显，如全球化、货币平价和石油，与之相伴的是保护主义和孤立主义。美国人必须习惯生活在一个混乱而危险的世界。

第 15 章
政治经济学

阅读与思考

15.1　政治学和经济学之间的关联

15.2　20 世纪 60 年代以来美国的经济问题

15.3　权利津贴和福利比较

15.4　有关美国权利津贴和福利项目是增加还是缩减的争论

15.5　美国人对待福利项目的矛盾心理

2008 年，美国损失了几万亿美元，经济大受打击。这不是每几年出现一次且很快就能恢复的普通经济衰退。有些经济学家称 2008 年全球金融危机为“经济萎缩”，比经济衰退更糟糕，持续时间更长。它是由房价暴跌引发的，而对抗衰退的标准政策几乎没有改变停滞的经济。最后，到底是政府项目起作用，还是时间让经济慢慢得以恢复，尚不清楚。

紧急救助
政府紧急贷款，以挽救公司免于崩溃。

紧缩
大幅削减政府开支。

如何从金融危机中复苏的问题再度引发争论，揭示了政治与经济之间的紧密联系，很多经济学家认为**紧急救助**是必要的，否则世界或会陷入新一轮萧条。世界各国政府都采取了相似的做法，最坏的情况得以避免，但保守派人士指责说，政府赤字太大，会导致通货膨胀甚至货币崩溃。美国在救助欧洲疲弱经济体方面犹豫不决，让人们对新欧元乃至欧盟的未来产生了疑问。大多数欧洲政府实行了**紧缩**政策，但是经济仍然停滞不前。美国联邦政府避免了紧缩，美国经济缓慢复苏。共和党要求财政紧缩，但多数美国经济学家警告称，这会重蹈 20 世纪 30 年代经济危机的覆辙。正如一些经济学家所说，政治的内容就是经济。大多激烈的争论都围绕着经济展开。

什么是政治经济学？

15.1 政治学和经济学之间的关联

政治经济学
政治和经济的相互影响，研究政府在经济中应该做的事情。

政治经济学是一个古老而灵活的术语。18 世纪和 19 世纪末期的古典经济学家——亚当·斯密、大卫·李嘉图、约翰·斯图尔特和卡尔·马克思——都对什么是**政治经济学**进行了论述。在此过程中，他们继承了亚里士多德的观点，后者把政府、社会和经济看作一个整体。传统的政治经济学家同样有一种规范性的取向，规定政府为促进繁荣应该做些什么。19 世纪末期，当经济学家们变得更加科学并基于数字说话时，他们将“政治”排除在其学科外，并从“应该”或“应当”的规定转向经验主义的描述和预测。

近来，这个术语带有的党派色彩复活了。激进人士用“政治经济学”来代替马克思主义，以示他们对资本主义国家间和国家内部财富分配不均的批评。保守主义者使用该词以试图返回到亚当·斯密所提倡的纯市场体制。我们将避免带有意识形态的内容，用该词来意指政治和经济的交融面。这个交融面非常大。

经济巩固了政治中几乎所有的东西。政治家通过允诺带来繁荣以获得选举并靠实现这种允诺来重新当选。几乎所有**公共政策**的选择都有其经济原因，并且这些原因还经常足以导致或破坏政策。例如，国会强制要求在汽油中加入乙醇（从谷物中提取的酒精），并给予大量补贴，尽管越来越多的批评认为，该补贴计划对玉米种植者并非必要，因为他们在干旱和玉米价格高的时期，可以将玉米从粮食转化为燃料。

公共政策
政府努力去做的事情，在各种选项中政府所做的决定。

随着经济的增长，一个国家能够支付得起新的福利措施的运作，就像美国在急速发展的 20 世纪 60 年代所做的那样。在经济停滞的时候，政府就不得不削减福利开支并制定刺激经济、促进生产的政策。不管什么问题——健康、环境、能源或者福利——都与经济相关。一些最糟糕的政策往往就是在决策者忘记了这一基本点的时候制定出来的。候选人常会承诺实施新计划，但是都没有具体说明用什么资金支持计划的实行。经济政策具有优先性。每一位政治学家在某种程度上都应同时是一个经济学家。作为候选人，比尔·克林顿在 1992 年选举期间一直提醒自己："笨蛋，是经济！"他是正确的，经济是最重要的。低通货膨胀和低失业率使多数美国人对克林顿的总统任期感到相当满意。

现在，即使是保守人士，也不会期望政府不要干预经济。每个人都期望政府能够促进经济的繁荣，并且如果它做不到这一点的话，选民就会在下一次选举时对政府进行惩罚，正如 2008 年所发生的一样。麦凯恩落选是因为选民（或许不公正）将金融危机归罪于小布什就任时的共和党政府。2012 年，美国开始从长期的经济衰退中恢复发展，这对奥巴马来说也许是幸运的。

在 20 世纪早期，情形却不是这样的。许多欧洲政府同华盛顿政府一样，遵循"古典自由主义"原则，奉行不干预经济的政策。可是，随着 1929 年经济大萧条的爆发，不干预政策使情况越来越糟，于是人们开始要求政府进行干预。

英国经济学家凯恩斯在 1936 年写的一本书中提出，要通过抑制**经济周期**的波动来消除经济不景气。在萧条时期，政府应通过公共工程和福利的"反周期开支"来增加"总需求"，使**萧条**变得更短暂、更温和。当经济增长过快时——伴随着投机泡沫和**通货膨胀**的危险——就应通过提高税收来冷却。信奉古典亚当·斯密自由市场观点的人担心"赤字开支"，但凯恩斯声称我们只是欠自己的钱，而且，"长期来看，我们都将死亡"。一些人认为是"凯恩斯革命"将我们带出了大萧条。另一些人

经济周期
若干年中在增长与衰落之间变动的经济趋势。

萧条
经济下滑的阶段，缩水的 GDP。

通货膨胀
价格的普遍与总体上涨。

认为，富兰克林·罗斯福的新政从未完全贯彻过凯恩斯主义，只有二战的庞大国防开支做到了这一点。还有人怀疑，除了债务和通货膨胀外，新政获得的成就都很持久。

二战过后，保守派的经济学家如弗里德里希·哈耶克和米尔顿·弗里德曼将凯恩斯学说视为基于亚当·斯密基本供求关系学说发展而来的“新古典主义”学说。政府对经济的管制结束了，自由市场开始兴起。直到只被个别经济学家预见的 2008 年全球金融危机爆发，经济学家们才赶紧重新审视凯恩斯学说。甚至共和党人，如总统小布什等也青睐于将数十亿联邦资金注入无数摇摇欲坠的公司中。这就是一种典型的凯恩斯式的努力。由于国会的反应太慢，所以抚平金融危机创伤的斗争转向了**联邦储备委员会**，该机构通过利率提高或者降低控制经济活动，这比国会提高或降低税收或者实行紧急资助效率更高。美联储主席本·伯南克见证了小布什总统为避免美国经济再度陷入萧条所做的努力。

联邦储备委员会
简称“美联储”，美国中央银行，可以提高或降低利率。

案例研究

美国的税负有多高?

同其他国家相比，美国的税收并不高。2013 年部分国家的税收占 GDP 总量的百分比（包括州和地方的）如下表所示。美国人抱怨他们的税负过高——如果税收是零的话他们将抱怨——但在福利国家中，美国算是低的（尽管美国的税收支出很高——见下表）。多数欧洲人认为，他们从体制当中得到很多（包括医疗保险计划），因而很少对税负进行抱怨。

问题是，美国人会同意削减多少税收和哪些项目使税负更低？国防开支？社会安全？医疗？此外，一些联邦项目的“削减”，不过是税收负担转移到州和地方或者推迟几年而已。美国在平衡适度税收和适当的政府活动的问题上存在争论，这是永恒的政治辩论主题之一。美国民意既要求低税收，又要求高水平的政府服务——从长远看来这是不可能实现的。

丹麦	49%
法国	45%
德国	37%
英国	33%
加拿大	31%
日本	30%
美国	25%

资料来源：经济合作与发展组织（OECD）。

政府与经济

15.2 20 世纪 60 年代以来美国的经济问题

我们最主要的一些经济问题是什么？政府对这些问题该如何应对？

想想美国自 20 世纪 60 年代起经历过的一系列事件，注意这些问题是如何再次发生的。我们今天依然面临其中许多问题。

通货膨胀

直到 1965 年，美国的通货膨胀率还算是低的，但 1965 年约翰逊总统将越南战争升级，通货膨胀率因此随之上升。战争开支给美国经济注入了 1 400 亿美元（若考虑通货膨胀对之进行调整后，现在的价值是当时的 6 倍），但却没有相应数量的商品和服务可以购买。过多的美元购买着过少的商品，这就是对需求拉动的通货膨胀的经典描述。由越南战争所引发的通货膨胀呈现出自己的特色，并一直持续到 20 世纪 80 年代。约翰逊总统以为，他能够在战争产生较大的经济后果前迅速在越南取胜，并不耗费多少资金。他失败了。许多经济学家指出，如果他在战争一开始就同意提高税收，则可以避免通货膨胀的最糟糕的情况。

增加税收

约翰逊总统不想增加税收来支付越南的费用，有两个原因。首先，他在 1964 年通过了国会的减税法案，如果第二年就改头换面，那就太尴尬了。其次，他不想承认自己将国家拖入了一场旷日持久、代价高昂的战争。当约翰逊和国会终于在 1968 年改变主意决定将税收提高 10%的时候已经太晚了，通货膨胀已难以消除。由此可以得出的教训是，在战争中你必须提高税收以抵消不断增长的政府开支。小布什总统像约翰逊一样忽略了这个教训，两人都是在降低税收的情况下将美国带入战争。危险的“资产通货膨胀”（家庭和股市的）随之而来——2008 年，投机泡沫经济出现。

收支平衡

从 20 世纪 50 年代末开始，美国的进口大于出口。20 世纪 60 年代由战争带来的繁荣使美国处于出口难以平衡进口的贸易逆差状态。美国工业不断外购，美国民众享受着廉价的进口商品。一个巨大的**收支平衡**赤字出现了。与外国货币相比价值太高的美元意味着买外国的东西很便宜，但要在外国市场上卖美国的东西却很难。特别是日本和随后中国的产品占了美国很大的市场份额。美元充斥着世界，它们真是太多了。

收支平衡
一个国家的出口与其进口相当。

美元浮动

固定汇率
美元兑换固定量的外国货币。

浮动汇率
依据市场情况，美元兑换不同数量的外币。

在一次改变这种不平衡的努力中，尼克松总统于 1971 年切断了美元和黄金之间的联系，这是自 1944 年以来一直执行的**固定汇率**。布雷顿森林体系规定——1 盎司黄金的固定价值是 35 美元，其他货币与美元挂钩——这构成了战后重建的基础。但美元在世界范围内的通货膨胀，使我们的黄金储备贬值，所以尼克松总统宣布不再有黄金了，让美元“浮动”到与其他货币换算的更低水平上。这一**浮动汇率**使美元贬值了约 1/5。然而，美元倒退了，而美国的贸易和花销赤字却更加严重。

工资-物价冻结

与此同时，尼克松将工资和物价冻结，试图消除人们对通货膨胀的恐惧心理。1971 年的工资-物价冻结在一开始还是受欢迎的，但不久就有人抱怨利润并没有相应地冻结，以致商业获得了过高的利润。然而，伴随工资-物价冻结更为严重的问题是，当它们被取消时，积累的压力使通货膨胀比以往更为严重。许多经济学家认为，尼克松 18 个月的冻结只是将通货膨胀推上了一个更高的台阶。一些经济学家（大多是自由派）支持对工资和物价进行控制的思想——将此称为“收入政策”——但现在几乎没有经济学家愿意再做此尝试。

石油危机

国际石油协定和大多数国际贸易协定一样，以美元为标准制定而成。美元的贬值意味着，石油输出国由他们的黑色黄金所获得的利润越来越少。20 世纪 60 年代，石油价格低得离谱。由于 1973 年中东战争造成的结果，石油输出国组织（OPEC）成员终于能够做他们一直渴望做的事情了：将石油价格提高 4 倍。1979 年，为响应伊朗的革命骚乱，他们将石油价格再次提高。在整个 20 世纪 70 年代，世界石油的价格由每桶 2.50 美元涨到 34 美元，这个价格到现在看来却还便宜。2008 年，油价每桶一度达 147 美元，但到 2015 年时降到了 50 美元以下。在世界需求下滑的同时，石油供应的增加（由于“水力压裂法”和油砂）提高了美国的石油产量。石油价格会因少量的供应过剩而下跌，也会因少量的供应短缺而飙升。油价可能会反弹，但不太可能保持稳定。

滞胀

石油价格的成倍增长引发了各地的通货膨胀，同时使经济陷入了萧条。20 世纪 70 年代期间出现了一个新名词——**滞胀**——描述伴有经济增长停滞的通货膨胀。以前，经济学家就已经发现了经济增长与通货膨胀的一种联系：当其中一个上升时，另一个也随之增长。20 世纪 70 年代，这一联系被打破了。通货膨胀突破了两位数的水平（10％或更高），但经济开始萎缩，失业率也增长了。从 1973 年起，美国普通家庭的生活标准一直处于停滞状态。人们认为其罪魁祸首是石油价格的大幅上升，它影响了经济的方方面面，从农业和运输业到制造业和建筑业。美国尤其受到强烈的冲击，因为美国民众已经习惯了廉价的能源，并且他们的工业和生活方式都建立在此基础之上。2015 年，燃料价格下降，促进了美国经济增长。

滞胀
20 世纪 70 年代美国经济同时出现的增长缓慢与通货膨胀并存的局面。

利率

吉米·卡特总统试图刺激经济，但这使通货膨胀比以前更糟糕；1980 年的通货膨胀率达到 13.5％，这也许导致了他谋求连任的失败。成员由总统任命、任期为 4 年且不能被解雇的美国联邦储备委员会，通过创历史纪录地大幅提高利率来消解通货膨胀，有一次利率甚至超过了 20％。这使经济减缓增长并抑制了通货膨胀。但这样痛苦的药方同样带来了自大萧条以来的最高失业率（超过 10％）。无人希望利率再像先前那样高。美国民众也开始意识到美国联邦储备委员会在其经济生活中多么重要。

税收减免

同样是为了刺激经济，里根总统转向依靠一种被称为“供应经济学”的手段，这种手段集中于投资和生产，而不是像凯恩斯主义政策那样关注顾客的需求。刺激供给方是肯尼迪的想法，即降低税率刺激经济增长并最终产生更多的财税收入。保守主义者认为，过高的税收阻碍了成就和投资。国会吸纳了这一想法，并在 3 年中减免所得税达 25％。实际上，这几乎没有抵消美国纳税人因通货膨胀而遭受的“税档潜升”（指同一人须缴纳更多的所得税。——译者注）；他们的购买力保持不变，但是他们却发现自己处于较先前更高的税收档次。小布什用同样的比率在 2001 年和 2003 年再次减税，同样没能减少支出，却又导致了

赤字
入不敷出的情况。

预算**赤字**。

预算赤字

里根总统和小布什总统提交给国会的预算有这样一个特征，即税收的减免和国防支出的大幅增加。里根估计这会迫使国会大幅削减国内开支和福利开销。但是国会削减得很少，而美国联邦预算赤字也达到了历史纪录。通过发行国库券，联邦政府借到了钱，并由此“挤出”商业借贷并提高了利率。由于利率很高，外国人发现美国是一个投资的好地方，因此实际上美国的大部分预算赤字是由外国投资填补的。预算赤字就像一个巨大且运转着的真空吸尘器，吸收来自世界各地的物品和资金。这种情况只能在外国人信任美元的情况下继续。2010 年当奥巴马接手 1.3 万亿财政赤字（相当于 GDP 的 8.7%，有些国家的情况更为糟糕）时，很多人担心美元会贬值。金融危机期间，美元兑欧元和其他货币的利率的确下降了，刺激了美国出口。“强势美元”并不总是好事。到 2015 年，赤字由原来的 1 万亿减少了 2/3 左右，美元再次强大。

贸易赤字

欧元
2002 年起在大多数西欧国家通用的欧盟货币；其价值不稳定，现在的 1 欧元价值 1.10 美元。

几十年来美国的消费高于其生产，其进口也大大超过出口。2004 年美国的进口额超过出口额达到 5 000 亿美元，占其 GDP 的 3%，令人惊讶。巨大的外贸赤字使美国成为世界上最大的债务国。这又进一步导致美国的资产被外国人收购。美国民众一般不喜欢这种情形，但这实际上没什么问题。如果外国人想要在美国投资，只会让美国更加繁荣。美国的贸易伙伴断断续续地压低美元价值，而**欧元**升值了，在 2008 年欧元兑美元汇率达到了 1.6 美元。实际上，这使美元贬值并使美国的产品更加便宜，这不是欧洲人想看到的。一些经济学家认为美国的贸易赤字不相关，因为美国经济非常强大，那些债权人知道他们肯定能够得到偿还。可是随着紧迫性的增强，其他人会警惕过分相信美元的做法；如果美元突然崩溃，那么世界的商业活动将没有标准的“储备”货币，从而导致全球衰退。除了美元价值不断变化导致波动，美国的贸易逆差会在经济疲软、无钱可花的时候缩小——这不是一件好事。由于国内石油和天然气供应增多，美国减少了石油和天然气进口，赤字最近也因此减少。

政府债务

1994 年共和党接管国会大厦，他们努力减少政府开支和结束长期预算赤字，这些赤字每年都加重了国家债务。克林顿总统赞同减少赤字的努力，此后联邦预算从 1997 年至 2000 年一直有盈余。这些盈余更应归功于高科技和股市的繁荣，使少数人的财富激增，因此能够从他们那里获得更多税收；而不是削减开支（一些削减只不过是将负担挪到后几年），而是此后经济衰退导致盈余结束（税收减少且联邦开支增加），而后联邦预算又重新陷入赤字。小布什政府计划了一个十年的盈余项目，共和党政府和国会花费的资金比以前更多了。之后奥巴马政府接任，由于担心经济萧条，他们也花得更多，以致 2012 年政府负债 15 万亿美元，约 GDP 的 100%。（1946 年，国家债务达 GDP 的 109%；1974 年是 24%。一些别的国家，包括日本，达 200%。）

债务
联邦政府所欠的总额。

财政危机

2013 年伊始，赤字、债务和税收问题纷纷出现，人们一般称为“财政悬崖”。2012 年，为了消除税收和支出之间的鸿沟，奥巴马和共和党人一致同意，如果在预算问题上达不成妥协，便终止小布什的减税政策，并减少所有政府支出，甚至国防部支出，这一措施被称为“自动减赤”（sequestration）。很多人担心，经济正在恢复，突然增加税收、减少支出会导致“二次探底”。共和党人要求大量减少支出并重新实行小布什的减税政策，但是奥巴马坚持只减少部分支出，并将最富有人群——年收入达 45 万美元以上的人的税收提高 1%。虽然我们从来没有摆脱过财政危机，但是妥协承诺避免财政危机的做法并未让大家满意，这只是每几年就会采取的缓兵之计。

不公平

自 20 世纪 70 年代起美国人的收入增长变得不平等，中产阶级逐渐减少。富人分得了国家经济蛋糕中的更大一块，穷人和占大多数的中产阶级分到了一小块。那些受过正规教育和技能培训的人可能做得更好，但那些具有高中及以下学历的人做不好。**离岸外包**降低了美国蓝领工人的工作量和收入，其中大部分外包在新兴工业化的亚洲。参加工会的工人数量降至私企工人数量的 7%（在 20 世纪 50 年代初 40%的美国工

离岸外包
美国公司把生产移到海外。

人组成工会）。高层管理人员和基金经理挥霍无度地进行补偿，共和党的减税政策也有利于富人。1970年，美国最富的1%的人得到国家9%的税前收入，2012年这一比例为20%（大约是美国一半下层民众收入的总和）。首席执行官的平均工资比工薪阶层的200倍还多（20世纪50年代是20倍）。那些不靠工资生活的美国人收入停滞不前，靠妻子的收入来抵消。收入不公平的情况越来越严重，引起了政界的愤怒。2011年，"占领华尔街"运动海报上写着："我们是99%。"这句话曾轰动一时。2016年，甚至共和党也开始反对收入不公平。

泡沫
市场过于膨胀。

狂热
欲望大于恐惧的市场繁荣时期。

恐慌
恐惧大于欲望的市场崩溃时期。

泡沫

金融市场容易制造**"泡沫"**，投资的高增长让人们忽略风险——直到泡沫破灭。一些经济学家将这怪罪于**狂热**或**恐慌**，两者都属于严重的心理问题，凯恩斯称之为投资者非理性的"动物精神"。他敦促政府干预对其抑制。1929年的崩盘结束了一个股市泡沫。20世纪80年代的储蓄和贷款泡沫、90年代的互联网泡沫和21世纪初的房地产泡沫也同样破灭了。亚洲在金融和房地产方面也经历了相同的泡沫。潜在的巨大问题是：银行和投资者借贷无度，他们相信此举没有风险，这鼓励了高债务。银行放松信贷，鼓励大家使用信用卡和房屋净值贷款，导致借贷金额越来越多。

于是，这引发了住房抵押贷款危机。银行收取高额费用作为它们高风险借贷给无力偿还的买房者的报酬。这个理论是，房价只升不降，所以每个人都是安全的。复杂的金融衍生品——一些没人能理解的投资——掩盖了损失，所以没人能准确评估资产。房屋止赎浪潮开始时，大公司都不知道自己的价值，它们的股价暴跌，一些破产或被他人接管。经济学家罗伯特·希勒称之为"历史上最大的泡沫破灭"。

什么是贫困？

15.3 权利津贴和福利比较

要界定贫困并非易事。现在的"贫困"在以前的时代里可能算是"舒适"。问问你的祖父母，他们在大萧条时期生活如何。一位美国劳工部的统计学家在1963年提出了一个后来成为标准的公式，不过有许多人认为该公式已经过时。她发现多数家庭将其收入的约1/3花在食物上，因此“贫困线”应是四口之家的非农业家庭食品预算的三倍。按照这一定义，美国贫困线以下人口的百分比由 1965 年约翰逊“贫困之战”时的 17.3%降到 1973 年的 11.7%，2014 年为 15%。非裔美国人和西班牙裔美国人贫困率高得多，且 1/5 的美国儿童处在贫困线以下。

自由主义者抱怨贫困线——2014 年对于四口之家约是 23 550 美元——定得太低；收入为这个数额的两到三倍的人也只够勉强在大城市中生活，因为如今房屋租金和儿童护理比食物支出更大。美国已考虑修改贫困线，使之与现代条件相符，包括一个新类别“近贫”，这类人的数量在 2008 年全球金融危机后大幅上升。保守人士指出，贫困线不包括由政府项目转移给穷人的非现金收益，例如食品券。若把这样的收益考虑进去，一些贫穷家庭就会被提升到贫困线之上。

在我们得出“贫困之战”是成功还是失败的结论之前，我们必须以长远的观点来考查贫困率。1950 年，美国人口的 30% 被归到贫困线以下。自那时起，贫困率就下降了。下降最快的时期是 1960 年到 1965 年，是在“贫困之战”计划开始之前。美国经济从 1960 年到 1965 年一直处于扩张状态，特别是在 20 世纪 60 年代早期。那时，工作机会充足，食物价格便宜。很难判断 1965 年到 1973 年期间贫困率进一步下降是由于政府项目，还是越南战争开支而引起的经济增长。

同样，20 世纪 70 年代中期贫困率再次上升，只能部分归咎于反贫困开支的削减；先前讨论的因石油价格和高利率引起的经济衰退也是其中的原因之一。一些人将贫困人口和无家可归人口的增加归咎于外购，认为外购导致许多美国工人阶级失业并将他们推向社会下层。随着那些报酬丰厚的工厂工作机会的减少，他们面对的要么是低工资的服务工作（例如那些“翻汉堡的人”，指那些不愿或者不能找一份真正正经的工作，而是从事一些低端、短期纯粹出卖体力劳动的人），要么是失业和福利。反贫困项目并不能消除美国经济中由长期趋势所导致的大规模失业。

民主

贫困与意识形态

美国有关贫困的争论是激烈的意识形态之争。尽管这个问题十分棘手，就像在 2016 年选举中一样，但这是民主的重要部分。保守人士想要缩减反贫困项目，而自由主义者希望对其扩张。政策分析者必须将意识形态搁置一旁并收集对如下一些问题的真实回答：

我们谈论的是福利还是权利津贴？ 这两种类型有重叠的地方，但福利项目的本质是“已经检验过的方式”，这意味着领受者必须根据某一标准（典型的标准如收入多少，以及有几个孩子）来证明他们贫困。如果一个项目只是一项纯粹的权利津贴，比如社会保险或保健医疗，它如何能在现实中被削减而不会招致领受者在选举时的报复行为？

福利项目会产生消极的后果吗？

保守人士的一大言论是：福利项目会导致失业、非法行为以及吸毒。这能否被证实？纽约市的福利项目覆盖范围很广，但贫困率也很高。可是，同是贫困率很高的密西西比的福利项目很薄弱且资金不足。一如既往的是，这两者的因果关系非常难以证明。一次大规模、全国范围的所有福利项目的中止是否会迫使懒惰者工作？这引发了下一个问题。

贫困是一种不幸的环境还是一种性格缺陷？

人们贫困是因为他们找不到工作，还是因为他们不想工作？换句话说，贫困者真的同你我有差别吗？他们是否代表一种“贫困的文化”，这种文化逐渐灌输给他们一种“彻底的不作为”的心理，一种对为他们的家庭和未来做准备的冷漠态度？如果贫困正如大多数保守主义者所认为的那样，是一种性格缺陷，那么对它基本无计可施。如果像大多数自由主义者认为的，贫困是不幸环境的产物，那么那些能改变环境的项目就有可能使人们摆脱贫困。

在多大程度上的贫困只是因为缺乏一份好工作？

穷人的工作报酬是否足够他们养家糊口？在美国的大部分地区，人们还是愿意做那些收入刚刚超过最低工资的工作，即使一位单身母亲拥有这样的收入，她还是会远处于贫困线之下。工厂的好工作十分难找，因为很多职位已经转移到海外。那些要大幅削减福利的人应该先证明有充足的工作和足够的报酬。但穷人通常能否胜任这些报酬不菲的工作？还是他们缺乏做这些工作必需的技能？

我们能否通过培训使人们摆脱贫困？

工作培训和再培训长期以来都是脱贫项目的一部分。但它们是否发挥作用？一些已接受工作培训的人还是没有找到工作。我们能否在几个月内就让阅读和数学能力很差的人变成熟练的技术人员？更深层也更基本的问题是，他们缺乏正规学校的适当教育，这产生了不识字和不识数的劳动力。但美国人缺乏正规教育到底是学校和老师的过错，还是家庭和观念的过错？自由主义者喜欢批评学校，保守主义者则归罪于家庭。不管站在哪种立场上，你又该如何修正美国的教育体系？

国内贫困的国际背景是什么？

要知道贫困在多大程度上归因于美国的工作机会向低工资国家转移，留意你最近买过多少中国货就知道了。在降低消费者购买这些低价物品的同时，外购已使上千家美国工厂关闭。那么，美国人的贫困在某种程度上，是否是开放世界经济中许多国家有更低劳动力成本的自然结果？我们是否应该针对这些商业封锁我们的边境，增加国内的就业机会？如果我们这样做，美国人的生活就不会幸福，他们的衣服和电子产品会更贵，因此他们只能买得少一些，但其他的美国人会由于新工厂的工作而摆脱贫困。可是我们其他地区的贸易伙伴会通过抵制美国产品进行报复，因此别的美国工厂又会关闭。从平衡的角度讲，贸易保护主义弊大于利。

这些都是我们必须提出的一些问题。不管是自由的还是保守的，简单的意识形态手段通常应对的是结果而不是原因。在意识形态占支配地位的地方，很难听到理性的声音。

福利和权利津贴

联邦预算分为两大类：可自由裁量的和强制性的。前者每年都可以提高或降低。例如，国会可以决定增加国防开支并削减高速公路的花销。强制性开支——如今约为可自由裁量支出的两倍——不能轻易改变，这部分联邦预算要遵循以前的法定条款。强制性开支依次分为偿付国债利息（现在占预算的 6%）和**权利津贴**，它们共占联邦预算的一半。偿付利息的开支完全不可触动；如果被削减，那以后发行债券和国库券时就会失去信誉和顾客。国防部在世界多个地区开展安全防护工作，也要求增加预算。这对美国联邦预算来说没有太多的回旋余地。

权利津贴
按照法律要求的美国联邦开支，比如社会保障和医疗保险。

权利津贴也极难削减，因为人们已经对它习以为常并期望享受权利津贴成为一种权利。权利津贴是法律自动赋予个人的：当你到了 65 岁，就能获得医疗保险；66 岁时（以及将满 67 岁）就能获得全额社会保障。每年权利津贴的开支没有上限；越来越多的人符合领取权利津贴的要求，这一开支因此不断增长，也正是因为如此，它被称为“不可控的”开支。唯一能改变权利津贴支出的办法就是改变法律，但是由于维护权利津贴的利益集团态度强硬，要改变现状不太容易。到 2033 年，社会保障应该能得到解决，但是医疗保险在几年之内无法解决，因为生育高峰期出生的人群（1946 年至 1964 年出生的人）退休时会带来巨大的压力。这两项开支都会惠及老年人，他们从联邦预算中获取的数额是儿童的 8 倍。儿童不参加选举，老年人参加。

只有小部分的政府开支是传统的“福利”开支；超过 85%的开支以社会保险、医疗、政府退休计划以及农产品价格扶持的形式，流向中产阶级和上层阶级。那些流向贫困家庭的开支包括医疗、食物券以及额外的保障收入。若从政治现实主义的角度考虑，在第一个类别中，即中产阶级的权利津贴，哪些可以削减？一些人认为如果我们消除“福利”开支，我们就能减税，但“福利”并不是症结所在，权利津贴才是。削减福利开支只能节省小部分资金，并且还会使社会中弱势群体生活艰难，尤其是儿童群体。津贴可以真正节省开支，但政客们假装不这样做，因为他们担心中产阶级不满意，这一阶级想要的福利和税减同样多，甚至更多——而且他们还会投票。

美国的福利体系是如何产生的？20 世纪 60 年代中期，林登·约翰逊总统实施了“贫困之战”计划，旨在通过消除贫困创造一个“伟大的社会”。约翰逊长期以来一直是国会多数派的领袖，因此他让国会几乎通过了他想要做的每一件事。随后的越南战争军费开支庞大，总统和国会的争论也愈演愈烈，政府似乎将“贫困之战”的理想扼杀在摇篮中。没有足够的钱再投入其他计划，“伟大的社会”的目标不再可信。许多计划项目有的整体取消，还有的则被搁置一旁。一些人说这个“伟大的社会”从未获得实现的机会。保守人士认为这项事业本质上就是不可能的，只是浪费金钱，通常弊大于利，使受众陷入**福利依赖**，鼓励了毒品和犯罪的亚文化。然而，一些研究贫困的专家则认为“伟大的社会”计划总体上是成功的，还降低了美国的贫困率。他们说，保守人士夸大了与任何福利项目相伴而生的低效率和滥用资金的现象，并对十分切实的成就轻描淡写。

福利依赖
依靠福利并没有动力去摆脱。

税收支出
以减税为方式的政府补贴。

案例研究

福利支出与税收支出

美国政治家常常把支出较少的美国福利体系和高额支出的欧洲福利国家做比较。共和党人谴责奥巴马是“欧洲社会主义者”，这是美国政治中近乎骂人的话。

他们骄傲地说，就占 GDP 的比例来讲，美国的福利支出相当于欧洲 GDP 的一半；他们称这是保持美国经济活力的基础。

而右翼和左翼批评家却都说，再瞧瞧清楚。作为一个发达的工业化民主国家，美国的福利支出确实很低，但是**税收支出**起到了福利支出的作用：把政府的钱交给某些群体。目前，美国每年的税收支出是 1 万亿美元。政府通过减少税收实现补贴，在很大程度上避开了公众和媒体的关注。

比如，税法把对冲基金经理的收入归类为“附带权益”，使其成为一种资本增殖，税收更低。因此，一些非常富有的美国人比普通的工薪阶层缴纳的税收还少得多，比如沃伦・巴菲特和唐纳德・特朗普。某些行业允许对其资产进行“加速折旧”。税法允许公司扣除对员工医疗保险计划的资金投入，以替代公共医疗保险，这是主要的税收支出。

自 1975 年以来，共和党提出了一项收入所得税抵免政策，该政策允许低收入工人收回他们工资中扣缴的大部分联邦税款。保守主义经济学家米尔顿・弗里德曼首次提出这一政策时，称其为“负收入所得税”，被认为是有史以来最有效的福利措施之一。不像欧洲国家给贫困的工人补贴，美国给他们减税。另一个政治优势是，所得税抵免不会被看成是福利支出，因此很少有人抱怨。

如果把美国的税收支出看作公开支出，美国就是一个“隐性福利国家”，规模和欧洲福利国家差不多，但是美国的福利都给了本就富有的个人和公司。欧洲的福利国家目的更为明确——穷人和工人阶级。美国两大党的思想家都越来越要求对庞大而复杂的税法进行大规模清理和深度简化，以抹去税收支出。这样一来，如果你想要福利支出，就得像欧洲那样公开通过决议。

福利的代价

15.4　有关美国权利津贴和福利项目是增加还是缩减的争论

食品券

在肯尼迪的领导下，食品券项目作为一个温和的尝试性计划始于 1961 年，1964 年在约翰逊的领导下推广到全国。食品券项目改名为“补充营养援助计划”（SNAP），得到很大发展。2015 年，达 5 000 万美国人（占美国总人口的 15%）人均每月得到 134 美元。1/3 以妇女为主的家庭领受了食品券。

1977 年，卡特政府通过减少食品券的供给简化了这一项目，领受者必须自己用钱来购买打折的食品券。这项政策意味着绝对贫困的人，即根本没钱的人，将得不到食品券。国会通过改变法律来取消现金支付，因此领受食品券的人数又大大增加。里根引用了一位年轻人用食品券购买伏特加的臆造故事，严格控制领取人的资格条件，试图消除欺骗和滥用现象。

政府该做些什么？食品券项目的规模比预期要大，但欺骗和浪费并不是主要原因。只有少数领受者以半价将食品券卖出，再用换得的美元购买酒和毒品，况且所有的食品券都是以借记卡的形式发放，这解决了欺骗的问题。曾被卡特考虑作为食品券替代品的现金资助很容易被滥用。盈余物品直接分发，这在 20 世纪 50 年代曾小规模地实行过；80 年代时，为了清除政府的乳酪存货（政府对乳酪农业者进行价格扶持的结果）偶尔进行过分发，但是这样费时费力，效果也时好时坏。

福利改革

1996 年，克林顿总统推行了一项改革，以“结束我们原来所理解的福利”。这项重要的福利改革结束了 1935 年开始作为《社会保障法案》一部分的“贫困儿童家庭援助计划”（AFDC）。该计划向各州提供了联邦对等资金来帮助穷人，这些资金大部分流向了单身母亲。许多人指责 AFDC 助长了单亲现象，增加了人们对于福利的依赖。由于许多受助者都不是白人，所以这个问题同种族平等的斗争有关。

1996 年的改革以整笔补助金取代了权利津贴类的福利开支，这些

工作福利制
限制福利开支的持续时间，并要求受助者工作或接受工作培训的项目。

投入允许各州进行其认为合适的反贫困项目。受助者只能在 5 年内享受福利。许多州发展**工作福利制**项目，要求受助者或是参加工作，或是接受培训。工作福利制虽已实施多年，但通常不太顺利，且起初的成本高于传统的福利项目，因为它必须在一段时间内既提供福利，又提供培训。一些受助者即使工作了也还是相当贫困，因为对于他们所挣得的每一美元，他们会因“补助福利”而失去大约 40 美分。“补助福利”包括：食品券、儿童日间看护和医疗救助。联邦所得税减免（EITC）是共和党人提出的，旨在帮助低收入工作者削减其收入所得税，甚至可能给他们提供额外的钱。一些分析者认为所得税减免是最好的福利项目，因为它鼓励人们用工作摆脱贫困。

1996 年的改革是在美国经济繁荣的时候出台的，那时多数人都抛开福利去找工作。单身母亲的失业率从 20 世纪 80 年代和 90 年代初期的 48% 降到了 1999 年的 28%。接受福利的人口总数从 1996 年的 1 220 万降到了 2000 年的 580 万，这种下降并不意味着他们已摆脱了贫困；他们只是摆脱了福利。福利改革的真正考验是如何在衰退时期支撑下去。2010 年和 2011 年，美国失业率在 9%左右。在应该帮助他们多久这一问题上，共和党和民主党之间存在严重分歧。

医疗体制改革

民主党的医疗体制改革在做了十足的缓和修改后，于 2010 年勉强通过。医疗体制改革持续的时间并没有大多数欧洲国家和加拿大那样长，也不会在近几年内产生效果。它缺少“公众”的支持，在由私人保险公司支持下运行。批评家（并非都是共和党人）指出，此计划用时过长，过程复杂，花费高昂。一些人指责《平价医疗法案》未能充分控制不断膨胀的医疗成本。美国的医疗成本占 GDP 的比重已微升至 1/5，美国人的健康状况也不如其他西方民主国家的人。况且伊拉克战争、阿富汗战争和金融救助计划已经使美国财政赤字居高不下，此时改革不合时宜。

一些人称，“医疗保险”和“医疗救助”这两项于 1965 年制定颁布的巨大权利津贴已经因为医疗支出逐步扩大而响起了警钟。医疗保险是联邦政府出资帮助老年人的项目，如今每年要花掉 5 000 亿美元，相当于联邦医疗支出的一半。医疗救助是由联邦和州政府共同出资以帮助穷人的项目。这两项支出的增长如此之快，以至于不得不严格限定享受补助的条件。

至少两个因素引起了医疗救助的指数级增长：更多的人符合条件、医疗成本大幅飙升。对于所有上了 65 岁的人来说，医疗保险尤为昂贵，即使富人也是如此觉得。美国社会中的老年人比例在稳步上升，而他们是迄今医疗护理的最大消费群体。多数美国人绝大多数的医疗开支都是在生命末段（最后那几年）花掉的。

一旦确定要对医院和医生支付报酬，他们就不会节省费用。如果怀疑病人有某些病症，他们就将病人带到医院（通常 1 000 美元一天），而且要求他们进行昂贵的检查。一些医院膨胀为“医疗宫殿”，而且一些医师从医疗保险和医疗救助中牟利（具有讽刺意味的是，强大的美国医疗协会几年来游说反对这种“社会化的医疗”）。医疗成本花掉了美国 GDP 的 18%，其中的多数由政府和私人健康保险来支付。其他发达国家支付比我们少却拥有更健康的人口（虽然它们的成本也在上升）。它们的法律在限制着最大开支，这笔费用一般由美国支付。

美国政府试图采取各种方法来紧缩医疗开支，但医疗成本还是在持续上升。领受者要求支付总花销更多的部分，以减少过度的使用。医院和医生在成本和使病人在医院停留时间方面受到监控。临终关怀医院——看护临死的重病患者的特殊医院——得到允许作为医疗保险的一部分，因为这种看护比医院看护还要便宜。一些州开始竞争性的投标，病人只会被指派到竞拍价低的医院。对于每一种病症的规定费用也确定了，而那些超出限度的部分不能偿还。每次保险公司紧缩医疗保险数额，病人、家属、医生和医院无不叫苦不迭，而且它们也形成了强大的游说团体。任何“结束生命”的确定——如什么时候拔掉呼吸器——都会引发人们对于“死刑”的恐惧与哀嚎。但是如果不拔掉呼吸器，医疗费用会越来越高。甚至连保守人士也不得不承认现在美国的医疗计划东拼西凑，逐渐崩溃，必须改变。人们要么因为“先存情况”，要么因为保险费大幅上涨被保险公司从个人保险的计划中除名。如何支付医疗费用在未来的几十年里很可能成为美国政治辩论的主要问题。

政府应该有多大？

15.5　美国人对待福利项目的矛盾心理

美国人关于自己的税收流向何处的想法最为有趣。许多人认为多数的联邦预算流向了福利开支，实际情况根本不是这样。访谈节目主持人非常愤怒，他们表明，预算投入食物券和医疗救助的欺诈中，但这个百分比同样很小。如之前所提到的，联邦开支的大部分不是投入穷人的福利中，而是投入中产阶级的津贴中；而废除或大量削减多数中产阶级项目是不可能的。2003 年，由共和党主导的国会不得不增加一项昂贵的处方药福利，否则他们就将这个烫手山芋抛给民主党。医疗项目的复杂性激怒了许多老年人，一位老年人愤怒地说道："国税局是联邦应急管理局开的吧！"政治家对于限制社会保障或医疗支出的问题非常警惕。这肯定会失去选民。你想要减税，问题是你准备削减哪些项目？

如前所述，美国的福利国家同其他国家相比规模较小。那它的规模是否应该更大？美国人的回答基于政治文化角度，他们认为应该保持小政府，并对政府权力的扩张保持警觉和批评。但我们也意识到，在经济、教育、能源规划、环境保护等领域我们需要政府的干预。我们很难决定自己想要多大的政府。美国人需要各种形式的政府干预，但新法律的墨迹未干，我们就又开始批评政府拙劣的工作了。一位年老的美国妇女不了解医疗保险从何而来，她告诉采访者："不要让政府插手保健医疗！"欧洲人和加拿大人一般不受这种分裂人格的困扰；他们大都认可政府需要扮演一种主要角色，而且也不太抱怨自己的高税收。

美国人仍然怀疑联邦政府在 2008 年到 2009 年的全球金融危机中所起到的作用。总体来讲，他们不喜欢政府的一揽子救助计划。无论借方还是贷方都应该为自己的错误付出代价，纳税人是无辜的。如果政府揽下了

道德风险
保护公司免遭其行为带来的危险后果。

坏账带来的**道德风险**，就会刺激那些公司继续采取冒险行为。但国家经济崩溃的前景已使很多人清醒过来：政府的救助计划有时还是必要的。有些保守人士甚至认为一些公司"规模太大因此不会破产"，这是因为这些公司会把经济的其他部分一起拉下水。情况危急时保守人士也会变成自由主义者。

然而从长远来看，人们对于政府权力扩张的反对情绪对美国有利。政府项目不断扩张，官僚昏庸无能，结束权利津贴制度也绝不可能。政府的项目如此铺张、如此复杂，就连当局自己都不知道哪些项目在运行当中，更不要提操控这些项目。

思考题

1. 在如今我们面对的政策选择中，哪些是非经济方面的？
2. 对于大萧条，凯恩斯的解决方法是什么？
3. 什么引发了 20 世纪 60 年代美国的通货膨胀？
4. 美国的税收是否过高？同比什么可以看出？
5. 2000 年后美国的经济发展出了什么问题？
6. 为什么美国的收入不平等越来越严重？
7. 权利津贴和福利有什么不同？
8. 意识形态如何影响我们对贫困的看法？
9. 美国的哪些项目实际上可以削减？
10. 为什么医疗开支趋于增长？

关键术语

紧缩
紧急救助
收支平衡
泡沫
滞胀
赤字
权利津贴
萧条
欧元
联邦储备委员会
固定汇率
经济周期
债务
道德风险
离岸外包
浮动汇率
恐慌
政治经济学
公共政策
通货膨胀
税收支出
福利依赖
工作福利制

参考文献

Backhouse, Roger E., and Bradley W. Bateman. *Capitalist Revolutionary: John Maynard Keynes*. Cambridge, MA: Harvard University Press, 2011.

Bartlett, Bruce. *The Benefit and the Burden: Tax Reform—Why We Need It and What It Will Take*. New York: Simon & Schuster, 2012.

Bernanke, Ben S. *The Courage to Act: A Memoir of a Crisis and Its Aftermath*. New York: Norton, 2015.

Blinder, Alan S. *After the Music Stopped: The Financial Crisis, the Response, and the Work Ahead*. New York: Penguin, 2013.

Conn, Steven. *To Promote the General Welfare: The Case for Big Government*. New York: Oxford University Press, 2012.

Deaton, Angus. *The Great Escape: Health, Wealth, and the Origins of Inequality*. Princeton, NJ: Princeton University Press, 2013.

Edelman, Peter. *So Rich, So Poor: Why It's So Hard to End Poverty in America*. New York: New Press, 2012.

Emanuel, Ezekiel J. *Reinventing American Health Care*. New York: PublicAffairs, 2014.

Freeland, Chrystia. *Plutocrats: The Rise of the New Global Super-Rich and the Fall of Everyone Else*. New York: Penguin, 2012.

Johnson, Simon, and James Kwak. *White House Burning: The Founding Fathers, Our National Debt and Why It Matters to You*. New York:

Pantheon, 2012.

Katznelson, Ira. *Fear Itself: The New Deal and the Origins of Our Time*. New York: Liveright, 2013.

Krugman, Paul. *End This Depression Now!* New York: Norton, 2012.

Picketty, Thomas. *Capital in the Twenty-First Century*. Cambridge, MA: Belknap/Harvard, 2014.

Madrick, Jeff. *Age of Greed: The Triumph of Finance and the Decline of America, 1970 to the Present*. New York: Knopf, 2011.

Putnam, Robert. *Our Kids: The American Dream in Crisis*. New York: Simon & Schuster, 2015.

Sachs, Jeffrey D. *The Price of Civilization: Reawakening American Virtue and Prosperity*. New York: Random House, 2011.

Scheiber, Noam. *The Escape Artists: How Obama's Team Fumbled the Recovery*. New York: Simon & Schuster, 2012.

Starr, Paul. *Remedy and Reaction: The Peculiar American Struggle over Health Care Reform*. New Haven, CT: Yale University Press, 2011.

Stiglitz, Joseph E. *The Price of Inequality: How Today's Divided Society Endangers Our Future.* New York: Norton: 2012.

Wapshott, Nicholas. *Keynes Hayek: The Clash That Defined Modern Economics. New York:* Norton, 2011.

Wilkinson, Richard, and Kate Pickett. *The Spirit Level: Why Greater Equality Makes Societies Stronger.* New York: Bloomsbury, 2010.

第 16 章
暴力与革命

阅读与思考

16.1　合法性与体制失效的关系

16.2　暴力的类型及原因

16.3　什么是恐怖主义?

16.4　革命可能经历的几个阶段

16.5　当今世界是革命时代还是后革命时代?

几年前，突尼斯、埃及、利比亚、也门和叙利亚等多地发生大规模动乱，政治科学家们对此进行分析后，发现了一些相似之处。几十年来，旧政权的合法性一直很低；人们口服心不服，大多数人口都很年轻，不到30岁，这是一段“人口膨胀”时期，他们受过一些教育，但几乎都没有工作。随着经济发展，人们对政府许可的需求越来越多，逐渐难以容忍长期以来的腐败。新的大众媒体——卫星电视、互联网和移动社交媒体——在全球范围内迅速传播。导火索可能是全球食品价格上涨，贫穷国家受到沉重打击。虽然我们不知道哪些因素是最重要的，但对它们的研究却加深了我们对革命的理解。

革命的结局往往很糟糕。在上文所说的几个国家里，只有突尼斯建立了民主政权，而埃及回到了军事独裁，其他三个国家陷入了内战。为了避免革命发生，旧政权能够进行渐进改革吗？很少有专制政权愿意放弃它们拥有的财富和权力。然而，僵局出现了，贿赂也不起作用，担惊受怕的执政者承诺进行改革，但反对者却认为执政者十分软弱，没有理由采取妥协。

体制失效

16.1 合法性与体制失效的关系

几十年前，政治学家很少关注暴力和革命。他们把政治体系的理论构建成永不崩溃的机器。但是在20世纪60年代后期，暴力和革命危机四起，政治科学家开始批评学科现状，并发现了体制崩溃和剧变。1965年至1968年，美国市中心发生暴乱，迫使学者们开始研究暴力问题。一些人最终和黑人激进分子“饶舌”布朗一起提出：“暴力跟樱桃派一样具有美国特色。”20世纪90年代，南斯拉夫各民族互相残杀让欧洲人感到震惊。这在欧洲应该早就过去了。

体制失效
大的政治故障或不稳定。

政变
从法语的“coup d'état”中来，表示对国家的打击；法外接管国家，通常通过军事手段获取。

政治体制可以而且确实会失效。事实上，世界上的多数国家遭受过或正在遭受**体制失效**，这些失效主要表现为大规模的暴乱、内战、恐怖主义、军事**政变**及不同程度的独裁政府专制。独裁很少是一小撮阴谋家单独就能达到的，它们是体制失效的结果，从而导致规模虽小但却组织良好的群体——通常是军事组织——接管政权。这就是谴责一个残暴军人政权没什么用的原因。确实，一些政权会犯下很大的罪行，阿根廷、智利和危地马拉的军人政权仅因为对左派的轻微怀疑就杀害了上千人。但为什么这些政变会发生呢？为什么体制失效会在一些国家反复出现？要想理解这些骇人事件，必须提出这些更深层次的问题。

失效之下是合法性的缺乏，合法性是国民对政权的一种感觉，认为政权的统治是公正且应受到普遍服从的。合法性高的地方，政府只需要少量的警察；合法性低的地方，政府就需要许多。例如在英格兰，人们大都遵守法律，警察很少且多数不携带武器。但在北爱尔兰，恐怖分子用炸弹和子弹杀人，因为其一部分人口认为政府是非法的，这里的警察全副武装，英国军队还带着自动武器，坐着装甲车巡逻。北爱尔兰的内战已夺去约 3 600 个生命。

合法性受到侵蚀的一个突出原因是政权在管理国家上的有效性缺失。无法控制的通货膨胀、腐败横行、大量失业或者战争失败都表明了政府的无能。

作为征兆的暴力

暴力本身并不能说明革命即将来临。实际上，对严重的国内骚乱来说，其最通常的反应根本不是革命而是军事接管。暴力可被看作政府有效性和合法性已销蚀的表现。也许骚乱并不会导致什么大事发生，新的领导人可能会使国家平静下来并鼓励它，随后开始应对引起骚乱的问题，就像富兰克林·罗斯福在 20 世纪 30 年代所做的那样。但如果政府很迟钝，只想试图简单的压制和平息不满的话，那它只能把事情变得更糟。1932 年，由第一次世界大战退伍军人组成的“索取退伍补偿金大军”，要求支付前期的退伍军人津贴以帮助他们渡过经济萧条的难关，但他们被麦克阿瑟将军所领导的军队驱散。公众对退伍老兵所受到的粗暴对待产生了强烈的反感，这几乎决定性地使整个国家在那年秋天的选举中一致反对赫伯特·胡佛当选。

国内暴力既有令人绝望的一面也有其有益的一面。它说明并非所有的事情都进展顺利，还有某些群体出于绝望或信念愿意破坏法律以带来某种变化。当面对这些国内骚乱时，一个政府的第一反应就是要压制它，并惩罚一小撮“激进分子和闹事者”。可以肯定，的确有一些煽动者会故意挑起事端，但一些人支持那些反对体制的团体的事实告诉当权者有些事情是错的。在 1968 年民主党的全国大会中，芝加哥警察粗暴地攻击那些赶来反对越战的人——还有许多碰巧路过的人。大会没有理会那些抗议者，提名休伯特·汉弗莱为约翰逊总统的副总统，但他失利了，很大程度上是因为他对越战模棱两可的立场。那次骚乱表明民主党已经失去了与其选民最重要的联系，4 年前他们曾投票给约翰逊，因为当时他发誓要使国家远离战争。民主党人应该倾听反对者而不是对其置之不理。

我们几乎都谴责暴力，但不得不承认，在某些情况下，它也有助于某种目的的实现。整个美国，特别是国会，对内陆城市黑人的困境极少关注，直到 20 世纪 60 年代末一系列的暴乱席卷了美国城市。死亡和破坏十分可怕，但看起来没有其他办法能引起媒体、公众和政府的关注了。这次暴乱“发挥了作用”，也就是说，它引发了一次巨大的——或者说是非常成功的——改善美国那些衰退的城市的努力。当 20 世纪 80 年代美国“忘记”内陆城市时，新的暴动提醒我们那里依旧存在问题。

南非的白人少数派政府过去常常得意于其对黑人游击队的俘获或杀害。南非的安全力量是很有效力的，但成千上万年轻的南非黑人愿意拿起武器来反对白人专制政权的事实，应该已向南非政府表明了某些东西。几十年来，白人独揽权力的国民党幻想黑人（占这个国家人口的 75%）只能待在已有的空间（其国土的 13%）里。南非政府不愿与该国的非洲人对话，希望他们只能服从。愈增的暴力事件迫使政府展开对话，并于 1990 年释放了监狱中的纳尔逊·曼德拉，对多数黑人进行政治解放，在 1994 年，政府由全民普选产生。为了避免暴力革命，南非实行了和平革命。

暴力类型

16.2　暴力的类型及原因

并非所有的暴力都是一样的。暴力以不同的方式被分类。其中最好的分类之一是政治学家梅登（Fred R. von der Mehden）所做的，他将暴力分为五种类型。

原生型

原生型暴力产生于基本的社会群体冲突——种族的、民族的或宗教的，这些都是人们与生俱来的。如伊拉克逊尼派和什叶派穆斯林之间的战争、苏丹阿拉伯人和达尔富尔人之间的战争，以及卢旺达胡图族和图西族之间的战争（20 世纪 90 年代末导致近 80 万人死亡），都是**原生型**暴力的例子。但是，原生型暴力并不一定只局限于世界的发展中地区，这样的对抗也出现在西班牙的巴斯克地区以及北爱尔兰，这些地区新教徒和天主教徒间的冲突有点类似于宗族世仇。

原生型
人们生来就身处的群体，例如宗教和部落。

短评
建立在逻辑而非肯定的证据之上的评论。

类比
表明一个事物适合作为另一事物的范例。

不可比性
表明一个事物不适合作为另一事物的范例。

分裂型

分裂型暴力，有时是原生型冲突的产物，其目标是要实现相关群体的独立。从 1983 年到 2009 年，斯里兰卡北部的泰米尔人为分离而战斗，

方法

短评

有时导师希望你留意想法而不是关注这些想法的证据及尾注。他们可能希望你考虑事情是如何有逻辑地展开的，然后预测事件。这被称为**短评**，它在政治科学中相当有用，尤其是在我们通常缺乏重要的数据但依然需要对可能要发生什么做一个非正式评估的时候。

短评通常是正当合理的，因为我们知道许多数据是有问题的。从第三世界得来的数据大多是猜测的。一些数据部分是主观的，例如腐败认知指数。即使在民主国家，高层的决定都是关起门来做出的，只给我们留下谁影响谁的趣闻逸事。所有的数据都是历史的，没有来自未来的数据。那么，我们如何讨论印度实行民主统治的可能性呢？掌握了大量材料的苏联研究专家无法预测到苏联的解体。为什么？因为它从未发生过，因此没有数据可供参考。

为了抵消这种已知的无助，我们转向逻辑推理并构建一个假设（“如果–那么”）的评论：如果 A 是不断重复的情况，那么在类似的情况下 A 在逻辑上是要出现的。例如，现代化并且人均 GDP 超过 10 000 美元的现代化国家大部分都实行民主政治，如韩国。这是否意味着有的新兴国家将在几年后走向民主？对此，我们没有确切的数据，只是根据该地区的格局进行了**类比**。

类比推理，常常出错，因为没有两种情况会完全一样，况且每个国家的情况差别非常大。如果类比错误我们就会陷入麻烦。一个声名狼藉的类比就是，把 1938 年在慕尼黑拱手将捷克斯洛伐克让给希特勒比作美国 1965 年在越南所面对的挑战。聪明的美国人一边说“不要再现慕尼黑”，一边投入越南战争。但一篇很好的短评通过指出这两种情况之间的**不可比性**而纠正了错误。

如果政治学家不愿意去写短评，那么在面对这个时代的主要问题，以及数据丢失、歪曲或残缺的问题时，我们有什么用处呢？难道我们非要等到所有的事情都出现了之后，才做出“俄罗斯长期控制乌克兰，并将努力夺回它”这样的陈述吗？短评不是武断的猜测，它是建立在没有回避地将证据引入一个有逻辑的结果之上的。一些有趣的政治科学文章都是短评。

6万多人遭到杀害。20世纪60年代末，伊博人曾试图从尼日利亚分离出去建立他们的新国家比夫拉，但他们在一场长期的、代价高昂的战争中被打败了。孟加拉人1971年成功地从巴基斯坦分离出去，建立了他们的新国家孟加拉国。20世纪90年代早期，为了从南斯拉夫独立出来，克罗地亚联合波斯尼亚攻打塞尔维亚。乌克兰东部的俄罗斯族人为脱离乌克兰而战。

革命型

革命型暴力旨在推翻或取代现行政权。卡斯特罗驱逐古巴的巴蒂斯塔、伊朗国王的倒台、印度的纳萨尔派游击战都是革命型暴力。凶残的“博科圣地”组织在尼日利亚北部的目标不仅是推翻尼日利亚政府，还要接管邻国。“伊斯兰国”是最为极端的组织，屠杀所有与自己信仰不同的人，包括其他穆斯林，给世界带来了极大的灾难。

梅登将保守的群体对革命性努力的抵制归结为“反革命”暴力，例如，哥伦比亚“自卫力量”制造的屠杀。1956年的匈牙利、1968年的捷克斯洛伐克，以及1970年和1980年波兰对自由化运动的镇压，也应归于这一类。

政变型

政变通常是为了反对革命、腐败和混乱。一般来说，政变几乎总是军事性的，尽管军队通常与关键的文官集团有联系并从它们那里获得支持，就像1964年的巴西政变或2013年的埃及政变那样。大多数政变并不卷入过多的暴力，至少在一开始时是这样的。军队的坦克包围总统官邸，总统被迫辞职并通常流亡，然后一位将军作为总统接管政权。但是，当军事力量仍感觉到自己遭受反对时，它会在屠杀上变得疯狂。约有3万阿根廷人在1976年的军事接管后“消失”。在1973年军事政变后，智利军方至少杀害了3 000人。自1954年的政变以来，小国危地马拉的军事统治者就因怀疑左派而杀害了近20万人。在拉丁美洲，政变之后的反革命恐怖行动比革命所进行的任何事情都要残忍。

普力夺主义
源自古罗马的禁卫队，军事接管的一种趋势。

历史上，政变总是不断重演。一些国家陷入**普力夺主义**之中。埃及军官分别于1952年、2011年和2013年发动政变。自1932年以来，泰国通过了19部宪法，其间共发生了19次政变，其中有12次取得了成功。发生在2014年的政变是由于一位前总理的煽动性言论所造成的。

巴基斯坦自 1947 年独立以来，发生过好几次政变；人们担忧政变会再次发生。政变的发生通常是因为政府的文官机构——政党、议会和行政部门——软弱、腐败和无能，从而给军队接管或处理混乱的机会。

问题型

还有一些暴力不适合归入上述任何类型。由某些特定问题所引发的暴力通常不那么具有致命性。反全球化示威游行、希腊组织大罢工抗议紧缩政策以及土耳其警察殴打少数民族青年引发的骚乱，都是问题型暴力。埃及世俗主义者对总统穆罕默德·穆尔西转向伊斯兰独裁感到震惊，他们一直在抗议，直到 2013 年，军方在他执政仅一年之后将他赶下台。1976 年，南非索维托镇的黑人学生抗议在学校里必须学习南非荷兰语，警察为此枪杀了数百名学生。如果问题足够严重，且卷入警察残暴镇压的话，那么暴力就很可能会演变为革命。

所有这些类型——人们还会想到其他的——界限都是模糊的。有些情形不止符合一种类型。有些以一种类型开始，而后升级为另一种类型。科索沃的阿尔巴尼亚族人对其二等公民地位的抱怨成功地导致了阿尔巴尼亚政党、抗议者、地下组织、暴力以及武装叛乱，促使科索沃从塞尔维亚独立出来。没有一个国家，即使是高度发达的国家，能够完全免于某种暴力的侵扰。

变革是引发暴力的一种原因

许多人发现，在社会现代化过程中经历的变化是引发国内动荡的深层原因。具有古老的权威模式以及简单经济的纯传统社会相对不太受暴力的干扰。这些社会的人像自己的祖先那样生活，没什么期望。同样，具有理性的权威与高效的经济体制的现代、发达的社会也相对少有暴力发生。正是在这两种状态之间，当受现代化冲击和传统社会颠覆时，暴力最有可能发生。这样的社会已经脱离了一个具有稳定传统的世界，但尚未达到具有现代稳定性的新世界。在这样的社会中，每件事都在变化——经济、宗教观念、生活方式以及政治体系——使人们焦虑、困惑，并寻求动用暴力的时机。其中有些现象在当今的中东地区可以看到。

经济的变革是最令人不安的。奇怪的是，经济的发展可以同贫困一样危险。伟大的法国社会学家托克维尔观察道：“尽管路易十六统治时期是君主政体下最繁荣的时期，但这一极度的繁荣却加速了1789年革命的爆发。”为什么会这样？当人们一直很贫困并受到压制时，他们对未来没有希望，他们生活悲惨但很平静。当事物改善时，他们开始想象一个更美好的将来，他们的渴望被唤醒了，不再满足于目前所拥有的一切，他们想迅速地改善现状，甚至超过正在增长的经济所能提供的。更糟糕的是，在繁荣时期，一些人比另一些人更快致富，这就引起了嫉妒。某些群体会感觉到被经济变革抛弃了，由此变得极度怨恨，马克思主义者称为“阶级对抗”。然而，革命的情绪显然不是产生于穷人中，而是产生于那些被克兰·布林顿称为“感到受政府限制、束缚和烦扰的不成功的人”中，他们认为政府妨碍了自己取得更快发展的权利。

相对剥夺
一些群体感觉自身在经济增长中被遗忘。

这在一个国家发展过程中是一个极为微妙的时期。叛乱和革命都有可能会爆发。正如格尔所强调的，潜在的问题不是繁荣本身而是**相对剥夺**。那些非常贫困的人很少反抗，他们为养家糊口过于忙碌。但一旦人们吃饱后，就开始观察周围并注意到一些人比他们生活得更好。这种相对剥夺的感觉可能会引起他们的愤怒，进而寻求暴力，有时诉诸革命。格尔的发现同托克维尔和布林顿的判断一致：革命通常发生在事物变得更好的时候，而不是在变得更糟的时候。

其他经济变革也会引起不安。人类学家埃里克·沃尔夫指出，从简单的自给自足农业向依赖于市场、地主、银行家的先进农业的转变，使许多农民贫困破产，从而将他们从平静的生活推向革命。按照沃尔夫的观点，正是农业经济的现代化，为墨西哥、俄罗斯、越南、阿尔及利亚以及古巴这些国家以农民为基础的革命的成功铺平了道路。同样，内乱也与快速的人口增长有关。一项研究发现，1970年至2000年，80%的国内冲突发生在那些60%的国民处于30岁以下的国家。失业的男性青年是天生焦躁不安的。

知识分子
那些对事情深入思考的受教育者。

基于世袭职位而没有大众参与机会的政治体系同样也会过时。随着经济的发展，教育水平在不断提高，人们开始意识到诸如“自由”“民主”这样的抽象观念。特别是知识分子，会对统治国土的专制主义渐生一种愤怒。农民憎恨这种在经济上压榨他们的体制，城市的**知识分子**则憎恨它压制了权利和自由。塞缪尔·亨廷顿认为，正是这两个因素的融合——农民的“数量”和知识分子的“大脑”——催生了革命。

理论

不断上升的期望

观察经济增长对一个社会有什么影响的途径之一，就是将其图示化。在下图中，实线代表一个处于现代化进程中的社会所发生的实际经济变化——通常是向上攀升的，虚线代表人们的期望。在一个仍处于传统状态的社会中——在图的左边——实际的情况和人们的期望都很低。然而，随着增长的开始，期望值开始上升并快于实际的经济发展速度。随后可能会出现某种情况导致经济下降——歉收、主要出口商品的价格下降或过多的外债，同时，人们的期望受挫。这样，在人们想得到和能得到之间，突然出现了一个大的缺口。用丹尼尔·勒纳的话说，就是"期望-收益比"变得无法弥合，从而产生一种由"不断增加的受挫感所引发的革命"。

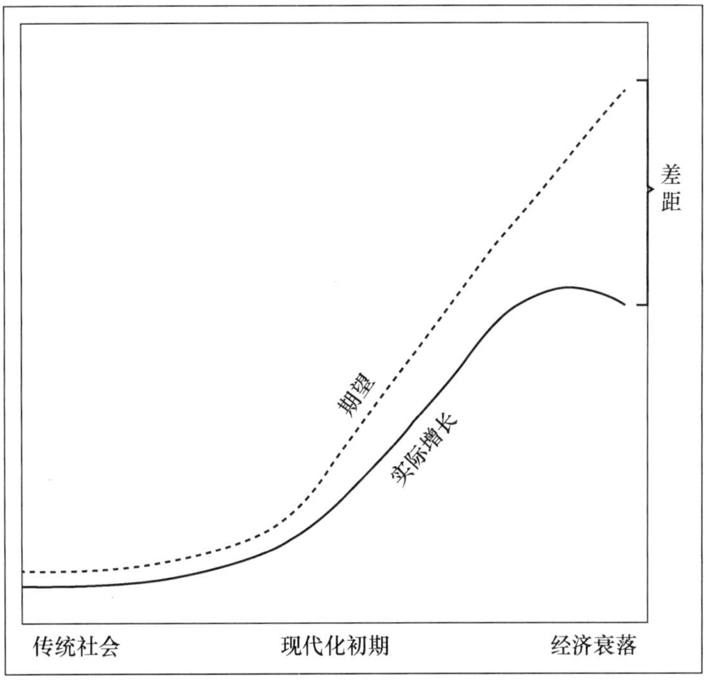

恐怖主义

16.3　什么是恐怖主义?

2001 年发生的"9·11 事件"提醒我们恐怖主义依然存在。从根本上说，恐怖主义是一种削弱某个憎恨的政治权威的策略。同游击队或秘密战密切相关，它不算是一种新事物。政治、道德、国家主义、宗教、

恐怖主义
对暴力的政治使用，以削弱为其所憎恨的当局的权威。

经济，以及意识形态的恩怨都会助长恐怖分子的活动。**恐怖主义**是心怀怨恨的集团的一种策略。

恐怖分子憎恨那些腐败、高压的政府，遗憾的是，中东地区的政府具有这些特点。恐怖分子仇视美国是因为它支持这些政府。由于面对的

案例研究

越南的革命性政治战争

很多人会提到"游击战"，但这是一种用词不当和冗余的说法，因为"游击"只是西班牙语中"小战争"的意思，是西班牙人对拿破仑采用的手段。它实际上不是指关于伏兵和尖竹钉的使用，而是一种与之相伴生的政治行动。这两者结合起来才算是革命性的政治战争，即伯纳德·福尔所说的"建立一个控制民众的竞争性体系"的斗争。福尔是研究越南问题的专家，1967 年在越南触雷身亡，他强调行政管理是革命性战争的关键。"当一个政府正在被推翻时，它并不是被打败了，它只是处于失去行政管理的状态之中。'推翻'从字面上来讲，其实是前面带有负号的行政管理。"

福尔发现，20 世纪 50 年代初，越南北部处于法国统治下，以及 20 世纪 60 年代初，越南南部处于美国统治下。在这两个时期，共产党在全国的大部分地方，也就是在它们正在推翻的政权下征税。不管是法国的还是美国的占领势力，那种在装甲护卫下开过村庄的现象欺骗了它们。这并不表明行政上的控制，行政上的控制可能掌握在反抗者手里。福尔认为，对军事硬件的强调是个大错，因为这贬低了行政管理要素。

越南共产党能够取得革命胜利源于几个方面的原因。首先，他们能够和民众紧密地打成一片，这是法国人和美国人从未做到的。确实，在两次越战中，反共派和外国白人联手，这注定了其努力的失败。法国或美国都没有现成的一揽子政治计划来兜售给当地，甚至西贡的统治者在其国民中也缺乏政治合法性。迪姆（Diem）和后来的西贡政府是由越南中部和北部的城市天主教徒控制的，他们不喜欢越南南部农村的大部分佛教徒。西贡的官员居住在城市，他们讨厌被派往各省和农民一起工作，而这恰恰是共产党的长处。

可以肯定的是，恐怖在革命性的政治战争中发挥着作用。越共杀了很多西贡的官员和政府任命的村庄领导人。对于许多农民来说，越共的做法就是对那些同外国勾结者的法外惩罚。而当美国人使整个村庄都消失时，那才叫恐怖。美国人用炸弹进行轰炸，那可是没有任何选择性的。

"反叛者"正耐心地建构网络以取代现有政权，而占领者或政府则焦急地试图诉诸武力来获得合法性。对平民的杀害使更多的人同情游击队并加入其中。政府对武力的过分依赖，销蚀了它领导这个国家的脆弱的道义主张。一些批评家怀疑，美国民众及其领导人是否知道自己在越南要反对什么。美国在打一场军事战争，而其对手在打一场政治战争，并且最后政治比军事更为重要。一位调查仍在冒烟的村庄废墟的美国官员说："遗憾的是，为了保护这个村庄我们不得不摧毁它。"

是一个强大的对手，“圣战”分子们使用的策略都是令人震惊和骇人听闻的。他们把炸弹放在轿车、卡车和轮船上，以及绑在自己的身体上。“9 · 11 事件”中，他们用成吨的飞机燃料撞毁摩天大楼。唯一的建议是：“有备无患。”

恐怖分子并不愚蠢，他们精于算计。他们把行动放在使对手感到恐慌的目标上，以获得曝光度并征募新人，让对手反应过激且使更多的人站到恐怖分子这一边。奥萨马 · 本 · 拉登和他的追随者们在追求打击那些被认为是错误和邪恶的局外人的政治目标时是镇定和理性的。正如一句古语所言：“你之恐怖分子，我之自由战士。”

恐怖主义是集体行动，中东是滋生众多恐怖分子活动的地区。背后的原因既有物质的也有精神的。高出生率产生了许多失业青年，他们被吸引到极端主义的过分简单化的教育中，这使美国成为其首要憎恨的目标。

恐怖主义有用吗？很少，而且很少单独起作用。20 世纪 90 年代初，对顶层政治和经济产生巨大压力的暴力冲击，迫使白人政府放弃其在南非的权力垄断。尽管如此，多数情况下，尤其在造成平民伤亡之后，恐怖主义反而会加强目标国家反抗的决心。以色列人在被自杀式炸弹袭击之后，更不愿意与巴勒斯坦谈判。“9 · 11 事件”使多数美国人团结起来，在背后支持消灭“基地”组织、入侵阿富汗和伊拉克。但对伊拉克的占领滋生了更多的恐怖主义——包括“基地”组织，并使美国领略了在混乱区域中建立稳定民主国家的艰难。

美国的机构，即使有了新的国土安全部门，也未做好充分的准备来抗击恐怖主义。联邦调查局和中情局依然在沟通上存在困难。打击恐怖主义十分棘手是因为它处在战争和犯罪之间。它像战争一样具有很大的风险性，但它又和犯罪一样具有扩散性，更像是一团迷雾。打击恐怖主义常常以“战争”的形式出现，但那样太简单了。恐怖主义不是一个国家，不能被另一国入侵。它需要熟练的机动特种部队，比如 2011 年在巴基斯坦击毙奥萨马 · 本 · 拉登的海豹突击队。无人机可能激怒目标人群，树敌更多。

恐怖主义已经有了消退的趋势。现在，穆斯林神职人员开始谴责它的暴力行径，尤其是因为它的残杀行为使穆斯林成为主要的受害者。包括约旦和埃及在内的几个阿拉伯国家对“伊斯兰国”发动了战争。穆斯林内部产生分化。奇怪的是，伊朗和美国是对抗“伊斯兰国”的天然盟友。正如伊朗人所察觉到的，它们没有经济计划来直面该问题的核心。一些以前支持“基地”组织的人转而反对和谴责“基地”组织的谎言与极端主义。时间可以解决所有的问题。

革命

16.4 革命可能经历的几个阶段

革命
旧体系突然被新体系取代。

革命是一种快速、剧烈的系统变革，它意味着将旧体系及其精英一起抛弃。那种小规模或温和的、基本上使系统保持完好无损的变化是改革。一些政权为了平息大众的不满，声称它们要进行一场革命，但变化可能大部分只是装装门面而已。判断是否已经发生过真正的革命，应该看是否扫荡了旧时的精英。如果他们仍掌权，那么就不会发生革命。在一场激进的革命中，新精英利用断头台、行刑队和流放来消除旧精英。然而，革命并不一定都会发生流血事件。1989 年，大多数东欧国家经历了一场剧烈的体制变革而没有发生大规模的流血冲突（罗马尼亚是个例外）。在 20 世纪 90 年代初，南非通过磋商促成了一场革命。

沮丧是一回事，革命是另一回事。人们可能会对这件事或那件事不满，但如果没有组织将他们的不满集中起来，那就不会发生什么事。骚乱和不满本身并不会导致一个政权的颠覆，因为要使政权颠覆，组织是基本的。在一项关于 1964—1985 年军事专制下的巴西人的政治态度的研究中，彼得·麦克多诺（Peter McDonough）和安东尼奥·皮纳（Antonio Pina）发现存在着“大量对专制政权无法宣泄的不满”，但这是“自由流动”的怨恨，并未被特别地导向对军管政府的反抗。他们指出：“由于缺乏组织性的替代方式，反抗更可能以冷淡和漠然的形式表现出来。”

知识分子和革命知识分子

知识分子常常形成革命组织。许多受过教育的人成为剧变的催化剂，因为他们接受过高层次的教育，并熟悉各种各样的思想，他们中的一些人还向往**乌托邦**。牧师、教师、律师、记者，以及其他一些和思想打交道的人，通常都与批评现行体制有一种职业上的利害关系。最好的例子便是列宁，他推翻了沙皇政权。

乌托邦
一种想象和理想化的完美体系。

这些因素使一些知识分子倾向于——但绝不是所有或是大多数——

产生一种詹姆斯·比林顿（James Billington）所称的“革命信念”，即相信目前的体制能够被某种更好的东西取代。根据比林顿的观点，革命始于这种“人们思想中的火花”。平民、普通工人和农民，很少对抽象的意识形态感兴趣，他们希望改善物质条件。正是知识分子意识形态上的坚定信念，为革命运动提供了团结的黏合剂，以及奋斗目标和领导阶层。

20 世纪的大部分革命运动都是由受过教育的人发起并领导的。列宁是一个地方教育官员的儿子，是一名出色的法律专业毕业生。菲德尔·卡斯特罗和他最初的游击队员，大部分都是法学院的毕业生。他们中的一位，著名的切·格瓦拉，1967 年试图在玻利维亚发动革命时被杀害，是一名医学博士。秘鲁光辉道路游击队的领导人是一位哲学教授。伊朗反国王革命的领导人要么是宗教人士，要么是受过学术训练的知识分子。2011 年革命后，利比亚首位总理拥有美国博士学位，曾在美国学校教授工程学专业（任职仅一年）。

革命的几个阶段

在其 1938 年出版的一本经典著作《革命的剖析》中，哈佛大学历史学家克兰·布林顿提出一种理论，认为所有的革命都要经历相似的阶段，就像一个人的身体要经过一场疾病的几个阶段一样。在 17 世纪 40 年代英国革命、1776 年美国革命、1789 年法国大革命以及 1917 年俄国革命中，布林顿发现了以下一些共同点：

旧政权的腐朽　政府瘫痪，税收增加。人民不再相信政府，事实上，政府也不相信自己。知识分子将他们对现政权的忠诚转向一种建设性的理想化体系。所有这些都发生在经济通常处于上升态势的情形下，但这种态势却激起了不满和嫉妒。

革命的初始阶段　委员会、网络组织、基层组织或阴谋集团形成，它们要为推翻旧政权而献身。人民拒绝缴税。政治僵局形成，并且由于隔阂太深而无法解决。政府调动军队，但却产生了事与愿违的结果，因为军队开小差，民众因此更加愤怒。最初取得权力很容易，因为旧政权已将自己置于无用的境地。民众因此欢呼雀跃。

起初，温和派接管政权　那些反对旧政权但仍与之有联系的人，凭借背景或所受的训练掌控着支配权。他们开始进行温和的、中间道路的改革，这对革命分子中的极端主义者而言是不够的，极端主义者指责温和派胆小懦弱而同旧政权的力量妥协。温和派是“好人”，它们不够凶狠以致无法压制这些激进分子，而激进分子在平行政府中是同温和派站在一边的。

极端主义者接管政权 比温和派更残忍、组织得更好并确切知道自己想要什么的极端主义者取代了温和派，将革命推向疯狂的顶点。每一样旧东西都被摧毁。人们被要求成为“好人”，并遵守极端主义者试图建立的新的、理想的社会标准。“坏人”在恐怖的统治下要受到惩罚。即使是革命同志，如果被认为要脱离正确的路线也要遭到枪决。正如法国革命家丹东在审判中所思考的那样：“革命吞噬了它的孩子。”整个社会看起来好像疯了一样，布林顿将其比喻为“生病时的高烧状态”。

热月
当时法国大革命结束后的夏日月份，标志着革命极端主义的终结。

沙阿
波斯语对国王的称呼。

阿亚图拉
伊斯兰什叶派的最高传教士。

“热月”结束恐怖统治 最终社会再也经受不住革命。民众，即使是极端主义者，也对革命感到了厌倦并渴望安定下来，使经济重新运行，然后享受一些个人的安全与快乐。这时，**“热月”**开始了（这是以法国大革命之后的那个月命名的，在那个月里，极端主义者罗伯斯庇尔被送上了断头台），布林顿将其描述为“高烧之后的渐愈”。通常会有一个独裁者，结束类似于旧政权的专制统治，然后接管政权以恢复大多数人希望的秩序。

案例研究

伊朗的革命周期

伊朗革命同布林顿描述的模式极为相似。伊朗的经济迅速发展，特别是在 1973—1974 年石油价格上涨了 4 倍以后，但其经济发展是不平衡的。一些人迅速变富，这激起了嫉妒。腐败和通货膨胀蔓延。许多受过教育的伊朗人开始反对**沙阿**的独裁，学生们尤其憎恶沙阿对自由的压制。同谋者的组织网络形成了，他们聚集在流亡海外的**阿亚图拉**霍梅尼的画像周围，以清真寺作为他们集会的场所。1978 年，开始有大规模的暴动，动用军队镇压暴乱只是激怒了更多的伊朗人。军队开始放弃。沙阿一直憎恶民主和大众的政治参与，他依靠其恐怖的萨瓦克秘密警察来镇压，但即使是他们也不能再遏制革命。1979 年 1 月，国王退位，霍梅尼回到伊朗。

在离开之前，国王任命了一位温和的革命党人巴赫蒂亚尔来领导政府。但被国王选中的这个事实却葬送了巴赫蒂亚尔，刚刚回国的霍梅尼立即成为伊朗实际的权力拥有者，他用也属于温和派但从未和国王有过关联的巴扎尔甘取代了巴赫蒂亚尔。不过巴扎尔甘的政府并无太大的意义，因为实际的权力属于霍梅尼的革命委员会。1979 年 11 月，激进的学生对国王被允许入境美国非常愤怒，他们占领了美国大使馆，开始了持续一年多的著名的“人质危机”。巴扎尔甘意识到自己没有权力后辞职了。

1989 年霍梅尼去世以后，伊斯革命逐渐平息并稳定下来。热月的标志并非是单一的事件，但是温和派赢得了总统宝座，他们承诺要带来更大的自由和经济增长。改革之所以受阻，是因为实际的权力掌握在那些如今为多数伊朗人憎恨的宗教精英手中。我们看到的可能不是伊朗的最后一次剧变。

另一位哈佛大学学者，社会学家西达·斯考切波（Theda Skocpol）强调国家的作用。革命并非简单地由下至上显现，而是自上而下地发生的，起始于政府无法控制的局势，即“形势危机”。国际压力，如战争和财政的压力，能引起精英阶层的分裂和群众动员。一战中俄国被德国打败，这个沙皇国家崩溃了，给了列宁所在的布尔什维克党夺取政权的机会。

革命之后

16.5　当今世界是革命时代还是后革命时代?

革命表现出一种持久的倾向，就是推翻一种形式的专制然后用另一种形式来取代它。在一个多世纪之前，法国国王被拿破仑取代，后者自己加冕称帝并掌握了一个比以前任何时期都要全面的警察系统。菲德尔·卡斯特罗推翻了畸形的巴蒂斯塔政权。

正是对“阿拉伯之春”革命落入极端分子之手的担忧，让美国在支持这些革命之前犹豫不决。一些人担心，同样的事情可能会发生在其他几个不稳定的阿拉伯国家。

其他许多革命也以失败告终。听了南美解放者西蒙·玻利瓦尔的观点，人们可能会对之深感失望。他曾说：“一个推动革命的人就如同在大海里跋涉。”一般而言，革命都会以糟糕收场（一旦你接受了这一论断，你就在某种程度上成了一个保守主义者）。

但美国的情况怎样呢？我们将 1776—1781 年同英国的斗争称为革命战争。有人说它不是真正的革命，因为它没有重塑美国社会。事实上，这次斗争中的一些最伟大的领导人都是殖民地社会中富有且杰出的人物。他们只想推翻英国的统治并保住自己的精英地位。有人认为，美国的斗争不过是一场独立战争而非革命，而且极端主义者从未取得过控制权。其他人指出，这次斗争中存在大量的革命暴力，尤其是直指美国保守党，殖民地的亲英主义者，约 10 万人在恐惧中逃到英国国王给他们的加拿大土地上，是一种“皇冠限制下的自由”。

政治哲学家汉娜·阿伦特（1906—1975）认为，美国的斗争确实是一次革命，并且可能是历史上唯一的全面革命，因为只有它以一种新自由的建立而结束。按照阿伦特的观点，美国革命者是幸运的，他们不必像法国革命者那样被棘手的“社会问题”烦扰。美国很繁荣，其斗争并未受到贫困问题的牵制，因而它能专注于建立体现权力制衡和政治自由理念的公平、持久的宪法。美国革命的优势——或者，在某种程度上是运气——在于它是一次纯粹的政治事件而不是社会事件。美国不需要断头台，因为没有贵族阶级要被斩首。由于没有暴民可煽动，它也不需要罗伯斯庇尔那样的煽动者。法国革命试图要矫正社会的不公，成为一次以独裁告终的流血混战。在阿伦特看来，法国革命并不是一次真正成功的革命，因为它没有像美国革命那样以自由的建立结束。

在法国大革命发生后的两个多世纪里，它引起的争议依旧不断。很少有人不加批评地纪念它，甚至许多法国保守主义者还憎恨它。多数法国人为其最初的思想动力——“自由、平等、博爱”——而骄傲，但很多人承认它走错了方向，变成了流血事件和独裁统治。这里存在的一大问题是：革命落入极端分子和狂热分子手中到底是偶然事件，还是革命过程所固有的东西使其不可避免？一些人认为这场革命落入极端分子和狂热分子之手纯属偶然。另一些人想到了弗朗索瓦·弗雷特（Francois Furet）的话，即革命进程本身使其“失控”。大多数学者都接受这一必然性命题。

可以做哪些事情来阻止革命呢？答案很简单但很难实行：进行改革以消除滋生革命的不公正。秘鲁和菲律宾的土地改革、穆斯林国家的民选议会，都会遏制腐败或消解这些国家的革命运动。拥有世界最高失业率的是中东地区，那里的年轻人发起了革命。波斯湾地区的统治者担心如果实行民主的话，他们会失去自己的财富和权力，并认为这个时候实现自由化只会让极端分子掌权。如果沙特阿拉伯实现自由化和平等的选举，那么像奥萨马·本·拉登那样的人就可能会获胜。解决的办法是实行缓慢和渐进的改革以消除腐败。

案例研究

暴力革命与“天鹅绒革命”

纵观历史，大多数革命都是充满暴力和苦痛的，被激怒的阶层奋起抗击它们所憎恨的制度。它们夺走了旧政权的政治精英们所有的权力和财富。但学者注意到，从苏联解体开始，当代的“天鹅绒革命”已经普遍化。这些革命大多是公众的非暴力发泄，抗议腐败、不能兑现承诺的政权。旧的精英们虽然失去了权力，但是没受到处决或流放。例如，共产党将自己扩大为温和又民主的社会主义政党，并参加自由选举。

一些学者说“天鹅绒革命”根本不算革命，因为它缺少暴力革命凶猛的气势。但是，正如我们讨论过的，革命意味着广泛的体制改变，尤其是统治精英的替换。实际上，苏联人一般说来享受着不断提高的生活水平，但他们被党的宣传纲领激发起来的期望值却上升得更快。一个真正具有爆发力的因素就是嫉妒。苏联人很清楚，拥有特权的共产党精英享受着特殊的公寓、食品商店、医疗保健以及度假的小型别墅。他们也清楚消费经济的大部分是以腐败为基础的。人们期望得到的产品从未摆到商店的货架上，它们通过“后门”被卖掉以获取更大的利润。

不彻底的改革是不够的，并通常使事情变得更糟。东欧的政权试图通过许诺进行改革、更换年轻的新领袖来安抚愤怒的民众。但大多数东欧的民众不会再受愚弄了，他们认识到改革基本上还是使有缺陷的体制完好无损。例如，1989 年在捷克斯洛伐克，迅速发展起来的公民论坛运动将一个受到惊吓的“新”内阁轰下台。这个“新”内阁看上去与那个旧的政权非常相似。经过大规模的上街游行抗议，公民论坛赢得了一个新内阁的建立，他们中的一些人两周前还在监狱里。这就是捷克总统瓦茨拉夫·哈韦尔所称的“天鹅绒革命”。当一个不受欢迎的政权开始推行“改革”时，它可能会以自己被扫地出门收场。

思考题

1. 什么会导致政治体制的失效？
2. 暴力可以达到什么目的？
3. 如今哪种类型的暴力最普遍？
4. 现代化是如何引起动荡的？
5. 你如何判定是否发生了一场革命？
6. 为什么知识分子在革命中表现突出？
7. 布林顿认为革命阶段有哪些？
8. 所有的革命都以严重后果收场吗？为什么？

关键术语

类比
阿亚图拉
政变
不可比性
知识分子
体制失效
普力夺主义
原生型
相对剥夺
革命
沙阿
恐怖主义
热月
短评
乌托邦
“天鹅绒革命”

参考文献

Benjamin, Daniel, and Steven Simon. *The Next Attack: The Failure of the War on Terror and a Strategy for Getting It Right*. New York: Henry Holt, 2006.

Goldstone, Jack A., ed. *Revolutions: A Very Short Introduction*. New York: Oxford University Press, 2014.

Greene, Thomas H. *Comparative Revolutionary Movements*, 3rd ed. Englewood Cliffs, NJ: Prentice Hall, 1990.

Heymann, Philip B. *Terrorism, Freedom, and Security: Winning Without War*. New York: Cambridge University Press, 2003.

Katz, Mark N., ed. *Revolution: International Dimensions*. Washington, DC: CQ Press, 2000.

Laqueur, Walter. *No End to War: Terrorism in the Twenty-First Century*. New York: Continuum, 2004.

Parsa, Misagh. *States, Ideologies, and Social Revolutions: A Comparative Analysis of Iran, Nicaragua, and the Philippines*. New York: Cambridge University Press, 2000.

Rand, Dafna Hochman. *Roots of the Arab Spring: Contested Authority and Political Change in the Middle East*. Philadelphia, PA: University of Pennsylvania Press, 2013.

Rapoport, David C., and Leonard Weinberg, eds. *The Democratic Experience and Political Violence*. Portland, OR: Frank Cass, 2001.

Roberts, Adam, and Timothy Garton Ash, eds. *Civil Resistance and Power Politics: The Experience of Non-Violent Action from Gandhi to the Present*. New York: Oxford University Press, 2011.

Spindlove, Jeremy R., and Clifford E. Simonsen. *Terrorism Today: The Past, The Players, The Future*, 5th ed. Upper Saddle River, NJ: Prentice Hall, 2013.

Whittaker, David J. *Terrorism: Understanding the Global Threat*, rev. ed. New York: Longman, 2007.

Wright, Lawrence. *The Looming Tower: Al-Qaeda and the Road to 9/11*. New York: Knopf, 2006.

第 17 章
国际关系

阅读与思考

17.1 国内政治与国际关系

17.2 国家利益经常存在争议的原因

17.3 当今国际关系中的经济因素

17.4 关于战争起因的几种理论

17.5 维持和平的几种办法

17.6 当今的趋势是远离绝对主权

17.7 从干涉主义的角度评价美国当前的外交政策

什么是国际关系？

17.1 国内政治与国际关系

国内政治
国家范围内的互动。

国际关系
国家间的互动。

国际关系和我们一直在研究的**国内政治**不同，因为不存在使各国都遵守法律与维持和平的世界主权。同国内政治相比，**国际关系**更加无序和复杂。主权意味着你在自己的地盘上做主，在一个国家中居于支配地位。犯罪、叛乱、分裂等要素，在理论上都要受到主权的控制或压制，当然，现在主权的行使者不再是国王，而是国家政府。主权也意味着，外国势力不得干预他国事务。它们所能干预的——还是从理论上说——都止步于他国的边界。

这些都是理论。在实践中，没有什么事情会如此泾渭分明。一个国家仅具有法律上的主权，并不一定意味着它能真正控制自己的疆域。以乌克兰为例：持有俄罗斯武器的俄罗斯少数民族武装分子占领了克里米亚和乌克兰东部。欧洲和美国的威胁并没能阻止俄罗斯。那么乌克兰是否还拥有“主权”呢？相反的是，欧洲各国从一开始和平地组成欧洲共同体，到现在形成欧盟。欧盟成员都放弃了一部分主权以形成一个经济和政治上的联盟，最终（不久的将来）会变成一个欧洲联邦国家。因此，主权不是简单的有或没有，而是个有关程度的问题。

冷战
1946—1989年，美国和苏联阵营间的军事紧张和不信任。

更进一步说，主权可以阻止外在干预的想法是站不住脚的。小国弱国通常都被大国强国威慑或影响。东欧国家在**冷战**期间受苏联指导，而中美洲的小国家都在美国的监视中。一些加拿大人甚至抱怨美国的经济和文化渗透力侵蚀了他们的主权。对于无力统治的失败国家来说，主权意味着什么呢？

尽管如此，“主权”还是有些用处的。在主权确立的地方，国家主权确实能带来国内的和平，而多数国家也声称已做到了这一点。在同其他国家交往时，主权国家多数情况下依然在做它们想做的事情。朝鲜开始首次核试验，而世界上的其他国家又能够做什么来阻止呢？尽管许多国家提出抗议，但朝鲜可以在自己的领土做任何想做的事情。当美国强烈要求对俄罗斯和伊朗实施经济制裁，许多国家都无视这个呼吁，继续与之进行石油交易。美国国会不能为其他国家通过法律。除美国外，多数国家签订条约来与全球变暖、地雷、细菌战和武器出口做斗争，而美国声称这些条约是无效的，并有忽视条约存在的自主权利。其他国家也没有办法强迫强大有力的美国遵守这些国际条约。

在一个主权实体内，存在——至少认为应当存在——法律。如果你对谁不满，你虽不能将法律裁决掌控在自己手中，但你可以把这个人告上法庭。在国际关系中，事情的走向几乎是相反的：国家把法律裁决操纵在自己手中——通过威胁或军事力量的使用——是稀松平常的事情。通常也没有别的可行性办法能够解决争端。

国内政治与国际政治的这一重大差异，有时会使其中某一领域的行家里手在进入另一个领域时颇为困窘。约翰逊总统是国内政治的专家，他总能从国会得到任何他想得到的。但他却无法使瘦小的胡志明放弃主张，因为胡志明是自己越南地盘上的实际控制人。在国内对于约翰逊来说起作用的手段——交易、威胁、劝说——在国际上都行不通。有人认为，正是尼克松在国内政治中使用了国际政治的“肮脏伎俩”，导致了水门事件丑闻和他的下台。尼克松是个聪明的国际政治家，他同时改善了美国同苏联、中国的关系，但他的失误让他在微妙的国内问题上翻了船。国际政治并非仅是国内政治的放大。

权力与国家利益

17.2　国家利益经常存在争议的原因

由于缺少国内环境下的主权的力量，国际关系更多依赖权力。A 国可以强迫 B 国做 A 国想要做的事情。汉斯·摩根索（1904—1980）认为，权力是国际政治的基本要素，理想主义者忽视其存在是很危险的。没有足够的权力，一个国家就无法生存，更不要说在一个喧嚣的世界占据上风。权力并不必然导致邪恶或攻击，它可能仅仅是劝说侵略者“别惹我”。

权力（power）与强力（force）不同。强力是特定军事力量的使用，权力是一个国家实现其目的的更为一般的能力。权力包含有军事、经济、政治、文化和心理的要素。最好的权力类型是理性说服。权力很难估算。中央情报局曾花费了几百万美元试图计算出各个国家的权力有多少。权力的某些要素——例如一个国家的地理、自然资源、人口和经济——是有形的或可计算的。然而，一些最重要的因素——例如一国的军事能力、其政治制度的效能和心理上的决心——是无法获悉的，除非这个国家卷入一场战争。战争将会以可怕的代价呈现哪一方更有权力的答案。

国家利益
在国际事务中，对作为整体的国家来说有益的东西。

在这种情况下，国家一般追求它们的**国家利益**。这使得国际关系有迹可循。如果你了解一国的国家利益——从它的历史、地理、经济和时政——你可以理解它的许多行为。莫斯科控制高加索地区长达两个世纪，将其作为一个安全阀，却在1991年苏联解体之时厌恶它。虽然遭到国际社会的抗议，莫斯科仍然为了国家利益而利用军事力量控制格鲁吉亚和乌克兰地区。一旦涉及它们的国际利益，国家很少像道德高尚的圣徒一样行动。

国家常常通过不一样的视角来确定自己的国家利益。大多数国家在“9·11事件”后站在美国这一边，并且支持美国推翻阿富汗的塔利班政权。北大西洋公约组织（简称北约）出兵试图帮助稳定这个国家，因为许多欧洲国家在对抗“基地”组织上有国家利益。“基地”组织在阿富汗设立了总部。然而在2003年伊拉克战争中，几乎没有国家看到有什么国家利益在其中，只有少数几个国家警告要对抗动荡的伊拉克。这些就是在不同情况下从不同的视角所看到的国家利益。

外交官的工作在于发现并发展互补的利益，以便使两个或更多的国家能够一起合作。（如果听了外交官们反对入侵伊拉克的警告，也许可以使美国少点悲痛。）通常，国家有一些利益是互补的，而另一些利益是冲突的，就如同北约成员国在阻止苏联的威胁上是合作的，但在谁将领导北约这个联盟的问题上却产生了摩擦。法美关系就是这样一种情形。当然，在国家利益完全冲突的时候，合作是不可能的。外交官的职责就在于将情形挑明，并想办法将危害减到最小。在这种情况下不要绝望：国家利益是会变动的，今天的敌人可能就是明天的盟友。20世纪60年代，几乎没有人能够猜到越南今天会成为美国的朋友。

大规模杀伤性武器
核武器、化学武器和细菌武器。

在任何一种既定情形下界定国家利益也许都是困难的。知识分子和消息灵通人士可能会提出完全相反的关于国家利益的定义。例如，鹰派分子在20世纪60年代认为，共产主义在东南亚的胜利将会伤害美国的利益。其他人则认为，越南对我们没有任何重要性。小布什总统政府中的新保守主义者认为，为阻止伊拉克的萨达姆·侯赛因建造**大规模杀伤性武器**，就必须尽快除掉他。批评者则表示反对，认为这场战争没有必要。你如何能判断出什么时候一种真正的国家利益正处于危急之中呢？其中一种方法是确定可行性，可行性是同国家利益连在一起的，权力是两者的连接纽带。一种不可行的策略——你的权力不足以实施你的计划——注定是一种糟糕的策略。如果权力的类型对于环境是不适当的（例如，用直升机和大炮对付恐怖分子、用空中力量来阻止内战），那么你就在实施一项不可行的策略。

外交政策本质上是一种精英游戏，通常是精英来确定国家利益。除非存在战争或大的威胁，否则多数人很少关注或不关注外交政策。在“9·11 事件”发生前，外交政策几乎没有出现在美国的选举议题中。在民主政体中，大众也许会影响外交政策，比如美国人对越战和伊拉克战争感到愤怒，但这种影响只在那些通常秘密做出的基本决定后，过了一段很长时间才会形成。即使在民主国家，外交政策的决定通常也是由 12 个人左右来做出。看看美国的外交决策过程是多么平静，总统和少数的顾问制定外交政策，然后向通常情况下都附和政策的美国人民和国会宣布。2001 年底，小布什总统决定入侵伊拉克，但很少有人知道这件事情。几年后，美国才真正展开了关于伊拉克战争是否明智的讨论。

方法

避免“他们”

注意像“他们”这样的集合名词，通常会被滥用。当你使用“他们”时，总要问一下这个词代表着什么。从语法上看，“他们”指代前文提到的复数名词。许多学习国际关系的新生经常使用“他们”，好像整个国家的人民在执行决定和行动似的，而实际上只有少部分的高层决策者在这么做。法国领导人常批评美国的政策。随后一些美国人就说“法国人”在反对他们。实际上 99.99% 的法国人不是没有兴趣就是根本没有关注外交政策，而且许多人还是喜欢美国的。

要警惕那些“他们”所带有的过度宽泛化，这种宽泛没有特指谁在采取行动——法国总统、外交部长或者奥赛码头（法国外交部）——或者使用首都的名字来代替高层的决策者——“巴黎”代表法国的外交政策精英，“莫斯科”代表俄罗斯。

在美国的外交政策中，甚至没有多少个“我们”。多数美国人不关注或很少关注外交事务，极少有人对外交政策决定有意见性的输入。许多人不支持行政政策。即使在“环内”（环绕哥伦比亚特区的公路），每一种政策都会激发相互冲突的看法。在这种情况下，应该用某个人的名字和/或组织来代替“华盛顿”这个词以支持这样的观点：“国务卿希拉里·克林顿有时发现自己和白宫、国防部长罗伯特·盖茨意见不合。”明确一点会更好。

理论

国家利益的类型

国家利益也许可以分成以下四种类型：

1. 关键的对次要的
2. 暂时的对永久的
3. 特定的对普遍的
4. 互补的对冲突的

关键利益是指那些潜在的威胁国家生存的利益，比如在古巴布置苏联导弹对美国生存的影响。当一个国家察觉到对其关键利益的威胁时，可能就会爆发战争。次要利益通常是指更遥远和不那么紧急的利益。例如，美国认为平息中东地区的动荡关乎其国家利益。在次要利益上，国家还是倾向于谈判和妥协。

暂时利益是指一种某个确定时期内的利益，就像在 20 世纪 80 年代美国支持伊拉克同伊朗作战一样。美国外交错误地认为，只要那场战争结束，它们的互补利益就会被消除。永久利益是指持续几个世纪的利益，如在美国利益中将对手的力量排除在西半球之外。

当有些国家拥有某些共同目标时，它们的利益就是互补的。在 1991 年的海湾战争中，许多国家的利益是互补的，一些阿拉伯国家站在了西方这一边，正是互补利益促进了结盟。当利益发生冲突时，比如莫斯科政府认为俄罗斯与美国和西欧联手推翻叙利亚独裁政权没有带来什么国家利益时，联盟就瓦解了。

两个国家之间，即使它们是同盟，也很少有完全一致的国家利益。希望所能达到的最好结果就是它们间的利益是互补的。例如，美国和伊拉克库尔德人在反对萨达姆屠杀（包括释放毒气）库尔德人的行动中有共同的利益。但美国关于人权和地区稳定的利益是普遍、暂时的。库尔德人的利益则是特定、永久的，而且在构建一个独立的库尔德斯坦时，还可能是一种关键的利益。这两个国家的利益可能在一段时间内是相似的，但我们一定不要错误地认为库尔德人的利益就是美国的利益。

经济的重要性

17.3　当今国际关系中的经济因素

如今经济在国际关系中分量很重，也许已经是最大的单个因素。冷战两极体系的一大缺陷是，它几乎撇下了经济这个毁灭苏联的重要因素。用哥伦比亚大学经济学家杰弗里·萨克斯（Jeffrey Sachs）的话说，就是“市场赢了”。但市场未来会一直是胜利者吗？从历史上看，不少国家已经显示出控制、调节或拥有自己工业的强烈趋势。也许最自由的市场经济体就是美国。欧洲版图已经构建起超大范围和代价高昂的福利国家，其控制与关税对于兴办新企业具有不利的影响。东亚区域依靠国家力量来引导和补贴那些被认为是关键的工业，以实现快速增长和支配某些市场。许多人认为，亚当·斯密关于自由经济的思想仅仅是理论，很少有人能完全实行。

近几十年来，调控经济的思想被英国首相撒切尔夫人的关于福利国家和促进资本主义的言论震动。“撒切尔主义”被散播到许多国家，导致更自由的市场。一些国家——其多数是由于国内利益集团的强烈反对——抵制自由市场的进入，它们习惯于受进口**关税**和**配额**的庇护。少数国家简单地限制一定的外国进口，例如日本，几十年来不允许进口大米。例如，日本对进口大米征收近 800%的关税。许多国内利益集团有足够的影响力来阻止外国商品的进口。

关税
对进口征税。

配额
对某项进口的数量限制。

通过减少关税和其他障碍来保障世界贸易的开放，是世界贸易组织（WTO）的任务，其宗旨是更自由的贸易，它还拥有化解争端的裁决权。世界贸易组织的前身是 1995 年的关税与贸易总协定（GATT），虽然 GATT 做着和 WTO 一样的事情，但它却没有强制的权力。这两个组织都做了许多贡献。关税一直处在低水平，而且多数商品在全球范围内无障碍地流动，但如今非关税壁垒却逐渐搅乱了国际经济关系，其涉及的多是非工业产品。一些国家（包括加拿大和法国）限制美国的电影和电视娱乐节目，认为它们会取代本土产品并威胁当地的文化和国家的认同感。有的国家将美国的银行与搜索引擎拒于国门之外，认为这样关键的领域应由国家控制。美国人认为，如果在电视和网络技术领域美国做得最好，那么美国的产品就应流向有消费者的任何地方。保持世界贸易的开放是一个无止境的任务，因为新工业一直在发展，因此一些国家不断提出排斥新的外国商品的理由。2008 年全球金融危机的爆发引发了新的一轮**保护主义**浪潮，因为一个接一个的国家都焦虑地试图把工作机会留在本国。

保护主义
把国外产品拒之门外以保护国内相关生产商的政策。

如果 WTO 体系瓦解，世界退回到保护性市场中，我们会看到另一次大萧条。美国在 1930 年大萧条开始时提出的非常高的霍利-斯摩特关税，意在保护美国制造商免受外国的竞争，它遭到美国的贸易伙伴的报复，使萧条更加严重、持久和广泛，成为导致希特勒上台、纳粹主义兴起和随后二战爆发的最大因素。

一些人认为**全球化**是最大的趋势。多数国家成为全球市场中的经济成员，全球市场很大程度上是资本家的竞争，其中商品、资金和创意可轻易流入有消费的地方。全球化体系的格言是：要挣钱不要战争。但全球化也有许多问题存在。全球化是和平的原因还是其结果？两者是彼此共赢的吗？如果是这样，那么如果当其中的一方混乱时，会对另一方产

全球化
超越国界的自由商品流动，使世界形成一个大市场。

生怎样的影响？那些经济间的相互依赖将阻止战争的预言（在一战前普遍得到认同）被证明是错误的。在 19 世纪那个由英国引领的全球化时代，却随一战而崩溃了。二战后，在美国的领导下，这种时代再次重现。现在一些人认为全球化正在走向反面——去全球化。

繁荣并不一定带来和平。确实，新近富裕的国家常常要求获得尊重和资源，有时是领土。同时，全球化带来仇恨，有自豪感、文化传统不同的地区，对全球化体系中的美式资本主义文化——麦当劳世界——感到强烈不满。一些文化和地区并不希望自己变成美国。

全球化带来的繁荣并不能惠及每一个人。通常，新的就业机会流向贫困国家，它们将产品出售给富裕国家。但是，那些贫困国家没有对其工人的保护，例如安全的工作环境和最低工资保障，这也是贫困国家生产的产品价格廉价的原因。即使工人有了工作，他们的生活变好了吗？更糟糕的是，全球化实际上是对他们进行经济压榨？当一个国家想尽办法保护其工作和工人免受外国竞争，或是工人开始注意到相对贫困（见第 16 章），会发生什么？

为什么会有战争？

17.4 关于战争起因的几种理论

关于战争起因的理论可以被分成两大基本阵营——微观的和宏观的，前者关注琐碎细小的近期目标，后者关注重大的全景目标。

微观理论

微观理论
关注个体。

微观理论以生物学和心理学为基础。它们试图解释战争是人类遗传中含有侵略性的结果，这种侵略性使人们成为战争者。在这一点上，人类和许多动物没有区别。大多数人类学家反驳这种生物决定论，认为原始的人类表现出各种各样的行为——一些是具有侵略性的，而另一些则不是，这只能由文化和习知的行为来解释。心理学家研究领袖的个性，试图了解哪些东西使领导者走向战争这条路，以及他们怎样取得对民众的控制并将民众引向战争。

生物学和心理学的理论提出了一些见解，但却远不能解释战争。如果人类天生地具有侵略性，那为什么各个国家不总是处于战争之中呢？在肯定存在心理差异的不同领袖的领导下，国家间，例如俄罗斯与土耳其、阿拉伯国家与以色列之间为什么进行着长时间的战争？人类确实具有一种侵略性，但在什么环境下它会表现出来？当他们感觉自己被攻击时就会表现出来。对于这个问题，我们应求助于政治学。

宏观理论

宏观理论以历史学和政治学为基础。它们主要关心国家的权力和野心。这种理论认为，是国家而不是个人作为主要的行动者。对于能扩张的地方，国家就会扩张，正如俄罗斯进入高加索地区，美国人的“天命说”（manifest destiny），以及不断壮大的“大英帝国”。只有另外与之相当的力量才可能阻止其扩张的趋势。由于害怕邻国的壮大，一个国家会加强其国防或结盟来抵消邻国的权力。许多国际行为都能用这两句格言来解释——“如果你想要和平，那就做好战争的准备”“敌人的敌人是朋友”。国际关系专家认为，政治领导人对国家利益和权力几乎有一种自觉的情感，并采取行动去加强它们。对权力的追求会导致战争还是和平呢？对此也有两种主要的理论。

宏观理论
关注国家、地理和历史。

权力平衡 最古老和最常见的理论认为，当几个国家增强它们的国家力量并组成联盟、相互平衡的时候，和平就会出现。那些扩张主义者将会受到遏制。根据**权力平衡**理论学者的观点，那些主要的相对和平阶段——从 1648 年的《威斯特伐利亚和约》，到由法国大革命（1792—1814）所引发的战争，以及从 1815 年到第一次世界大战爆发的 1914 年——都是欧洲国家权力相互平衡的时期。一旦平衡被打破，战争就会爆发。波斯尼亚的战事能在 1995 年平息下来，也是在那里的权力大致平衡的情况下才得以实现的。当塞尔维亚人当政时，他们没有动力去解决问题；当他们处于守势时，他们决定阻止争斗。许多思想家认为，冷战是一种重要和持久的权力平衡体系，并以此解释为什么相对和平——至少没有发生第三次世界大战——持续了 40 多年。

权力平衡
一种由主要国家组成和重组联盟以保护自己的体系。

权力等级 其他分析者则反对权力平衡理论。对权力的计算就很成问题，因此不可能知道什么时候权力才是平衡的。和平阶段发生在权力失去平衡的时候，此时从权力的角度看，各个国家按等级次序来排列。于是每个国家从相对权力的阶梯中，都知道自己处在什么位置。但在转型时期，当权力等级的界限模糊时，国家间就有可能陷入战争。在有确定结果的战争结束后，由于相对的权力很清楚，所以和平就出现了。

错觉

一些思想家将微观和宏观的途径结合起来，关注“想象”或“感觉”，并认为它们是战争的关键。领导人所察觉到的情况而不是真实的情况（这很难知道），促使他们决定要战争还是要和平。当看到其他国家的敌意和威胁时，他们经常会有错觉，而将自己的行为看作防御性的举动。约翰·肯尼迪描绘了苏联对于美国的“导弹优势”，借此推进美国的导弹项目。但实际上苏联是落后于美国的，它也将美国的努力看作一种威胁而必须追赶。这种错觉导致 1962 年古巴导弹危机的爆发，差一点将我们带入第三次世界大战。伊拉克制造过大规模杀伤性武器，但在 20 世纪 90 年代，这些武器在联合国的监督下被拆除了。小布什政府相信伊拉克恢复制造大规模杀伤性武器，并于 2003 年发动战争消除这个不存在的威胁。在“9·11 事件”之后的情绪化和爱国气氛中，美国是愤怒和怀疑他人的。情报资料被刻意歪曲以展示行政当局想要表达的意愿。错觉可能比事实更有用。

错觉或想象理论认为，心理世界和真实世界会在政治领袖们的脑海里相互撞击。他们认为自己是在防卫，但他们对情况的认识可能是错误的。在我们这个时代，值得注意的一个有趣现象是，没有一个国家不认为自己的行动是在保卫。美国人在越南和伊拉克认为他们在保卫自由世界；俄罗斯人在格鲁吉亚和乌克兰认为自己在保卫自己的国家。领导人常常使用意识形态及其大众传媒来引导国民愤怒，从而发动战争。在狂热的民族主义引导下，多数德国人和日本人也认为二战时期他们是在反对敌对势力以保卫自己的国家。一旦相信自己将被攻击，通常爱好和平的人们也会干出各种残暴的事情。

冷战后出现了一种不错的趋势：战争的次数和激烈程度都下降了。大众媒体展示了大量的战斗——“如果流血，就会起主导作用”，但学者们仔细计算后发现，世界上的暴力事件减少了。史前骨骼的研究表明我们的祖先主要是死于暴力因素。三十年战争和两次世界大战杀死了许许多多人，但自 1945 年以来，没有发生过如此糟糕的事情，自 1989 年柏林墙倒塌和冷战结束以来，更是如此。一些思想家认为，世界确实在变得更加文明。民主的传播有效抵制了战争的爆发。

经典论述

凯南的恐龙类比

1950 年在芝加哥大学所做的一次著名且其稿子经常被翻印再版的演讲中，外交历史学家乔治·凯南（1904—2005）将美国的民主政体比作一只只有豆大脑袋的恐龙，它毫不顾及周围潜在的威胁而安心地坐在沼泽地上。但是，一旦被某个对手伤害，这只恐龙就会爆发而陷入暴力狂热的境地中，这不仅摧毁了对手而且也破坏了自己的栖息地。“对它来说，在早些时候更多地投入兴趣来了解发生了什么，以及观察是否无法预防其中一些情况的出现，而不是继续由一种不加区别的冷漠到一种神圣的、同样不加区别的愤怒，这样是否会更加明智?”凯南在这里提到了美国参加的第一次世界大战，但他的建议同样适合最近出现的许多盲目的美国民众愤怒事件。将注意力再往前移。2002 年，98 岁的凯南就提出警告，认为美国对伊拉克的胜利将伴随着一个艰难和混乱的后果。

维持和平

17.5　维持和平的几种办法

不管战争的起因是什么，我们可以做什么来阻止或限制战争呢? 对此提出的建议很多，但没有一个真正起作用。

世界政府

许多学者声称，战争的真正元凶是主权本身。国家应该让渡出一部分主权——进行战争的能力——给一个能够阻止战争的国际委员会，这就如同单个国家能在自己的疆域内维护和平一样。但哪会有国家会放弃自己的主权呢? 美国肯定不会。朝鲜不会听从联合国要求其开放核设施接受国际检查的要求。没有主权作为一种有效的手段，联合国将成为一个争论的地方，除了外交接触就没什么作用了。

集体安全

集体安全
在所有国家间达成共识，以自动地对付入侵者。

联合国的前身国际联盟，试图要贯彻**集体安全**。国际联盟要求成员们（不包括美国）立即参加反对任何侵略国的经济和军事行动。例如，如果日本侵略中国，其他国家都将中断和日本的贸易关系并派军来保卫中国，以此迫使侵略者投降。这是理论上的重大成果，在实践中却是失败的。当日本在 1931 年侵占中国的东北时，国际联盟仅派了个委员会来研究形势。日本声称是“中国挑起了战争”（这是个谎言），而其他国家对于卷入一场没有自身利益存在的远方冲突没有兴趣。国际联盟不具备一种能使其他国家做出必要反应的机制。同样的事情发生在 1935 年意大利入侵埃塞俄比亚的时候。日本、意大利和德国为进行更大规模的侵略退出了国际联盟，随着二战的开始，国际联盟也解体了。

功能主义

另一种与世界组织相关的观点就是让国家首先在一些特殊的或“功能性的”领域进行合作，这样它们就会看到，彼此合作比双方冲突所取得的成就要大得多。由于不断增加的相互信任，它们之间会逐渐建立起一种稳定的和平。**功能主义**合作会产生一种“溢出”效应。几十个与联合国相关的机构如今正在疾病控制、食品生产、天气预报、民航、核能及其他领域促进国际合作。即使是一些敌对国家有时也能坐下来在特定的领域解决一个共同的问题。

功能主义
一种认为国家间在某个特定领域的合作将激发整体合作的理论。

但这没有产生“溢出”效应，它们仍然处于敌对状态。有时，这些功能性组织会变成一个冲突的舞台，比如发展中国家将以色列和南非从联合国教科文组织中驱逐出去，还有美国退出处于苏联控制之下的教科文组织。即使与联合国相关的世界货币基金组织提供了帮助，使受困的经济体摆脱了困境时也会产生冲突，因为受助国经常表示，在国际货币基金组织要求下的经济改革干涉了自己的主权。功能主义的途径为世界问题的解决提供了一些帮助，但它却没有触及最大的问题——战争。

第三方协助

第三方
不卷入争论而帮助解决问题的国家。

一种解决争议的方式是让一个未卷入冲突的**第三方**穿梭于争论双方之间，以试图找到一个中间地带。第三方来回传递消息，澄清各种问题并提出各种妥协方案，如 1949 年联合国的拉尔夫·邦奇在阿拉伯国家和以色列之间斡旋，卡特总统 1978 年在戴维营对贝京（时任以色列总理）和萨达特（时任埃及总统）进行调停，以及理查德·霍尔布鲁克 1995 年在代顿所做的那样。第三方有助于缓和紧张的局势并找到妥协的方法，但前提是争议方必须想要找到解决的办法。如果不想解决的话，第三方的协助是不会有效果的。

外交

最古老的维持和平的途径是通过外交接触，将一国首脑的使节派往另一国。一位优秀的外交家对所有的权力因素以及所涉及国家的利益了如指掌，并能提出一些有助于达成至少双方部分满意的妥协建议。这时最关键的是：必须存在妥协的意愿。但这是非常困难的，因为国家通常广泛限定了其主要的、不可妥协的利益，并且不愿意将它们削减至需要妥协的程度。经过几年紧张的谈判，在美国的主持下，以色列和巴勒斯坦还是在它们认为属于自己的关键利益上无法妥协。

如果成功的话，外交家就会签订需要经过批准和遵守的**条约**。如果一个国家感到某一条约损害了它的利益，那么就没有任何办法可以阻止它选择退出该条约，就像小布什总统在 2002 年宣布退出 1972 年美苏签订的《反弹道导弹条约》一样。国家加入并遵守条约是因为它符合自身的利益。一些观察家认为，美国和苏联都是世界强权政治的新手，它们在外交上缺乏技巧，并且不愿意妥协。它们之间的不信任气氛是冷战的特征之一。

条约
国家间的合同。

维持和平

与外交有关的是运用第三方的军事力量来维持停火、休战以结束战斗。这些武装力量，戴着联合国的蓝盔，帮助稳定以色列与其阿拉伯邻居的停战线、希腊和土耳其在塞浦路斯的停战线。这些力量无法通过制止正在进行的冲突来“强制实施和平”。唯一的办法是在战争中支持一方，但这又与**维和**背道而驰。因此，期望国际维和部队来拉开并平息波斯尼亚的战争各方肯定是不现实的。**国际维和部队**接受了不可能的任务，使自己蒙羞。但从国际维和部队那里接管此事的**执行部队**却是不同和成功的，因为它是在三方——波斯尼亚、克罗地亚和塞尔维亚——同意在代顿由美国斡旋达成和平协议之后来到的。执行部队同样装备精良，而且获准在遭到进攻时可以予以反击。这些强有力的**交战规则**阻止了某些粗暴事件的发生，而这些是国际维和部队无法做到的。一些人建议，在未来的维和行动中应采用执行部队的模式，但这样的行动只有在事先已达成和平协议的情况下才起作用。

维和
由外界的军事力量来促进一个停火协议的平稳实施。

国际维和部队
联合国的护卫军队。在 20 世纪 90 年代初期波斯尼亚的维和努力中，它工作效率很低。

执行部队
在 1995 年达成《代顿协定》后，由北约发起稳定波斯尼亚局势的有效力量。

交战规则
明确维和部队在何时可以予以还击。

超越主权？

17.6 当今的趋势是远离绝对主权

冷战和这个人类历史上最具暴力色彩的世纪的终结，使人们对主权这个国际政治的基本要素产生了疑问——主权在消失吗？国际社会的行为正以某种方式逐渐侵入主权国家的内部运转。几十年来，国际货币基金组织告诉那些想要贷款的国家，要求它们放弃导致通货膨胀的经济政策。这些建议接受者经常对国际货币基金组织干涉它们的主权感到愤怒，但如果它们想要贷款就必须接受建议，就像希腊在 2010 年所做的那样。美国、英国、法国和其他北约盟国提供空中掩护，帮助叙利亚反政府武装对抗阿萨德总统，而阿萨德得到了俄罗斯的帮助。世界上大多数国家都明白，在某些情况下，主权必然会受到侵犯。

从 1945—1946 年的纽伦堡战争审判开始，国际法认为，捍卫主权会成为大屠杀的借口。1946 年东京的战犯审判和 1961 年以色列的艾希曼审判更是证明了这一点。波斯尼亚和卢旺达的大屠杀凶手在国际法庭上受审。二战前从未发生过这样的事。国际法正在慢慢蚕食主权。

1991 年，以美国为首的联合部队将伊拉克驱逐出科威特之后，联合国的调查员彻底搜查了伊拉克，调查其制造大规模杀伤性武器的能力。巴格达的领导人叫嚷说伊拉克的主权正受到侵犯。确实是这样，但世界上大部分人都对此感到高兴。当一个专制者正扩张力量以消灭邻国时，国际社会该袖手旁观吗？欧洲的其他国家应该对巴尔干的屠杀漠不关心吗？作为新思想的“保护责任”正在不断增长，并有可能压倒主权。

超国家
在单个国家之上的治理实体（例如联合国）。

世界看上去正在发生变化，想要超越主权并形成某种秩序。但问题在于没人知道会是哪种秩序。老布什总统用“新世界秩序”一词来建立联盟对抗伊拉克，但他在对此的争论刚刚开始时就抛弃了这一说法。没人希望美国扮演世界警察的角色，但大多数国家心里都清楚，这个角色只有美国有能力扮演。那些**超国家**（国家之上）的实体是否已准备好去承担某些目前与单个国家的主权相关的责任了呢？一种新的“世界秩序”议题已经出现，比如全球变暖问题，这些问题是无法由单个国家自己来解决的。有哪一个组织能够承担这种角色呢？

联合国

联合国迅速进入人们的脑海，并且其确实在冷战之后发挥了比其在冷战期间更好的作用。但它仍然存在问题。作为安理会的常任理事国，俄罗斯有权否决任何它不喜欢的事情。俄罗斯不愿做任何反对塞尔维亚的事情，它一直将斯拉夫人看作“小兄弟”。联合国派了许多维和部队去监视休战，例如在中东和巴尔干，但这些来自小国的人数少、装备简单的武装部队无力巩固和平。没有强制的权力且又分裂为几个阵营，联合国仍主要是一个“空谈俱乐部”。

北大西洋公约组织

从 1949 年开始，一旦受到苏联的攻击，北大西洋公约组织就协调西欧和北美的行动，并作为一个防御者在统一的领导下采取行动。但《北大西洋公约》已经限制了它的活动范围——对其欧洲或北美任一成员的攻击都被视为对所有成员的攻击——不适用于该范围以外的任何国家，比如中东、巴尔干或是高加索，这些都是“域外”。北约成员能够并且肯定会在区域之外进行合作，但这要以纯粹的自愿为基础，正如它们在阿富汗和利比亚所做的那样。但在这些地区起作用的东西在别的地方未必起作用。因此，北约并不是一支可靠的维和力量。还没有一个组织可以真正地平息和稳定世界的动乱地区。

民主

民主和平论

你能举出任何两个民主国家互相争斗的例子吗？有人举例美国内战，但其南方并不是真正的民主国家。1982 年阿根廷和英国争夺马尔维纳斯群岛时，阿根廷还是一个军事独裁国家。印度与巴基斯坦之间发生了 4 场战争，但巴基斯坦主要由军人统治。没有两个民主国家曾经发生过战争。民主和平的理论是有事实支撑的。

从逻辑上讲，为什么民主应该带来和平？民主国家的领导人责任心强，因此他们倾向于谨慎行事，并遵循弗里德里希著名的“预期反应规则”。他们会想：“如果我把这个国家送上战场，选民们会做何反应？嗯，我想我最好不要这么做。”当约翰逊总统在越南问题上无视这个问题时——因为他认为如果共产党获胜，选民们也会反对他——他失去了支持，因而无法连任。小布什政府和共和党人在伊拉克战争中也遭受了同样的痛苦。独裁者们没有这样的顾虑，可能倾向于不计后果的冒险，比如 1979 年勃列日涅夫入侵阿富汗，1990 年萨达姆·侯赛因入侵科威特。

民主国家的人民通过自由媒体获得更多信息，因而无法轻易妖魔化其他民主国家（但他们确实妖魔化了非民主国家）。法国人和美国人时不时会指责对方，但都不会把对方描绘成敌人。独裁政权通过控制媒体，使其民众相信敌对势力的威胁。民主的传播有利于和平事业的发展。

美国外交政策：卷入或孤立？

17.7 从干涉主义的角度评价美国当前的外交政策

两极
一种含有两个大的敌对阵营的体系，它们各自由一个超级大国领导，就如同冷战期间一样。

多极
一种分成几个权力中心的体系。

冷战创造了一个清晰却危险的**两极**体系：美国对阵苏联。而许多人把现在的格局描述为**多极**，这是一个更复杂的体系，也唤起了一个古老的问题：美国是否应该在近海或远洋保卫其利益？在美国的大部分历史中，我们一般认为应该留在自己的陆地上，海外极少与我们真正有关。有人说，美国人是天生的孤立主义者。然而，随着 1941 年的珍珠港事件，孤立主义被抛弃了，代之以大规模地卷入国际事务，首先是赢得了二战的胜利，然后是发动冷战。孤立主义不再是一种选择。那么它是否是我们现在的选择？

随着冷战的结束和财政的紧缩，美国军事武装规模缩小。老布什总统和克林顿总统几乎没有在海外使用军队。“9 · 11 事件”之后，小布什总统使美国军队陷入阿富汗和伊拉克战争直到战线无力拉长。鲜有建议形成草案，这需要国会采取行动。超过 70%的美国人在 2003 年支持对伊拉克作战，但到 2006 年同样多的人认为这是个错误。公众的意见是变化的。

美国外交政策周期

外交政策
国内政治与国际政治的分界面，用李普曼的话说，就是“共和国的防护罩”。

干涉主义
在其他国土上使用军队。

孤立主义
美国将外部世界的重要性最小化的趋势。

美国的**外交政策**容易在**干涉主义**和**孤立主义**之间摇摆。我们能找到一个稳定与温和的中间地带吗？许多学者认为不能。他们已提出的理论表明，美国的外交政策就像钟摆一样，在极端的过度介入和不卷入之间摆动。斯坦利 · 霍夫曼觉察到了“美国外交关系的两个节拍”——在“撤军阶段（或完全撤军不可能的话则优先考虑国内焦点）和几乎像是救世主降临世间一样的活跃阶段”间来回交替。汉斯 · 摩根索把美国政策看作“在不加区别的孤立主义极端和同样不加区别的国际主义或全球主义极端之间进退”。更具体地说，历史学家德克斯特 · 珀金斯将美国外交关系划分成“相对平静的感觉”“勇敢的好战和战争”“战后本国优越感”，随后又回到“相对平静的感觉”这样的先后循环周期。如果珀金斯是对的，那么我们如今又处于周期的哪个阶段呢？

单边主义
违背盟友的意愿而以我们的方式来行事。

一些人认为，自 2003 年伊拉克战争以来，小布什政府时期施行的是**单边主义**，无视盟友并拒绝加入多数国家签订的条约（如反对全球变暖、细菌战、地雷等议题）。小布什政府中居于主导地位的新保守派，认为其欧洲盟友胆怯懦弱。然而，如果我们长期实施单边主义，那就有可能造成盟友们的共同反对，从而将自己陷于孤立的境地。过多地使用美国权力实际上会使美国失去影响力。记住，影响力是一个国家召集其他国家一起去做某些事情的能力。

不干涉主义
一种不向海外派军的政策。

因为孤立主义意味着冷漠，一些人更倾向于使用**不干涉主义**这个词，它意味着不愿在海外使用美国的军队。从成立到 1898 年同西班牙的战争，美国很少干预海外事务，而是集中于本土。第二次世界大战和冷战导致美国大量干预海外事务。越南战争后 20 多年来，美国大都对在海外使用武力持谨慎态度，选取一种规避风险的策略。这表明美国对一个世界领导者的角色不完全感到满意。“9・11 事件”改变了美国，但伊拉克和阿富汗战争（美国历史上持续时间最长的两次战争）导致美国人开始回避卷入更多的军事活动。美国公众、国会和奥巴马政府在是否进一步干预中东问题上意见分歧，犹豫不决。许多人甚至不希望美国在利比亚使用其有限的空中力量，或派遣地面部队打击“伊斯兰国”。美国是否应该干预海外事务以阻止并未直接影响美国国家利益的恐怖主义活动呢？

理论

克林伯格的交替理论

行为主义政治学家弗兰克・L. 克林伯格通过使用诸如海军开支、兼并、武装派遣、外交压力以及总统演讲和政党论坛中对外交事务的关注程度等指标，发现了交替的“内向性”阶段（平均 21 年）和“外向性”阶段（平均 27 年）。克林伯格指出：“如果美国的第四个外向性阶段（于 1940 年左右开始）持续的时间跟之前的一样长，那么它就不会在 60 年代境况变好前结束。”克林伯格写于 1950 年的论断没有提及越南，但他几乎预测到了越战的影响，因为恰恰是在 60 年代末（1940 年再加上 27 年），美国公众和国会已经普遍对越南战争和干预感到厌烦，这真是一个令人惊奇的准确预测。我们如今是处在一个新的“外向性”阶段，还是说美国人依然对海外派兵保持谨慎呢？

美国身处一个危险的世界

外交政策是最困难的治理领域之一，因为我们不仅需要考虑自身的能力和偏好，而且还要考虑其他许多国家的能力和偏好。我们会犯两种截然相反的错误（且经常如此），这些错误都和错觉这个问题相关。我们会低估自身所面临的危险。在 20 世纪 30 年代末，当第二次世界大战的阴云笼罩时，我们认为大西洋和太平洋将作为两个巨大的战壕，庇护我们免于战争。日本偷袭珍珠港使美国人意识到自己无法置身事外。

然而，冷战期间，我们常常过高地估计了某个区域的重要性，认为全球各个角落对我们的国家安全都是同等和非常重要的。在这样的基础上我们陷入越南战争，以不愉快的结果收场。

美国的外交政策面临一个孪生问题：一边是常常抗拒美国影响的无序的世界，另一边是美国民众和政府对于让这个世界走向有序并不感兴趣或不想投入。没有简单的解决方法。像乔治·凯南那样的外交政策的明智践行者，极力主张冷静、理智和耐心，避免情绪化和极端。军事力量有时是必要的，但应该谨慎使用，因为战争的后果常常带来一个权力真空。然而，政客们往往喜欢果断而大胆地提出军事解决方案。

美国在自身的外交事务上常处在一个情绪化和易怒的时期。这已经导致过于简单化和无法预料的后果。不管在外交政策辩论中你站在哪一方，恐慌或绝望通常很少是正当合理的。我们这一代人在冷战的恐惧中度日且有时还反应过度。如今我们意识到，我们常常会获得胜利。目前的威胁并非微不足道，但也没必要对恐怖主义感到恐慌，它会逐渐衰退，因为它无法解决自身问题。

经典论述

修昔底德论战争

可怕的伯罗奔尼撒战争（公元前 431—前 404 年）摧毁了雅典。一位被革职的雅典将军修昔底德，变成一位思考这场战争中所犯错误的历史学家。“随着雅典权势的上升和斯巴达对此的恐惧，”他写道，“战争开始变得不可避免。”漫长且残酷的战争使双方都陷入了疯狂。希腊文明由此倒退了一大步且再也没有完全复兴。政治话语开始走向反面：

过去常常被描述为欠考虑的进攻如今被认为是勇敢的……考虑未来和等待时机几乎成了说某人是懦夫的另一种表达，任何适度的想法都变成掩饰其怯懦性格的一种企图，全面考虑问题的能力则意味着一个人完全不适合行动。狂热的激情是一个真正男子汉的标志……任何持暴力主张的人都值得信赖……社会分化了，人与人之间的信任荡然无存。

这对当前形势有所启发吧？

这代人最重要的任务是界定美国和中国的国家利益，使其和谐共处。要小心那些将中国等同于日本帝国或者苏联的误导性类比。中国与之完全不同。平静而又理性地看待迅速发展的中国，世界是能够与之和平相处的。我们成功地度过了冷战时期，也会顺利地度过 21 世纪，随着民主的扩散，或许这将会是一个相对和平的时期。

思考题

1. 国内政治与国际政治有何不同?
2. 为什么在国际关系中“权力”显得如此突出?
3. 国家利益有哪几种类型?
4. 哪种战争理论是最令人满意的?
5. 民主与和平有关系吗? 它们如何关联?
6. 有预防战争的有效途径吗?
7. 什么是冷战? 它因何而起又因何而终?
8. 哪个超国家组织发挥的积极作用最大?

关键术语

权力平衡
两极
冷战
集体安全
国内政治
多极
国家利益
不干涉主义
维和
保护主义
国际关系
干涉主义
孤立主义
宏观理论
微观理论
条约
单边主义
国际维和部队
大规模杀伤性武器
配额
交战规则
超国家
关税
第三方
外交政策
功能主义
全球化
执行部队

参考文献

Bacevich, Andrew J. *Washington Rules: America's Path to Permanent War*. New York: Metropolitan Books, 2010.

Brzezinski, Zbigniew. *Stratgic Vision: America and the Crisis of Global Power*. New York: Basic Books, 2012.

Cashman, Greg, and Leonard C. Robinson. *An Introduction to the Causes of War: Patterns of Interstate Conflict from World War I to Iraq*. Lanham, MD: Rowman & Littlefield, 2007.

Chollet, Derek, and Samantha Power, eds. *The Unquiet American: Richard Holbrooke in the World*. New York: PublicAffairs, 2011.

Chua, Amy. *Day of Empire: How Hyperpowers Rise to Global Dominance—and Why They Fall*. New York: Knopf, 2009.

Dunne, Tim, Milya Kurki, and Steve Smith, eds. *Theories of International Relations: Discipline and*

Diversity. New York: Oxford University Press, 2007.

Gallarotti, Giulio M. *The Power Curse: Influence and Illusion in World Politics*. Boulder, CO: Lynne Rienner, 2010.

Kagan, Robert. *The World that America Made*. New York: Random House, 2012.

Kennedy, Paul. *Parliament of Man: The Past, Present, and Future of the United Nations*. New York: Random House, 2006.

Little, Richard. *The Balance of Power in International Relations: Metaphors, Myths, and Models*. New York: Cambridge University Press, 2007.

Mahbubani, Kishore. *The New Asian Hemisphere: The Irresistible Shift of Global Power*. New York: PublicAffairs, 2008.

Mazower, Mark. *Governing the World: The History of an Idea*. New York: Penguin, 2012.

McWilliams, Wayne C., and Harry Piotrowski. *The World Since 1945: A History of International Relations*, 8th ed. Boulder, CO: Lynne Rienner, 2014.

Morgenthau, Hans J., Kenneth W. Thompson, and David Clinton. *Politics among Nations*, 7th ed. Burr Ridge, IL: McGraw-Hill Higher Education, 2005.

Parent, Joseph M. *Uniting States: Voluntary Union in World Politics*. New York: Oxford University Press, 2011.

Sachs, Jeffrey D. *Common Wealth: Economics for a Crowded Planet*. New York: Penguin, 2008.

White, Hugh. *The China Choice: Why We Should Share Power*. New York: Oxford University Press, 2013.

Zakaria, Fareed. *The Post-American World, Release 2.0*. New York: Norton, 2012.